The
Complete Works
of
Yu Wujin

俞 吾 金 全 集

第 4 卷

意识形态论

俞吾金 著

北京师范大学出版集团
BEIJING NORMAL UNIVERSITY PUBLISHING GROUP
北京师范大学出版社

俞吾金教授简介

俞吾金教授是我国著名哲学家，1948 年 6 月 21 日出生于浙江萧山，2014 年 10 月 31 日因病去世。生前任复旦大学文科资深教授、哲学学院教授，兼任复旦大学学术委员会副主任暨人文学术委员会主任、复旦大学学位委员会副主席暨人文社科学部主席、复旦大学国外马克思主义与国外思潮研究中心（985 国家级基地）主任、复旦大学当代国外马克思主义研究中心（教育部重点研究基地）主任、复旦大学现代哲学研究所所长；担任教育部社会科学委员会委员、教育部哲学教学指导委员会副主任、国务院哲学学科评议组成员、全国外国哲学史学会常务理事、全国现代外国哲学学会副理事长等职；曾任德国法兰克福大学和美国哈佛大学访问教授、美国 Fulbright 高级讲座教授。俞吾金教授是全国哲学界首位长江学者特聘教授、全国优秀教师和国家级教学名师。俞吾金教授是我国八十年代以来在哲学领域最具影响力的学者之一，生前和身后出版了包括《意识形态论》《从康德到马克思》《重新理解马克思》《问题域的转换》《实践与自由》《被遮蔽的马克思》等在内的 30 部著作（包括合著），发表了 400 余篇学术论文，在哲学基础理论、马克思主义哲学、外国哲学、国外马克思主义、当代中国哲学文化和美学等诸多领域都有精深研究，取得了令人瞩目的成就，为深入推进当代中国哲学研究做出了杰出和重要的贡献。

本卷编校组

刘　珂

序　言

　　俞吾金教授是我国哲学界的著名学者，是我们这一代学人中的出类拔萃者。对我来说，他既是同学和同事，又是朋友和兄长。我们是恢复高考后首届考入复旦大学哲学系的，我们住同一个宿舍。在所有的同学中，俞吾金是一个好学深思的榜样，或者毋宁说，他在班上总是处在学与思的"先锋"位置上。他要求自己每天读 150 页的书，睡前一定要完成。一开始他还专注于向往已久的文学，一来是"文艺青年"的夙愿，一来是因为终于有机会沉浸到先前只是在梦中才能邂逅的书海中去了。每当他从图书馆背着书包最后回到宿舍时，大抵便是熄灯的前后，于是那摸黑夜谈的时光就几乎被文学占领了。先是莎士比亚和歌德，后来大多是巴尔扎克和狄更斯，最后便是托尔斯泰和陀斯妥耶夫斯基了。好在一屋子的室友都保留着不少的文学情怀，这情怀有了一个共鸣之地，以至于我们后来每天都很期待去分享这美好的时刻了。

　　但是不久以后，俞吾金便开始从文学转到哲学。我们的班主任老师，很欣赏俞吾金的才华，便找他谈了一次话，希望他在哲学上一展才华。不出所料，这个转向很快到来了。我们似乎突然发现他的言谈口吻开始颇有些智者派的风格了——这一步转得很合适也很顺畅，正如黑格尔所说，智者们就是教人熟悉思维，以代替"诗篇的知识"。还是在本科三年级，俞吾金就在《国内哲学动态》上发表了他的哲学论文《"蜡块说"小考》，这在班里乃至于系里都引起了不小的震动。不久以后，他便在同学中得了个"苏老师"（苏格拉底）的雅号。看来并非偶然，他在后来的研究中曾对智者派（特别是普罗泰戈拉）专门下过功夫，而且他的哲学作品中也长久地保持着敏锐的辩才与文学的冲动；同样并非偶然，后来复旦大学将"狮城舌战"（在新加坡举行的首届国际华语大专辩论赛）的总教练和领队的重任托付给他，结果是整个团队所向披靡并夺得了冠军奖杯。

本科毕业后我们一起考上了研究生，1984 年底又一起留校任教，成了同事。过了两年，又一起考上了在职博士生，师从胡曲园先生，于是成为同学兼同事，后来又坐同一架飞机去哈佛访学。总之，自 1978 年进入复旦大学哲学系以来，我们是过从甚密的，这不仅是因为相处日久，更多的是由于志趣相投。这种相投并不是说在哲学上或文学上的意见完全一致，而是意味着时常有着共同的问题域，并能使有差别的观点在其中形成积极的和有意义的探索性对话。总的说来，他在学术思想上始终是一个生气勃勃地冲在前面的追问者和探索者；他又是一个犀利而有幽默感的人，所以同他的对话常能紧张而又愉悦地进行。

作为哲学学者，俞吾金主要在三个方面展开他长达 30 多年的研究工作，而他的学术贡献也集中地体现在这三个方面，即当代国外马克思主义、马克思哲学、西方哲学史。对他来说，这三个方面并不是彼此分离的三个领域，毋宁说倒是本质相关地联系起来的一个整体，并且共同服务于思想理论上的持续探索和不断深化。在我们刚进复旦时，还不知"西方马克思主义"为何物；而当我们攻读博士学位时，卢卡奇的《历史与阶级意识》已经是我们必须面对并有待消化的关键文本了。如果说，这部开端性的文本及其理论后承在很大程度上构成了与"梅林—普列汉诺夫正统"的对立，那么，系统地研究和探讨国外马克思主义的立场、观点和方法，就成为哲学研究(特别是马克思主义哲学研究)的一项重大任务了。俞吾金在这方面是走在前列的，他不仅系统地研究了卢卡奇、科尔施、葛兰西等人的重要哲学文献，而且很快又进入到法兰克福学派、存在主义的马克思主义、弗洛伊德主义的马克思主义、结构主义的马克思主义，等等。不久，哲学系组建了以俞吾金为首的当代国外马克思主义教研室，他和陈学明教授又共同主编了在国内哲学界影响深远的教材和文献系列，并有大量的论文、论著和译著问世，从而使复旦大学在这方面成为国内研究的重镇并处于领先地位。2000 年，教育部在复旦建立国内唯一的"当代国外马克思主义研究中心"(人文社会科学重点研究基地)，俞吾金自此一直担任该基地的主任，直到 2014 年去世。他组织并领导了内容广泛的理论引进、不断深入的学术研究，以及愈益扩大和加深的国内外交流。如果说，40 年前人们对当代国外马克思主义还几乎一无所知，而今天中国的学术界已经能够非常切近地追踪到其前沿了，那么，这固然取决于学术界同仁的共同努力，但俞吾金却当之无愧地属于其中的居功至伟者之一。

当俞吾金负责组建当代国外马克思主义学科时，他曾很热情地邀请我加入团队，我也非常愿意进入到这个当时颇受震撼而又所知不多的新领域。但我所在的马克思主义哲学史教研室却执意不让我离开。于是他便对我说：这样也好，"副本"和"原本"都需要研究，你我各在一处，时常可以探讨，岂不相得益彰？看来他对于"原本"——马克思哲学本身——是情有独钟的。他完全不能满足于仅仅对当代国外马克思主义的各种文本、观点和内容的引进介绍，而是试图在哲学理论的根基上去深入地理解它们，并对之开展出卓有成效的批判性发挥和对话。为了使这样的发挥和对话成为可能，他需要在马克思哲学基础理论的研究方面获得持续不断的推进与深化。因此，俞吾金对当代国外马克思主义的探索总是伴随着他对马克思哲学本身的研究，前者在广度上的拓展与后者在深度上的推进是步调一致、相辅相成的。

在马克思哲学基础理论的研究领域，俞吾金的研究成果突出地体现在以下几个方面。第一，他明确主张马克思哲学的本质特征必须从其本体论的基础上去加以深入的把握。以往的理解方案往往是从近代认识论的角度提出问题，而真正的关键恰恰在于从本体论的层面去理解、阐述和重建马克思哲学的理论体系。我是很赞同他的这一基本观点的。因为马克思对近代哲学立足点的批判，乃是对"意识"之存在特性的批判，因而是一种真正的本体论批判："意识在任何时候都只能是被意识到了的存在，而人们的存在就是他们的现实生活过程。"这非常确切地意味着马克思哲学立足于"存在"——人们的现实生活过程——的基础之上，而把意识、认识等等理解为这一存在过程在观念形态上的表现。

因此，第二，就这样一种本体论立场来说，马克思哲学乃是一种"广义的历史唯物主义"。俞吾金认为，在这样的意义上，马克思哲学的本体论基础应当被把握为"实践—社会关系本体论"。它不仅批判地超越了以往的本体论（包括旧唯物主义的本体论）立场，而且恰恰构成马克思全部学说的决定性根基。因此，只有将马克思哲学理解为广义的历史唯物主义，才能真正把握马克思哲学变革的实质。

第三，马克思"实践"概念的意义不可能局限在认识论的范围内得到充分的把握，毋宁说，它在广义的历史唯物主义中首先是作为本体论原则来起作用的。在俞吾金看来，将实践理解为马克思认识论的基础与核心，相对于近代西方认识论无疑是一大进步；但如果将实践概念限制在认识论层面，就会忽视其根本而首要的本体论意义。对于马克思来说，至为关键的是，只有在实践的本体论层面上，人们的现实生活才会作为决定性的存在进入到哲学的把握中，从而，人们的劳动和交往，乃至于人们的全部社会生活和整个历史性行程，才会从根本上进入到哲学理论的视域中。

因此，第四，如果说广义的历史唯物主义构成马克思哲学的实质，那么这一哲学同时就意味着"意识形态批判"。因为在一般意识形态把思想、意识、观念等等看作是决定性原则的地方，唯物史观恰恰相反，要求将思想、意识、观念等等的本质性导回到人们的现实生活过程之中。

在此意义上，俞吾金把意识形态批判称为"元批判"，并因而将立足于实践的历史唯物主义叫做"实践诠释学"。所谓"元批判"，就是对规约人们的思考方式和范围的意识形态本身进行前提批判，而作为"实践诠释学"的历史唯物主义，则是在"元批判"的导向下去除意识形态之蔽，从而揭示真正的现实生活过程。我认为，上述这些重要观点不仅在当时是先进的和极具启发性的，而且直到今天，对于马克思哲学之实质的理解来说，依然是关乎根本的和意义深远的。

俞吾金的博士论文以《意识形态论》为题，我则提交了《历史唯物主义的主体概念》和他一起参加答辩。答辩主席是华东师范大学的冯契先生。冯先生不仅高度肯定了俞吾金对马克思意识形态批判理论的出色研究，而且用"长袖善舞"一词来评价这篇论文的特点。学术上要做到长袖善舞，是非常不易的：不仅要求涉猎广泛，而且要能握其枢机。俞吾金之所以能够臻此境地，是得益于他对哲学史的潜心研究；而在哲学史方面的长期探索，不仅极大地支持并深化了他的马克思哲学研究，而且使他成为著名的西方哲学史研究专家。

就与马哲相关的西哲研究而言，他专注于德国古典哲学，特别是康德、黑格尔哲学的研究。他很明确地主张：对马克思哲学的深入理解，一刻也离不开对德国观念论传统的积极把握；要完整地说明马克思的哲学革命及其重大意义，不仅要先行领会康德的"哥白尼式革命"，而且要深入把握由此而来并在黑格尔那里得到充分发展的历史性辩证法。他认为，作为康德哲学核心问题的因果性与自由的关系问题，在"按照自然律的因果性"和"由自由而来的因果性"的分析中，得到了积极的推进。黑格尔关于自由的理论可被视为对康德自由因果性概念的一种回应：为了使自由和自由因果性概念获得现实性，黑格尔试图引入辩证法以使自由因果性和自然因果性统一起来。在俞吾金看来，这里的关键在于"历史因果性"维度的引入——历史因果性是必然性的一个方面，也是必然性与自由相统一的关节点。因此，正是通过对黑格尔的精神现象学、法哲学和历史哲学等思想内容的批判性借鉴，马克思将目光转向人类社会发展中的历史因果性；但马克思又否定了黑格尔仅仅停留于单纯精神层面谈论自然因果性和历史因果性的哲学立场，要求将这两种因果性结合进现实的历史运动中，尤其是使之进入到对市民社会的解剖中。这个例子可以表明，对马克思哲学之不断深化的理解，需要在多大程度上深入到哲学史的领域之中。正如列宁曾经说过的那样：不读黑格尔的《逻辑学》，便无法真正理解马克思的《资本论》。

就西方哲学的整体研究而言，俞吾金的探讨可谓"细大不捐"，涉猎之广在当代中国学者中是罕见的。他不仅研究过古希腊哲学(特别是柏拉图和亚里士多德哲学)，而且专题研究过智者派哲学、斯宾诺莎哲学和叔本华哲学等。除开非常集中地钻研德国古典哲学之外，他还更为宏观地考察了西方哲学在当代实现的"范式转换"。他将这一转换概括为"从传统知识论到实践生存论"的发展，并将其理解为西方哲学发展中的一条根本线索。为此他对海德格尔的哲学下了很大的功夫，不仅精详地考察了海德格尔的"存在论差异"和"世界"概念，而且深入地探讨了海德格尔的现代性批判及其意义。如果说，马克思的哲学变革乃是西方哲学范式转换中划时代的里程碑，那么，海德格尔的基础存在论便为说明这一转换提供了重要的思想材料。在这里，西方哲学史的研究再度与马克思哲学的研究贯通起来：俞吾金不仅以哲学的当代转向为基本视野考察整个西方哲学史，并在这一思想转向的框架中理解马克思的哲学变革，而且站在这一变革的立场上重新审视西方哲学，特别是德国古典哲学和当代西方哲学。就此而言，俞吾金在马哲和西哲的研究上可以说是齐头并进的，并且因此在这两个学术圈子中同时享有极高的声誉和地位。这样的一种研究方式固然可以看作是他本人的学术取向，但这种取向无疑深深地浸染着并且也成就着复旦大学哲学学术的独特氛围。在这样的氛围中，当代国外马克思主义的研究要立足于对马克思哲学本身的深入理解之上，而对马克思哲学理解的深化又有必要进入到哲学史研究的广大区域之中。

今年10月31日，是俞吾金离开我们10周年的纪念日。十年前我曾撰写的一则挽联是："哲人其萎乎，梁木倾颓；桃李方盛也，枝叶滋荣。"我们既痛惜一位学术大家的离去，更瞩望新一代学术星丛的冉冉升起。十年之后，《俞吾金全集》由北京师范大学出版社出版了——这是哲学学术界的一件大事，许多同仁和朋友付出了积极的努力和辛勤的劳动，我们对此怀着深深的感激之情。这样的感激之情不仅是因为这部全集的告竣，而且因为它还记录了我们这一代学者共同经历的学术探索道路。一代人有一代人的使命，俞吾金勤勉而又卓越地完成了他的使命：他将自己从事哲学的探索方式和研究风格贡献给了复旦哲学的学术共同体，使之成为这个共同体悠长传统的组成部分；他更将自己取得的学术成果作为思想、观点和理论播洒到广阔的研究领域，并因而成为进一步推进我国哲学学术的重要支点和不可能匆匆越过的必要环节。如果我们的读者不仅能够从中掌握理论观点和方法，而且能够在哲学与时代的关联中学到思想探索的勇气和路径，那么，这部全集的意义就更其深远了。

吴晓明

2024 年 6 月

主编的话

一

2014年7月16日，俞吾金教授结束了一个学期的繁忙教学工作，暂时放下手头的著述，携夫人赴加拿大温哥华参加在弗雷泽大学举办的"法兰克福学派对资本主义的批判"的国际学术讨论会，并计划会议结束后自费在加拿大作短期旅游，放松心情。但在会议期间俞吾金教授突感不适，虽然他带病作完大会报告，但不幸的是，到医院检查后被告知脑部患了恶性肿瘤。于是，他不得不匆忙地结束行程，回国接受治疗。接下来三个月，虽然复旦大学华山医院组织了最强医疗团队精心救治，但病魔无情，回天无力。2014年10月31日，在那个风雨交加的夜晚，俞吾金教授永远地离开了我们。

俞吾金教授的去世是复旦大学的巨大损失，也是中国哲学界的巨大损失。十年过去了，俞吾金教授从未被淡忘，他的著作和文章仍然被广泛阅读，他的谦谦君子之风、与人为善之举被亲朋好友广为谈论。但是，在今天这个急剧变化和危机重重的世界中，我们还是能够感到他的去世留下的思想空场。有时，面对社会的种种不合理现象和纷纭复杂的现实时，我们还是不禁会想：如果俞老师在世，他会做如何感想，又会做出什么样的批判和分析！

俞吾金教授的生命是短暂的，也是精彩的。与期颐天年的名家硕儒相比，他的学术生涯只有三十多年。但是，在这短短的三十多年中，他通过自己的勤奋和努力取得了耀眼的成就。

1983 年 6 月，俞吾金与复旦大学哲学系的六个硕士、博士生同学一起参加在广西桂林举行的"现代科学技术和认识论"全国学术讨论会，他们在会上所做的"关于认识论的几点意见"（后简称"十条提纲"）的报告，勇敢地对苏联哲学教科书体系做了反思和批判，为乍暖还寒的思想解放和新莺初啼的马克思主义哲学新的探索做出了贡献。1993 年，俞吾金教授作为教练和领队，带领复旦大学辩论队参加在新加坡举办的首届国际大专辩论赛并一举夺冠，在华人世界第一次展现了新时代中国大学生的风采。辩论赛的电视转播和他与王沪宁主编的《狮城舌战》《狮城舌战启示录》大大地推动了全国高校的辩论热，也让万千学子对复旦大学翘首以盼。1997 年，俞吾金教授又受复旦大学校长之托，带领复旦大学学生参加在瑞士圣加仑举办的第 27 届国际经济管理研讨会，在该次会议中，复旦大学的学生也有优异的表现。会后，俞吾金又主编了《跨越边界》一书，嘉惠以后参加的学子。

俞吾金教授 1995 年开始担任复旦大学哲学系主任，当时是国内最年轻的哲学系主任，其间，复旦大学哲学系大胆地进行教学和课程体系改革，取得了重要的成果，荣获第五届全国高等学校优秀教学成果一等奖，由他领衔的"西方哲学史"课程被评为全国精品课程。在复旦大学，俞吾金教授是最受欢迎的老师之一，他的课一座难求。他多次被评为最受欢迎的老师和研究生导师。由于教书育人的杰出贡献，2009 年他被评为上海市教学名师和全国优秀教师，2011 年被评为全国教学名师。

俞吾金教授一生最为突出的贡献无疑是其学术研究成果及其影响。他在研究生毕业后不久就出版的《思考与超越——哲学对话录》已显示了卓越的才华。在该书中，他旁征博引，运用文学故事或名言警句，以对话体的形式生动活泼地阐发思想。该书妙趣横生，清新脱俗，甫一面世就广受欢迎，成为沪上第一理论畅销书，并在当年的全国图书评比中获"金钥匙奖"。俞吾金教授的博士论文《意识形态论》一脱当时国内博士论文的谨小慎微的匠气，气度恢宏，新见迭出，展现了长袖善舞、擅长宏大主题的才华。论文出版后，先后获得上海市哲学社会科学优秀成果一等奖和国家教委首届人文社会科学优秀成果一等奖，成为青年学子做博士论文的楷模。

俞吾金教授天生具有领军才能，在他的领导下，复旦大学当代国外马克思主义研究中心 2000 年被评为教育部人文社会科学重点研究基地，他本人也长期担任基地主任，主编《当代国外马克思主义评论》《国外马克思主义研究报告》《国外马克思主义与国外思潮译丛》等，为马克思主义的国际交流建立了重要的平台。他长期担任复旦大学哲学学院的外国哲学学科学术带头人，参与主编《西方哲学通史》和《杜威全集》等重大项目，为复旦大学成为外国哲学研究重镇做出了突出贡献。

俞吾金教授的学术研究不囿一隅，他把西方哲学和马克思哲学结合起来，提出了许多重要的概念和命题，如"马克思是我们同时代人""马克思哲学是广义的历史唯物主义""马克思哲学的认识论是意识形态批判""从康德到马克思""西方哲学史的三次转向""实践诠释学""被遮蔽的马克思""问题域的转换"等，出版了一系列有影响的著作和文集。由于俞吾金教授在学术上的杰出贡献和影响力，他获得各种奖励和荣誉称号，他是全国哲学界首位"长江学者奖励计划"特聘教授，在钱伟长主编的"20 世纪中国知名科学家"哲学卷中，他是改革开放以来培养的哲学家中的唯一入选者。俞吾金教授在学界还留下许多传奇，其中之一是，虽然他去世已经十年了，但至今仍保持着《中国社会科学》发文最多的记录。

显然，俞吾金教授是改革开放后新一代学人中最有才华、成果最为丰硕、影响最大的学者之一。他之所以取得令人瞩目的成就，不仅得益于他的卓越才华和几十年如一日的勤奋努力，更重要的是缘于他的独立思考的批判精神和"为天地立心、为生民立命"的济世情怀。塞涅卡说："我们不应该像羊一样跟随我们前面的羊群——不是去我们应该去的地方，而是去它去的地方。"俞吾金教授就是本着这样的精神从事学术的。在他的第一本著作即《思考与超越》的开篇中，他就把帕斯卡的名言作为题记："人显然是为了思想而生的；这就是他全部的尊严和他全部的优异；并且他全部的义务就是要像他所应该的那样去思想。"俞吾金教授的学术思考无愧于此。俞吾金教授以高度的社会责任感从事学术研究。复旦大学的一位教授在哀悼他去世的博文中曾写道："曾有几次较深之谈话，感到他是一位勤奋的读书人，温和的学者，善于思考社会与人生，关注现在，更虑及未来。记得 15 年前曾听他说，在大变动的社会，理论要为长远建立秩序，有些论著要立即发表，有些则可以暂存书箧，留给未来。"这段话很好地刻画了俞吾金教授的人文和道德情怀。

正是出于这一强烈担当的济世情怀，俞吾金教授出版和发表了许多有时代穿透力的针砭时弊的文章，对改革开放以来的思想解放和文化启蒙起到了推动作用，为新时期中国哲学的发展做出了重要贡献。但是，也正因为如此，他的生命中也留下了很多遗憾。去世前两年，俞吾金教授在"耳顺之年话人生"一文中说："从我踏进哲学殿堂至今，30 多个年头已经过去了。虽然我尽自己的努力做了一些力所能及的事情，但人生匆匆，转眼已过耳顺之年，还有许多筹划中的事情没有完成。比如对康德提出的许多哲学问题的系统研究，对贝克莱、叔本华在外国哲学史上的地位的重新反思，对中国哲学的中道精神的重新阐释和对新启蒙的张扬，对马克思哲学体系的重构等。此外，我还有一系列的教案有待整理和出版。"想不到这些未完成的计划两年后尽成了永远的遗憾！

二

俞吾金教授去世后，学界同行在不同场合都表达了希望我们编辑和出版他的全集的殷切希望。其实，俞吾金教授去世后，应出版社之邀，我们再版了他的一些著作和出版了他的一些遗著。2016 年北京师范大学出版社出版了他的《哲学遐思录》《哲学随感录》《哲学随想录》三部随笔集，2017 年北京师范大学出版社出版了《从康德到马克思——千年之交的哲学沉思》新版，2018 年商务印书馆出版了他的遗作《新十批判书》未完成稿。但相对俞吾金教授发表和未发表的文献，这些只是挂一漏万，远不能满足人们的期望。我们之所以在俞吾金教授去世十年才出版他的全集，主要有两个方面的原因。一是俞吾金教授从没有完全离开我们，学界仍然像他健在时一样阅读他的文章和著作，吸收和借鉴他的观点，思考他提出的问题，因而无须赶着出版他的全集让他重新回到我们中间；二是想找个有纪念意义的时间出版他的全集。俞吾金教授去世后，我们一直在为出版他的全集做准备。我们一边收集资料，一边考虑体例框架。时间到了 2020 年，是时候正式开启这项工作了。我们于 2020 年 10 月成立了《俞吾金全集》编委会，组织了由他的学生组成的编辑和校对团队。经过数年努力，现已完成了《俞吾金全集》二十卷的编纂，即将在俞吾金教授逝世十周年之际出版。

俞吾金教授一生辛勤耕耘，留下 650 余万字的中文作品和十余万字的外文作品。《俞吾金全集》将俞吾金教授的全部作品分为三个部分：(1)生前出版的著作；(2)生前发表的中文文章；(3)外文文章和遗作。

俞吾金教授生前和身后出版的著作(包含合著)共三十部，大部分为文集。《俞吾金全集》保留了这些著作中体系较为完整的 7 本，包括《思考与超越——哲学对话录》《问题域外的问题——现代西方哲学方法论探要》《生存的困惑——西方哲学文化精神探要》《意识形态论》《毛泽东智慧》《邓小平：在历史的天平上》《问题域的转换——对马克思和黑格尔关系的当代解读》。其余著作则基于材料的属性全部还原为单篇文章，收入《俞吾金全集》的《马克思主义哲学研究文集（上、下）《外国哲学研究文集（上、下）》以及《国外马克思主义研究文集（上、下）》等各卷中。这样的处理方式难免会留下许多遗憾，特别是俞吾金教授的一些被视为当代学术名著的文集（如《重新理解马克思》《从康德到马克思》《被遮蔽的马克思》《实践诠释学》《实践与自由》等）未能按原书形式收入到《俞吾金全集》之中。为了解决全集编纂上的逻辑自洽性以及避免不同卷次的文献交叠问题（这些交叠往往是由于原作根据的不同主题选择和组织材料而导致的），我们不得不忍痛割爱，将这些著作打散处理。

俞吾金教授生前发表了各类学术文章 400 余篇，我们根据主题将这些文章分别收入《马克思主义哲学研究文集（上、下）《国外马克思主义哲学研究文集》《外国哲学研究文集（上、下）》《马克思主义中国化研究文集》《中国思想与文化研究》《哲学观与哲学教育论集》《散论集》（包括《读书治学》《社会时评》和《生活哲思》三卷）。在这些卷次的编纂过程中，我们除了使用知网、俞吾金教授生前结集出版的作品和在他的电脑中保存的材料外，还利用了图书馆和网络等渠道，查找那些散见于他人著作中的序言、论文集、刊物、报纸以及网页中的文章，尽量做到应收尽收。对于收集到的文献，如果内容基本重合，收入最早发表的文本；如主要内容和表达形式略有差异，则收入内容和形式上最完备者。在文集和散论集中，对发表的论文和文章，我们则按照时间顺序进行编排，以便更好地了解俞吾金教授的思想发展和心路历程。

除了已发表的中文著作和论文之外，俞吾金教授还留下了多篇已发表或未发表的外文文章，以及一系列未发表的讲课稿（有完整的目录，已完成的部分很成熟，完全是为未来出版准备的，可惜没有写完）。我们将这些外文论文收集在《外文文集》卷中，把未发表的讲稿收集在《遗作集》卷中。

三

《俞吾金全集》的编纂和出版受到了多方面的支持。俞吾金教授去世后不久，北京师范大学出版社就表达了想出版《俞吾金全集》的愿望，饶涛副总编辑专门来上海洽谈此事，承诺以最优惠的条件和最强的编辑团队完成这一工作，这一慷慨之举和拳拳之心让人感佩。为了高质量地完成全集的出版，出版社与我们多次沟通，付出了很多努力。对北京师范大学出版社饶涛副总编辑、祁传华主任和诸分卷的责编为《俞吾金全集》的辛勤付出，我们深表谢意。《俞吾金全集》的顺利出版，我们也要感谢俞吾金教授的学生赵青云，他多年前曾捐赠了一笔经费，用于支持俞吾金教授所在机构的学术活动。经同意，俞吾金教授去世后，这笔经费被转用于全集的材料收集和日常办公支出。《俞吾金全集》的出版也受到复旦大学和哲学学院的支持。俞吾金教授的同学和同事吴晓明教授一直关心全集的出版，并为全集写了充满感情和睿智的序言。复旦大学哲学学院原院长孙向晨也为全集的出版提供了支持。在此我们表示深深的感谢。

《俞吾金全集》的具体编辑工作是由俞吾金教授的许多学生承担的。编辑团队的成员都是在不同时期受教于俞吾金教授的学者，他们分散于全国各地高校，其中许多已是所在单位的教学和科研骨干，有自己的繁重任务要完成。但他们都自告奋勇地参与这项工作，把它视为自己的责任和荣誉，不计得失，任劳任怨，为这项工作的顺利完成付出自己的心血。

作为《俞吾金全集》的主编，我们深感责任重大，因而始终抱着敬畏之心和感恩之情来做这项工作。但限于水平和能力，《俞吾金全集》一定有许多不完善之处，在此敬请学界同仁批评指正。

汪行福　吴　猛

2024 年 6 月

初版序[①]

放在我们面前的俞吾金博士的这部著作勾勒了意识形态概念的发展史以及这一概念从它最初的奠基人弗兰西斯・培根那里到当代的变化。培根的"假相说"(Idolenlehre)是把"虚假的意识""错误的观念"归结为社会环境影响的最初的历史的尝试。为了获得科学知识，人们应当摆脱四种假相，这四种假相是：①种族假相；②洞穴假相；③市场假相；④剧场假相。

在培根那里，"种族假相"意味着一种知识的形成，这种知识是通过我们人类的本性而产生出来的。我们的意识并不是一面反映宇宙的洁净的镜子，而是一面不平的、破碎的镜子。这种知识上的错误是不可能完全地被排除的，但是人们能够并应该估计到这种情况，以避免做出急躁的判断。按照培根的看法，一种不可避免的结果(以及随之而来的错误的知识)也来自人们借以观察

---

① 本序系《意识形态论》初版(上海人民出版社 1993 年版)序言。——编者注

1988 年 10 月至 1990 年 10 月，我曾作为联合培养博士生在德国法兰克福大学哲学系进修。我的导师是法兰克福大学社会学系伊林・费切尔教授(Prof. Dr. Iring Fetscher)。本文是费切尔教授于 1992 年春为我的博士论文撰写的序言，原文是德文，由我译成中文，特此说明。——俞吾金先生原注

自然的工具(例如望远镜)。培根也论述到知识论的问题,这一问题后来被康德做了进一步的探讨和精确的思考。我们所认识的一切都是我们感觉的产物,而感觉材料又经过内在于人的知性范畴和直观形式的"加工"。这既表明了具有正确的认识方法的科学家之间在知识上的一致性,又限制了这种知识,因为我们只能达到"现象"的层面,并不能知道其他的知识形式和居于现象背后的东西。在培根看来,人的精神由于其本性很容易把一种次序和等同性赋予事物,但在自然中,许多事物是分离的,在形式上也是不相同的,人的精神所发现的那种平行、适应和关系,实际上是不存在的。

"洞穴假相"乃是一种偏见,这种偏见是我们不知不觉地从我们所从属的确定的民族和时代的传统中接受过来的。人们有一种适应于传统的倾向,他们仿佛置身于他们的"洞穴"之中,抵制并拒斥不一致的见解。"市场假相"和"剧场假相"也有类似的意义。通过相互间的交往,单个人适应了他的同胞的偏见和观点,不再能以批判的方式去检视这些偏见和观点。

在培根那里,意识形态的概念已经包含了后来被青年马克思首先加以发展的两个方面:一方面,关系到"虚假的意识"问题;另一方面,关系到产生这些"虚假的意识"的原因。在培根以及培根以前的思想家的文献中,人们发现,这些原因不仅是由感觉的欺骗引起的,而且也是由荒谬的思维习惯和思维方式引起的。我们也发现,在培根那里,意识形态概念的心理学方面的含义已被注意到了,正如培根所说的:"一个人倾向于认为是真实的东西,也正是他以前所相信的东西。"按照培根的观点,知识理想和知识目的是随着人对外部自然界的支配而逐步提高的。"知识就是力量",但知识的力量仅仅来自对实在的准确的洞见。

黑格尔的历史思维并不十分关注科学对自然界的支配,而是致力于对人类所经过的不同的意识阶段的说明。他把世界历史上不同民族所经历过的不同的历史时代看作是人类意识所经历过的同样多的阶段,在发展的目的地被达到之前,这些阶段必定是不充分的。这些不同时代的历史意识按自己的主题创造了不同的制度、文化的外在表现形式等。没有一个个体能够超越这样的意识或者从这样的意识之中摆脱出来。只有当一个历史时代已经结束时，人们才能意识到它的原则并超越它。于是，一种新的世界历史的意识和一个新的时代便开始了。因此，在黑格尔那里，人们能够谈论"虚假的意识"，即以历史的方式相接替的意识。正是在这样的意识中，同时代人成长起来，并获得了自己的发展。在每一时代结束的时候，这种以时代为局限的意识都变成了"虚假的意识"并被"新的意识"所取代。

在培根那里，我们已经看到了虚假的意识与社会的（历史的）条件之间的联系，黑格尔则把历史变化的新原则引入到意识中。假定世界历史在当代的发展（首先从奠基于法国革命成就的拿破仑的世界帝国开始）已经达到了它的确定的目的，黑格尔就能为他的"哲学"提出变成"智慧"（Weisheit）的要求。真正的知识（智慧本身）是从对知识的纯粹的爱出发形成的，因此，人们能够以回顾的方式谈到早期的知识阶段和思维方式，而这些知识阶段和思维方式已经变成了"意识形态的"，即有限的因而是不真实的东西，而黑格尔和黑格尔主义者的哲学则变成了卓越的智慧和"科学"（Wissenschaft）。

青年马克思也关涉到这种已经被历史化的意识形态概念。他最初称同时代的资产阶级哲学是意识形态的，同时他还论述了以下的问题：①"虚假的意识"；②"以社会为条件的意识"；③在意识中，正如在现实中一样，对历史的发展起决定作用的不是观念或"精神"，而是物质的关系（社会秩序、社会地位等）。因此，从内容上看，马克思引入了第三个规定，这一规定后来被称作意识形态。马克思最初是在黑格尔和黑格尔主义者那里（尤其是在批判的黑格尔主义者路德维希·费尔巴哈那里）发现意识形态概念的。当黑格尔把历史称作"自由在意识中的进步"时，他已认定，各种宗教观念正是同时代的社会关系的表现和基础。一个民族、一种文化的成员一旦想象出上帝这个绝对者，他们的宗教就以颠倒的方式表达了他们的"自我意识"。基督教的上帝形象达到了人性的高度，从而也被提升到更高的哲学阶段上。正如黑格尔所说的，如果一个文化上已经发展了的人是他的社会、国家（"客观精神"）中的"主观精神"的话，那么这个"绝对者"就是"绝对精神"。费尔巴哈把上帝的形象看作是人的自我形象在天空中的投影，他由此而摒弃了黑格尔的上述见解。费尔巴哈试图通过如下方式把人们从自我异化中解放出来，即人们应当把已赋予上帝的"各种本性"重新赋予自己，重新占有自己。黑格尔的"绝对精神"正包含着从有限性中解放出来的人的各种本性。全能、全知和至善的上帝正是人的知识、能力（力量）和爱的绝对化。

在 1844 年发表的《〈黑格尔法哲学批判〉导言》中，马克思指出："就德国来说，对宗教的批判实际上已经结束；而对宗教的批判是其他一切批判的前提。"①费尔巴哈已经完成了这一批判，但是现在需要说明的是，为什么人们会把他们自己的最高的本性异化出去，并把它们"投射"到一个彼岸的存在物上去？费尔巴哈并没有回答这些问题，他完全像 18 世纪的启蒙学者一样坚信，人们能够通过纯粹的意识上的启蒙，通过对宗教的批判来克服这种异化。马克思指出："但人并不是抽象的栖息在世界以外的东西。人就是人的世界，就是国家、社会。国家、社会产生了宗教即颠倒了的世界观，因为它们本身就是颠倒了的世界。"②为了克服宗教这种虚假的意识形态，这个"颠倒了的世界"必须再度被颠倒过来，变成一个与人的需要和能力相适应的"真实的"世界。马克思说："反宗教的斗争间接地也就是反对以宗教为精神慰借的那个世界的斗争。"③又说："废除作为人民幻想的幸福的宗教，也就是要求实现人民的现实的幸福。要求抛弃关于自己处境的幻想，也就是要求抛弃那需要幻想的处境。"④对于马克思说来，意识形态批判（die Ideologiekritik）仅仅是第一个步骤，其目的是号召人们（后来他更具体地称其为"雇佣劳动

---

① 《马克思恩格斯全集》第 1 卷，人民出版社 1956 年版，第 452 页。
② 同上书，第 452 页。
③ 同上书，第 453 页。
④ 同上书，第 453 页。

者")起来改变那种不断地生产着意识形态(幻想)的现实关系。

意识形态总是服务于这样的目的,即维护现存的关系(统治阶级的权力),要推翻这样的关系并消除与之相应的意识形态的影响并不是很容易的。在《德意志意识形态》中,马克思表述了下面这一重要的思想:"统治阶级的思想在每一时代都是占统治地位的思想。这就是说,一个阶级是社会上占统治地位的物质力量,同时也是社会上占统治地位的精神力量。"①支配着物质生产资料的阶级,同时也支配着精神(意识形态)生产的资料。在统治阶级的思想家和准备以被动的方式接受这些思想和幻想的统治阶级其他成员之间的分工导致了这样的幻想,即占统治地位的观念似乎是与物质关系无关的。随着科学技术的进步和发展,随着一个新阶级的崛起(如欧洲资产阶级从16—17世纪以来的兴起),社会关系也发生了相应的变化,"革命思想"也出现在文化领域里,当新兴阶级成为统治阶级(例如在资产阶级革命后)时,这种"革命思想"才可能发展起来。但是,这种可能被预见的发展表明,新兴阶级也急需把它的利益以尽可能"普遍的形式"伪装起来,以便用这种方式来获得该社会的观念上的领导权(正如后来安东尼奥·葛兰西所说的那样)。

因此,革命的市民阶层的出现,并不伴随着"一切权力归市民阶层""一切生产资料归市民阶层"的口号,而是伴随着对一切人都适用的"自由、平等和博爱"的要求。普遍存在的情况是,"每一个企图代替旧统治阶级的地位的新阶级,就是为了达到自己的目的而不得不把自己的利益说成是社会全体成员的共同利益,抽象地讲,就是赋予自己的思想以普遍性的形式,把它们描绘成唯一合理的、有普遍意义的思想"②。因此,革命的阶级总是作为"全社会的代表"而出现的,因为旧阶级的统治首先是被生产力的发展所摧毁的,所以正如马克思所认为的那样,18世纪的资产阶级和现在的无产阶级事实上表达了一切非统治阶级的共同

① 《马克思恩格斯全集》第3卷,人民出版社1960年版,第52页。
② 同上书,第54页。

利益。

卡尔·曼海姆已经区分了两种意识形式（Bewusstseinsformen）：一种是走向没落阶级的偏见，即"意识形态"（Ideologie）；另一种是新兴阶级的意识形式，即"乌托邦"（Utopie）。但是，与马克思不同的是，他把这两种意识形式仅仅归结为有限的实在知识，并从"抽象的理智"出发，期待对部分现实有所认识的意识形态和乌托邦达到一种综合。

与此不同的是，马克思预见到了，随着阶级社会的终结，在将来的"无阶级社会"中，意识形态也必将终结。在这样的社会中，人们不再需要用普遍利益的幻想来掩盖相互之间不一致的特殊利益，因为把"特殊利益"扮作普遍利益或把"普遍利益"扮作统治阶级利益都不再是必要的了。到那时，观念也不再被想象为"统治的"观念，而自觉的和联合起来的人们将以非意识形态的（Ideologiefrei）、科学的方式组织起共同的生活，并创造他们的产品。

通向这一目标的成功道路是以对实在的清醒认识为前提的，马克思试图通过"政治经济学批判"的方式提供这样的认识。这一批判并不是意识形态式的，而是科学的洞见。政治经济学最初是一种批判性的知识，是从 18 世纪的市民阶层的进步思想中发展起来的，主要关系到亚当·斯密和大卫·李嘉图的政治经济学学说，后来的资产阶级的科学不再能达到他们的认识高度。为了维护阶级权力的稳定，编造幻想是必要的。也就是说，斯密和李嘉图的学说后来被抛弃了，取代资产阶级"古典学者"的是所谓"庸俗经济学"，这种经济学完全退回到斯密和李嘉图的认识立场的后面去了。

路易·阿尔都塞把谈论异化、物化和解放的"早期的"马克思和已经抛弃了黑格尔主义外壳的"成熟的"马克思区分开来。通过这一区分，他试图回到马克思关于以科学的洞见来扬弃意识形态的见解上。从对资产阶级生产方式的批判的陈述出发，阿尔都塞提出了具有实证主义意义的"科学"概念，认为它正是由马克思的"纯粹的科学"发展而成的，而"意识形态"则绝不是科学的真理，它只是为社会的革命变化提供动机。我相信，阿尔都塞割裂了意识形态和科学之间的联系，而这种联系对于正确地理解马克思的批判来说是不可或缺的。阿尔都塞改铸马克思思想的动机是出于这样一种需要，即把马克思主义描述为"普遍认可的科学"，使之与近代资产阶级的科学理论对立起来。

不可否认的是，除了马克思主义者的讨论之外，关于意识形态和科学的争论也已经延续了很长的时间。弗里德里希·尼采和西格蒙德·弗洛伊德都已卓有见地地提出了人类思维和推理的"合理性"的问题。尼采注意到，在人的所谓知识和似是而非的原则背后起作用的是"权力意志"，他并没有把这种意志赋予确定的社会团体，而是把它作为一种自然的、恒常的力量。他对西方基督教文明的总体的批判引出了这样的结论，即这一文明以反自然的方式损害了权力意志，它表现出来的只是软弱的怨愤和生命的无能，它反对的是强健的、伟大的个体，只有这些个体才能使人达到"超人"的境界。弗洛伊德批判了人的理性的骄横，强调人的思想和感情都是被无意识的本能因素所规定的，但是，像尼采一样，弗洛伊德并不愿意让非理性的欲望（或"权力意志"）显露出来，而是倒过来要给有意识的我以支配无意识的力量。

法兰克福学派的思想家已经以不同的方式试图把强化独立的和具有自我责任心的我（弗洛伊德）同社会解放的目标（马克思）结合起来。听凭其欲望支配的人不可能成为一个自由的、公正的社会的优秀的建设者。在这样的社会中，创造出各种不同的关系是必要的，在这些关系中，不仅观念的发展摆脱了虚假的意识形态（对统治的掩盖），而且"强健的"、具有"自我意识的"人能够成长起来，这些人不再受欲望的支配，因而与一个强有力的"父亲"（或"领袖"）保持一致也就变得不必要了。

许多思想家，像霍克海默、阿多诺、马尔库塞、弗洛姆等都致力于把马克思的批判思想同弗洛伊德的洞见结合起来。在德国法西斯主义盛行的时候，大多数德国人都无力发展自我意识，因而尝试同"强有力的领袖"保持"一致"，大多数人反对谈论自己的利益，而是努力效忠于荒谬的掠夺和剥削计划。对小资产阶级和工人阶级意识经验的探讨在战后也导致了对依附于权威的人格结构的探讨，正是这种人格结构很容易引起对相应的"领袖"的盲从。

　　我在这里简要地加以介绍和概括的俞吾金博士的论著也论述了列宁、毛泽东和其他人的意识形态概念。我认为，他们的意识形态概念与早期马克思和法兰克福的思想家是有区别的。我很高兴，中国的读者将通过这部论著了解意识形态概念的复杂性以及这一概念在当代的讨论情况。

再版序^①

俞吾金

　　拙著《意识形态论》于 1993 年问世以来，已经 16 年了。由于平时俗务缠身，我几乎成了一个失去记忆的人。当我费力地从书架上找出这本旧著，伴着雨前茶送来的茶香，轻轻地抚摸着它的白色的封面，慢慢地翻阅着那些微微泛黄的书页时，记忆像打开闸门的潮水一样向我涌来。

　　23 年前，即 1986 年秋，我开始在胡曲园教授的麾下攻读马克思主义哲学博士学位。胡老和艾思奇是同辈人。他是蜚声中外的哲学家，也是复旦大学哲学系的创办者、老系主任。当我作为高考招生制度恢复后的第一届大学生，即 77 级大学生，进入复旦大学哲学系学习时，胡老年事已高，早已从领导岗位上退了下来，但他仍然继续指导博士研究生。胡老住在复旦大学第九宿舍的一幢红砖房里。凡在复旦大学求学或工作过的人都知道，这一排排红砖房里住着的都是国宝级的老先生。有时候，到第九宿舍办事，在宿舍区的小路上，不小心与某些闻名遐迩的老先生擦肩而过，突然觉得时间和空间的间隔失去了它们的

---

① 本序系《意识形态论》修订版（人民出版社 2009 年版）序言。——编者注

威严，心中不免萌发出某种满足感，仿佛不但感受到了他们身上散发出来的灵气，也感受到了他们年轻时在思想学术领域里掀起的轩然大波。我和吴晓明从本科起就是同学，硕士阶段也是同学，又一起投在胡老门下攻博，关系自然十分亲密。我们经常结伴去看望胡老。虽然胡老已届耄耋之年，但思路清晰、谈锋甚健，见到我们，尤其高兴。无论是在做人还是做学问方面，他都给我们许多教诲。

1988 年 10 月，我作为联合培养博士生，赴德国法兰克福大学哲学系留学。我的指导教师是伊林·费切尔教授。有趣的是，他是社会学系的教授，但经常在哲学系开设课程。当他得知我对意识形态问题有兴趣时，大喜过望。因为当时他正和哲学系的另一位知名教授阿尔弗雷德·施密特（Prof. Dr. Alfred Schmidt）一起开设题为"意识形态概念史"的讨论班。他马上安排我参加讨论班，为我提供了不少关于当代意识形态问题研究的资料，并热情地建议我去阅读法兰克福学派的一些重要著作，如《批判理论》《启蒙辩证法》《否定辩证法》《工具理性批判》等，并就意识形态问题和我们共同关注的其他理论问题，也包括中国哲学问题，与我们进行了多次深入的交谈和讨论。1990 年夏季学期，费切尔教授还和我一起在法兰克福大学社会学系举办了题为"马克思主义在中国的接受和发展"的讨论班，不少对中国问题有兴趣的学生参加了这个讨论班，师生之间有很好的理论上的互动。所有这些活动都使我获益匪浅，也深化了我对意识形态问题的理解和思索。更令我感动的是，当费切尔教授得知本书即将出版的消息后，还为它撰写了长篇序言。费切尔教授的热情指导和帮助是我终生难忘的。

拙著于 1993 年初版，遗憾的是，胡老却于同年遽归道山，令我们这些长期在国外"游荡"的弟子痛惜不已。本书在 16 年以后得以再版，也算是对胡老的一个纪念吧。

拙著出版后，尽管我的理论兴趣和研究重心发生了转移，但意识形态问题始终是我关注的焦点之一。事实上，近年来我正在做一个项目，即西方马克思主义的意识形态理论及其最新发展态势研究。通过对许多新观点、新材料的接触，我对意识形态问题的理解也更深入了，某些方面的见解也发生了相应的变化。然而，当拙著今天有机会再版时，我已无权再对它做出重大的修改。一旦苹果从树上掉了下来，它就不仅仅属于这棵树了。拙著毕竟是那个历史时代的产物，还是让它大致保持那个时代的风貌吧。至于我对意识形态问题的新的研究和思考，将通过目前正在撰写的《意识形态星丛》一书，系统地叙述出来，而在对拙著《意识形态论》初版的修订中，我的主要工作限于以下各个方面：第一，订正脱漏的、错讹的文字；第二，改写含义不明确的句子；第三，对读者感兴趣但语焉不详的地方适当地进行补写；第四，使原来就具有创新意识的一些见解表述得更加严格、更加完整；第五，补充一些注释和参考文献，使读者在某些方面可以做纵深的了解和探索。

尽管我对修订工作做了上述限定，但我也不能无视读者对我近年来的新思考的关切。考虑到这方面的因素，我从近年来发表的关于意识形态问题的论文中挑出了《从科学技术的双重功能看历史唯物主义叙述方式的改变》（原载《中国社会科学》2004 年第 1 期）这篇论文，把它作为附录放在全书之后，以供读者参考。虽然这篇论文的标题中没有出现"意识形态"的字样，但其探索的核心问题正是意识形态问题。但愿这篇论文在一定程度上能够满足读者的好奇心。

目　录

绪　论　这个时代的哲学主题

我们正处于两个世纪交汇的转折点上。科学技术的迅猛发展、知识财富的快速积累和政治格局的变幻莫测，使我们置身于一个前所未有的新时代中。这个时代的哲学主题是什么？对于从不同的角度去思考这个时代的人们来说，答案肯定是见仁见智、迥然各异的。可是，每一个有识之士都会发现，人们对这个时代的思考越深入，就会越自觉地汇聚到一个焦点上，这个焦点就是意识形态问题。

众所周知，哲学研究通常是在以下三个不同的领域中展开的：一是主体和主体世界，二是客体和客体世界，三是主客体世界之间的媒介物。毋庸讳言，人们对这三个领域的研究最后也会聚焦在意识形态问题上。

我们先来看主体和主体世界。我们这里说的主体是指生活在一定历史时期中的个人。由于每个人都可以把其他人作为自己观察或认识的对象，所以每个人都有可能变为客体。当然，我们这里的目的既不是探讨主体、客体概念的相对性，也不是对这两个概念被使用的具体语境进行限定，我们只是在通常的意义上，把一个具体的人，比如一个哲学家，作为主体与作为观察和认识对象的某个客体或整个客体世界对应起来。不少哲学家喜欢谈论人作为主体的能动性，谈论独立于他人的自我，然而，这种常常被夸大的能动性实际上是非常有限的。

谁都不会否认，一个人刚出生时，不过是一个自然存在物，而这个自然存在物要转化为社会存在物，成为社会生活中的一个合格的成员，不得不从小就开始接受教化。不用说，教化是通过语言来进行的。我们甚至可以说，个人接受教化的过程也就是他学习语言的过程，而语言并不像人们通常所理解的那样，只是单纯的形式或空洞的外壳，语言在其实际运用中(包括在传授中)总是自觉或不自觉地以一定的意识形态为导向的。也就是说，传授一种空洞的语言是不可能的，传授语言的过程本质上就是传授意识形态的过程。

意识形态既不是空洞无物的说教，也不是闲来无事的诗词，而是个人进入并生活于某个社会中的许可证。个人只有通过教化与意识形态认同，才可能与以这种意识形态为主导思想的社会认同。所以黑格尔早已告诉我们，一个人在社会中接受的教化越多，他在该社会中具有的现实力量就越大。这样一来，我们就明白了：个人越是认同某种意识形态，他在以这种意识形态为主导思想的社会中就越显得得心应手。然而，与此同时，他的主体性的失落也越严重。在极端的形式下，他甚至成了一个装满意识形态象形文字的容器，陶醉于对子虚乌有的主体性的盲目的满足。他常常充满自信地使用下面这些句型，如"我确信……""我认为……""我发现……"，实际上，这里的"我"不过是意识形态的代名词。真正的我，即有独立见解的我已经淹没在意识形态的硫酸池中，消失得无影无踪了。具有讽刺意义的是，在主体性谈得最多的地方，我们见到的却是纯粹的客体性；在"我"字出现得最多的地方，我们见到的却是一种无我之我，即我之死亡。正如马克思在谈到涵括着各种情感和观点的意识形态时所说的："通过传统和教育承受了这些情感和观点的个人，会以为这些情感和观点就是他的行为的真实动机和出发点。"①这段重要的论述早已暗示我们：真正居于主体位置上的从来不是个人，而是个人通过教化而内化为心中权威的意识形态。

由此可见，个人主体性的实质是意识形态主体性。个人自以为像古希腊神话中的安泰俄斯一样，用双脚站立在大地母亲的躯体上。实际上，作为空虚的、单纯形式上的主体性，他只是像浮萍一样漂浮在意识形态的以太中。个人常常会陷入这样的幻觉之中，即以为自己可以无拘无束地思考任何愿意思考的问题。其实，无论是他所思考的问题，还是他思考问题的方式或解决问题的方向，甚至连他思考问题的术语和提出问题的句型，都是意识形态在冥冥中提供给他的。

总之，个人的思考并不是无界限的，而是个人以为自己的思考是无界限的。事实上，意识形态的界限也就是个人思考和表达的界限。既然真正的主体性植根于意识形态之中，德尔斐神庙中的著名箴言"认识你自己"也就转化为"认识意识形态"。这就深刻地启示我们，只有像马克思那样，对自己置身于其中的意识形态获得自觉的批判意识，个人才有可能找回已经失落的自我，并确立起真实的主体性。令人匪夷所思的是，当个人以为自己从来不受任何意识形态的约束时，他正漂浮在某种意识形态中；反之，当他清晰地意识到自己处于某种意识形态中时，他才有可能超越这种意识形态。

我们再来看客体和客体世界。人们通常认为，客体和客体世界的存在是不以任何个人的主观意志为转移的。其实，这里存在着双重误解。

一方面，"客体"（object）是相对于"主体"（subject）来说的，正像"上"是相对于"下"来说的，"大"是相对于"小"来说的一样。② 在这个意

---

① 《马克思恩格斯选集》第1卷，人民出版社1995年版，第611页。
② 有趣的是，法国哲学家利奥塔认为，现代性的叙事通常表现为"宏大的叙事"（grand narrative），而在后现代语境中，"宏大的叙事"已经消解，留下来的只是"细小的叙事"（petty narrative）。显然，利奥塔没有意识到，"小"永远是相对于"大"而言的。如果在后现代的语境中不再有"宏大的叙事"，那也就等于说，不会再有"细小的叙事"了。

义上，没有主体，就根本不可能有客体，因而当我们谈论客体和客体世界时，始终是以主体和主体世界作为参照系的。在日常生活中，人们常常会陷入这样的幻觉中，即他们越是强调某件事情的客观性，就越是在摆脱自己的主观性。其实，他们完全搞错了。他们越是强调某件事情的客观性，也就越是承认它的主观性，因为世界上永远不可能存在没有subject作为主观背景的object。①

　　另一方面，当人们认定，"客体和客体世界的存在是不以任何个人的主观意志为转移"时，他们的见解是值得商榷的。其实，我们不能笼统地、抽象地谈论"个人"，而应该从个人中区分出两种不同的类型：一是"普通个人"，二是"伟大个人"。就"普通个人"来说，其主观意志尽管是十分有限的，但也会发挥一定的作用。诚如恩格斯所说："历史是这样创造的：最终的结果总是从许多单个的意志的相互冲突中产生出来的，而其中每一个意志，又是由于许多特殊的生活条件，才成为它所成为的那样。这样就有无数互相交错的力量，有无数个力的平行四边形，由此就产生出一个合力，即历史结果，而这个结果又可以看作一个作为整体的、不自觉地和不自主地起着作用的力量的产物。因为任何一个人的愿望都会受到任何另一个人的妨碍，而最后出现的结果就是谁都没有希望过的事物。所以到目前为止的历史总是像一种自然过程一样地进行，而且实质上也是服从于同一运动规律的。但是，各个人的意志——其中的每一个都希望得到他的体质和外部的、归根到底是经济的情况（或是他个人的，或是一般社会性的）使他向往的东西——虽然都达不到自己的愿望，而是融合为一个总的平均数，一个总的合力，然而从这一事实中决不应作出结论说，这些意志等于零。相反地，每个意志都对合

―――――――――

　　① 据说，北京大学教授蔡仪在《新美学》一书中认为，美在客观事物。他甚至认为，在世界上还没有人类的时候，客观事物就是美的。这个观点之所以可笑，因为"美"永远是相对于审美主体"人"而言的，aesthetic（审美的）这个词在古希腊文中的意思是指"（人的）感性的"。所以，在"人"这个审美主体还没有诞生之前，世界上根本就不可能有美的事物。此外，"客观的"（objective）这个形容词永远是相对于"主观的"（subjective）这个形容词来说的。如果世界上还没有"主观的"东西，又何来"客观的"东西呢？

力有所贡献，因而是包括在这个合力里面的。"①显然，在恩格斯看来，虽然普通个人的主观意志是有限的，相互之间也会发生冲突，但它们会在冲突中形成意志的合力，从而对客体和客体世界产生间接的影响。

就"伟大个人"，如伟大的政治家、军事家、宗教领袖来说，他们的个人意志常常会对整个人类历史产生重大的影响。英国学者卡莱尔认为："在我看来，世界的历史，人类在这个世界上已完成的历史，归根结底是世界上耕耘过的伟人们的历史。他们是人类的领袖，是传奇式的人物，是芸芸众生踵武前贤、竭力仿效的典范和楷模。甚至不妨说，他们是创世主……可以公正地说，整个世界历史的灵魂就是这些伟人的历史。"②尽管卡莱尔的结论有过甚其词之嫌，但我们不得不看到，伟大个人的意志有时候确实可以在历史上发生巨大的作用。也就是说，有时候，客体和客体世界是依这些伟大个人的主观意志为转移的，尤其是当他们的意志运用方向与意志的合力的方向相一致时，其意志的作用就显得更为明显。

于是，我们发现，无论是普通个人的主观意志，还是伟大个人的主观意志，都可能通过意志的合力对客体和客体世界发生影响，甚至是重大的影响，在这个意义上可以说，客体和客体世界正是依个人的主观意志为转移的，但这里有一个必要条件，即个人意志必须沿着切合于意志合力的方向去发挥作用。

这样一来，新的问题又产生了：个人如何使自己的意志沿着切合意志合力的方向去发挥作用呢？在通常的情况下，个人的意志也是漂浮在意识形态中的，而意识形态总是使个人的理性无法看清现实，从而对现实做出错误的判断，而他的主观意志则在这种错误判断的指引下发挥作用。

我们认为，个人的理性要对自己的意志做出合理的引导，就必须对

---

① 《马克思恩格斯选集》第4卷，人民出版社1995年版，第697页。
② 《英雄和英雄崇拜：卡莱尔讲演集》，张峰、吕霞译，生活·读书·新知三联书店上海分店1988年版，第1—2页。

自己置身于其中的意识形态获得批判意识。也就是说，如果人们要对客体和客体世界做出合理的、有效的"改变"或"转移"，就必须先行地获得对意识形态的批判意识。于是，我们发现，即使是认识和改变客体、客体世界，问题的症结仍然在意识形态问题上。

最后，我们来看主、客体世界之间的媒介物。我们知道，实践是主体世界见诸客体世界的基本活动，而主体为了使自己的实践活动顺利地进行，也为了使自己的实践经验可以传递下去，就不得不通过语言的形式，对主体世界，尤其是主体世界所涉及的客体世界的一切事物进行命名。

其实，马克思在谈到人类时，早已告诉我们："正如任何动物一样，他们首先是要吃、喝等等，也就是说，并不'处在'某一种关系中，而是积极地活动，通过活动来取得一定的外界物，从而满足自己的需要（因而，他们是从生产开始的）。由于这一过程的重复，这些物能使人们'满足需要'这一属性，就铭记在他们的头脑中了，人和野兽也就学会'从理论上'把能满足他们需要的外界物同一切其他的外界物区别开来。在进一步发展的一定水平上，在人们的需要和人们借以获得满足的活动形式增加了，同时又进一步发展了以后，人们就对这些根据经验已经同其他外界物区别开来的外界物，按照类别给以各个名称。这必然会发生，因为他们在生产过程中，即在占有这些物的过程中，经常相互之间和同这些物之间保持着劳动的联系，并且也很快必须为了这些物而同其他的人进行斗争。但是这种语言上的名称，只是作为概念反映出那种通过不断重复的活动变成经验的东西，也就是反映出，一定的外界物是为了满足已经生活在一定的社会联系中的人（这是从存在语言这一点必然得出的假设）的需要服务的。"①在马克思看来，人们不仅运用语言相互进行了解和沟通，也运用语言对外界事物进行命名和解释。

随着人类社会的发展，语言越来越成为主体世界和客体世界之间的

---

① 《马克思恩格斯全集》第19卷，人民出版社1963年版，第405页。

媒介物，以至于可以说，主体世界和客体都飘浮在语言中。然而，为了确保主体之间沟通的有效性和主体对客体世界认识的连续性和可传递性，一旦语言被投入使用，它在形式上就必须符合一定的语法和逻辑，否则，与语言活动相伴随的理解和交流便是不可能的；同时，它在内容上必然会自觉或不自觉地以一定的社会的意识形态为导向。

一定的意识形态总是以一定的语言为载体的。也就是说，既不存在无语言载体的意识形态，也不存在无意识形态导向的空洞的语言形式。也就是说，主体并不直接地与客体世界打交道，而是通过意识形态的媒介去认识、理解并改变客体世界的。意识形态如同一种普照的光，笼罩着整个主体世界和客体世界。问题在于，在大多数情况下，这种对主体世界和客体世界的笼罩，同时又是对它们的变形。主体不得不通过意识形态的媒介与其他主体沟通，并与其他主体一起面对客体世界，所以在对意识形态获得深刻的批判意识之前，他对主体世界和客体世界都不可能获得正确的认识。

从上面的论述可以看出，只要我们稍稍涉足哲学，就不可避免地要被引导到意识形态问题上。但仅仅根据上面的论述，我们只能断言意识形态是哲学的主题，还没有说明为什么它是我们这个时代的哲学主题。意识形态概念的发展史告诉我们，虽然从哲学诞生时期起人们实际上已处于某种意识形态的束缚下，但意识形态的概念却是在近代哲学的发展中形成的，并且直到马克思那里，意识形态的本质才得到了科学的说明。也就是说，虽然意识形态是一个重要的哲学问题，但并不是每一个时代的哲学家都会把它作为重要的哲学问题来对待。意识形态问题成为这个时代的哲学主题，是由各种不同的历史条件促成的。

第一，意识形态概念发展史上最重要的理论著作——马克思和恩格斯的《德意志意识形态》虽然成稿于1845—1846年，但整部书稿却于1932年才首次面世，同年面世的还有马克思的《1844年经济学哲学手稿》。也许是《1844年经济学哲学手稿》探讨的主题"人道主义和异化"引起了人们更大的兴趣，所以当时舞台的灯光都集中在《1844年经济学哲学手稿》上，人们在一定程度上冷落了《德意志意识形态》这部著作。然而，《德意志意识形态》作为马克思和恩格斯最初叙述历史唯物主义这一新世界观的重要理论著作，它的观点的新颖、见解的深邃、运思的周密，尤其是它对意识形态问题的系统的论述，很快就显示出它的巨大的理论价值。以后发生的事实也表明，这部著作不仅仅属于意识形态概念发展史，不仅仅属于马克思主义哲学发展史，也是整个人类思想史上的一部划时代的著作。它不仅预示意识形态将成为这个时代的哲学主题，而且也为人们解开意识形态之谜提供了一把钥匙。事实上，这部著作问世后不久，奥地利的"弗洛伊德的马克思主义"的创始人威廉·赖希就出版了《法西斯主义的大众心理学》一书，运用马克思的意识形态理论，对法西斯主义现象的兴起和蔓延做出了透彻的分析。于是，在西方马克思主义者和西方学者中很快就掀起了一股研读《德意志意识形态》的热潮。正是这股热潮为19世纪60年代以来各种意识形态理论的应运而生创造了历史条件。

第二，从第二次世界大战结束的那一年，即1945年起，以苏联、东欧为代表的一方和以美国、西欧为代表的另一方进入了"冷战"阶段。20世纪50年代中期，在西方学术界，尤其是政治学界和社会学界，兴起了一股"意识形态终结"（the end of ideology）的思潮。这股思潮的代表人物是雷蒙·阿隆（Raymond Aron）、爱德华·希尔斯（Edward Shils）、利普塞特（S. M. Lipset）和丹尼尔·贝尔（Daniel Bell）等人。他们通过对第二次世界大战，尤其是第二次世界大战中苏联的具体表现的深入分析，认定以斯大林为代表的社会主义意识形态与资本主义的意识形态之间并不存在着真正有意义的差异和对立。正是在这个意义上，他们认为，意识形态已经终结。然而，这一思潮很快就表明自己是缺乏远见的。事实上，意识形态并没有终结，也不可能终结。正如英国学者霍尔姆伍德在《1968的哈贝马斯如何把马克思转变为1951的帕森斯》一文中所说的："在经历一段时期的社会统一和20世纪50年代的保守主义之后，西方社会并没具有'意识形态终结'的特征，而是正在进入新的'喧器的意识形态时代'。"①一方面，资本主义意识形态与社会主义意识形态之间的对立仍然由于"冷战"背景的延伸而继续着。即使到了20世纪90年代，"冷战"的背景已经消失了，这种对立仍然以某种方式延续着。另一方面，从20世纪60年代中期起，西方国家出现了一个意识形态研究高潮。马尔库塞的《单向度的人》、弗洛姆的《超越幻想的锁链》、阿尔都塞的《保卫马克思》、哈贝马斯的《作为"意识形态"的技术与科学》、科莱蒂的《意识形态和社会》等，都把发达工业社会的意识形态作为自己研究的对象。这一研究高潮的形成本身就意味着20世纪50年代出现的"意识形态终结论"的破产。

第三，当代科学技术的迅猛发展促使人们对科学技术的功能及它与意识形态之间的关系做出新的思索和定位。按照传统的见解，虽然科学技术在观念形态上属于社会意识，但这种社会意识并不包含在意识形态的范围内，甚至正好与以哲学、艺术、宗教、道德等意识形式为载体的意识形态处于分离和对立的状态中。然而，在西方发达工业社会中，科学技术在观念形态上越来越多地渗透到意识形态中，其合理性观念甚至成了意识形态的核心原则。事实上，只有对科学技术与意识形态的关系做出深入的反思，才能充分认识西方发达工业社会中意识形态存在和发挥作用的新形式。

第四，从20世纪60—70年代开始兴起的形形色色的社会运动，如女性主义运动、生态环境保护运动、后殖民主义批判运动、新自由主义运动、新保守主义运动、全球正义运动等，为意识形态问题的探讨提供了新的动力，而1989年以来，苏联的解体和东欧的剧变，促使越来越多的学者聚焦于意识形态问题。

由此可见，说意识形态是我们这个时代的哲学研究的主题，并不是夸张之词，而是对我们这个时代所获得的一种准确的自我意识。那么，

---

① ［英］J. 霍尔姆伍德：《1968的哈贝马斯如何把马克思转变为1951的帕森斯》，高静宇译，《世界哲学》2008年第5期。

意识形态问题研究的现状到底如何呢？

我们先来看当代西方国家的研究状况。毋庸讳言，在意识形态问题的研究上，当代西方国家的理论家一直发挥着引导性的作用。他们的研究活动主要集中在以下五个问题上。

一是关于意识形态领导权的问题。这一问题主要是在意大利的马克思主义者葛兰西的倡导下提出来的，涉及如何在西方资本主义社会中开展意识形态斗争，逐步夺取资产阶级意识形态领导权。这一意识形态领导权的理论对第二次世界大战后西方各国的马克思主义者，尤其是欧洲共产主义者的理论见解产生了广泛而深远的影响。

二是关于战后西方发达工业社会中意识形态的新特征和新作用问题。这一问题的探讨主要是由德国法兰克福学派的学者和美国社会学家发起的，逐渐成了西方大学哲学系和社会学系最热门的研究课题，其讨论的焦点则集中在意识形态与科学技术的关系上。

三是关于马克思主义意识形态的问题。不少论著致力于对苏联、东欧的马克思主义的意识形态理论的研究，以阿尔都塞、巴里巴尔为代表的一些学者则深入地研究了《德意志意识形态》这部著作，着重探讨了意识形态与科学（成熟的马克思主义理论）之间的关系问题，并提出了"人是意识形态的动物""意识形态国家机器"等新概念。阿尔都塞的意识形态理论被西方评论家们认为是最有创见的理论之一。

四是关于意识形态概念发展史的问题。随着当代西方哲学家们对意识形态问题兴趣的日益增长，对意识形态概念发展史的研究也成了一个热门课题。从20世纪60—70年代开始，德国学者汉斯·巴尔特（Hans Barth）、库尔特·伦克（Kurt Lenk）等学者就已经致力于这方面的研究了。1988年冬季学期，法兰克福大学教授伊林·费切尔（Iring Fetscher）和阿尔弗雷德·施密特（Alfred Schmidt）联袂主持了题为"意识形态概念史"的讨论班，参加这个讨论班的人很多，争论很激烈，表明了人们对这一问题的普遍兴趣和关注。①

五是关于意识形态和心理分析理论的关系问题。威廉·赖希在第二次世界大战前，弗洛姆、马尔库塞等在第二次世界大战后，都积极地推进了这方面的研究，其探讨的重点则集中在意识形态与无意识、意识形态与社会性格的关系等问题上。

纵观西方学者对意识形态问题的研究，应该看到，他们提出了一些新理论，引入了一些新的研究方法，也开创了一些新的研究领域，这对我们是很有启发的。但与此同时，我们也应该清醒地意识到他们的研究中所存在的问题：第一，他们在研究意识形态概念发展史的时候，完全撇开了以列宁、毛泽东为代表的东方社会主义国家的意识形态理论，这表明，"欧洲中心论"的错误观念还远没有彻底地被清除；第二，他们过分地强调了当代西方社会出现的新情况，偏离甚至抛弃了马克思的历史唯物主义的立场，这使他们不能正确地理解并阐述意识形态问题，也无法准确地把握资本主义意识形态的本质；第三，他们在致力于从学理上探讨意识形态问题的时候，往往滑向另一个极端，即淡化乃至完全抹杀意识形态的阶级归属。所有这些方面的问题都需要我们运用马克思的历史唯物主义的基本观点进行分析、批判和清理。

我们再来看苏联和东欧的研究状况。十月革命后，苏俄成了世界上第一个社会主义国家。在苏联的影响下，东欧一些国家在第二次世界大战后也先后成为社会主义国家。不用说，在这些国家里，占主导地位的是斯大林模式的社会主义意识形态。平心而论，斯大林不失为一个伟大的马克思主义者，他主观上也努力想搞好苏联的社会主义革命和社会主义建设，但他在政治和意识形态领域里所推行的阶级斗争严重扩大化的错误路线，对苏联和东欧各国的社会主义事业造成了灾难性的严重后果。斯大林于 1953 年逝世后，以他的名字命名的意识形态在苏联理论

---

① 在伊林·费切尔教授的安排下，笔者自始至终参加了这个讨论班，不仅对意识形态概念的发展史有了一个明晰的了解，也产生了研究这个问题的兴趣。作为笔者博士论文的《意识形态论》正是在这一兴趣的驱动下撰写出来的。

界遭到了广泛的批评。在这一批评中，出现了一种与西方的"意识形态终结"思潮相近的倾向，即试图建立一种完全与阶级属性分离的新的意识形态。

1955 年，苏联《哲学问题》杂志第 6 期上刊登了谢列克托尔的一篇文章。这篇文章主张建设一种新的社会主义意识形态，这种意识形态应该是"真正人道主义的、深刻博爱的意识形态，因此它是各国人民之间的和平的意识形态"①。不能否认，这是斯大林逝世后在苏联理论界出现的一种新的意识形态理论，其哲学基础则是在西方的启蒙运动中形成和发展起来的抽象的人道主义学说。这种新的意识形态的理论遭到了另一部分苏联理论家的反对和批判。康斯坦丁诺夫在《哲学问题》杂志 1973 年第 6 期上发表的那篇《现阶段的意识形态斗争和哲学科学的任务》的论文就是批评这一倾向的。他在论文中指出："哲学科学最重大的问题是意识形态斗争，亦即社会主义力量与资本主义势力之间的斗争在现阶段的地位、内容和作用的问题。"②他还进一步批判了资产阶级意识形态的哲学基础："哲学人本主义和抽象人道主义今天都是资产阶级意识形态、修正主义和其他反马克思主义学说的十分重要的组成部分。"③康斯坦丁诺夫的见解维护了列宁关于社会主义意识形态与资本主义意识形态相对立的学说。

值得注意的是，戈尔巴乔夫在 1987 年出版的《改革与新思维》一书中提出的意识形态理论是更接近谢列克托尔所倡导的新的意识形态理论的。戈尔巴乔夫指出："在政治方面、意识形态中，我们力求恢复生气勃勃的列宁主义精神。"④那么，他所说的"列宁主义精神"究竟是什么意

① 贾泽林等编译：《苏联哲学纪事(1953—1976)》，生活·读书·新知三联书店 1979 年版，第 37 页。

② [苏]康斯坦丁诺夫：《马克思列宁主义哲学与现时代》，赵承先等译，上海译文出版社 1986 年版，第 288 页。

③ 同上书，第 297 页。

④ [苏]米·谢·戈尔巴乔夫：《改革与新思维》，岑鼎山等译，世界知识出版社 1988 年版，第 52 页。

思呢？在他看来，这种精神主要表现在以下两个方面：一是对内提倡公开性、批评和自我批评的准则，并认为"只有这样的态度才符合社会主义意识形态的原则"①；二是对外倡导"必须使政治立场摆脱意识形态上的偏执"②的新的政治思维，而新的政治思维作为出发点的基本原则是："核战争不可能是达到任何政治的、经济的、意识形态的目的的手段。"③也许戈尔巴乔夫提出以新思维为基础的新的意识形态理论的目的是缓和国际、国内的紧张局势，但这种新理论能使苏联摆脱当时的困境吗？这种以共同的生存问题来取代社会主义意识形态和资本主义意识形态对立的愿望是否就是对生气勃勃的列宁主义精神的真正恢复呢？

如前所述，第二次世界大战后东欧各国主要恪守斯大林主义的意识形态理论。然而，在苏共二十大和西方理论界提出的"意识形态终结"思潮的冲击下，这些国家在意识形态领域的发展中也出现了四种新的理论和倾向。

一是在改革过程中出现了以"市场社会主义"为根本特征的新的意识形态概念。正如马·拉科夫斯基所指出的："尽管'市场社会主义'的一些主要思想在各国尚未组合成为自成体系的、占主导地位的意识形态，然而在一九五三年至一九六八年之间，即从斯大林机制开始瓦解到斯大林之后的体制最终确立这段时间，这些主要思想在东欧各国都已充分表现出来。"④从 20 世纪 60 年代后期起，由于改革中发生的种种挫折，这种新的意识形态理论已开始逐渐衰落下去。

二是出现了类似于谢列克托尔倡导的人道主义的意识形态新理论，这种新理论在以科西克为代表的捷克存在主义人类学派、以马尔科维奇和弗兰尼茨基为代表的南斯拉夫实践派、以沙夫为代表的波兰哲学人文

---

① ［苏］米·谢·戈尔巴乔夫：《改革与新思维》，岑鼎山等译，世界知识出版社 1988 年版，第 65 页。

② 同上书，第 123 页。

③ 同上书，第 120 页。

④ ［美］马·拉科夫斯基：《东欧的马克思主义》，钟长安译，生活·读书·新知三联书店 1984 年版，第 13—14 页。

学派和以阿格妮丝·赫勒为代表的匈牙利布达佩斯学派中得到了充分的体现。

三是出现了从社会存在本体论的角度出发来研究意识形态的新理论，这主要体现在匈牙利哲学家卢卡奇晚年的巨著《社会存在本体论》中。有趣的是，作为卢卡奇的学生，阿格妮丝·赫勒等人更愿意肯定并弘扬卢卡奇在《历史与阶级意识》一书中提出的基本观点，当然也包括其当时提出的关于物化和意识形态的理论。

四是出现了以民主德国的哲学家恩斯特·布洛赫为代表的、从乌托邦精神的角度出发来研究意识形态的新理论。尽管布洛赫的乌托邦和意识形态理论没有在当时的民主德国形成一个学派，但其理论的影响却遍及西欧、东欧各国，甚至延伸到拉丁美洲的一些国家中。布洛赫主要通过引入乌托邦精神中的"尚未意识"（consciousness of not yet）和"希望原理"（principle of hope），丰富了马克思主义的意识形态理论的内涵。

总的来看，苏联和东欧的意识形态理论是由以下两个部分组成的：一部分是正统的或官方的意识形态理论。这部分意识形态理论强调意识形态的阶级属性，肯定社会主义意识形态是阶级性和科学性的统一，坚持批判形形色色的资产阶级意识形态理论；其局限性则是失之僵化，失之褊狭，缺乏对意识形态问题的深入的、创造性的研究。另一部分是非正统的或民间的意识形态理论。这部分意识形态理论主张淡化意识形态的阶级属性，借鉴西方学者关于哲学和意识形态研究的各种新见解；其局限性则是偏离了马克思的历史唯物主义的基本立场，否定了社会主义意识形态与资本主义意识形态相互冲突的基本事实。

在戈尔巴乔夫执政时期，非正统的或民间的意识形态逐渐上升为官方的意识形态。从20世纪80年代末到90年代初，苏联的解体和东欧的剧变表明，自觉地意识到社会主义与资本主义这两大意识形态的对立，自觉地维护社会主义意识形态，仍然是社会主义社会中理论研究者的重要使命。当然，从历史唯物主义的基本立场看来，维护社会主义意识形态的最根本的做法是使这种意识形态无条件地适应于并服务于社会主义经济建设这个中心任务。事实上，只有理顺意识形态与经济建设之间的关系，始终清醒地意识到意识形态作为观念形态的有限性，社会主义意识形态的发展才能进入健康的轨道。

最后，我们来看国内的研究情况。1949 年中华人民共和国成立后，在列宁和斯大林的影响下，毛泽东像新民主主义革命时期一样，十分重视意识形态问题。1956 年，中国共产党第八次全国代表大会的政治报告通过对国内主要矛盾的分析，确定了搞好社会主义经济建设这一中心任务，从而也科学地规定了意识形态建设的根本方向和基本任务。然而，从 20 世纪 50 年代后期起，阶级斗争扩大化，尤其是意识形态领域内的阶级斗争扩大化的错误越来越明显地表现出来，终于导致了 1966 年"文化大革命"的爆发。在"文化大革命"中，占主导地位的是"意识形态决定论"或"思想路线决定论"。根据这样的理论，只要思想路线的问题、意识形态的问题解决了，其他问题也就迎刃而解了。历史和实践都表明，这种与经济建设的客观要求相对立的意识形态，除了搞乱人们的思想外，只能把社会主义经济拖到毁灭的边缘。"文化大革命"后，党的十一届三中全会重新恢复了八大的正确的政治路线，从而再度把工作重心转移到经济建设上。邓小平主持制订的"一个中心，两个基本点"的基本路线表明，中国的马克思主义者在长期革命实践的经验教训中，创立了一种科学的、成熟的意识形态理论。按照这一理论，第一，在整个社会主义历史时期，经济建设始终是我们面临的中心任务，意识形态的建设不应该干扰、偏离这个中心，而应当无条件地服从并服务于这个中心；第二，意识形态建设的基本方向是坚持改革开放，认真总结中国传统文化的思想遗产，努力学习、汲取国外优秀的文化成果和先进的管理技术，改革一切阻碍社会主义经济发展的生产关系和规章制度；第三，社会主义意识形态必须坚持四项基本原则，正确区分两类不同性质的矛盾，确保社会主义社会在政治上的稳定性，从而促进社会主义生产力的持续发展和人民物质文化生活水平的不断提高。

总之，中国的马克思主义者已经联系本国的实践，创造性地发展了马克思主义的意识形态理论。但是，我们还没有从理论上全面地总结这方面的成果，我们还没有一部系统地研究马克思主义意识形态理论的专著，更没有一部简要地论述意识形态概念发展史的专著。对我国的马克思主义哲学原理和马克思主义哲学史的研究者们来说，意识形态学说的开创者——法国哲学家安东尼·德斯蒂·德·特拉西（Antoine Destutt de Tracy, 1754—1836）仍然是一个陌生的名字，《德意志意识形态》这部里程碑式的著作仍然未引起研究者们的充分重视。此外，我们对国外的各种有代表性的意识形态学说也缺乏了解，仅仅满足于在苏联的哲学教科书所提供的意识形态理论的基础上作的一些细节上的增补或删改。显然，这样的研究现状是不能令人满意的。

不少理论研究者之所以对意识形态问题采取回避的态度，一个重要的原因是把它理解为一个政治概念。我们当然并不否认意识形态与政治上层建筑之间的密切联系，但意识形态作为一个国家的统治阶级对自己国家的精神状况的总体上的自我意识，本质上是一个哲学概念，它有自己存在和发展的规律。我们这部著作对意识形态问题的探讨始终是从哲学的角度出发的，这既契合于意识形态概念的本来含义，又便于从理论上作深入的探索和论述。当然，在这样做的时候，我们也充分考虑到了意识形态问题与政治生活之间的密切关系。

那么，在当前的理论和实践的背景下，把握并研究意识形态这一时代的哲学主题，究竟具有什么样的现实意义和理论意义呢？

首先，它将深化我们对马克思的历史唯物主义理论的认识。如果说，历史唯物主义是马克思划时代的哲学创造的结晶的话，那么，意识形态理论就是这一结晶的一个不可或缺的组成部分。马克思的意识形态理论本质上是意识形态批判理论：一方面，意识形态批判是历史唯物主义理论形成的先导；另一方面，历史唯物主义的基本理论又是意识形态批判的出发点。只有认真地、深入地探讨意识形态问题，我们才会明白，马克思的历史唯物主义理论本质上是一种批判理论，说得确切一点，就是一种意识形态批判理论。

如前所述，既然主体、客体和主客体之间的媒介物都漂浮在意识形态中，都不过是意识形态笼罩下的存在物，借用与海德格尔类似的术语来表达，就是"在意识形态中的存在物"，那么在运用历史唯物主义的基本理论祛除意识形态的遮蔽物之前，我们怎么可能去从事创造性的、真正有价值的哲学探索呢？自觉地把历史唯物主义理论理解为一种意识形态批判的理论，我们就获得了元批判（meta-criticism）的制高点，也就是说，为我们正确地探讨一切现实问题和理论问题澄明了思想前提。说得严重一点，撇开意识形态批判理论，历史唯物主义理论就可能蜕化为一种实证知识，即成为一种完全丧失了批判维度和总体眼光的、学院化的知识。所以，只有恢复意识形态批判理论在历史唯物主义理论中的应有的地位，历史唯物主义才能保持其批判的、革命的本质，才不会失去马克思赋予它的那种蓬勃的生命活力。

其次，它将把哲学研究提升到一个新的水平上。如前所述，把意识形态作为研究对象，并不是在任何时候都是可能的。意识形态研究乃是一种反思性的、总体性的、深层次的研究，只有当人们的抽象思维能力上升到一定的高度，并自觉地进入反思状态时，这种研究才是可能的。毋庸讳言，构成任何一种意识形态的基本概念和理论框架的东西，总是深藏在人们的无意识的心理层面上，不管他们是否承认，它都是他们思考任何其他问题的根本出发点。

从把意识形态作为思考的出发点到把意识形态作为思考和反思的对象，表明人类的认识在不断地深化。实际上，这也是人类寻找已迷失的自我的一个重要的尝试。人是不可能通过直接的方式找到自我的。无论是笛卡尔对"我思"的追溯，还是胡塞尔对"先验自我"的探寻，都不可能找到已迷失的自我，唯有通过对自己置身于其中的意识形态的深刻反省，才有可能找到迷失的自我。因为迷失的自我漂浮在以一定的意识形态为导向的语言中，只有对这种语言获得批判性的识见，迷失的自我才会退隐，真正的自我才会呈现出来。

事实上，哲学思考一旦进入到对意识形态进行深入反思的层面上，它就不会再留恋于一些浮泛的问题，而是深入到哲学之思的本质性维度中去了。不用说，意识形态研究要求我们深入地反思意识形态所蕴含的各种基本理论和基本概念，把它们从无意识的层面上搬到意识的层面上来，从而把整个哲学研究提升到一个新的水平上。

最后，它将催生出马克思主义意识形态理论的当代叙述体系。从国际上看，苏联的解体和东欧的剧变也表明，尽管经济建设在归根结底的层面上制约着一个国家的发展，但有没有一个正确的意识形态理论的指导，仍然是关系到社会主义事业生死存亡的重大理论问题。从国内看，我们正在从事现代化建设，随着计划经济的转型和市场经济的发展，随着改革开放的扩大和文化反思的深入，我们关于社会主义意识形态的一些传统的见解正面临着严峻的挑战。如前所述，虽然我们已从总体上达到了一种科学的、成熟的意识形态理论，但是，我们在理论研究上还远远没有跟上。

我们正在进入一个全球化的时代，不仅传统的政治格局发生了巨大的变化，而且新事物、新问题和新挑战每日每时都向我们涌来。在这个重要的时刻，面对层出不穷的新问题，我们还没有建立起马克思主义意识形态理论的当代叙述体系，也没有制定出一整套相应的意识形态政策，并逐步使这些政策制度化、法律化。所有这一切都表明，意识形态研究已成了一个摆在我们面前的刻不容缓的理论任务。

时不我待，让我们做出自己的努力吧！

第一章　意识形态：一个新研究领域的出现

　　犹如人们在使用"服装"这一概念之前已经穿着某种东西一样，哲学家们在创制出"意识形态"这一概念之前，也已经生活在意识形态之中，并力图用另一些名词来称谓它了。

　　我们或许可以把古希腊哲学家柏拉图提出的"理念世界"和"洞穴比喻"看作是柏拉图对意识形态问题的最初的猜测和思考。当历史步入中世纪的漫漫长夜之后，在古希腊获得殊荣的哲学被贬为神学的婢女，柏拉图的高雅的理念世界被变形为奥古斯丁的"上帝之城"，人类的灵魂和精神陷入了深深的谬误和偏见之中。当新世界的曙光刚在天际出现的时候，英国哲学家弗兰西斯·培根（Francis Bacon，1561—1626）已向旧世界扔出了他的挑战书。在某种意义上可以说，他关于"四假相"的学说直接催生了意识形态概念。终于，在法国启蒙运动的批判之火中，"意识形态"概念应运而生了。有趣的是，这一重要概念的创制者、法兰西研究院院士安东尼·德斯蒂·德·特拉西（Antoine Destutt de Tracy，1754—1836）的名字，对于我们来说，几乎完全是一个陌生的名字。

众所周知，在精神活动和思想创造上，德国人从来是不甘落后的。尽管德国哲学家黑格尔和费尔巴哈未袭用特拉西的意识形态概念，但由于他们把"异化"和"教化"的概念引入意识和精神发展的领域中，从而奠定了意识形态概念发展的根本方向。

第一节　"假相"与"偏见"的黄昏

在勇敢地起来批判中世纪神学和经院哲学的近代哲学家中，培根是一个绕不过去的、开创性的人物。在 1620 年出版的《新工具》这部划时代的著作中，培根提出了著名的"四假相说"。西方学者大多认为，培根的这一学说乃是意识形态概念降生的第一个先兆。下面，我们先简要地考察一下"四假相说"。

第一种是"种族假相"（idols of the tribe）。培根认为，这种假相植根于人类的天性，存在于人类的每个种族之中。在一般的情况下，人们总是倾向于以个人的感觉为尺度，而不是以宇宙本身为尺度来判断事物，从而常常引申出错误的结论。实际上，人们的理性就像一面粗糙不平的镜子，由于不规则地接受光线和反射光线，由于习惯于把事物的性质和自己的性质混在一起，从而歪曲了事物的性质，造成了种族假相。

第二种是"洞穴假相"（idols of cave）。这种假相与柏拉图提出的"洞穴比喻"有异曲同工之妙，但它们在含义上仍然存在着差异。如果说，柏拉图通过"洞穴比喻"所要贬斥的是人们的感觉的可靠性的话，那么，培根通过"洞穴假相"所要质疑的则是人们的整个精神状态和全部认识能力在认识外部世界的过程中必然会陷入的、不适当的参与作用。在培根看来，"洞穴假相"是个人在认识的过程中必定会产生的假相。由于每个人受教育的程度不同，与人交往的范围和程度不同，所阅读的书或所崇拜的对象不同，精神状态不同，先入之见不同，从而形成了各自在认识活动中的局限性。犹如每个人都置身于一个特殊的洞穴中来观察外部世界，因而很难认识事物的真实面貌。

第三种是"市场假相"（idols of the market place）。培根认为，人们是通过语言进行交流的，而语词的含义是根据日常生活中的约定俗成或普通人的理解方式来加以确定的。假如人们在表达自己的思想时，没有选择好合适的语词，而人们对语词的含义的理解又各不相同，这就会妨碍相互之间的交流，也很难达到相应的共识。尽管学者们试图通过自己的努力来澄清语词的含义，给它们下定义、确定使用范围、做出确定的解释，但仍然无法从根本上改变语言上的误解和误用状态，甚至在某些方面反而加剧了人们之间的无休止的争论。人们通常认为，语言是交流思想的工具，但在许多场合下，语言也是阻碍思想交流的工具。要言之，有了语言，人们能够相互理解和相互亲近；但有了语言，人们也可能相互误解和相互疏远。培根的市场假相揭示的正是人们在日常生活和日常交往中必定会遭遇到的这种悖论。

第四种是"剧场假相"（idols of the theater）。培根把这种假相称为从形形色色的传统观念、哲学教义、思想体系和各种错误的证明法则移植到人们心中的特殊的假相。在他看来，各种流行的思想体系就像舞台上演出的时髦的戏剧，常常借助不真实的布景来表现它们所臆造的世界。一旦这些思想体系支配了人们的大脑，也就蒙蔽了人们的思想，使人们看不到真实的事物，也找不到认识真实世界的可靠的道路。

按照培根的看法，第一、二种假相主要是由于每个人身体或心理上的特殊结构、每个人的环境和受教育情况的不同及每个人的情感和好恶的参与引起的；而第三、四种假相则涉及人们在日常生活中的相互交往，涉及人们对日常语言的运用。在他看来，语言的误用主要表现为以下两种不同的方式：一是赋予根本不存在的事物以名称，如"命运""第一推动者""火元素"等形形色色的虚构物；二是从实际事物中随随便便抽引出来的、没有明确含义的概念，如"产生""消灭""改变""疏密""轻重"等。在培根看来，"那些占据着人的心灵并已根深蒂固的种种假相和错误概念，不仅使真理难以进入人心，而且即使进入了，只要我们事先不防止它们，仍有可能在科学复兴的时候来扰乱我们。"①而要真正地清除或避免假相，就必须面对新鲜的感觉经验，从逻辑方法上来看，就必须诉诸经验的归纳。

显而易见，培根的"四假相说"既是对经院哲学的形形色色的错误观念的无情的揭露和批判，也是对柏拉图的"无谬误的"理念世界的深刻的反省和挑战。培根认为，不仅人们的感觉经验是不确定的、易发生错误的，而且人们的思想观念也不可能是准确无误的。这样一来，就自然而然地产生了一个问题：人们应当如何克服种种先入之见和错误观念，系统地形成新的、科学的观念？这一问题是促使意识形态概念产生的重要推动力。

在培根之后，洛克(John Locke，1632—1704)的重要著作《人类理解论》成了意识形态概念的真正的催生剂。洛克把人们心中最初被动地从感觉和反省得来的观念称为不能再分的"简单观念"(simple ideas)，而人们的理智则可以通过集合、合并和联系等多种方式把"简单观念"组合成"复杂观念"(complex ideas)。洛克认为，人们在使用观念时，经常会产生混杂的情况，这种情况关涉到他们究竟如何运用文字。他告诉我们："在一切语言中，人人都可以看到，有些文字在其起源方面，在其习惯的用法方面，并不曾表示任何明白清晰的观念。这一类文字大部分系各派哲学或各派宗教所发明的。"②所以，洛克主张把经院哲学家以及后来的自然哲学家和道德哲学家称为"编造这类名词的大家"③。洛克还把人们在运用观念作判断时的先入之见或偏见归结为以下四种错误的尺度："所谓错误的尺度，有四种。(一)我们所认为原则的各种命题，本身如果不确定，不显然，只是可疑的，虚妄的，则我们底尺度是错误的。(二)第二种错误的尺度，就是传统的假设。(三)第三种错误的尺度，就

---

① Kurt Lenk（Hg.），*Ideologie*，Frankfurt：Campus Verlag，1975，s. 50.
② ［英］洛克：《人类理解论》下册，关文运译，商务印书馆 1959 年版，第 477—478 页。
③ 同上书，第 478 页。

是强烈的情欲或心向。(四)第四种错误的尺度就是权威。"①我们发现,洛克所批判的"四种错误尺度"与培根所批判的"四假相说"有不少相似之处。在洛克看来,人们在认识过程中要获得真正的知识,就一定要使知识完全依据于经验,一定要谨慎地、准确地使用语言文字,一定要按照逻辑规则,严格地做出判断和推理。

作为一个有独立思想的学者,洛克的思索并不止于认识论。他还提出了关于"自然状态""社会契约""三权分立"的社会政治理论,从而为英、法两国的启蒙学者批判种种哲学的、神学的、道德的和法的"偏见"(préjugé)提供了重要的思想武器。

现在,让我们把目光从英国转向法国。每一个熟悉法国启蒙运动的人都知道,传统观念,尤其是经院哲学流传下来的种种"偏见",是法国启蒙学者批判和抨击的主要对象之一。我们不妨先来看看法国启蒙学者编纂的《百科全书》中关于"偏见"的条目。这一条目给"偏见"下了这样的定义:"偏见是一种有缺陷的判断,是精神根据知性认识的不充分的努力对物的本性构成的判断。"②这个条目告诉我们,偏见主要有以下四种表现形式:

一是"普遍流行的偏见"。比如,人们在观察自然现象时,他们的头脑中已有某种关于自然现象发生和解释的先入之见。当他们带着这种先入之见进行观察时,常常对自然现象得以发生的原因作出片面的,甚至是谬误的解释。

二是"天资的偏见",主要指人们的情绪的变动和心理习惯对他们的判断和推理的影响。

三是"公众的或习俗的偏见",主要关涉宗教教义对人们的思想倾向和思维内容的影响。

四是"学派或党派性的偏见",关涉不同学派或党派所坚持的那些迥

---

① [英]洛克:《人类理解论》下册,关文运译,商务印书馆1959年版,第712页。
② Kurt Lenk(Hg.),*Ideologie*,Frankfurt:Campus Verlag,1975,s.53.

异的教条，这些教条同样会妨碍人们对事物作出客观的判断。

那么，这些"偏见"究竟是如何产生的呢？在法国启蒙学者看来，这里既有人们的生理机能和心理机能方面的原因，也有他们的实际利益的驱使。"利益"这个概念是法国启蒙学者分析各种社会现象的基本工具之一。可惜的是，他们没有沿着这条线索深入地思考下去。法国的启蒙学者，从蒙田到霍尔巴赫，都从不同的角度致力于对种种传统的偏见的批判。在这一批判中，尤其令人瞩目的是以下三位学者。

一是孔狄亚克（Étienne Bonnot de Condillac，1714—1780）。他的哲学思想是以洛克为出发点的，但他不同意洛克把反省也作为观念的一个来源，从而坚持了一种彻底的感觉主义立场。在其《感觉论》一书中，他这样写道："我们所有的感觉，在我们看来都是我们周围的对象的性质：因此它们是表象对象的，它们是观念。"[①]在孔狄亚克看来，这些观念并不能使人们认识事物的本性，而只能使他们对周围的事物作出准确的描述。

正是从这种彻底的感觉主义的立场出发，孔狄亚克对笛卡尔等唯理论哲学家提出的"天赋观念说"进行了激烈的批判。他这样写道："哲学家们越是囿于这种偏见，在一些远离感觉的现象中去寻找自然的知识，也就越是自诩结果会与自己的思虑相合。他们把空洞的定义和抽象的原则弄到层出不穷；他们借助于存在、实体、本质、属性等名词，也就遇不到一件他们不能解释的东西了。"[②]孔狄亚克逐一驳斥了笛卡尔、斯宾诺莎、莱布尼茨和马勒伯朗士等唯理论哲学家的思想，指出了他们的神学观点与错误的哲学观念之间的内在联系。正如马克思在谈到孔狄亚克时所说的："他证明法国人完全有权把这种形而上学当做幻想和神学偏见的不成功的结果而予以抛弃。"[③]孔狄亚克的彻底的感觉主义学说对提

---

① 北京大学哲学系外国哲学史教研室：《十八世纪法国哲学》，商务印书馆 1963 年版，第 142 页。

② 同上书，第 112 页。

③ 《马克思恩格斯全集》第 2 卷，人民出版社 1957 年版，第 165 页。

出"意识形态"概念的特拉西产生了重大的影响。

二是爱尔维修（Claude Adrien Helvétius，1715—1771）。作为精神领域，尤其是道德领域的杰出的启蒙学者，他在《论精神》一书中提出，应该把肉体的感受性和记忆看作是人们的全部观念的来源。显然，他和孔狄亚克一样，坚持了彻底的感觉主义的立场。他认为，精神并不是不着边际的东西，而是各种感觉或观念之间的关系，精神的活动方式是判断和推理，而判断和推理总是在感觉和记忆的基础上做出的。事实上，判断和推理的正确与否也是以感觉的准确与否作为依据的。虚假的判断、推理或偏见，要么导源于主观感情和情绪的加入，要么导源于对事实和语词含义的无知。假如从人的精神活动的社会基础出发来看问题，人们就不得不承认，"利益支配着我们的一切判断"[1]。不仅如此，它也构成了种种偏见得以形成和流传的社会原因。正是从这种彻底的感觉主义的立场出发，爱尔维修猛烈地抨击了天主教神学，也抨击了与之相适应的自诩为"君权神授"的专制政治和虚伪的道德说教。正如汉斯·巴尔特在论及爱尔维修的哲学思想时所指出的："他对偏见的分析和批判具有某种政治作用。"[2]

三是霍尔巴赫（Henri Thiry d'Holbach，1723—1789）。作为具有无神论思想倾向的法国启蒙学者，霍尔巴赫的哲学思想同样是十分彻底的。他在《自然的体系》一书中宣布："在活着的人里面，我们看见的第一个能力——其他一切能力都是从它产生出来的——，这就是感觉。"[3]这种与孔狄亚克和爱尔维修比较起来毫不逊色的感觉主义理论也成了他批判一切传统偏见和神学迷信的根本出发点。

在《自然的体系》这部皇皇巨著中，霍尔巴赫发出了痛切的呼吁："让我们安慰那在自己从未加以考察的偏见的重荷之下呻吟的不幸者，

---

① 北京大学哲学系外国哲学史教研室：《十八世纪法国哲学》，商务印书馆 1963 年版，第 457 页。

② Hans Barth, *Wahrheit und Ideologie*, Frankfurt：Suhrkamp Verlag, 1961, s. 58.

③ ［法］霍尔巴赫：《自然的体系》上卷，管士滨译，商务印书馆 1964 年版，第 95 页。

让我们驱散那心存疑虑、诚心诚意地寻求真理、即使在哲学中也只时常找到一些浮荡的、很少能使他的精神稳定下来的意见的人的踌躇不决。让我们给天才的人除去那使他虚掷时光的幻影。对于那胆小的、受了自己的空虚的恐吓者的欺骗而变成对社会没有用处的人，让我们夺走他的黑暗的幽灵。"①

霍尔巴赫在这里提到的所谓"黑暗的幽灵"，正如他在别处以十分明确的口吻告诉我们的那样，乃是指与天主教和信仰上帝有关的"神化了的谬误"或"神圣的瘟疫"。在霍尔巴赫看来，人们在日常生活中坚持的最普遍的、最有影响力的偏见都来自他们关于上帝的虚幻的观念。他大胆地指出："人们对它形成的各种概念可能溯源于幼年时期的偏见。这些偏见通过教育传递下来，被习惯所加强，为恐惧所滋养，被权威所保持并绵延下去。最后，一切都应使我们深信，在世上如此广泛传播的上帝的观念不过是人类的一个普遍谬误。"②在一个笃信天主教的国家里，要做出这样惊世骇俗的结论来，需要多大的理论勇气！霍尔巴赫还深刻地揭露了种种神学偏见的内在矛盾和荒谬性，明确地指出：不是上帝创造了人类，而是人类创造了上帝。在他看来，人们正是从自己的利益和想象出发创造出上帝的形象的。他这样写道："最邪恶的人成为上帝的模型，最暴虐的政府成为神圣统治的模型。"③事实上，霍尔巴赫先于后来的德国哲学家费尔巴哈揭示了神学的人类学的秘密。当然，在表达这一思想的语言上，霍尔巴赫没有费尔巴哈来得明晰。

上述三位学者的思想，尤其是他们共同坚持的彻底的感觉主义立场给特拉西以深刻的影响。在后面的论述中我们将会发现，特拉西的意识形态概念及他对种种传统的偏见的批判也是以彻底的感觉主义作为自己的思想基础和理论出发点的。

————————

① ［法］霍尔巴赫：《自然的体系》下卷，管士滨译，商务印书馆1977年版，第268—269页。
② 同上书，第197页。
③ 同上书，第353页。

第二节 "意识形态"概念的降生

正如我们在前面已指出过的那样，特拉西是第一个把"意识形态"概念引入西方哲学史的人。由于他的生平、著作和思想在我国一直鲜为人知，有必要作一简略的介绍。

作为法国哲学家、政治家和意识形态理论的奠基人，特拉西于1754年出生于巴黎一个有苏格兰血统的贵族家庭里，青年时期就读于斯特拉斯堡大学。后来，他在军队里服过役，尽管他具有高贵的血统和贵族的爵位，但他始终是君主政体改革的积极支持者。在法国大革命的恐怖时期，他被监禁达一年之久，直到罗伯斯庇尔倒台后才被释放出来。在关押期间，他开始研究孔狄亚克和洛克的哲学思想，"其研究结果是创立了他称为意识形态的学科"①。特拉西获释后，由于厌恶法国大革命中的极端分子的行为而退出政界，1792年回到奥特伊（Auteuil），在那里加入了以爱尔维修夫人的沙龙为活动中心的哲学家和科学家团体。在这个团体中，与他关系比较密切的学者是卡巴尼斯（D. J. G. Cabanis）、孔多塞（M. Condorcet）、加拉（D. Garat）和伏尔尼（C. -F. Volney）。渐渐地，上述学者在他周围形成了一个所谓"意识形态家"（idéologues）团体。经过特拉西和这些学者的共同努力，特拉西创建的意识形态学说逐渐在法国学术界产生影响。1795年，法兰西研究院成立后不久，特拉西成了它的伦理学和政治学部门的院士。在拿破仑执政时，他曾是法国参议院议员。

拿破仑刚执政时，意识形态家们对他的统治是十分拥护的，但他们与拿破仑之间的这种"和平"的关系并没有维持多久。如前所述，意识形

---

① 《哲学百科词典》卷1～2，伦敦1972年英文版，第357页。〔Paul Edwards（ed.），*The encyclopedia of philosophy*，*vol. 1-2*，New York：The Macmillan Company & The Free Press and London：Collier-Macmillan Limited，1967，p. 357.——编者注〕

态家们都是政治上的共和主义者，特拉西当然也并不例外。他始终坚持自由和民主的信条，并和美国政治家托马斯·杰斐逊保持着密切的通信关系。此外，同当时法国的其他启蒙学者一样，特拉西对天主教也采取了激烈的批判和否定的态度。不用说，所有这些观念都是与拿破仑恢复帝制的意图相冲突的。众所周知，拿破仑于1799年11月9日发动了政变，解散了督政府，开始采取一系列措施强化中央集权制，以便为自己登上法兰西皇帝的宝座创造条件。1801年，拿破仑与教皇达成协议，规定天主教为法国国教，教士的薪金由国家支付，从而使天主教再度成为国家的精神支柱。拿破仑所采取的这一系列措施自然而然地引起了以特拉西为首的意识形态家们的抵制和反对，而他们的不合作的态度和行动又引起了拿破仑的担忧，他决定先发制人，以便为自己恢复帝制而彻底扫除思想舆论上的障碍。

1803年1月23日，拿破仑下令取消法兰西研究院中的伦理学和政治学两个部门，其成员则被合并到研究院的其他部门中。据说，"导致拿破仑这一镇压行动的主要因素是特拉西的直接与拿破仑重建宗教的意向相冲突的反宗教观点。"[1]在拿破仑看来，以特拉西为首的意识形态家们不仅是错误地认识社会和政治现实的空想家，也是秩序、宗教和国家的破坏者。由于与拿破仑保持敌对的态度，以特拉西为代表的意识形态家们从此以后名声大振。

有趣的是，在后拿破仑时代，Idéologues这个法语名词不光在法国学术界，也在整个欧洲学术界获得了"意识形态家"和"空想家"的双重含义。拿破仑倒台后，波旁王朝复辟。在复辟时期，虽然特拉西重新恢复了他在大革命时期已经失去的贵族称号，可是以他为代表的意识形态家们的观点继续遭到复辟派理论家的怀疑、批判和否定。1836年，特拉西在巴黎逝世。

---

① 《哲学百科词典》卷1～2，伦敦1972年英文版，第357页。〔Paul Edwards（ed.），*The encyclopedia of philosophy*，*vol. 1-2*，New York：The Macmillan Company & The Free Press and London：Collier-Macmillan Limited，1967，p. 357.——编者注〕

值得指出的是，揭示下列"错位的"历史现象是耐人寻味的。如果说，在法国，拿破仑是意识形态家们的镇压者的话，那么，在欧洲的其他国家，尤其是在德国，他通过自己策动的、具有资产阶级性质的侵略战争，却成了其他国家的意识形态家们的真正救星。德国哲学家费希特（J. G. Fichte，1762—1814）在 1799 年 5 月 22 日写给当时德国的另一位哲学家——赖因霍尔德（K. L. Reinhold，1758—1823）的信中表示："如果拿破仑和他的法国军队未曾迅速地战胜我们，那些留在德国的自由之友会遭到更大的不幸。拿破仑确实从未料到自己会成为意识形态的救星。没有拿破仑，我们的哲学家们和他们的观念一起会被绞刑和车裂消灭得一干二净。"①

特拉西一生著述甚丰，他的主要著作有：《民众教育制度评论》《意识形态的要素》《普通语法》《逻辑》《意志及其作用》《评孟德斯鸠的〈论法的精神〉》《情爱论》②等。特拉西的意识形态概念和理论主要见诸他的四卷本巨著《意识形态的要素》③。这部著作的主要内容涉及哲学、语法学、逻辑学和政治经济学。

意识形态的法文词 idéologie 是由 idéo 加上 logie 构成的。Idéo 的希腊语词源是 ιδεα，即"理念"或"观念"；logie 的希腊语词源是 λογοs，直译为"逻各斯"，即"学说"。所以，按照特拉西自己的理解，idéologie 就是 science des idées，即"观念学"的意思。沙福托也认为，"从字面上看，意识形态可以被称为观念学"④。特拉西创制的 idéologie 这个名词在法

---

① Hans Barth，*Wahrheit und Ideologie*，Frankfurt：Suhrkamp Verlag，1961，ss. 30-31.

② 这本由 G. 希纳尔主编的论文集于 1926 年首次出版于巴黎。

③ 特拉西这部著作的中译书名尚未统一起来。郭大力先生翻译的马克思的《剩余价值学说史》中译为《观念学要义》(参阅马克思：《剩余价值学说史》第 1 卷，郭大力译，人民出版社 1975 年版，第 286 页)，中央编译局则译为《思想的要素》(参阅《马克思恩格斯全集》第 49 卷，人民出版社 1982 年版，第 275 页)。我在这里按照特拉西的原初意图，译其为《意识形态的要素》。

④ Helmut Seiffert，*Marxismus und Bürgliche Wissenschaft*，München：C. H. Beck Verlag，1971，s. 59.

文中出现后，在德文和英文中也相应地出现了 Ideologie 和 ideology 这两个新名词。在法语、德语、英语三种语言中，上述三个词指称的内容几乎是完全一致的。当然，不同国家的哲学家们对"意识形态"概念的理解和阐释也存在着许多差异，那就是另一回事了。

在特拉西那里，意识形态作为观念学是有其确定的含义的。观念学的主要任务是研究认识的起源、界限和认识的可靠性的程度。显然，特拉西在这里继续的是洛克、孔狄亚克和康德已经进行的工作。作为孔狄亚克的学生，他的老师对他的影响是十分重大的。由于意识形态作为观念学从一开始起就把认识论中的基础性问题作为自己研究的对象，所以意识形态概念从其降生的时候起就是一个哲学概念。正如雅各布·巴林明确地指出的那样："对于特拉西来说，意识形态是哲学上的基础科学。"[①]

像孔狄亚克、爱尔维修和霍尔巴赫一样，特拉西也是一个彻底的感觉主义者，他用以下四个概念来表示人的精神活动：一是"知觉"(perception)，二是"回忆"(memory)，三是"判断"(judgment)，四是"意愿"(will)[②]，并强调精神活动的这四种能力归根结底可以还原为感觉的不同类型。在他看来，人们的全部思想活动不过是感觉的创造和神经系统的活动。儿童由于感觉器官的弱小，只具有感觉和记忆能力，成年人由于不断使用感觉器官而使它们变得越来越有力，从而获得了理解、判断和推理的能力。他认为，人的感觉归根结底是一切准确的观念的基础，正如汉斯·巴尔特所评论的："像孔狄亚克一样，特拉西从人性的基本能力——具有感觉出发，推导出一切观念。"[③]

在特拉西看来，宗教意识和来自其他权威的知识，如形而上学的知

[①] Jakob Barion, *Ideologie*, *Wissenschaft*, *Philosophie*, Bonn: H. Bouvier u. Co. Verlag, 1966, s. 15.

[②] 《不列颠百科全书》卷 7，1967 年英文版，第 311 页。(*Encyclopedia Britannica*, *vol. 7*, Chicago: Encyclopedia Britannica, Inc. 1976, p. 311.——编者注)

[③] Hans Barth, *Wahrheit und Ideologie*, Frankfurt: Suhrkamp Verlag, 1961, s. 17.

识之所以是谬误的、应当被拒绝的，是因为这些观念无法还原为人们的直接的感觉，而他所创立的"意识形态的唯一的任务正是这种包罗万象的还原"①。通过观念向感觉的还原，特拉西试图建立一种以数学的精确性为榜样的语言和语法。在这种语言和语法中，每个观念都应当有一个明确的语言记号，以此来避免形形色色的错误观念的产生和蔓延。从上面的见解可以看出，特拉西的意识形态学说所涉及的"观念"，既不同于柏拉图的与感觉世界相割裂的"理念"世界，也不同于笛卡尔所倡导的"天赋观念"。它的唯一的基础和出发点是人们从外部世界中获得的感觉经验。然而，尚待追问的是：人们通过自己的感官获得的感觉经验一定是可靠的吗？以特拉西为首的意识形态家们并没有沿着这个前提性的问题继续追问下去。在某种意义上，这种追问的中止表明，意识形态理论在创立之初已经蕴含着自己的局限性了。正如使徒彼得对安那尼亚说："看吧！将要抬你出去的人的脚，已经站在门口。"②

在特拉西那里，意识形态理论不仅有着哲学认识论和语言学方面的含义，而且也具有与人们的实际行动息息相关的、实践方面的意义，因为它也是特拉西希望建立起来的真正的经济学、政治学、伦理学和教育学的理论基础。在特拉西看来，所有这些学科中的观念如果不能还原为人们通过自己的感官能够获得的感觉经验，就必定是虚妄的，必定不属于意识形态的范围。显然，按照这样的见解，"意识形态变成了社会的理论基础"③。从意识形态的观点看来，社会状态是一种自然状态。这意味着具有感觉能力的"我"是原初地被给定的。同时，我也能感觉到"其他的我"的存在，感觉到不同的"我"之间的相互关系的存在。从根本上说，社会也就是人们相互之间进行交往的、解不开的链条。在特拉西看来，坚持从这样的基本感觉出发，就能准确地理解经济学中的一系列观念，如分工、财富、价值、工业、分配、人口等。同样，也只有从作

---

① Hans Barth, *Wahrheit und Ideologie*, Frankfurt: Suhrkamp Verlag, 1961, s. 16.

② 参阅《圣经·新约》使徒行传，第五章第九节。

③ Hans Barth, *Wahrheit und Ideologie*, Frankfurt: Suhrkamp Verlag, 1961, s. 20.

为观念学的意识形态出发形成的政治理论，尤其是国家理论才是合法的，才可能给人民带来真正的，而不是虚假的幸福。对于特拉西来说，自然本身是有秩序的，在自然中发生的一切都是有规律可循的，而这也构成了国家建设的出发点。人们认识自然的前提是自由，同样地，自由也是多种政治势力所追求的目标。自由之所以特别重要，因为人的本性是自由的，人只有在自由中才能生存和发展，这是每个人都能真切地感觉到的。总之，意识形态家们深信，他们的理论将为革命后的法国的建设提供科学的认识基础。

毋庸讳言，按照特拉西的思路，意识形态也将为科学的道德观念的形成和发展提供坚实的理论基础。也就是说，真正的道德观念应该从人的本性中的自然的善的意向出发，应当保证整个社会中不同阶层的人们利益上的协调和关系上的和谐。此外，正如汉斯·巴尔特所指出的："'观念学'也拓宽了人民教育的基础。"①因为真正的教育既要摒弃那些缺乏感觉经验基础的虚妄的观念，又要服从科学的政治观念。事实上，特拉西的《意识形态的要素》一书的写作本身就蕴含着教育方面的目的。

综上所述，特拉西之所以提出意识形态的学说，目的是建设一门基础性的哲学理论，即"观念学"，并通过"从观念还原到感觉"的方法，摒弃宗教、形而上学及其他各种传统的、权威性的偏见，从而在可靠的感觉经验的基础上，重新阐发出政治、伦理、法律、经济、语言、教育等各门科学的基本观念。这就是说，意识形态概念的提出，不仅标志着认识论发展史上的彻底的感觉主义性质的转向和革命，而且也意味着实践生活上的革命，即在拒斥宗教和种种神秘观念的同时，也必定会拒斥那些正在维护这些谬误观念的、旧的政治制度，特别是国家制度。正如汉斯·巴尔特指出的："在 18 世纪，宗教批判是国家批判的先导。"②在恢复帝制的道路上，拿破仑之所以对本国的意识形态家们采取镇压的态

---

① Hans Barth, *Wahrheit und Ideologie*, Frankfurt: Suhrkamp Verlag, 1961, s. 22.
② Ebd., s. 24.

度，也正是因为他们，尤其是特拉西的基本见解与法国整个启蒙运动的基本精神相契合，因而在历史上是具有进步意义的。

可是，我们也应当看到，拿破仑指责意识形态家们是"空想家"，也并不是没有道理的。事实上，哲学史早已启示我们，彻底的、简单化的感觉主义立场既不可能科学地解决认识论基础的更新问题，也不可能为政治学、伦理学、经济学、教育学等不同学科的改造提供可靠的基础。记得马克思曾经这样告诫我们："分析经济形式，既不能用显微镜，也不能用化学试剂。二者都必须用抽象力来代替。"①无须争辩的是，单凭感觉经验是不可能在任何一门社会科学的研究中引申出正确的结论来的。我们在后面还将专门论述马克思对特拉西的经济思想的批判。特拉西的思想轨迹表明，他一味拘执于法国唯物主义者的感觉主义的传统，并没有以博大的胸怀，认真地去研究和吸纳德国哲学家康德的批判哲学的思想，这就使他的意识形态学说仍然带有前康德的思维方式的印记，因而正如拿破仑所批评的那样，是空想主义的、不切实际的。

历史的幽默和讽刺在于，以反对传统的、谬误的观念为根本宗旨的意识形态概念一开始就步入了误区。正如海德格尔所感叹的："哲学总是不断地为误解层层围住，而这些误解现在大多又为象我们这样的哲学教授们所加剧。"②所以，普通人批评哲学家们"总是使简单的问题复杂化"并非空穴来风。或许正是出于这样的原因，后来的马克思像拿破仑一样，从否定的意义上来理解并规定意识形态概念的内涵。当然，马克思和拿破仑批判意识形态的出发点是完全不同的。如果说，后者是从维护帝制的角度出发的，那么，前者则是从新创立的划时代的哲学观——历史唯物主义的基本理论出发的。对于马克思来说，当他把意识形态作为观念上的总体性对象加以反思的时候，也正是他自己的独立的哲学思想得以形成的时候。

---

① 《马克思恩格斯全集》第 44 卷，人民出版社 2001 年版，第 8 页。
② ［德］海德格尔：《形而上学导论》，熊伟、王庆节译，商务印书馆 1996 年版，第 13 页。

第三节　意识形态与异化概念的会合

　　黑格尔(G. W. F. Hegel，1770—1831)究竟有没有使用过"意识形态"概念？我们在研究中发现，黑格尔借用过 idéologie 这个法语名词，但并没有创制 Ideologie 这个德语名词。在黑格尔的《哲学史讲演录》的近代部分中，他曾经两次提到了 idéologie 这个法语名词。

　　一次是在阐述洛克对种种复杂观念的分析和解释受到哲学家们的普遍好评时，黑格尔写道："法国人特别采纳了这种方法，并加以进一步的发挥，他们的 Idéologie 包含的不外是这方面的内容。"①在这段论述中，黑格尔强调的是法国的"意识形态学派"与英国哲学家洛克之间的思想联系。

　　另一次是在介绍作为休谟思想的对立面而出现的苏格兰常识哲学时，黑格尔指出，这种哲学已经传播到法国，并在那里获得了追随者："法国人所谓 Idéologie。② 便与此有联系；它是一种抽象的形而上学，是对于最简单的思维规定的一种列举和分析。这些思维规定并没有辩证地得到考察，它们的材料是从我们的反思和思想里取得的，而包含在这种材料中的各种规定又必须在材料中得到证明。"③在这段论述中，黑格尔指明了法国"意识形态"理论的来源、性质、任务和局限性，特别是阐明了它与苏格兰常识哲学之间的某种思想联系。尽管他没有提到法国"意识形态学派"的中心人物特拉西和他的代表作《意识形态的要素》，但对这派思想的实质和归属的分析仍然是切中要害的。

　　有趣的是，虽然黑格尔并未创制 Ideologie 这个德语词，但在《精神

---

　　① G. W. F. Hegel, *Werke 20*, Frankfurt am Main：Suhrkamp Verlag，1986, s. 219.
　　② 按法语名词的书写规则，第一个字母并不要求大写，但黑格尔原文中这个词的第一个字母是大写的，下面一段引证的情况相同。
　　③ G. W. F. Hegel, *Werke 20*, Frankfurt am Main：Suhrkamp Verlag，1986, s. 286.

现象学》中他却使用了另一组重要的德语词 die Gestalten des Bewusst-seins 或 die Gestaltungen des Bewusstseins 来表示"意识形态",由于这里的 die Gestalten 或 die Gestaltungen 都是复数形式,所以,亦可译为"意识诸形态"。

在《精神现象学》的"序言"中,黑格尔曾经这样写道:"精神的直接定在,即意识,具有两个环节:知识和与知识处于否定关系的客观性。精神本身既然是在这一因素中发展着并展开它的诸环节,那么,这些环节就都包含着上述对立,并显现为意识的诸形态(Gestalten des Bewusst-seins)。"①在《精神现象学》的"导论"中,黑格尔进一步强调,意识并不是与它本身展开的过程中出现的诸环节相分离的东西,"全体的各个环节就是意识的诸形态(Gestalten des Bewusstseins)"②。在《精神现象学》的"理性"部分中,黑格尔又不厌其烦地指出:"这个意识诸形态的系统(das System der Gestaltungen des Bewusstseins),作为精神生命依次排列的整体,正是我们在本书中所要考察的系统。"③

众所周知,黑格尔在《精神现象学》中所使用的"意识"概念有广义和狭义之分。广义的意识是指一切精神现象,涵盖《精神现象学》中意识发展的六个阶段,即"意识""自我意识""理性""精神""宗教""绝对知识";狭义的意识则专指六个阶段中的第一个阶段,即"意识"阶段。我们发现,黑格尔在《精神现象学》中所说的"意识形态"或"意识诸形态"指的都是广义的意识。在这个意义上也可以说,精神现象学也就是意识形态学。必须指出的是,在黑格尔的这部著作中,"精神"这个概念也有广义和狭义的区别。广义的精神是指所有的精神现象,狭义的精神则专指《精神现象学》的第四阶段"精神",它相当于《精神哲学》中的客观精神,亦即绝对精神在社会历史中的体现。正是在《精神现象学》的第四阶段,即狭义的精神阶段,黑格尔提出了著名的"教化"(Bildung)和"异化"(En-

---

① G. W. F. Hegel, *Werke 3*, Frankfurt am Main: Suhrkamp Verlag, 1986, s. 38.
② Ebd., s. 80.
③ Ebd., s. 225.

tfremdung)的概念。这两个概念的提出，不仅对整个哲学发展史具有重大的理论意义，而且对意识形态概念的发展也有决定性的推动作用。正如伦克所说："马克思意识形态学说中所有决定性的环节都已经在黑格尔的异化理论中预先构成了。"①在黑格尔看来，精神的发展要经过以下三个阶段。

第一个阶段黑格尔称为"真正的精神；伦理"（der wahre Geist，Die Sittlichkeit）。在这一阶段中，人们生活在以血缘关系为基础的伦理实体中，"神的规律"（das göttliche Gesetz）作为对共同祖先的崇拜和对伦理精神的维护，支配着个人的精神；同样，"人的规律"（das menschliche Gesetz）作为自我意识的形式和个别性的原则与"神的规律"所倡导的总体性的原则发生了冲突。这一冲突以典型的方式表现在索福克勒斯的悲剧《安提戈涅》中。这种冲突之所以不可避免，是因为以优美和谐和稳定平衡为特征的伦理精神是以否定个体性为前提的："在伦理世界里，个别人只在他作为家庭的普遍血缘时才有效准，才是现实的。在这种情况下的个别人，乃是无自我的，死亡了的精神。"②随着个体性的不断反抗，随着冲突的不断增多和加深，这种渗透了原始和谐精神的伦理实体逐渐消亡，过渡到以相互平等的"个人"（Person）为基础的法权状态中。"于是，从伦理实体的生活中产生出人格（die Personlichkeit），它是意识的现实而有效准的独立性。"③黑格尔认为，当这种独立性脱离并逃避现实时，它就成了斯多葛主义，当它发展到纯然抽象的独立性的地步时，它就成了否定一切的怀疑主义；而普遍的怀疑主义情绪在世界主宰（罗马帝国的统治）的重压下，又陷入了"苦恼的意识"（das unglückliche Bewusstsein）中，亦即看破了现实世界的混乱和虚无性，向往一个真实的彼岸世界。在黑格尔看来，"苦恼的意识"的出现表明，"自我意识的这

---

① Kurt Lenk（Hg.），*Ideologie*，Frankfurt：Campus Verlag，1975，s. 114.
② G. W. F. Hegel，*Werke 20*，Frankfurt am Main：Suhrkamp Verlag，1986，s. 355.
③ Ebd.，s. 355.

种普遍的效准就是从自我意识异化而成的实在性"①。也就是说,"苦恼的意识"正是从伦理世界的破裂中分解并独立出来的个体在异化了的实在世界的重压下所具有的意识。于是,精神的发展进入了下一个阶段。

第二个阶段黑格尔称为"自身异化了的精神;教化"(der sich entfremdete Geist,die Bildung)。在他看来,异化了的精神世界必定会分裂成两个世界:第一个是现实的世界,即精神自己异化而成的世界,第二个则是精神超越于第一个世界后在纯粹意识的以太中建立起来的世界,即信仰的世界。处于第二个世界中的个体意识虽然把自己皈依于信仰,皈依于对彼岸世界的憧憬,但它又不得不与第一个世界打交道,并通过教化在其中实现自己。黑格尔提到的"教化"概念在《精神现象学》中主要有以下三层含义。

(1)教化是自然存在的异化。黑格尔说:"个体在这里可以获得客观效准和现实性的手段是教化。个体的真正的原始的本性和实体乃是使其自然存在发生异化的那种精神。"②在黑格尔看来,个体在伦理世界中的存在是一种直接的自然存在,这种存在只适合于以自然的、血缘关系为纽带的伦理实体。个体要进入"法权状态中"的社会,它就必须通过教化扬弃自己的自然存在,在第一个世界,即异化了的现实世界中获得自己的社会存在。这就是说,个体只有经过教化才能获得现实的存在,黑格尔甚至认为,个体"有多少教化,也就有多少现实性和力量"③。对于个体来说,自我教化的目的是对现实世界认同,并努力去获得一种支配现实世界的力量,所以黑格尔这样写道:"从这一方面看,教化显然是自我意识按照它原有的性格和才能的力量把自己变化得符合于现实。"④

那么,究竟什么东西是异化了的现实世界中最有力量的呢?黑格尔认为,最有力量的东西是国家权力和财富。这两者是从精神的普遍本

① G. W. F. Hegel,*Werke 20*,Frankfurt am Main:Suhrkamp Verlag,1986,s.359.
② Ebd.,s.364.
③ Ebd.,s.364.
④ Ebd.,s.365.

质——善与恶中异化出去的。在黑格尔看来，"善"是自我意识与客观实在的同一，"恶"则是这种同一的消解，"而关系的这两种方式从此以后就被认为是不同的意识形态（verschiedene Gestalten des Bewusstseins）"①。在这里，黑格尔把"不同的意识形态"理解为意识对现实的本质所采取的不同的态度。"高贵的意识"（das edelmütige Bewusstsein）认定，国家权力、财富与自己是同一的，因而自己百依百顺地听从国家权力的驱使，愿意为维护并发展公共财富而奋斗；"卑贱的意识"（das niederträchtige Bewusstsein）则认定，国家权力和财富与自己是不同一的，甚至是敌对的，它视国家的统治力量为压迫和束缚自己的锁链，因而仇视统治者，随时准备发动暴乱。它对公共财富同样采取敌视和对立的态度，但在鄙视财富的同时又贪恋财富，希望从中获得享受。教化的目的是形成"高贵的意识"，即服从国家的权力，使它成为真正有效准的东西。如果国家权力只满足于在口头上侈谈普遍福利，骨子里只是为少数人的特殊利益服务时，它就会激起"卑贱的意识"，从而漂浮在一种不断的反叛状态中。

（2）语言是异化或教化的现实。在伦理世界中，语言表示规律和命令，在现实世界中则表现为建议。在这两种世界里，语言仅仅是它所要表达的本质的形式，而在教化中，语言却以自己这一形式为内容，并且作为语言本身而有效准。因为教化唯有通过语言才能得以实现，在这个意义上，教化世界乃是一个语言的王国。正如黑格尔所指出的："语言是纯粹自我作为自我的定在；在语言中，自我意识的自为存在着的个别性才作为它的个别性而获得生存。"②也就是说，普遍的自我、纯粹的自我只存在于语言之中，教化正是通过语言这种抽象的普遍性而被感受到并发挥其实际作用的。这样一来，教化所期待达到的"高贵的意识"在语言上就成了"阿谀的英雄主义"（Heroismus der Schmeichelei），成了对国

---

① G. W. F. Hegel, *Werke 20*, Frankfurt am Main: Suhrkamp Verlag, 1986, s. 371.
② Ebd., s. 376.

家权力的一种颂词。于是，语言和现实世界的关系发生了分裂和颠倒，而语言本身也发生了分裂，诚如黑格尔所描述的："对其自己的概念有所意识了的精神，是现实和思想的绝对而又普遍的颠倒和异化；它就是纯粹的教化。人们在这一纯粹教化的世界里所体验到的是，不管是权力和财富的现实本质，还是它们的规定概念善与恶，或者善的意识和恶的意识、高贵意识与卑贱意识，都没有真理性；相反，所有这些环节都相互颠倒，每一环节都是它自己的对方。"①黑格尔称这样的意识为"分裂的意识"（das zerrissene Bewusstsein）；并认定，用来表示这种意识的语言是十分机智的。在他看来，狄德罗笔下的"拉摩的侄儿"的思想正是这种"分裂的意识"的典型代表。

如前所述，"分裂的意识"要把一切都颠倒过来，与它相反的则是"诚实的意识"（das ehrliche Bewusstsein）或"简单的意识"（das einfache Bewusstsein）。这种意识是没有受过教化的无思想内涵的意识，它把现实中的东西都当作长久的，甚至不变的东西加以认同，不懂得它所尊崇的对象也有可能失去其存在的合理性。实际上，它也在做颠倒的、相反的事情。

（3）教化的虚假性。黑格尔提醒我们，教化的话语并不是真实的，相反，"精神的有关它自己本身的话语的内容是一切概念和一切实在的颠倒，是对它自己和对别人的普遍欺骗；因此，说出这种欺骗的恬不知耻乃是最大的真理。"②这就等于宣告，教化的本质乃是精神上的一种普遍的颠倒和欺骗，而宗教就是教化世界中的信仰，是最典型的异化了的意识。按照黑格尔的看法：一方面，这种信仰意识肯定了异化了的现象世界的存在，并参与教化世界的精神系统的构成；另一方面，它又与自己的现实相对立，视现实为虚幻的东西，并且本身就是扬弃虚幻的现实的一种努力。然而，信仰意识在这方面的努力至多只能使精神停留在

---

① G. W. F. Hegel, *Werke 20*, Frankfurt am Main: Suhrkamp Verlag, 1986, s. 385.
② Ebd., s. 387.

"苦恼的意识"之中。相反，倒是在"分裂的意识"中，精神已洞见教化的本质，并力图超出这种分裂的状态而诉诸纯粹的识见。这样一来，教化的虚假性走到了它的反面，即启蒙运动的开始。

启蒙运动批判信仰，传播理性、科学和注重欲望的功利主义。它是克服主客体对立、扬弃异化的开端，它不像以前的意识诸形态，如"斯多葛主义""怀疑主义""苦恼的意识"等，以顾影自怜般的态度，从现实世界中退缩出来，满足于自我责难或遐思，而是积极地去改造现实世界。但是，在黑格尔看来，启蒙运动不可能真正克服异化现象，原因如下。

其一，自然科学的知识作为"知性知识"，并不能真实地认识事物的本质——概念，从而真正达到主客体的统一、人与世界的和谐。

其二，启蒙所传播的"有用性"的原则，即功利主义的原则，乃是一种肤浅的、外在的目的，而不是内在的目的。所以，光依靠这样的原则，也是不可能达到主客体之间的和解和统一的。

其三，启蒙精神在倡导欲望、意志、自由的时候，按其自身的选择而达到了极致状态，即黑格尔所说的那种"绝对自由"（die absolute Freiheit），而正是这种绝对自由导致了法国大革命中的恐怖时期的来临。这表明，精神不能一味地向前、向外运动，它必须转过身来设定自己的界限。于是，精神的发展进入了最后一个阶段。

第三个阶段黑格尔称为"自我确定的精神；道德"（der seiner selbst gewisse Geist，die Moralität）。精神从伦理世界出发经过教化世界的过渡而进入了道德世界，这个道德世界实际上就是以康德的《实践理性批判》中的基本见解为核心的新的意识形态。黑格尔认为，康德注重道德自律和良心，但这种以善为目的的良心归根结底是形式主义的，它停留在彼岸世界。从这种脱离实际行动和行为效果的良心出发，会形成两种不同的意识形态。

一是"义务的意识"（das Bewusstsein der Pflicht），它对道德义务采取被动的、理解的态度，甚至不惜以卓越的言辞来赞美道德义务的伟大和崇高，但却并不诉诸自己的行动。黑格尔认为，这种意识近于伪善，"因为空谈义务而没有行动，义务就没有任何意义"①。

二是"品评的意识"（das beurteilende Bewusstsein），它主要不是从总体上、从行为上去评价对象，如评价伟大人物，只是热衷于窥探伟大人物的背景、来历、隐私和生活小节等，并用至高无上的道德观念去苛求这些隐私和生活小节。在黑格尔看来，这种意识同样是卑劣的，"侍仆眼中无英雄"这句谚语正是对这种意识的嘲讽。

与上述两种意识相对立的是"恶的意识"（das böse Bewusstsein），它是真正的现实的意识，因为它诉诸行动，但这种行动又无视道德上的义务和良心，总是从自私自利的角度出发的。

黑格尔认为，这三种意识各执极端，都不能达到真正的主客统一，从而从根本上扬弃异化。精神运动只有经过"宗教"阶段而达到"绝对知识"这一最高阶段时，才在概念之中达到了主客体的真正和解及对异化的扬弃。因此，黑格尔写道："推动精神自己的知识形式向前发展的运动，就是精神所完成的作为现实的历史的工作。"②这就是说，黑格尔对意识诸形态的考察，归根结底也是对现实的社会历史的考察。

如果说，特拉西的哲学思想是从属于法国唯物主义这个传统的，那么，黑格尔的哲学思想则是以柏拉图、康德为代表的理性主义传统的真正的继承者。有趣的是，特拉西虽然创制了"意识形态"这一概念，但由于他致力于从观念到感觉的还原工作，并未对意识的社会历史本质做出深入的考察；反之，黑格尔几乎很少提到"意识形态"这一概念，但《精神现象学》却对与社会历史发展的不同阶段相对应的不同的意识形态作出了卓越的阐述，尤其是对异化了的现实世界的说明和对教化的虚假性的揭露，为"意识形态"概念含义的根本转折奠定了基础。在这个意义上可以说，《精神现象学》是意识形态概念发展史上的最重要的里程碑

---

① G. W. F. Hegel, *Werke 20*, Frankfurt am Main: Suhrkamp Verlag, 1986, s. 488.
② Ebd., s. 586.

之一。

虽然费尔巴哈（L. Feuerbach，1804—1872）没有使用过"意识形态"的概念，但他对宗教异化的批判实际上和黑格尔一样触及意识形态和异化的内在关系问题。毋庸讳言，他的批判思想是对 18 世纪法国唯物主义者的宗教批判的深化。18 世纪的唯物主义者，尤其是霍尔巴赫，已经认识到，宗教起源于人对自然力的恐惧，上帝和诸神不过是人们按照自己的感觉创造出来的虚构物，但其批判矛头主要指向神学家和哲学家们关于上帝和奇迹存在的种种谬误的观念的论证上，忽略了对人的自我分裂、人的本质和神的本质之间的关系的深入考察。由于深受黑格尔哲学的影响，费尔巴哈从黑格尔那里接受了"异化"（Entfremdung）、"外化"（Entäusserung）、"对象化"（Vergegenständlichung）、"分离"（Entzweiung）等重要概念，用以分析宗教现象，因而大大深化了宗教批判的内容。尽管费尔巴哈未直接使用"意识形态"的概念，但他对宗教异化的批判仍然是我们理解意识形态概念的整个发展史的重要契机。

首先，费尔巴哈告诉我们，一切宗教虽然都着力于对彼岸世界的描绘，但宗教的本质却不能脱离现世的人的本质而得到索解。归根结底，一切宗教都是人的想象力的产物，都是人的本质外化并独立化的结果："宗教是人心灵的梦。但是，即使在梦中，我们也不是处身于虚无或天空之中，而是仍旧在现实界之中；只是在梦中，我们不是在现实性和必然性之光辉中看到现实事物，而是在幻觉和专擅之迷人的假象中看到现实事物。"①人类最初的宗教是自然宗教，其特征是把自然力（如风、雨、雷、电、水、火等）和自然物（如各种动物、植物和无机物）作为拟人化的对象直接崇拜。在自然宗教中，人的本质异化在一个一个自然物上，这种异化是具体的、零星的、部分的，实际上是对自然界这一感性对象的人化和神化。而在基督教中，人的本质不再附着于具体的、可以感觉

---

① ［德］费尔巴哈：《基督教的本质》，荣震华译，商务印书馆 1984 年版，第 19—20 页。

到的自然物上，而是脱离了具体的对象，独立化为上帝的本质，而上帝则是人的想象力的纯粹的虚构物。在《基督教的本质》这部著作中，费尔巴哈指出："宗教，至少是基督教，是人对自身的关系，或者说得更确切一些，是人对自己的本质的关系。但是，他是把自己的本质当作另一个本质来对待的。神的本质不外是人的本质，或者说得更确切一些，正是人的本质，而这一本质突破了个体的，即现实的、肉体的人的局限，被对象化为一个另外的不同于他的独立的本质，并受到仰望和崇拜。因此，神的本质的一切规定就是人的本质的规定。"①既然人的对象不外是他的对象化的本质，神的本质不外是人的本质，人关于上帝的认识不外是人对自我的认识，这就表明，宗教，特别是基督教并不具有与人相分离的特殊的内容；人与神的对立，属神的东西与属人的东西的对立是虚幻的，它不过是人的本质与人的个体之间的对立。当然，费尔巴哈强调，人并不是从一开始就意识到，上帝的本质是人的本质的异化。只有宗教发展并达到相当完善的程度时，与之相应地发展起来的人的思想才有可能揭示出这一真理，而一旦人们认识到这一真理，神学实际上也就被取消了，代之而起的则是人类学。

其次，费尔巴哈认为，宗教还意味着人的本质在外化为一种异己的独立的东西后，这种东西又倒过来支配人、统治人。费尔巴哈写道："宗教是关于那跟人的本质同一的世界的和人生的本质的观念。但是，并不是人超越于自己的本质的观念，而是自己的本质的观念超越于他；它激励他，规定他并统治他。"②这就是说，人们使自己的本质对象化，又使自己成为这个对象化了的、转化为主体的、具有人格的本质，即上帝的对象。人们把自己看作对象，实际上是对象的对象。人们越是敬仰和崇拜上帝，也就越是贬斥和蔑视自己；人们对上帝肯定得越多，对自己的否定也就越多。事实上，对上帝的虔诚和对教会的服从不仅取消了

---

① Kurt Lenk (Hg.), *Ideologie*，Frankfurt：Campus Verlag，1975，s. 62.
② Ebd.，s. 66.

人们的思想自由和意识自由，而且也剥夺了人们在尘世生活中的乐趣和享受，人们甚至不惜采用禁欲主义和种种自我摧残的方式来取悦于上帝。在有些宗教中，人们不仅成了神的附庸和工具，甚至成了向神献祭的牺牲。

最后，费尔巴哈主张，克服宗教异化的主要途径是形成以"爱"（Liebe）为核心的新的伦理观和宗教观。费尔巴哈的人本主义哲学是以人和自然为出发点的，虽然他也注意到了人的社会活动，但并没有把社会存在理解为人的本质，而是把人的自然属性看作人的根本属性。他认为，每个人都有天生的追求幸福的欲望，当人们的欲望发生冲突时，应当善于克制自己。所谓道德，也就是在自己追求幸福的欲望和他人追求幸福的欲望之间进行协调，而协调的基础则是人们相互之间的爱。正如恩格斯所批评的，费尔巴哈的道德"是为一切时代、一切民族、一切情况而设计出来的；正因为如此，它在任何时候和任何地方都是不适用的，而在现实世界面前，是和康德的绝对命令一样软弱无力的"①。同样地，费尔巴哈也从"爱"出发来重建宗教。他把人与人之间的爱，特别是男女之间的爱看作人们摆脱彼此之间的冲突及一切灾难和罪恶的唯一途径。这种对爱的过度崇拜在相当程度上减弱了费尔巴哈对宗教异化进行批判的力量。

尽管费尔巴哈的思想有种种局限性，但它毕竟为马克思后来创立意识形态批判理论提供了重要的启发。

综上所述，"意识形态"是在近代西方哲学的发展中形成的一个重要的哲学概念。由于近代自然科学的发展，导致了对中世纪神学和经院哲学的种种荒谬观念的批判。正是在这场广泛而深刻的批判运动中，产生了一种建立"观念的科学"的倾向，特拉西的"意识形态"概念正是这种倾向的产物。然而，由于特拉西以法国启蒙学者所普遍具有的感觉主义的立场作为自己的理论出发点，所以他首倡的"意识形态"学说虽然在当时

---

① 《马克思恩格斯选集》第4卷，人民出版社1995年版，第240页。

具有进步的历史意义，但却不可能在感觉主义的基础上建筑起一个"观念的科学"的王国。黑格尔一开始就以批判的眼光来看待特拉西的"意识形态"概念，并以巨大的历史感为基础，深入地探讨了意识在不同的社会发展阶段上的具体的表现形式，揭示了各种意识形式与异化和教化之间的内在联系。黑格尔的见解深刻地影响了他以后的意识形态概念发展史，特别是影响了马克思对意识形态概念的理解。费尔巴哈从人本主义的立场出发，接过黑格尔手中的批判武器，对宗教这种最具异化特征的意识形式进行了透彻的批判。费尔巴哈把神学还原为人学，这是他的卓越的贡献，可是在达到这一步后，他的以抽象的人和自然为基础的人本主义哲学再也无法前进了。意识形态问题研究的突破，有待于一种新的划时代的哲学观的确立，而这个伟大的使命将由马克思来承担。

不管如何，培根、特拉西、黑格尔、费尔巴哈等哲学家在这方面所做出的努力仍然是不可磨灭的。事实上，正是通过他们的努力，"意识形态"这个崭新的研究领域才被开辟出来了，并在当代人的精神生活中成为一个无法回避而又经久不衰的主题。

第二章 马克思意识形态学说 形成的前提

　　马克思的意识形态学说是在 19 世纪 40 年代中期诞生的。这一学说的诞生并不是偶然的，而是马克思作为革命家积极地参与实践活动和理论活动的结果。正是在当时的实践斗争和理论斗争的"炼狱"中，马克思从最初的青年黑格尔主义者，即历史唯心主义者，转变为马克思主义者，即历史唯物主义者；从最初的以"理性和自由"为口号的民主主义者转变为以"使现存世界革命化"为己任的共产主义者。

　　当我们考察马克思本人的思想发展史时，我们发现：一方面，正是历史唯物主义理论的创立，使马克思找到了一个正确地审视人类全部精神活动和精神产物的基础和出发点，从而使他的意识形态学说脱颖而出；另一方面，也正是在对德意志意识形态进行深入批判的过程中，马克思才创立了自己的历史唯物主义理论，并运用崭新的理论术语把它叙述出来的。

　　简言之，历史唯物主义理论的形成和意识形态学说的确立，在马克思本人的思想发展史上是同一个过程的两个不同的侧面。当然，如果我们把历史唯物主义理论理解为马克思哲学的总体性表达的话，那么，他的意识形态学说就只是其中的一个组成部分。总之，必须深刻地认识历史唯物主义理论的创立与意识形态学说的形成这两者之间的互动关系。

第一节　社会政治实践的推动

青年马克思生活的时代是一个剧烈动荡的、变革的时代。欧洲的英、法、德等国家的资本主义经济迅速发展，与之相应的资产阶级的民主主义和自由主义的思想也得到了广泛的传播。同时，无产阶级同资产阶级的矛盾也日趋尖锐，无产阶级寻求解放的意识通过各种纷然杂陈的社会主义和共产主义的流派而折射出来。这一切都似乎暗示了这样一种思想动向，即欧洲无产阶级将作为一种独立的政治力量登上世界历史舞台。

青年马克思生活在这样一个时代，深深地感受到时代大潮的冲击，感受到自己肩负的重大历史责任。在 17 岁那年写下的《青年在选择职业时的考虑》中，马克思热情洋溢地说："如果我们选择了最能为人类福利而劳动的职业，那么，重担就不能把我们压倒，因为这是为大家而献身；那时我们所感到的就不是可怜的、有限的、自私的乐趣，我们的幸福将属于千百万人，我们的事业将默默地、但是永恒发挥作用地存在下去，而面对我们的骨灰，高尚的人们将洒下热泪。"①这段话不光显示出马克思思想的早熟和胸怀的宽广，而且也为马克思一生的革命实践活动揭开了序幕。

1835 年 10 月，马克思进入波恩大学学习法律，一年后转入柏林大学。在那里，马克思加入了青年黑格尔派的核心组织——博士俱乐部，青年黑格尔派关于理性、自由、民主和自我意识的理论对马克思产生了

---

① 《马克思恩格斯全集》第 40 卷，人民出版社 1982 年版，第 7 页。

重要的影响。马克思在其博士论文的"序言"中引用了埃斯库罗斯的悲剧《被锁链锁住的普罗米修斯》中普罗米修斯对众神的侍者海尔梅斯所说的话：

> 你好好听着，我绝不会用自己的痛苦
> 去换取奴隶的服役；
> 我宁肯被缚在崖石上，
> 也不愿作宙斯的忠顺奴仆。①

　　博士论文既表明了马克思的自我意识的觉醒和他对自由的热切的渴望，也表明了他对革命实践活动的热情向往。1841 年 4 月大学毕业后，马克思积极投身于社会政治活动。我们认为，在马克思早期的实践活动中，对他世界观的转变和意识形态学说的形成有决定性意义的是以下三个方面的活动和经历。

　　一是对普鲁士书报检查令的批判。1841 年 12 月 24 日，普鲁士政府颁发了新的书报检查令，目的是压制日益高涨的资产阶级民主主义运动。马克思于 1842 年 2 月 10 日完成了《评普鲁士最近的书报检查令》一文，对书报检查令作了透彻的分析和批判。马克思的这篇论文之所以重要，一方面因为它是马克思的第一篇政论文章，是他投身于社会政治活动的重要的开端；另一方面因为它深刻地揭露了书报检查令的欺骗性和伪善性。马克思在驳斥检查令中要求人们"严肃和谦逊地探讨真理"的条款时，辛辣地嘲讽道："严肃和谦逊！这是多么不固定、多么相对的概念呵！严肃在哪里结束，诙谐又从哪里开始呢？谦逊在哪里结束，不谦逊又从哪里开始呢？我们的命运不得不由检查官的脾气来决定。"②马克思还无情地揭露了检查令披在自己身上的"自由主义"袈裟："没有色彩

---

　　① 《马克思恩格斯全集》第 40 卷，人民出版社 1982 年版，第 190 页。
　　② 《马克思恩格斯全集》第 1 卷，人民出版社 1956 年版，第 8 页。

就是这种自由唯一许可的色彩。"①透过检查令的自由主义的表象,马克思洞见了它的专制主义的本质。这是马克思对统治阶级的思想意识的虚伪性和掩蔽性的最初的批判,马克思后来对意识形态的掩蔽性的批判在这里已初见端倪。

二是担任《莱茵报》的编辑工作。从1842年3月底起,马克思开始为《莱茵报》撰稿,同年10月被聘为该报主编。该报在马克思的主持下,革命民主主义的倾向越来越强烈,因而引起了政府的恐惧和敌视。政府检查官常常扣发稿件,致使报纸不能正常出版,马克思不得不于1843年3月17日辞职。马克思在主持《莱茵报》时期参加的社会政治实践对他以后思想的发展产生了极为重要的影响。在此期间,马克思撰文批评了第六届莱茵省议会关于出版自由的辩论、关于林木盗窃法的辩论、关于教会纠纷的辩论(此文由于书报检查官的阻挠而未能发表);马克思还考察了摩塞尔河地区农民生活的状况,发表了《摩塞尔记者的辩护》的系列文章。在这些文章中,马克思已自觉地站到维护被压迫劳动人民的利益和权利的立场上,对国家、教会、新闻和出版制度、法令的虚伪性和欺诈性作了大量的揭露。比如,在批评所谓"林木盗窃法"时,马克思写道:"一切国家机关都应成为林木占有者的耳、目、手、足,为林木占有者的利益探听、窥视、估价、守护、逮捕和奔波。"②马克思还以提问的口气写道:"你们的基本原则是什么呢?就是要保证林木占有者的利益,即便因此毁灭了法和自由的世界也在所不惜。"③在实地调查中,马克思通过对农民的现实生活的了解,看到了统治阶级的法规和其他观念的实质——为统治阶级的根本利益服务。正是这一时期的社会政治活动促使马克思从唯心主义转向唯物主义,从革命民主主义转向共产主义。奥古斯特·科尔纽很正确地概括了马克思当时的思想转变:"结合着在《莱茵报》的活动而对政治和社会关系进行的研究,使他越来越清楚地看

---

① 《马克思恩格斯全集》第1卷,人民出版社1956年版,第7页。
② 同上书,第160页。
③ 同上书,第173页。

到：政治问题和社会问题是不能仅仅通过批判从哲学的观点来加以解决的。这一时期的实际经验引起了马克思的世界观在这一方面的变化，使他开始从现实中来寻求观念的根源。"①这表明，马克思已逐渐摆脱黑格尔的历史唯心主义理论的影响，不再像其他青年黑格尔主义者一样，满足于从观念出发来想象现实，而是努力从现实出发来揭示观念的虚假性。马克思当时达到的这一认识为他后来创立的意识形态学说奠定了思想基础。

另外，《莱茵报》时期的活动也成了马克思从哲学、法学的研究转向经济学研究的一个重要的触媒。正如马克思后来告诉我们的："1842—1843年间，我作为《莱茵报》的编辑，第一次遇到要对所谓物质利益发表意见的难事。莱茵省议会关于林木盗窃和地产析分的讨论，当时的莱茵省总督冯·沙培尔先生就摩塞尔农民状况同《莱茵报》展开的官方论战，最后，关于自由贸易和保护关税的辩论，是促使我去研究经济问题的最初动因。"②这一理论研究的转向之所以特别重要，因为它直接关系到马克思后来创立的历史唯物主义理论。事实上，正是通过对物质利益和经济问题的研究，马克思才成为历史唯物主义意义上的唯物主义者，而不是一般意义上的唯物主义者。尽管马克思也常常把自己的理论称为"唯物主义"，但我们必须清醒地意识到，马克思自称的"唯物主义"不是费尔巴哈式的一般唯物主义，而是实践唯物主义或历史唯物主义。在对马克思哲学的实质的理解中，弄清楚这一点至关重要。我们甚至可以毫不夸张地说，"正统的"阐释者们对马克思哲学实质的误解正是从这里开始的。

三是流亡巴黎时期的社会政治活动。1843年10月底，马克思迁居到法国巴黎。1845年2月3日，由于法国政府的驱逐，马克思又迁往比利时的首都布鲁塞尔。虽然马克思在巴黎待了不到一年半的时间，但他

---

① ［法］奥古斯特·科尔纽：《马克思恩格斯传》第1卷，刘丕坤、王以铸、杨静远译，生活·读书·新知三联书店1963年版，第429页。

② 《马克思恩格斯选集》第2卷，人民出版社1995年版，第31页。

在这段时间内参加的各种社会政治活动对他思想的发展起了重大的推动作用。马克思在巴黎与法国的民主主义者和社会主义者、大多数法国工人秘密组织的领袖及德国秘密团体"正义者同盟"的领导人建立了联系，并经常出席德、法两国工人和手工业者的集会。在这些活动中，马克思不仅感受到，而且认识到，无产阶级是最伟大的革命力量，是历史活动的真正的主体。马克思越是通过实践接触到现实世界，就越是感到思想世界与现实世界之间的尖锐对立，就越是认识到思想世界的虚假性及批判思想世界的重要性。马克思在编辑《德法年鉴》的过程中，开始转而批判仅仅停留在宗教领域中的青年黑格尔主义者，特别是布鲁诺·鲍威尔，马克思主张向德国的现行制度开火。

同时，马克思把恩格斯的《政治经济学批判大纲》收入了《德法年鉴》。这篇论文对马克思的思想产生了重大的影响，促使马克思开始在巴黎从事政治经济学的研究。马克思这样写道："自从弗里德里希·恩格斯批判经济学范畴的天才大纲(在《德法年鉴》上)发表以后，我同他不断通信交换意见，他从另一条道路(参看他的《英国工人阶级状况》)得出同我一样的结果，当1845年春他也住在布鲁塞尔时，我们决定共同阐明我们的见解与德国哲学的意识形态见解的对立，实际上是把我们从前的哲学信仰清算一下。"①

还须指出的是，正是在巴黎期间，马克思对法国的政治、社会、历史，特别是经济思想进行了深入的研究，写下了著名的《1844年经济学哲学手稿》(也被称为《巴黎手稿》)。尤其值得注意的是，马克思深入地钻研了特拉西的著作《意识形态的要素》的第四、第五篇《意志及其作用》。与黑格尔不同的是，马克思意识到了特拉西提出的"意识形态"概念的重要性，并以自己的方式赋予它以新的内涵。

无疑地，正是上述实践活动和理论活动的展开，从根本上推动了马克思世界观的转变，最终使马克思创立了历史唯物主义理论，并对德意

---

① 《马克思恩格斯选集》第2卷，人民出版社1995年版，第33—34页。

志意识形态进行了总体性的批判。当然，我们上面论述的，只是马克思早期的一些实践活动和理论活动。马克思创立新世界观及意识形态学说后，仍然不停地参与并指导工人阶级的革命实践活动，所以，恩格斯说，"马克思首先是一个革命家"①。正因为马克思始终与革命实践活动保持着密切的联系并从中汲取了灵感，所以他不仅创立了历史唯物主义理论及其相应的意识形态学说，而且结合实践中出现的新问题不断地完善它们，把它们推向前进。

第二节　理论批判活动的深入

马克思的意识形态学说不仅是他早年参加社会政治实践的产物，也是他的理论研究活动不断深入的结果。除了我们前面提到过的马克思的博士论文外，马克思早期的理论研究活动主要是在《黑格尔法哲学批判》《论犹太人问题》《黑格尔法哲学批判导言》《1844 年经济学哲学手稿》《神圣家族》《关于费尔巴哈的提纲》等著作中展开的。这些著作真实地记录了马克思在理论上不断地进行反思和批判的足迹。我们发现，马克思早期的理论批判活动主要是围绕以下三个方面展开并不断加以深化的。

一、对黑格尔和青年黑格尔派的哲学思想的批判

在马克思青年时期，虽然黑格尔学派已处于解体的过程中，但"百足之虫，死而不僵"，它的影响仍然是巨大的，并在相当的程度上支配着德国的思想界。青年黑格尔派的代表人物施特劳斯（D. F. Strauss，1808—1874）和鲍威尔（B. Bauer，1809—1882）关于"实体"和"自我意识"之间的争论虽然十分激烈，但归根结底没有越出黑格尔哲学的基地。实际上，马克思对黑格尔和青年黑格尔派的哲学思想的批判是他的意识形态学说形成的重要契机。

---

① 《马克思恩格斯选集》第 3 卷，人民出版社 1995 年版，第 777 页。

首先，马克思批判了黑格尔法哲学思想的基础——颠倒现实关系的思辨唯心主义体系。由于黑格尔把法哲学当作逻辑学的"补充"与"应用"，因而他不是从政治和社会的经验事实出发引申出法哲学的基本概念，而是把这些基本概念看作是逻辑理念自身运动的产物。比如，黑格尔把家庭、市民社会和国家都看作是理念自身运动、自我展开的环节。马克思为此批评道："理念变成了独立的主体，而家庭和市民社会对国家的现实关系变成了理念所具有的想象的内部活动。实际上，家庭和市民社会是国家的前提，它们才是真正的活动者；而思辨的理性却把这一切头足倒置。"①马克思发现，黑格尔法哲学的真正的注意中心并不是法哲学，而是逻辑学；不是事物本身的发展逻辑，而是逻辑范畴运动中作为环节的所谓"事物"。由于这种主词和谓词、现实和观念关系的"头足倒置"，在实际的政治生活和社会生活中发生的真实的关系便完全被神秘化了，甚至被严严实实地遮蔽起来了。

在《神圣家族》中，马克思进一步揭露了黑格尔思辨哲学的秘密，即这种哲学先从苹果、梨、扁桃中得出"果实"这个一般观念，然后再把这个观念想象为存在于我们身外的一种独立的本质。这样一来，"果实"就成了苹果、梨、扁桃等的"实体"，而现实的苹果、梨、扁桃等则成了"实体"的具体"样态"。接着，思辨哲学又进一步把"实体"想象为"主体"，想象为可以自己运动的能动的本质。于是，现实生活中发生的一切都被神秘化为思辨精神的运动。马克思写道："黑格尔历史观的前提是抽象的或绝对的精神……人类的历史变成了抽象的东西的历史，因而对现实的人说来，也就是变成了人类的彼岸精神的历史。"②从这种历史唯心主义理论出发，历史就成了少数伟大人物的活动场所，而群众则成了精神运动的消极的旁观者。马克思认为，在德国，这种思辨的唯心主义已经成了现实关系的最严重的掩蔽物。

---

① 《马克思恩格斯全集》第 1 卷，人民出版社 1956 年版，第 250—251 页。
② 《马克思恩格斯全集》第 2 卷，人民出版社 1957 年版，第 108 页。

其次，马克思批判了黑格尔关于精神异化的思想。正如伦克所指出的：“在马克思的意识形态批判（特别是早期著作）中，异化概念是一个基本概念。它直接来自与黑格尔的《精神现象学》的哲学联系中。”①众所周知，在《精神现象学》的第四部分“精神”中，黑格尔深入地讨论了精神的异化问题。在他看来，意识的诸形态，如我们前面提到过的“苦恼的意识”“高尚的意识”“卑贱的意识”“分裂的意识”等，都是精神异化的具体表现形式。黑格尔的这一思想蕴含着一个深刻的见解，即形形色色的意识形态都不过是精神异化的具体表现形式。简言之，意识形态本身就是异化的产物。

通常的情形是这样的：意识形态家们创造了意识形态，意识形态渐渐地独立化并神秘化为一种统治人的精神力量。于是，人们跪倒在自己所创造的这种精神力量面前顶礼膜拜。应该说，黑格尔的这一思想是具有深刻的批判因素的，但是正如马克思在《1844年经济学哲学手稿》中所指出的：“在《现象学》中出现的异化的各种不同形式，不过是意识和自我意识的不同形式。”②即使是作为人的本质异化的结果的财富和国家权力，黑格尔也只是把它们作为思想的形式来加以考察，“它们是思想的本质，因而只是纯粹的即抽象的哲学思维的异化”③。这样一来，遭到批判并被扬弃了的各种意识形态实际上在“绝对知识”中又得到了肯定和恢复，本来应该具有批判精神的黑格尔哲学本身也成了容纳一切意识形式的包罗万象的意识形态，成了精神异化的典型形式。

最后，马克思批判了以鲍威尔为首的青年黑格尔派的哲学思想。这一批判主要是围绕以下三个方面展开的。

其一，马克思批判了鲍威尔在犹太人问题上的错误见解。马克思的《论犹太人问题》主要是针对鲍威尔于1843年出版的论著《犹太人问题》

①　Kurt Lenk，*Marx in der Wissenssoziologie*，Berlin：Hermann Luchterhand Verlag，1972，s. 116.

②　《马克思恩格斯全集》第42卷，人民出版社1979年版，第162页。

③　同上书，第161页。

和《现代犹太人和基督徒获得自由的能力》而写的。按照马克思的看法，在对犹太人问题的研究上，鲍威尔非但不是用历史去说明迷信，反而倒过来用迷信去说明历史。他把犹太人的解放问题看作是一个单纯的宗教问题，认为从宗教中解放出来是犹太人政治解放的基础。马克思驳斥了这一试图用迷信来说明历史的谬误的观点，指出了如下的重要事实：在政治解放已经完成了的国家，宗教不仅依然存在，而且还得到了发展。这表明，对于犹太人来说，他们面临的最迫切的问题不是从宗教中获得解放的问题，而是在政治上获得解放的问题。诚然，马克思也承认，宗教的存在是一种有缺陷的存在，但这一缺陷的根源也应该到国家自身的本质中去寻找。不应该把世俗问题转化为神学问题，而应该把神学问题还原为世俗问题："我们认为：他们只有消灭了世俗桎梏，才能克服宗教狭隘性。"①这样一来，马克思就把已被鲍威尔颠倒了的问题又重新颠倒过来了。也就是说，批判的目光不应该停留在天国，而应该投向尘世。

其二，马克思批判了鲍威尔不关注现实生活中出现的各种异化问题的错误思想倾向。马克思特别强调，不应该到犹太人的宗教中去寻找犹太人的秘密，而应当倒过来，到现实的犹太人那里去寻找犹太教的秘密。现实的、从事工业和商业活动的犹太人把赚钱作为一切活动的目的，钱是他们的世俗的上帝。"钱是从人异化出来的人的劳动和存在的本质；这个外在本质却统治了人，人却向它膜拜。"②如果说，钱是人们在劳动和交换的过程中必然异化出来并统治人的"外在本质"的话，那么，宗教，尤其是基督教则是人的本质异化的结果，"在所谓基督教国家，实际上发生作用的不是人，而是人的异化"③。在这样的国家里，人实现自己的过程也就是丧失自我的过程，人总是处于非人的关系和势力的控制下。一句话，人还不是真正的类存在物。如何扬弃这类异化现

---

① 《马克思恩格斯全集》第 1 卷，人民出版社 1956 年版，第 425 页。
② 同上书，第 448 页。
③ 同上书，第 433 页。

象呢？马克思说："一种社会组织如果能够消除做生意的前提，从而能够消除做生意的可能性，那末这种社会组织也就能使犹太人不可能产生。他的宗教意识就会像烟雾一样，在社会的现实的、蓬勃的空气当中自行消失。"①在马克思看来，不是观念的东西、意识的东西支配着现实世界，而是倒过来，现实世界支配着观念的东西、意识的东西，后者不过是从前者异化出去的精神的存在物。从这些重要的论述可以看出，马克思已经穿破了意识形态造成的种种雾障，看到了它的现实的基础。

其三，马克思批判了鲍威尔等人"把一切外部的感性的斗争都变成了纯粹观念的斗争"②的错误倾向。这种倾向反对任何现实的斗争，反对任何群众的运动，从而把历史活动仅仅理解为观念的批判、扬弃、发展和进步，于是，"改造社会的事业被归结为批判的批判的大脑活动"③。乍看起来，青年黑格尔派的批判家们大叫大嚷，似乎在与现实作战，实际上，他们只是在与现实的影子作战，他们漂浮在意识形态中，成了意识形态的真正的俘虏。显而易见，马克思对青年黑格尔派的哲学思想的批判，是他形成以历史唯物主义理论为基础的意识形态学说的重要触媒。

二、对国民经济学与异化劳动的批判

在马克思看来，虽然国民经济学为资本主义社会的研究提供了不少启发，但它的局限性是显而易见的。

第一，"国民经济学以不考察工人（即劳动）同产品的直接关系来掩盖劳动本质的异化"④。事实是，工人创造的价值越多，他自己就越低贱；他创造的产品越完美，他自己就越畸形；工人的劳动创造了宫殿，但他自己却只能居住在贫民窟中；等等。

第二，国民经济学是一门关于财富的科学，它提倡的道德是谋生、

---

① 《马克思恩格斯全集》第1卷，人民出版社1956年版，第446页。
② 《马克思恩格斯全集》第2卷，人民出版社1957年版，第105页。
③ 同上书，第109页。
④ 《马克思恩格斯全集》第42卷，人民出版社1979年版，第93页。

劳动、节约和克制。对于它来说，"甚至连人的存在都是十足的奢侈"①。

第三，国民经济学的一切范畴，如商业、竞争、资本、货币等都是从劳动和私有财产这两个基本概念引申出来的，国民经济学家既未揭示劳动的异化性质，也未对私有财产采取历史的批判的态度。

第四，国民经济学家（包括特拉西②）强调，"资本发现并促使人的劳动代替死的物而成为财富的源泉"③，但他们未深入地探究资本与劳动的分离和异化。

毋庸讳言，马克思对国民经济学的批判从全新的角度深化了整个批判运动。由于马克思把经济学批判与哲学批判紧密地结合起来，因而大大地超越了国民经济学家的狭隘的眼界，从一开始就抓住了资本主义生产中最基本、最重要的事实，即异化劳动的事实，并予以透彻的分析。

在马克思看来，异化劳动是资本主义社会的必然的基本的现象，它具体表现为劳动者同劳动对象、劳动者同劳动过程的异化；也表现为人与人、人与人的类本质之间关系的异化。总之，在资本主义的生产方式中，劳动者所创造的一切都作为异己的力量倒过来压抑、统治劳动者本身。在黑格尔那里，异化只不过是精神运动的一种方式，尽管黑格尔把劳动看作人的本质，但正如马克思所指出的："黑格尔唯一知道并承认的劳动是抽象的精神的劳动。"④然而，在马克思看来，不仅劳动是现实的，而且异化和异化劳动也都是现实的。马克思告诉我们："异化借以实现的手段本身就是实践的。"⑤正是通过异化劳动，人不仅生产出异己

---

① 《马克思恩格斯全集》第 42 卷，人民出版社 1979 年版，第 137 页。

② 马克思最早提到特拉西是在《詹姆斯·穆勒〈政治经济学原理〉一书摘要》中。在该文中，马克思引证了特拉西《意识形态的要素》中的一段论述，批评他把社会交往的异化形式作为与人性相适应的形式确定下来。见《马克思恩格斯全集》第 42 卷，人民出版社 1979 年版，第 25 页。

③ 《马克思恩格斯全集》第 42 卷，人民出版社 1979 年版，第 110 页。

④ 同上书，第 163 页。

⑤ 同上书，第 99 页。

的、与自己敌对的生产对象和生产行为的关系，也生产出异己的类本质及与他人之间的冷漠的，甚至敌对的关系。马克思还认为，"异化劳动是私有财产的直接原因"①，而私有财产则不过是"异化了的、人的生命的物质的、感性的表现"②。因此，在马克思看来，扬弃私有财产也就是对一切异化的积极扬弃，是通过人并且为了人而对人的本质的真正占有。这种扬弃是通过实现"共产主义"或"实践的人道主义"(der praktische Humanismus)的方式来实现的。国民经济学研究的契入和对异化劳动的批判是马克思摆脱当时德意志意识形态的羁绊并转而对它进行深入批判的根本条件。事实上，也正是通过对异化劳动的批判，马克思形成了以扬弃私有财产为根本特征的共产主义理论，这一理论作为"实践的人道主义"正是扬弃一切传统的意识形态的根本出路。

三、对费尔巴哈哲学思想的批判

与鲍威尔等青年黑格尔主义者比较起来，费尔巴哈是在对黑格尔哲学的批判中唯一向前迈进了几步的人。正如马克思所评论的："只是从费尔巴哈才开始了实证的人道主义的和自然主义的批判。费尔巴哈越不喧嚷，他的著作的影响就越扎实、深刻、广泛而持久；费尔巴哈著作是继黑格尔的《现象学》和《逻辑学》以后包含着真正理论革命的唯一著作。"③然而，由于费尔巴哈的唯物主义是撇开历史进程的、直观的唯物主义，由于他不了解实践活动，特别是生产劳动的意义，所以，他的实证的批判仍然是软弱无力的，而且归根结底，他仍然是黑格尔思辨唯心主义理论的俘虏。

起先，马克思受到费尔巴哈哲学思想的影响，后来，通过他所参加的革命实践活动及对政治经济学的研究，从思想上超越了费尔巴哈，并转而批判了费尔巴哈的哲学思想。这一批判之所以具有重要的理论意义，因为它标志着马克思的新世界观萌芽的诞生，也标志着他关于意识

---

① 《马克思恩格斯全集》第 42 卷，人民出版社 1979 年版，第 101 页。
② 同上书，第 121 页。
③ 同上书，第 46 页。

形态问题的基本立场和见解的形成。按照我们的看法，马克思对费尔巴哈的哲学思想的批判主要是围绕着以下三个方面展开的。

其一，宗教上的自我异化与世俗基础的自我分裂。如前所述，费尔巴哈是从人的自我异化出发来批判宗教，尤其是基督教的，他致力于把宗教世界归结为它的世俗基础，但他并没有意识到，在做完这一工作之后，主要的事情还完全没有触及。正如马克思所批评的："因为，世俗的基础使自己和自己本身分离，并使自己转入云霄，成为一个独立王国，这一事实，只能用这个世俗基础的自我分裂和自我矛盾来说明。"①也就是说，整个宗教世界不过是世俗基础自我分裂的产物，或者换一种说法，不过是世俗基础的神秘化的幻想，因而只有深入地探究世俗基础内部的矛盾，并用排除这种矛盾的方法使之在实践中革命化，才能从根本上完成对宗教世界的批判。正如奥古斯特·科尔纽所指出的，由于费尔巴哈"未能看到宗教的幻想不过是现存社会的深刻分裂，即是意识形态上的颠倒，所以认为消除了宗教的幻想，也就揭示了这种幻想的人的基础。而实际上，应当消除的是产生这种幻想的社会关系，只有革命的实践才能摧毁这种社会关系（第四条提纲）"②。费尔巴哈的止步不前，正体现出他的哲学思想的不彻底性。

其二，族类本性与社会关系。费尔巴哈把宗教理解为人的本质的异化，并致力于把神学的本质归结为人类学，这无疑是一个重要的思想进步，但在他的直观的唯物主义的总的思想背景下，他能做到的仅仅是对市民社会的单个人的直观，即把每个人理解为与历史进程相分离的抽象的、孤立的人类个体，并在这样的基础上去探求人的本质，因而只能把人的本质理解为无声的"类"（Gattung），即理解为把个人按照纯粹自然的方式联系起来的某种共同性。马克思则强调："人的本质并不是单个人所固有的抽象物，实际上，它是一切社会关系的总和（das ensemble

---

① 《马克思恩格斯全集》第 3 卷，人民出版社 1960 年版，第 4 页。
② ［法］奥古斯特·科尔纽：《马克思的思想起源》，王瑾译，中国人民大学出版社 1987 年版，第 84 页。

der gesellschaftlichen Verhältnisse)①。"②也就是说，笛福笔下的、孤独地置身于"绝望之岛"上的鲁滨孙，实际上是不存在的，人总是从属于一定的社会关系的，人本质上是社会存在物。其实，在《1844 年经济学哲学手稿》中，马克思这方面的卓越的见解已经显露出来。马克思这样写道："甚至当我从事科学之类的活动，即从事一种我只是在很少情况下才能同别人直接交往的活动的时候，我也是社会的，因为我是作为人活动的。不仅我的活动所需的材料，甚至思想家用来进行活动的语言本身，都是作为社会的产品给予我的，而且我本身的存在就是社会的活动；因此，我从自身所做出的东西，是我从自身为社会做出的，并且意识到我自己是社会的存在物。"③由此可见，即使马克思的哲学思想在整体上仍然深受费尔巴哈的影响，但他的许多观点实际上早已超出了费尔巴哈。

其三，思想意识与社会实践。在《关于费尔巴哈的提纲》中，马克思指出："全部社会生活在本质上是实践的。凡是把理论引向神秘主义的神秘东西，都能在人的实践中以及对这个实践的理解中得到合理的解决。"④与孔狄亚克、特拉西这样的机械唯物主义者不同，马克思并不把观念还原为感觉，而是通过观念向实践的归结，揭示出观念在社会生活中的根源。比如，神秘的宗教学说和宗教感情就是实践的社会生活的产物。马克思驳斥了费尔巴哈轻视人的实践活动，并把它理解为"卑污的犹太人活动的表现形式"的错误观点，肯定实践是检验一切思想意识是否具有真理性的根本标准，这实际上已为马克思以后的意识形态批判提供了坚定的出发点。马克思还批评了 18 世纪唯物主义者关于"人是环境和教育的产物"的肤浅的观点，指出了"环境是由人来改变的，而教育者本人一定是受教育的"⑤真理，揭示了社会实践和思想意识之间的辩证

---

① 这里括注的外文为作者所加，原文没有。此类情况下变换外文字体，以与原文中本来存在的外文括注区分开。下同。
② 《马克思恩格斯全集》第 3 卷，人民出版社 1960 年版，第 5 页。
③ 《马克思恩格斯全集》第 42 卷，人民出版社 1979 年版，第 122 页。
④ 《马克思恩格斯选集》第 1 卷，人民出版社 1995 年版，第 56 页。
⑤ 同上书，第 55 页。

关系。马克思还强调："哲学家们只是用不同的方式解释世界，问题在于改变世界。"①这就从根本上划清了马克思与当时整个德国思想界之间的界限。德意志意识形态批判的号角已经吹响了。

从马克思所从事的上述理论批判活动中可以看出，异化问题始终是马克思思考和研究的中心问题。正是通过对黑格尔的精神异化、费尔巴哈的宗教异化和国民经济学家所竭力掩盖的异化劳动的批判，马克思的历史唯物主义的观点才逐步成熟起来。当以生产劳动为基础的现实人类史的地平线清晰地呈现在马克思眼前的时候，马克思找到了一个批判一切观念形态的参照系。在马克思的划时代的哲学创造——历史唯物主义面前，一切旧的哲学观念都黯然失色了，所有德意志意识形态家都失去了昔日的光彩，德意志意识形态终结的历史性命运已经无可挽回地降临了。

第三节　历史唯物主义的创立

如前所述，在马克思哲学思想的发展进程中，历史唯物主义的创立与意识形态学说的形成乃是同一个过程的两个不同的侧面。一方面，正是通过对德国古典哲学、青年黑格尔派和其他意识形式（包括德国的宗教、法学、伦理、艺术思想，法国的空想社会主义和共产主义，英国的国民经济学，等等）的理论批判和对各种实践批判活动（社会政治活动）的实质性的参与，马克思从思想世界下降到现实世界，从而创立了历史唯物主义；另一方面，正是凭借着对历史唯物主义基本理论的发现，凭借着对现实的人通过生产劳动所创造的现实的人类史的发现，马克思才最终科学地解释了一切意识和意识形态的来源与本质，才创立了划时代的批判理论——意识形态批判理论。

---

① 《马克思恩格斯选集》第 1 卷，人民出版社 1995 年版，第 57 页。

如果从哲学史发展的线索来看，马克思创立的历史唯物主义理论乃是康德所肇始的德国古典哲学演化的一个逻辑结果。这里说的"逻辑结果"并不意味着历史唯物主义理论是自发地形成的，而是意味着，马克思合乎逻辑地继承、改造并推进了德国古典哲学，创立了具有划时代意义的新哲学观——历史唯物主义。

现在，让我们先返回德国古典哲学的源头——康德那里，由此考察马克思的历史唯物主义理论的形成过程。我们提出的问题是：康德的先验主义哲学的主要含义是什么？众所周知，康德区分了"现象"（经验界）和"本体"或"自在之物"（超验界），强调人的全部认识都源于经验，停留在现象或经验的范围内。本体或自在之物则是超验的，或者说是超感觉世界的，是人的认识所无法达到的，因而是不可知的。康德认为，传统形而上学或神学的谬误就是运用只适合于现象或经验范围的知性范畴去认识超验的本体或自在之物，从而陷入"误谬推论""二律背反"或"理想"中。既然康德在现象和本体（或自在之物）之间设置了不可逾越的界限，传统形而上学和神学的全部研究成果实际上已被否定了。由此可见，康德哲学内蕴的这种批判性、革命性和破坏性是何等强烈的了。正如德国诗人海涅所说的："康德这人的表面生活和他那种破坏性的、震撼世界的思想是多么惊人的对比！如果哥尼斯堡的市民预感到这种思想的全部意义，那么，他们面对这人时所感到的惊恐当真会远远超过面临一个刽子手，面对一个只能杀人的刽子手——然而这些善良的人们却不过把他看作一个哲学教授，当他按既定时刻漫步走过来的时候，他们友好地向他招呼，并用他来对他们的怀表。"①

毋庸讳言，在康德的先验主义哲学中，自在之物是一个根本性的概念。正如康德用这个概念推翻了前人一样，后人也力图用这个概念来推翻他。有趣的是，费希特指责自在之物概念是纯粹的虚构，而黑格尔却批评费希特从未摆脱过康德的自在之物："康德称为'自在之物'的东西，

① 张玉书编选：《海涅选集》，人民文学出版社 1983 年版，第 293 页。

费希特称为外来的刺激，即外在于自我的抽象物，这个抽象物无法作别的规定，只好笼统地叫做否定者或非我。"①尽管费希特没有对康德的自在之物的概念做出颠覆性的批判，但费希特优于康德的地方是：他明确地提出了一个以"自我"为出发点的范畴推演体系，同时也拒斥了康德自在之物的不可知性，从而既为黑格尔对自在之物概念的批判扫清了地基，也初步提供了一种后来被黑格尔发挥到极致的历史感。

黑格尔以更为激烈的态度抨击了康德的自在之物的概念："自在之物（这里的物也被理解为精神和上帝）是这样一个对象，它首先是对于意识而言的，是从所有的感觉规定和确定的思想中抽象出来的。很容易看到，这里剩余的已是一个完全抽象的、纯粹空虚的东西，它可能被规定为彼岸世界；它是意识、感觉、确定的思想等等的否定物。"②事实上，正是通过对自在之物的否定，黑格尔也否定了现象和本体之间不可逾越的界限。黑格尔批评了康德对矛盾采取的"温情主义"态度，主张用对立面的统一（如现象与本质的统一）取代康德那里现象与自在之物的抽象的对立，从而从根本上消解了康德设置起来的彼岸世界，用现象可以通达的最高本质——绝对精神取代了不可通达的自在之物。然而，黑格尔又为这样的通达设定了一条无法绕过的历史路线，那就是《精神现象学》的路线。这条路线显示出一种伟大的、恢宏的历史感。黑格尔推进了康德哲学和费希特哲学，但又给我们留下了新的困惑：究竟什么是"绝对精神"呢？

稍晚于黑格尔的叔本华完全撇开费希特和黑格尔，从不同的方向阐释了康德的自在之物的概念。在他那里，自在之物或本体也就是超越于根据律之外的生命意志。叔本华以自问自答的方式写道："自在之物是什么呢？就是——意志。"③

众所周知，意志属于非理性的范围，尽管叔本华的这一见解是十分

---

① G. W. F. Hegel, *Werke 8*, Frankfurt am Main: Suhrkamp Verlag, 1986, s. 147.
② Ebd., s. 121.
③ ［德］叔本华：《作为意志和表象的世界》，石冲白译，商务印书馆 1982 年版，第 177 页。

深刻的，但在 19 世纪的 20—30 年代，在黑格尔主义占绝对统治地位的德国，叔本华还没有产生什么影响。在当时，特别是在 40 年代初，在德国思想界产生重大影响的倒是费尔巴哈。

如前所述，费尔巴哈以人和自然作为自己的人本主义哲学的基础和出发点，这样一来，他在研究他以前的德国古典哲学大师的著作时，就获得了一种新的解读法，即从大师们的抽象的、晦涩的，然而又十分重要的哲学概念背后读出"人"的含义来。费尔巴哈这样写道："人是自由的存在，人格的存在，法律的存在。只有人才是费希特的'自我'的根据和基础，才是莱布尼兹的'单子'的根据和基础，才是'绝对'的根据和基础。"①那么，康德的"自在之物"概念的基础和根据又是什么呢？费尔巴哈认为，"自在之物"就是上帝，而上帝不过是人的本质的异化。由此可见，人也是"自在之物"的根据和基础。

费尔巴哈在上面那段话中提到"绝对"这个概念，众所周知，谢林较多地使用了这一概念，而从这一概念出发，我们又很自然地联想到黑格尔的"绝对精神"的概念。其实，这些概念无非都是康德的"自在之物"的取代品。按照费尔巴哈的新的解读法，"绝对精神"这个概念的根据和基础是否也是人呢？我们的回答是肯定的。费尔巴哈在分析理论和实践的冲突时指出："我们头脑所深思熟虑的和心所思恋的是不一致的，在我们头脑中是'绝对精神'，在生活中是人。"②这段话告诉我们，人也是黑格尔的"绝对精神"的根据和基础。这就是说，费尔巴哈从人本主义立场出发，揭示了整个近代德国哲学传统的精神活动的秘密——对人的思考，特别是他对黑格尔的"绝对精神"的本质和秘密的揭露，极大地启发了马克思的思路。

在《神圣家族》这部著作中，马克思在批判施特劳斯和鲍威尔时指出："只有费尔巴哈才是从黑格尔的观点出发而结束和批判了黑格尔的

---

① 《费尔巴哈哲学著作选集》上卷，荣震华、李金山等译，商务印书馆 1984 年版，第 118 页。
② 同上书，第 99 页。

哲学。费尔巴哈把形而上学的绝对精神归结为'以自然为基础的现实的人'（wirklichen Menschen auf der Grundlage der Natur），从而完成了对宗教的批判。同时也巧妙地拟定了对黑格尔的思辨以及一切形而上学的批判的基本要点。"①在这里，马克思充分肯定了费尔巴哈对黑格尔的"绝对精神"的本质的揭露，认为费尔巴哈真正地抓住了黑格尔哲学的要害，这就为人们走出黑格尔哲学的迷宫提供了重要的线索。

也正是在费尔巴哈的启发下，马克思对黑格尔哲学的结构和本质提出了新的见解。马克思说："在黑格尔的体系中有三个因素：斯宾诺莎的实体，费希特的自我意识以及前两个因素在黑格尔那里的必然的矛盾的统一，即绝对精神。第一个因素是形而上学地改了装的、脱离人的自然。第二个因素是形而上学地改了装的、脱离自然的精神。第三个因素是形而上学地改了装的以上两个因素的统一，即现实的人和现实的人类（der wirkliche Mensch und die wirkliche Menschengattung）。"②粗心的读者也许会认为，马克思和费尔巴哈对黑格尔的"绝对精神"的本质的认识是完全相同的，这一本质就是"现实的人"。如果认真地加以分析的话，我们就会发现，马克思所说的"现实的人和现实的人类"与马克思所引证的费尔巴哈的提法"以自然为基础的现实的人"之间存在着以下两点重要的差别。

其一，马克思把黑格尔的"绝对精神"（"现实的人"）理解为"实体"（"自然"）和"自我意识"（"精神"）的统一体，因而马克思所说的"现实的人"已经蕴含"自然"于自身之内。与马克思不同的是，费尔巴哈所说的"以自然为基础的现实的人"则暗示我们，自然并不是一个属人的自然、人化的自然，而是与人相分离的、外在于人的某种东西，所以自然不过是人的直观的对象、感受的对象。而在马克思那里，自然既然是属人的自然，是现实的人的无机的身体，因而它首先表现为人的生存的依赖

---

① 《马克思恩格斯全集》第 2 卷，人民出版社 1957 年版，第 177 页。
② 同上书，第 177 页。

物，表现为人的感性活动的对象。所以，马克思说："在实践上，人的普遍性正表现在把整个自然界——首先作为人的直接的生活资料，其次作为人的生命活动的材料、对象和工具——变成人的无机的身体。自然界，就它本身不是人的身体而言，是人的无机的身体。人靠自然界生活。这就是说，自然界是人为了不致死亡而必须与之不断交往的、人的身体。"①因此，同样讲"现实的人"，马克思是从实践上、从生存论本体论的意义上来讲的，而费尔巴哈则是从直观上、从感觉主义的认识论的意义上来讲的。实际上，费尔巴哈的"现实的人"仍然是抽象的、不真实的人。

其二，马克思和费尔巴哈讲的"人"（Mensch）虽然都是单数，但前者把"现实的人"和"现实的人类"平列在一起，这表明，马克思谈论的不是孤零零的单个人，而是处于错综复杂的社会关系中的单个人。在马克思看来，也只有这样的单个人才是真实的人，所以马克思后来批评说："费尔巴哈从来没有看到真实存在着的、活动的人，而是停留在抽象的'人'上，并且仅仅限于在感情范围内承认'现实的、单独的、肉体的人'，也就是说，除了爱与友情，而且是理想化了的爱与友情以外，他不知道'人与人之间'还有什么其他的'人的关系'。"②由此可见，费尔巴哈离开人的社会历史背景来观察人，尽管他满口谈论的都是"人"，他甚至把自己的学说也理解为"人本主义"，但这个"人"仍然是一个幻想中的存在物，很容易使我们联想起俄罗斯小说家果戈理笔下的"死魂灵"——一个完全的空虚！

当然，在《神圣家族》中，马克思还没有对费尔巴哈的人类学观点展开全面的批评，但他们在观点和表达方式上的根本差异已见端倪。费尔巴哈把黑格尔的"绝对精神"归结为"以自然为基础的现实的人"，乃是德国古典哲学发展中的重大的进步，但在他那里，"人"仍然是一个飘浮在

① 《马克思恩格斯全集》第 42 卷，人民出版社 1979 年版，第 95 页。
② 《马克思恩格斯全集》第 3 卷，人民出版社 1960 年版，第 50 页。

黑格尔式的观念世界中的、无生命的、不真实的抽象物。这就表明，费尔巴哈的人本主义哲学在干了一番惊天动地的事业之后，它的力量已经耗尽，他像他的老师黑格尔一样，也成了前进道路上的绊脚石。

马克思对费尔巴哈的超越是在契入国民经济学的研究，特别是对异化劳动的研究和批判中实现的。马克思认识到，真正现实的人不是费尔巴哈式的、沉湎于感性直观的人，而是从事感性实践活动，亦即从事生产劳动的人："这种活动、这种连续不断的感性劳动和创造、这种生产，是整个现存感性世界的非常深刻的基础，只要它哪怕只停顿一年，费尔巴哈就会看到，不仅在自然界将发生巨大的变化，而且整个人类世界以及他（费尔巴哈）的直观能力，甚至他本身的存在也就没有了。"①这样一来，黑格尔意识形态之谜就被马克思破解了。也就是说，黑格尔用以取代康德的"自在之物"概念的、以巨大的历史感作为基础的"绝对精神"的运动过程，也就是形而上学地改了装的现实的人通过生产劳动创造现实的历史的过程。

要言之，"自在之物"和"绝对精神"都不是世界的本质，世界的真正本质是人的物质实践活动。正如马克思在《关于费尔巴哈的提纲》中所指出的："全部社会生活在本质上是实践的。凡是把理论引向神秘主义的神秘东西，都能在人的实践中以及对这个实践的理解中得到合理的解决。"②不是费尔巴哈的抽象的人，而是马克思的从事实践活动的现实的人才是康德的神秘的"自在之物"的真正的谜底。

现实的人所从事的物质生产劳动——这一新的基础和参照系的形成，使马克思不但破解了黑格尔和费尔巴哈的哲学的秘密，也破解了整个德国古典哲学的秘密。这一新的基础和参照系的形成乃是马克思的历史唯物主义理论诞生的根本标志。在《德意志意识形态》中，马克思这样写道："这种历史观就在于：从直接生活的物质生产出发来考察现实的

---

① 《马克思恩格斯全集》第 3 卷，人民出版社 1960 年版，第 50 页。
② 《马克思恩格斯选集》第 1 卷，人民出版社 1995 年版，第 56 页。

生产过程，并把与该生产方式相联系的、它所产生的交往形式，即各个不同阶段上的市民社会，理解为整个历史的基础；然后必须在国家生活的范围内描述市民社会的活动，同时从市民社会出发来阐明各种不同的理论产物和意识形式（Formen des Bewusstseins），如宗教、哲学、道德等等，并在这个基础上追溯它们产生的过程。"①这样一来，我们就看到了：康德的"自在之物"→费希特的"自我"→谢林的"绝对"→黑格尔的"绝对精神"→费尔巴哈的"感性直观的人"→马克思的"从事物质生产的人"，这就构成了德国哲学发展的逻辑线索。这一线索也可以用另一个公式来表示：康德的先验唯心论→黑格尔的历史唯心论→费尔巴哈的人本主义论→马克思的历史唯物论。这就是说，马克思的历史唯物论才是德国古典哲学的真正出路。

从上面我们引证的、马克思关于历史唯物主义理论的论述可以看出，历史唯物主义理论一经形成，马克思的意识形态学说也就同时脱颖而出。在过去，意识形态仿佛是一切存在物的基础，它作为思想世界支配着现实世界；而在马克思那里，一切都被颠倒过来了，现实世界成了思想世界的真正的基础，一切关于思想世界的神话必须在现实世界中得到证实或证伪。正如马克思在《德意志意识形态》的"费尔巴哈"章中所指出的："不是意识决定生活，而是生活决定意识。"②在马克思看来，历史唯物主义理论与历史唯心主义理论的根本差异在于，它不是在每个时代中寻找某种范畴，而是始终站在现实历史的基础上；不是从观念出发去解释实践，而是从物质实践出发去解释观念的东西。马克思上面这句名言以及他关于必须从市民社会出发去追溯各种意识形式的产生和发展过程的思想，乃是我们索解一切意识形态秘密的钥匙，也是我们坚持意识形态批判的正确方向的根本前提和出发点。在这个意义上可以说，历史唯物主义也就是意识形态批判理论。

---

① 《马克思恩格斯全集》第 3 卷，人民出版社 1960 年版，第 42—43 页。
② 同上书，第 30 页。

第三章　马克思意识形态学说的发展线索

马克思意识形态学说的历史发展大致上可以划分为以下三个不同的阶段：

第一个阶段（1845—1856），是意识形态学说的创立阶段。这一阶段的代表作是《德意志意识形态》《共产党宣言》《路易·波拿巴的雾月十八日》，其中《德意志意识形态》最为重要。在这一阶段中，马克思主要从社会存在决定社会意识的历史唯物主义的基本理论出发，论述了意识形态的含义、本质和基本特征，指出了"跳出意识形态"的根本途径。

第二个阶段（1857—1870），是意识形态学说的深化阶段。这一阶段的代表作是《经济学手稿（1857—1858年）》《政治经济学批判》，以及《资本论》第一卷，其中以《资本论》第一卷为最重要。在这一阶段中，马克思主要诉诸对资产阶级意识形态的基础部分——资产阶级政治经济学的批判，其批判的中心则是物化意识或商品拜物教观念，致力于从物与物之间的关系的掩蔽下揭示出资本主义社会人与人之间的真实关系。

第三个阶段（1871—1895），是意识形态学说得到完整的论述的阶段。这一阶段的代表作是马克思的《哥达纲领批判》和《人类学笔记》，恩格斯的《反杜林论》《路德维希·费尔巴哈和德国古典哲学的出路》①和恩格斯晚年的一些重要书信（1890—1894），其中，马克思的《人类学笔记》和恩格斯晚年的一些书信最重要。在这一阶段中，马克思和恩格斯主要批判了人类学研究领域中的种种意识形态谬见，提出了共产主义初级阶段的意识形态问题，特别重要的是，他们系统地论述了意识形态相对独立性的理论。作为马克思的伟大战友，恩格斯在新的历史条件下捍卫并发展了马克思的意识形态学说。

下面，我们将按照这三个阶段来考察马克思意识形态学说的发展历史。②

第一节　意识形态的基本理论

在马克思意识形态学说的第一个发展阶段上，马克思创制了 Ideologie 这个德语名词，阐述了意识形态的基本理论。

众所周知，马克思的父亲在 1837 年 3 月 2 日致马克思的信中写下了这么一段话："要是哪一个研究过拿破仑的历史和他对'意识形态'（Ideologie）这一荒谬之辞的理解，那他就会心安理得地为拿破仑的垮台

---

①　该题目原文为 Ludwig Feuerbach und der Ausgang der klassischen deutschen Philosophie，中译本译为"路德维希·费尔巴哈和德国古典哲学的终结"，但其中的 der Ausgang 不应该译为"终结"，而应该译为"出路"，道理很简单。根据恩格斯的观点，德国古典哲学是指从康德到黑格尔的哲学，因此，费尔巴哈不属于德国古典哲学，他的人本主义哲学思想乃是德国古典哲学终结后开辟出来的"出路"之一，而德国古典哲学的真正的终结者乃是黑格尔。

②　拉雷认为，马克思的意识形态学说经历了以下三个发展阶段：第一个阶段是从早期著作到 1844 年；第二个阶段是从 1845—1857 年；第三个阶段是从 1858 年到《资本论》出版。这样的理解一方面窄化了马克思的意识形态学说；另一方面又忽视了恩格斯晚年的意识形态学说，显然是不合适的。〔Tom Bottomore（ed.），*A Dictionary of Marxist Thought*，Cambridge：Harvard University Press，1983，pp. 219-220.〕

和普鲁士的胜利而欢呼。"①值得注意的是，马克思的父亲没有像黑格尔那样，使用"意识形态"概念的法语名词 idéologie，而是直接使用了它的德语名词 Ideologie。尽管这两个词只是在读音上有差别，在拼写上基本是一样的，但我们不得不承认，是马克思的父亲首先使用了"意识形态"的德语名词 Ideologie。当然，马克思的父亲只是在给马克思的信中提到了 Ideologie。显然，这封信中涉及的内容，包括 Ideologie 这个德语名词，只可能对马克思一个人产生影响。

文献学的研究表明，1839 年，马克思在为其博士论文做准备的"笔记七"中使用过"直接的意识形态"②这样的概念；在博士论文正文中使用过"外在的意识形式"和"本质的意识形式"③这样的概念；在《〈黑格尔法哲学批判〉导言》中使用过"政治意识形式"④这样的概念。所有这些概念都沿用了黑格尔在《精神现象学》中使用的术语，完全没有涉及特拉西用过的概念 idéologie。如前所述，1844 年，马克思在流亡巴黎期间开始研读特拉西的《意识形态的要素》一书，尤其是该书的第一部分第四章、第五章。这两章是专门讨论政治经济学问题的。马克思把特拉西看作国民经济学家，正如我们在前面指出过的那样，马克思在《詹姆斯·穆勒〈政治经济学原理〉一书摘要》《1844 年经济学哲学手稿》中已以批判的方式提到过特拉西的某些见解，在《德意志意识形态》中，马克思在批判麦克斯·施蒂纳(Max Stirner，1806—1856)关于私有财产的观点时，也提到过特拉西的类似见解，并进行了驳斥。⑤ 由此可见，马克思对特拉西和他的意识形态学说并不是陌生的。可以说，Ideologie 这个德语名词直接来源于特拉西所使用的法语词 idéologie。

通过对马克思的著述史的研究也可以发现，Ideologie 这个德语名词

① 《马克思恩格斯全集》第 40 卷，人民出版社 1982 年版，第 861 页。〔K. Marx, F. Engels, *Werke*(*Band 40*)，Berlin：Dietz Verlag，1985，s. 629.〕

② 《马克思恩格斯全集》第 40 卷，人民出版社 1982 年版，第 173 页。

③ 同上书，第 257 页。

④ 《马克思恩格斯全集》第 1 卷，人民出版社 1956 年版，第 460 页。

⑤ 《马克思恩格斯全集》第 3 卷，人民出版社 1960 年版，第 251—253 页。

最早出现在《德意志意识形态》这部著作中。在马克思以前的著作中，Ideologie 这个德语名词还未出现过。这充分表明，马克思是在思想上作了长期酝酿后，才按照他父亲的榜样，创制 Ideologie 这个德语名词的。然而，尽管马克思和恩格斯合著的《德意志意识形态》写于 1845—1846 年，但当时并没有得到正式出版的机会。实际上，这部著作是在 86 年后，即 1932 年才以完整的形式问世的。由此可见，自 19 世纪 40 年代以来，"意识形态"概念的流行并不是《德意志意识形态》一书引起的，而是马克思的其他著作，如《共产党宣言》这样的著作引起的。

有趣的是，尽管马克思创制了 Ideologie 这一德语名词，也赞同法国的意识形态家反对宗教神学和形而上学，即反对把观念神秘化的种种谬误的倾向，但他似乎更赞同拿破仑的态度，对意识形态取否定的、批判的态度。与拿破仑不同的是，马克思并不指责意识形态家为空想家，而是批评意识形态本身对现实关系的神秘化和颠倒。正如大卫·布雷布洛克所指出的："值得注意的是，马克思采纳了拿破仑以轻蔑的方式使用'意识形态'这个词的态度，但并不认为意识形态家是不切合实际的。无论如何，马克思不同于拿破仑而与意识形态家一样，是神秘化倾向的坚定的敌人，在他的意识形态理论的中心，复兴了一个同情意识形态家的主题。"①不管问题看起来如何复杂，马克思对意识形态所采取的批判态度是显而易见的。在法国的意识形态家那里，意识形态作为"观念学"是应予肯定的东西，而在马克思那里，这一概念只具有否定性的含义。

马克思对"意识形态"概念的含义的根本性转换，除了主要受到黑格尔的《精神现象学》的影响外，或许也基于这样一个事实，即虽然特拉西的《意识形态的要素》一书的出发点是批判把观念神秘化的种种错误倾向，但这部著作本身，至少这部著作的第一部分第四章、第五章是从属于国民经济学的研究范围的，因而也是对真实的社会关系的一种歪曲和

---

① 《哲学百科词典》卷 3～4，伦敦 1972 年英文版，第 125 页。〔Paul Edwards（ed.），*The encyclopedia of philosophy*，*vol. 3-4*，New York：The Macmillan Company &. The Free Press and London：Collier-Macmillan Limited，1967，reprint in 1972，p. 125. ——编者注〕

神秘化。事实上，如我们在前面已经提到的那样，马克思的父亲就把"意识形态"称为"荒谬之辞"。马克思本人在《神圣家族》中提到过孔狄亚克、爱尔维修、霍尔巴赫等法国唯物主义者，并在《关于费尔巴哈的提纲》中对以前的唯物主义，特别是法国的唯物主义进行过批评。显而易见，这一批评也涵括了特拉西的思想。

不管如何，Ideologie 这个德语名词的创制和传播，乃是意识形态概念发展史上的一件大事。正是通过这个概念，马克思向我们展示了他早期意识形态学说的基本内容。

一、关于"一般意识形态"

马克思不仅把"德意志意识形态"(die deutsche Ideologie)作为特殊的解剖对象，而且也把"一般意识形态"(die Ideologie überhaupt)作为普遍的解剖对象。所谓"一般意识形态"，实际上也就是人们通常说的"意识形态"，但人们只是泛泛而论，并没有指明它是哪个国家的哪个时期的意识形态。尽管马克思和恩格斯合著的是《德意志意识形态》，但其中的大量论述是围绕着"一般意识形态"这一对象而展开的。马克思关于"一般意识形态"的论述可以概括为以下四个方面的内容。

1. 意识形态概念的含义

在《德意志意识形态》一书中，当马克思谈到市民社会时，曾经指出："这一名称始终标志着直接从生产和交往中发展起来的社会组织，这种社会组织在一切时代都构成国家的基础以及任何其他的观念的上层建筑(idealistischen Superstruktur)的基础。"[1]在批判施蒂纳的政治经济学观念时，马克思使用了"整个意识形态的上层建筑"(ganzen ideologischen Überbau)[2]这样的概念。在这个意义上，我们可以把意识形态理解为

---

[1] 《马克思恩格斯全集》第 3 卷，人民出版社 1960 年版，第 41 页。

[2] K. Marx, F. Engels, *Werke 3*, Berlin: Dietz Verlag, 1969, s. 356.《马克思恩格斯全集》第 1 版第 3 卷(人民出版社 1960 年版 432 页)把文中的 ihrem ganzen ideologischen Überbau 译为"整个思想上层建筑"显然不妥，因为其中的 ideologischen 不应译为"思想(的)"，而应译为"意识形态的"，特此说明。

"观念的上层建筑"，但"观念的上层建筑"这一富于意象性的概念仅仅道出了意识形态在整个社会结构中所处的位置，它还没有告诉我们意识形态概念的真正的含义是什么。在《路易·波拿巴的雾月十八日》一书中，马克思进一步指出："在不同的占有形式上，在社会的生存条件上，耸立着由各种不同的、表现独特的情感（Empfindungen）、幻想（Illusionen）、思想方式（Denkweisen）和人生观（Lebensanschauungen）构成的整个上层建筑（Überbau）。整个阶级在它的物质条件和相应的社会关系的基础上创造和构成这一切。"①马克思在这里描述的整个上层建筑，正如《德意志意识形态》中所说的"观念的上层建筑"一样，显然是指意识形态，而意识形态的内容在这里也被具体化了，指的是各种情感、幻想、思想方式和人生观。从马克思对意识形态所作的论述中，我们大致上可以把握这一概念的基本的含义。

第一，在马克思那里，意识形态是一个总体性的概念，它包括许多具体的意识形式，如政治思想、法律思想、道德、哲学、艺术、宗教等。显然，按照马克思的理解，科学是被排除在意识形态概念的范围之外的。

第二，意识形态是生活过程在人脑中的反映。马克思说："我们的出发点是从事实际活动的人，而且从他们的现实生活过程中我们还可以揭示出这一生活过程在意识形态上的反射和回声（der ideologischen Reflexe und Echos）的发展。"②马克思甚至强调，即使人们头脑中模糊的东西，归根结底也是他们的可以通过经验来确定的与物质前提相联系的物质生活过程的必然升华物。

第三，意识形态的载体是语言。马克思说："'精神'从一开始就很倒霉，注定要受物质的'纠缠'，物质在这里表现为震动着的空气层、声音，简言之，即语言。语言和意识具有同样长久的历史；语言是一种实践的、既为别人存在并仅仅因此也为我自己存在的、现实的意识。语言

---

① 《马克思恩格斯选集》第1卷，人民出版社1995年版，第611页。
② 《马克思恩格斯全集》第3卷，人民出版社1960年版，第30页。

也和意识一样，只是由于需要，由于与他人交往的迫切需要才产生的。"①
在马克思看来，政治思想、法律思想、道德、哲学、宗教等意识形式虽
然是在意识发展到一定的阶段时产生出来的，但它们同样是和语言交织
在一起的。

马克思强调，意识形态和语言的关系还有另一方面，即一定的意识
形态总是借用一定的语言和术语来叙述自己的。马克思在批评"真正的
社会主义"的代表人物格律恩时，曾讽刺他使用了"一种经典式的、美文
学式的、意识形态的语言（einer klassischen belltristisch—ideologischen
Sprache）"②。马克思的这一论述蕴含着如下的意思，即一个人如果仍然
无批判地使用某一意识形态所常用的基本术语，那么他的思想是不可能
超越这一意识形态的。换言之，他在思想上仍然是这种意识形态的囚
徒。马克思之所以创制出一系列新概念来表述自己的新的世界观，目的
正是彻底地（包括在语言上）与德意志意识形态决裂。

第四，意识形态是社会的产物。马克思认为，既然意识形态通过语
言这种最具社会特征的普遍的媒介物来反映人们的生活过程，因而它绝
不可能是私人的，而只能是社会的。

2. 意识形态的产生和消灭

在《德意志意识形态》中，马克思向我们揭示了如下的真理，即任何
社会意识形态的产生、发展、变化和消亡都关系到该社会的物质生产发
展史，关系到其社会经济制度的不断变革。

马克思说："思想、观念、意识的生产最初是直接与人们的物质活
动，与人们的物质交往，与现实生活的语言交织在一起的。"③意识起初
只是人们对可感知的周围环境即自然界的一种意识。当时，自然界是作
为一种完全异己的、有无限威力的、不可制服的力量而与人们相对峙
的，人们同它的关系，完全像动物同它的关系一样，"人们就像牲畜一

———————

① 《马克思恩格斯全集》第 3 卷，人民出版社 1960 年版，第 34 页。
② 同上书，第 611 页。
③ 同上书，第 29 页。

样服从它的权力，因而，这是对自然界的一种纯粹动物式的意识〔自然宗教（Naturreligion）〕"①。毋庸讳言，这种动物般的意识是狭隘的、神秘的、粗糙的和混沌的。随着生产效率的提高和生产的发展，分工也渐渐地发展起来，从起初以性别差异为基础的自然的分工发展到后来的物质劳动和精神劳动之间的分工，"从这时候起，意识才能摆脱世界而去构造'纯粹的'理论、神学、哲学、道德等等"②。也就是说，意识形态是在精神劳动与物质劳动的分工形成后才产生出来的。当这种分工在统治阶级内部出现时，"一部分人是作为该阶级的思想家而出现的（他们是这一阶级的积极的、有概括能力的思想家，他们把编造这一阶级关于自身的幻想当作谋生的主要泉源），而另一些人对于这些思想和幻想则采取比较消极的态度，他们准备接受这些思想和幻想，因为实际上该阶级的这些代表才是它的积极成员，所以他们很少有时间来编造关于自身的幻想和思想"③。

　　在马克思看来，由一定的统治阶级的思想家根据本阶级的利益，自觉或不自觉地编造出来的思想和幻想——意识形态总是难逃被消灭的厄运。但它们是不可能通过精神的批判来消灭的，也不可能通过把它们消融在"自我意识"中或化为"幽灵""怪想"来消灭。在马克思看来，"只有实际地推翻这一切唯心主义谬论所由产生的现实的社会关系，才能把它们消灭；历史的动力以及宗教、哲学和任何其他理论的动力是革命，而不是批判"④。马克思在谈到17—18世纪的工业革命所造成的大工业的迅猛发展时指出，"只要可能，它就消灭意识形态（Ideologie）、宗教、道德等等，而当它不能做到这一点时，它就把它们变成赤裸裸的谎言"⑤。

　　如前所述，意识形态是在精神劳动与物质劳动分工的基础上产生

---

① 《马克思恩格斯全集》第 3 卷，人民出版社 1960 年版，第 35 页。
② 同上书，第 35—36 页。
③ 同上书，第 53 页。
④ 同上书，第 43 页。
⑤ 同上书，第 68 页。

的。根据马克思的观点，只要分工还不是出于自愿而是自发性的，甚至是强制性的，意识形态对于社会大部分成员来说，总是一种异己的力量。在资本主义社会中，这种强制性的分工越发达，积累越增加，资本和劳动之间的分裂也就越剧烈，意识形态也就越倾向于以在广泛的商品生产和交换中升华出来的物的关系来掩蔽人与人之间、资本与劳动之间的真实关系。正如马克思所说的："在现代，物的关系对个人的统治、偶然性对个性的压抑，已具有最尖锐最普遍的形式。"①马克思的这一思想在后来的《资本论》中发展为对以"商品拜物教"为核心的资本主义社会的意识形态的批判。像其他任何特定的意识形态一样，资本主义社会的意识形态也难逃被消灭的厄运。马克思认为，这一历史使命只有无产阶级才能承担起来，而无产阶级要完成消灭资本主义社会的意识形态的历史使命，必须具备一种阶级意识，即共产主义意识，并在这种意识的指导下自觉地起来革命，推翻现存的资本主义关系。在批判资本主义社会的意识形态的核心思想——物化意识的前提下来确立无产阶级的阶级意识，后来就成了西方马克思主义的创始人——卢卡奇的著作《历史与阶级意识》的主题。

在《德意志意识形态》中，马克思没有谈到一般意识形态的最后的历史命运，但从他关于共产主义社会的论述中至少可以了解到，到那时，强制性的分工已不再存在，原来意义上的、作为社会大多数成员的异己的力量出现的意识形态也将不复存在。在那种情况下，人们将面临如下的选择：或者是抛弃意识形态这一概念，或者是保留这一名称而从根本上改变它的内涵。

3. 意识形态的基本特征

尽管从整体布局上看，《德意志意识形态》是按照它所批判的对象的顺序来展开论述的，并没有辟出专门的篇幅来讨论意识形态的特征，但细心的读者仍然可以发现，马克思实际上已从不同的侧面深入地探讨了

---

① 《马克思恩格斯全集》第3卷，人民出版社1960年版，第515页。

这个问题。从马克思的有关论述中可以看出，意识形态具有以下五个方面的特征。

其一，意识形态具有意向性。

在《德意志意识形态》中，马克思告诉我们："意识在任何时候只能是被意识到了的存在，而人们的存在就是他们的实际生活过程。如果在全部意识形态中（in der ganzen Ideologie）人们和他们的关系就像在照相机中一样是倒现着的，那末这种现象也是从人们生活的历史过程中产生的，正如物像在眼网膜上的倒影是直接从人们生活的物理过程中产生的一样。"①这段重要的论述启示我们，意识形态并不是闲来无事的诗词，它具有明确的意向性。也就是说，它不是空洞的、随意的、泛泛的，而是具体的、有明确指涉对象和有确定适用范围的。不管意识形态的内容如何荒诞离奇，它总是以某种方式折射出人们实际生活中的某个方面。

在《哲学的贫困》，特别是《共产党宣言》中，马克思进一步强调，意识形态的意向性不是静止的，而是变动的。社会存在改变了，意识这种存在的意识形态也会随之而改变。马克思以提问的口气写道："人们的观念（Vorstellungen）、观点（Anschauungen）、概念（Begriffe），简短些说，人们的意识，是随着人们的生活条件、人们的社会关系和人们的社会存在的改变而改变的，——这一点难道需要有什么特别的深奥思想才能了解吗？"②旧观念的解体是与旧的社会条件的解体同时发生的，正如我们在前面已经指出过的那样，单纯的观念批判并不会导致观念本身的瓦解。同样地，新观念的形成也不是哪个天才头脑的任意的创造物，归根结底，这一过程是和新的生活条件的兴起，新的社会关系的形成同步的。总之，绝不应当撇开社会存在去谈论意识形态的变化。

意识形态的意向性特征启示我们，意识形态的全部内涵和秘密都深藏于它的意向性对象——社会存在，即人们的实际生活过程中。也就是

---

① 《马克思恩格斯全集》第3卷，人民出版社1960年版，第29—30页。

② 《马克思恩格斯全集》第4卷，人民出版社1958年版，第488页。

说，只有深入地考察并了解人们的实际生活过程，才可能理解与此相应的意识形态及其变化。显然，马克思揭示的意识形态的这一根本特征为我们探讨形形色色的意识形态的生灭变化提供了一个重要的出发点。

其二，意识形态没有绝对独立的历史。

既然意识形态是人们的生活过程的反射和回声，"因此，道德、宗教、形而上学和其他意识形态（Sonstige Ideologie），以及与它们相适应的意识形式（Bewusstseinsformen）便失去独立性的外观。它们没有历史，没有发展；那些发展着自己的物质生产和物质交往的人们，在改变自己的这个现实的同时也改变着自己的思维和思维的产物"①。如何理解马克思的这段话呢？乍看起来，说道德、宗教、形而上学和其他的意识形态"没有历史，没有发展"是与常识相悖的。如果真的是这样的话，为什么目前世界各国大学里还在开设道德史、宗教史和形而上学史这样的课程呢？其实，马克思所要表达的实际意思是：道德、宗教、形而上学等意识形式没有自己完全独立的历史，也没有自己完全独立的发展，因为我们上面谈到的意识形态的意向性已经表明，它们始终是指向人们的实际生活过程的，并始终是随着这一过程的变化而变化的。如果人们把道德、宗教、形而上学等意识形式作为与人们的实际生活过程相分离的、绝对独立的对象来加以考察，那么，在马克思看来，这些绝对独立的对象肯定是"没有历史，没有发展"的，因为它们失去了向前发展的动力。

在批判施蒂纳试图向读者提供一部"基督教精神的现象学"时，马克思强调了一定的宗教形式与一定的工业关系和交往关系的必然联系。然后指出，如果注意一下中世纪的现实历史，施蒂纳就会了解，基督教徒关于世界的观念在中世纪为什么止是采取这样的形式，这种观念怎么会在后来转变为另一观念，"他也许就会了解：'基督教本身'没有任何历史，基督教在不同时代所采取的不同形式，不是'宗教精神的自我规定'和'它的继续发展'，而是受完全经验的原因、丝毫不受宗教精神影响的

---

① 《马克思恩格斯全集》第3卷，人民出版社1960年版，第30页。

原因所制约的"①。

事实上，马克思关于意识形态没有历史、没有发展的论述是对"经营绝对精神为生"的思辨哲学家和神学家的一个理论上的反拨。这些思辨的唯心主义者热衷于脱离现实生活来讨论精神或宗教自身发展、自身展开的历史。一言以蔽之，他们认为精神或意识形态具有完全独立的历史。马克思的上述论断所要否定的正是这种幻想或迷信，当然，我们必须记住，马克思不是在一般意义上否定意识形态有历史（如宗教史、哲学史、法学史等），他否定的仅仅是这一点，即认为意识形态具有绝对独立的发展历史的谬见。

其三，意识形态本质上是统治阶级的思想。

在《德意志意识形态》中，马克思指出："统治阶级的思想在每一时代都是占统治地位的思想。这就是说，一个阶级是社会上占统治地位的物质力量，同时也是社会上占统治地位的精神力量。支配着物质生产资料的阶级，同时也支配着精神生产的资料，因此，那些没有精神生产资料的人的思想，一般地是受统治阶级支配的。"②毋庸讳言，一定社会历史时期的精神生产的产物，即意识形态，就其本质和主要倾向而言，总是体现为统治阶级的思想。

比如，在某一国家里，某个时期王权、贵族和资产阶级争夺统治，其政权是分享的，在那里占统治地位的政治意识形式就会是关于分权的学说，人们甚至会把分权当作"永恒的规律"来谈论。又如，在贵族统治时期占支配地位的政治和道德意识形式是忠诚信义等概念，而在资产阶级统治时期占支配地位的则是以自由平等的概念为核心的政治意识形式等。

在马克思看来，占支配地位的思想不过是占统治地位的物质关系在观念上的表现。统治阶级不仅是物质生产的控制者，作为思维着的人，他们还是思想生产的控制者，调节着自己时代的思想的生产和分配。这

---

① 《马克思恩格斯全集》第3卷，人民出版社1960年版，第163页。
② 同上书，第52页。

充分表明，要真正认识一种意识形态，必须深入探究它和该时代的统治阶级的根本利益之间的内在联系，必须揭明抽象的意识形态词句的现实意义所在。

在《共产党宣言》中，马克思提出了阶级斗争是人类社会发展的基本动力的重要观点。在此基础上，他进一步强调了意识形态与阶级对立之间的内在联系："毫不奇怪，各个时代的社会意识（das gesellschaftliche Bewusstsein），尽管形形色色、千差万别，总是在一定的共同的形态中演进的，也就是在那些只有随着阶级对立的彻底消逝才会完全消逝的意识形式（Bewusstseinsformen）中演进的。"[①]这就告诉我们，超阶级关系的意识形态是根本不存在的，只有深入探究统治阶级的根本利益之所在，才能认识意识形态的本质。

其四，意识形态总是掩蔽或扭曲现实关系。

要阐明这一点，马克思在《德意志意识形态》中的下述论断是特别重要的："我们仅仅知道一门唯一的科学，即历史科学。历史可以从两方面来考察，可以把它划分为自然史和人类史。但这两方面是密切相联的；只要有人存在，自然史和人类史就彼此相互制约。自然史，即所谓自然科学，我们在这里不谈；我们所需要研究的是人类史，因为几乎整个意识形态（die ganze Ideologie）不是把人类史归结为一种歪曲的理解，就是归结为一种完全的抽象。"[②]马克思这里所说的"人类史"（die Geschichte der Menschen）指的是以物质资料的生产和再生产及与之相适应的交往关系为基础和核心的人类发展史。

意识形态作为人们现实生活过程的必然升华物当然从属于人类史。问题在于，意识形态作为统治阶级的思想总是自觉或不自觉地掩蔽人们的现实生活和交往关系的真相，以便维护一种长治久安的统治，而"每一个企图代替旧统治阶级地位的新阶级，就是为了达到自己的目的而不

---

① 《马克思恩格斯全集》第 4 卷，人民出版社 1958 年版，第 489 页。译文有改动。
② 《马克思恩格斯全集》第 3 卷，人民出版社 1960 年版，第 20 页。译文有改动。

得不把自己的利益说成是社会全体成员的共同利益，抽象地讲，就是赋予自己的思想以普遍性的形式，把它们描绘成唯一合理的、有普遍意义的思想"①。即使是进行革命的阶级，在开始反对统治阶级时，也总是作为全社会的代表的身份出现的。与新的、革命的阶级一起发展起来的思想、观念或口号从一开始就具有普遍性的形式，就是对该阶级的特殊利益的自觉的或不自觉的掩蔽。

马克思在阐述这种思想的普遍性形式时，加了一个边注，这一边注的第 4、第 5 点是："（4）共同利益的幻想（起初这种幻想是真实的），（5）意识形态家的欺骗和分工"②（dir Täuschung der Ideologen und Teilung der Arbeit）。显然，在马克思看来，新的革命的阶级在革命的过程中或在刚取得革命胜利的时候，其意识形态家编造的"共同利益的幻想"是真实的。说"幻想"（die Illusion）是"真实的"（wahr），这似乎是一种悖论。其实，马克思在这里阐明了一种极为微妙的关系。在新阶级，如资产阶级反对封建专制制度的过程中提出的"平等、自由、博爱"等口号是最切合资产阶级实际利益的需要的（如自由的最初含义是指贸易上的自由），但资产阶级的意识形态家总是把这些口号说成是全社会成员的共同愿望。显然，在口号提出者所代表的特殊利益和口号的表现形式——普遍利益之间存在着明显的差异。如果单纯从这一差异上看，这些口号无疑是"幻想"，但从这些口号的实现不但会使资产阶级获益，也势必会使全社会成员（确切地说，是绝大多数的社会成员）生活在比封建专制社会更好的生存环境——资本主义社会中而言，这些口号又是真实的，有现实意义的。

在马克思看来，一旦新阶级在执政后，其社会的交往形式、统治阶级的统治方式和走在前面的生产力之间就会逐渐发生矛盾，由此而产生的统治阶级内部的分裂以及统治阶级同被统治阶级之间的分裂越大，

---

① 《马克思恩格斯全集》第 3 卷，人民出版社 1960 年版，第 54 页。
② 同上书，第 54 页。中译本第 4 点忘了后面的括号；第 5 点把 Ideologen 译为"思想家"不妥，把 dir Täuschung 译为"自我欺骗"更不妥，因为这里的"欺骗"并没有反身到自我上来的含义。（K. Marx, F. Engels, *Werke 3*, Berlin: Dietz Verlag, 1969, s.48.）

"当初与这种交往形式相适应的意识当然也就愈不真实(unwahrer)，也就是说，它不再是与这种交往形式相适应的意识了；这种交往形式中的旧的传统观念(在这些观念中，现实的个人利益往往被说成是普遍的利益)也就愈发下降为唯心的词句、有意识的幻想和有目的的虚伪"①。总之，统治阶级越丧失其存在的理由，意识形态家们编造的幻想也就越成为"有目的的虚伪"，马克思甚至称之为"社会的普遍虚伪"②(die Heuchelei der Gesellschaft)。

在《共产党宣言》中，马克思进一步揭露了资产阶级意识形态对人们的实际生活过程的掩蔽性。他指出，资本主义国家不过是资产阶级管理共同事务的委员会，意识形态，如法律、道德、宗教、哲学等，作为资产阶级意识形态家的精神生产的产物，不过是"掩蔽资产阶级利益的资产阶级的偏见"③(bürgliche Vorurteile)。这就深刻地启示我们，在有阶级冲突存在的社会中，必须结合统治阶级的根本利益来考察相应的意识形态。否则，我们就会像卡夫卡笔下的那个土地测量员，只是围着"意识形态"这个城堡不断地绕圈，但永远不可能进入这个城堡之中。

其五，意识形态主张"观念统治着世界"。

马克思在批判青年黑格尔主义者的唯心主义倾向时指出："德国唯心主义和其他一切民族的意识形态(Ideologie)没有任何特殊的区别。后者也同样认为观念统治着世界(die Welt als durch Ideen beherrscht)，把观念和概念看作是决定性的原则，把一定的思想看作是只有哲学家们才能揭示的物质世界的秘密。"④显然，在马克思看来，主张"观念统治着世界"是一般意识形态的普遍特征。马克思在批判施蒂纳的思辨唯心主义倾向时，深入地分析了这种"观念统治着世界"的现象的产生过程。

---

① 《马克思恩格斯全集》第 3 卷，人民出版社 1960 年版，第 331 页。
② 同上书，第 331 页。
③ 《马克思恩格斯全集》第 4 卷，人民出版社 1958 年版，第 477 页。
④ 《马克思恩格斯全集》第 3 卷，人民出版社 1960 年版，第 16 页注①。显然，中译本把 die Ideen 译为"思想"不妥，此处仍按原意译为"观念"；而最后一句中的"思想"对应于德语名词 Gedanken，中译本译得准确的地方，仍然保留。

第一步，把统治思想同进行统治的个人分离开来，主要是同生产方式的一定阶段所产生的各种关系分离开来，并由此做出结论说，历史上始终是思想或观念占统治地位。这样一来，就很容易从这些不同的思想中抽象出"一般思想""观念"等，把它们当作历史上占统治地位的东西。

第二步，必须使这种思想统治具有某种秩序，必须证明，在一个接一个承继着的统治思想之间存在着某种神秘的联系。达到这一点的办法是，把这些思想看作是脱离任何经验的"概念的自我规定"。在这种情况下，就可以从"人""人的本质""想象的主体"出发引申出人们之间的一切关系。正如黑格尔在《历史哲学》的结尾处所承认的，他所考察的仅仅是概念的前进运动。

第三步，为了消除这种"自我规定着的概念"的神秘的外观，又重新回复到作为概念生产者的思想家、哲学家和理论家那里，并做出结论说，这些人自古以来就是在历史上占统治地位的。"这样一来，就把一切唯物主义的因素从历史上消除了，于是就可以放心地解开缰绳，让自己的思辨之马自由奔驰了。"①

上面，我们简要地论述了一般意识形态的基本特征。毋庸讳言，马克思对一般意识形态的基本特征的揭示，不仅为我们理解德国的现实和观念的历史发展提供了一把钥匙，也为我们以批判的眼光重新审视整个人类史，尤其是近代文明史奠定了科学的基础。

4. 意识形态与传统、教育或教化的关系

在黑格尔的《精神现象学》中，教化是与异化同样重要的概念，而且这两个概念在意义上也是息息相关的。在黑格尔看来，人就本来的意义而言是一种自然存在，他要进入社会，就要扬弃自己的自然存在而达到社会存在，而这一过程正是通过教化来实现的。教化是以语言为媒介的，教化的本质是虚假的、颠倒的，因而人接受教化的过程也就是自我异化的过程。所以，黑格尔把教化理解为"自身异化了的精神"。

---

① 《马克思恩格斯全集》第3卷，人民出版社1960年版，第56页。

黑格尔的教化理论乃是其意识形态学说的核心理论，对马克思的意识形态批判学说产生了重大的影响。早在《关于费尔巴哈的提纲》中，马克思已经指出："有一种唯物主义学说，认为人是环境和教育的产物，因而认为改变了的人是另一种环境和改变了的教育的产物，——这种学说忘记了：环境正是由人来改变的，而教育者本人一定是受教育的。"①在这段话中，马克思阐明了两层意思。第一层意思是：教育或教化是普遍的，是每一个进入现实社会的人必须经过的"炼狱"，教育者和受教育者之间的关系是相对的，即使是教育者，也是通过受教育的途径才成为教育者的。第二层意思是：人们在环境和教育面前并不是束手无策的，他们也能以革命的实践活动去改变环境和教育。

在《共产党宣言》中，马克思深入地揭露了资产阶级通过教化或教育向其社会成员灌输资产阶级意识形态的做法。马克思说："资产者唯恐其灭亡的那种教化（die Bildung），对于绝大多数人来说不过是把人变成为机器的训练（die Heranbildung zur Maschine）罢了。"②马克思还提出了"消灭阶级教化"③（das Aufhören der Klassenbildung）的思想。在黑格尔那里，Bildung 作为教化指的是精神上的异化，而在马克思那里，它指的则是资产阶级灌输意识形态的必然的、普遍的途径。在"把人变成为机器的训练"这句话中，还包含着马克思对资本主义社会中全部教育制度的本质的深刻的认识和批判。

在《路易·波拿巴的雾月十八日》中，马克思进一步强调，意识形态是通过传统和教育的途径为个人所接受的。马克思在谈到由情感、幻想、思想方式和人生观构成的上层建筑时指出："通过传统（Tradition）和

---

① 《马克思恩格斯全集》第3卷，人民出版社1960年版，第4页。

② 《马克思恩格斯全集》第4卷，人民出版社1958年版，第485页。在《共产党宣言》中，马克思使用了 Bildung 和 Erziehung 这两个不同的概念，中译本把它们都译为"教育"显然不妥。Bildung 是黑格尔《精神现象学》中的一个重要的哲学概念，我们在此译为"教化"；另外，中译本把上面那段话的后半句中的 die Heranbildung zur Maschine 译为"把人变成机器的附属品"也不妥，因为原句并无"附属品"的含义在内。

③ K. Marx, F. Engels, *Werke 1*, Berlin: Dietz Verlag, 1969，s. 433.

教育（Erziehung）承受了这些情感和观点的个人，会以为这些情感和观点就是他的行为的真实动机和出发点。"①也就是说，个人是通过接受传统和教育的方式来接受意识形态的，被接受的意识形态则表现为一种具有实践倾向的精神力量，它成了个人思考和行动的出发点。

在马克思看来，人们并不是随心所欲地创造历史的，而总是在既定的、由过去继承下来的物质条件和精神条件的制约下来创造历史的。一切已死先辈们的传统，像梦魇一样纠缠着活人的头脑，每逢革命危机时代，人们总是战战兢兢地请出亡灵来给他们以帮助，"借用它们的名字、战斗口号和衣服，以便穿着这种久受崇敬的服装，用这种借来的语言，演出世界历史的新的一幕"②。比如，1848 年的革命时而模仿 1789 年，时而又模仿 1793—1795 年的革命传统，而 1789—1814 年的革命则依次穿上了罗马共和国和罗马帝国的服装。又如，英国克伦威尔领导的资产阶级革命就借用过《圣经·旧约》中的语言、热情和幻想。这既表明不同社会形态的意识形态之间具有某种继承性，也表明新的革命的阶级常常借用传统的观念和语言，把自己的热情保持在伟大历史悲剧的高度上。这是意识形态在危机时期制造幻想的一条重要的途径。之所以这样做，目的当然是把群众吸引到自己这边来。一旦革命获得了胜利，新的统治阶级（如资产阶级）就完全埋首于财富的创造，忘记了古代的幽灵曾经守护过它的摇篮。

这也深刻地启示我们，任何意识形态对传统都不会是照单全收的，它们总是从传统中选择那些既能从根本上促进它们所代表的阶级的根本利益，又能巧妙地掩蔽这种利益的语言、观念、口号、名字来演出世界历史的新场面。在通常的情况下，人们之所以兴致勃勃地起来维护和复兴传统中的某一方面或某些内容，他们并不是为了颂扬历史，修复历史上已经破碎的蜡像，而是为了今天生活的需要，这正是意识形态和传统关系的实质。

---

① 《马克思恩格斯选集》第 1 卷，人民出版社 1995 年版，第 611 页。
② 同上书，第 585 页。

马克思上面的论述也深刻地揭示了教化或教育与意识形态之间的内在联系。从结构上看，教化或教育本身正是意识形态总体的一个组成部分，然而这是非常特殊的一个组成部分。一方面，意识形态的延续和不断的再生产正是通过教化来实施的；另一方面，意识形态正是通过教化才为人们所接受并成为他们行为的真实动机和出发点的。

马克思上面的论述启示我们，人出生之后，不仅呼吸物质的空气，而且也呼吸精神的空气，这种精神的空气也就是通过教化而接受的意识形态。当一个人成为成年人，即达到独立思考的年龄的时候，实际上也正是他的内心完全丧失独立思考能力的时候。为什么？因为他的头脑中装满了通过教化而接受的意识形态见解，"人"这个字的写法，即一撇一捺，就像一个真实的人分开双脚站在地面上一样，他的立场似乎十分坚定，实际上，通过教化，即吸吮着意识形态的乳汁成长起来的他，早已失去了自己的思想立场，他不是站在地上，而是漂浮在意识形态中，就像浮萍漂浮在水中。他私下里认为，他是他通过意识形态的教化而获得的一切观念的主人，实际上，他完全搞颠倒了，意识形态才是他真正的主人，而他不过是一个装满了意识形态液体的容器，不过是自己已然接受的种种观念的奴仆而已。其实，理论家们津津乐道的所谓"主体性"也不过是一个想象中的存在物，一个空的胡桃壳，而真正的主体乃是人们已然接受并已内化为心中权威的意识形态。① 在这个意义上，"上帝

① 有趣的是，当一个高谈"主体性"的哲学家坐上一架飞机的时候，他实际上已经把自己的全部主体性都让渡给飞行员了。然而，一旦飞行员跨出机舱，他关于自己的主体性的遐想也就会渐渐地消失。事实上，每个人在一生的绝大多数情况下，都处于"受动的客体"的状态下。人们之所以不停地谈论"命运"，正是为了宣泄这方面的无奈。我们发现，新闻媒体工作者，尤其是电视台和电台的主持人，也容易跌入这样的一种幻觉中，即以为自己是"真正的主持人"，自己拥有多少身价，等等。其实，这很像迪斯尼乐园中的电子幻象。当幻象消失时，人们突然发现，世界上并没有"主持人"，而只有"被主持人"，因为所有节目的内涵归根结底都是由意识形态来确定的，而不是由主持人来确定的。其实，主持人不过是由看不见的意识形态之手牵动着的一个木偶而已，而这个木偶居然异想天开地陶醉于关于自己的独立性和主体性的幻念中。其实，subject 这个英语名词本身就泄露了我们上面揭示的秘密。一方面，它的含义是"主体"；另一方面，它的含义是"（君主国中的）臣民"，即被统治者。这两个含义正好相反，但统一在同一个词中。

创造人"的旧格言已经让位于"（意识形态的）教育（或教化）创造人"的新格言。资产阶级的意识形态家力图通过教化或教育，把绝大多数人变成机器、变成资产阶级意识形态的思想仆从。就像法国哲学家萨特所说的，变成外观上相同的一把把裁纸刀。在马克思看来，重要的是在工人运动中不断地开展批判资产阶级意识形态的斗争，一分钟也不放松用共产主义的意识去教育工人。当然，从根本上来说，只有通过革命实践摧毁资产阶级意识形态和教化所赖以产生的物质基础，与其相对峙的共产主义意识才能成为全社会成员的自觉意识。

二、关于"德意志意识形态"

被马克思视为特殊的批判对象的"德意志意识形态"（die deutsche Ideologie）主要是指以费尔巴哈、布鲁诺·鲍威尔和施蒂纳为代表的现代德国哲学。至于"真正的社会主义"则致力于把英、法的社会主义、共产主义思潮和德国的意识形态任意地联系起来，"由于这些'真正社会主义者'当了德意志意识形态的俘虏，因而看不清楚现实的关系"①。从马克思的这一论断可以看出，在比较严格的意义上，"真正的社会主义"只是德意志意识形态的"俘虏"和附属品，而不是德意志意识形态本身。② 在马克思看来，德意志意识形态既具有一般意识形态的共性，又具有其特殊性。下面，我们主要论述它的特殊性。

一是非批判性。

由于康德的批判哲学传统的影响，现代德国哲学的代表人物几乎都以"批判者"自诩，但由于他们的批判仅仅停留在纯粹思想的领域里，从不把哲学与德国现实联系起来，因而他们并不是与现实作斗争，而是与现实的影子作斗争；并不是批判现有的东西，而只是满足于说出一些"震撼世界的"词句。马克思辛辣地嘲讽说："有一个好汉一天忽然想到，

---

① 《马克思恩格斯全集》第 3 卷，人民出版社 1960 年版，第 535 页。
② 当然，如果从广义上来理解"德意志意识形态"的概念，也可把"真正的社会主义"理解为它的一部分。但通观全书，不难发现，马克思主要用这一概念来指称在黑格尔思辨哲学的基地上诞生并发展起来的现代德国哲学。

人们之所以溺死，是因为他们被关于重力的思想迷住了。如果他们从头脑中抛掉这个观念，比方说，宣称它是宗教迷信的观念，那末他们就会避免任何溺死的危险……这位好汉就是现代德国革命哲学家们的标本。"①在这里，马克思深刻地揭露了以现代德国哲学为基础和核心的德意志意识形态的非批判性。

就费尔巴哈来说，尽管他激烈地批判了宗教异化，把神学还原为人类学，但由于他停留在抽象的"人"或"人自身"上，人类学对于他来说仍然是一个空洞的名字，并没有为德国哲学指出一条真正的批判地改造社会现实的道路。马克思提醒我们："当费尔巴哈是一个唯物主义者的时候，历史在他的视野之外；当他去探讨历史的时候，他决不是一个唯物主义者。在他那里，唯物主义和历史是彼此完全脱离的。"②正是其唯物主义哲学观与历史观之间的分离，使费尔巴哈在社会历史领域里发挥不了任何积极的作用。随着他后来隐居乡村，他在德国思想界就像流星一样消失了。

就鲍威尔来说，他的头上罩着"纯粹批判"的灵光，身上披着"自我意识"的法衣，睥睨世界万物。他的批判的利剑摧毁了宗教和国家，他的批判的眼光把群众化为灰尘，横陈在他脚下的是教堂的废墟和国家的残骸。马克思嘲讽说："一言以蔽之，他是精神的'拿破仑'，他在精神上是'拿破仑'。"③也就是说，鲍威尔的著作和思想不过是理论上的一阵喧嚷，对实际生活没有任何影响。这使我们很容易联想起堂吉诃德的仆人桑乔·潘萨的一句名言："我没有别的家当和本钱，只有成堆成串的成语。"

就施蒂纳来说，马克思对他的嘲讽更为激烈，因为在《唯一者及其所有物》这部著作中，施蒂纳居然花了将近 600 页的篇幅来论证他与自身的同一，而且不时地发出"批判的狂呼"来消灭他的论敌，所以马克思

---

① 《马克思恩格斯全集》第 3 卷，人民出版社 1960 年版，第 16 页。
② 同上书，第 51 页。
③ 同上书，第 89 页。

讽刺"他既是'词句'，又是'词句的所有者'，既是桑乔·潘萨，又是堂吉诃德"①。

德意志意识形态的这种非批判性或虚假的批判性可以在黑格尔哲学的传统中找到原本。事实上，马克思反复论述了黑格尔思辨唯心主义哲学的非批判性和神秘性。1837年，马克思刚开始研究黑格尔哲学时，就已经写下了《黑格尔讽刺短诗》，其中两句是：

> 我给你揭示一切，
> 我献给你的仍是一无所有！②

1843年，马克思在《黑格尔法哲学批判》一书中指出："这种非批判性，这种神秘主义，既构成了现代国家制度形式($\varkappa\alpha\tau'\dot{\varepsilon}\xi o\chi\eta\nu$〔主要是〕它的等级形式)的一个谜，也构成了黑格尔哲学、主要是他的法哲学和宗教哲学的秘密。"③在《1844年经济学哲学手稿》中，马克思也一针见血地指出："在《现象学》中，尽管已有一个完全否定的和批判的外表，尽管实际上已包含着那种往往早在后来发展之前就有的批判，黑格尔晚期著作的那种非批判的实证主义和同样非批判的唯心主义——现有经验在哲学上的分解和恢复——已经以一种潜在的方式，作为萌芽、潜能和秘密存在着了。"④显然，德意志意识形态所保持的这种与现实之间的虚假的批判关系，或对现实生活的非批判性，归根结底反映出德国资产阶级与小资产阶级在政治上的软弱性。

二是局限于宗教批判。

马克思早已提示我们："从施特劳斯到施蒂纳的整个德国哲学批判

---

① 《马克思恩格斯全集》第3卷，人民出版社1960年版，第89页。
② 《马克思恩格斯全集》第40卷，人民出版社1982年版，第651页。
③ 《马克思恩格斯全集》第1卷，人民出版社1956年版，第348页。
④ 《马克思恩格斯全集》第42卷，人民出版社1979年版，第161—162页。

都局限于对宗教观念的批判。"①这些批判家把宗教解释成他们所厌恶的一切关系的终极原因，他们批判的目的是建立所谓"现实的宗教"和"真正的神学"。他们不是把神圣世界世俗化，从而去探索世俗世界的自我矛盾和自我分裂，而是倒过来把世俗世界神圣化，把政治的、法律的、道德的意识宣布为宗教的或神学的意识，并把政治的、法律的、道德的人宣布为宗教的人。一切占统治地位的关系都被宣布为宗教关系，世界在越来越大的规模上被神圣化了。

在《〈黑格尔法哲学批判〉导言》中，马克思在谈到宗教批判的时候，曾经写道："这种批判撕碎锁链上那些虚构的花朵，不是要人依旧戴上没有幻想没有慰藉的锁链，而是要人扔掉它，采摘新鲜的花朵。"②在《德意志意识形态》手稿的一个边注中，马克思又写道："宗教，具有如此意识形态的德国人（Religion. Die Deutschen mit der Ideologie als solcher）。"③如果说，作为德意志意识形态主要代表的青年黑格尔派在刚起来批判宗教的时候，还具有某种进步作用的话，那么，当历史的进程需要它向德国的现实开火的时候，它却仍然龟缩在宗教批判的领域里，并把世俗世界倒过来归化为神圣世界，使之免遭真正的批判的洗礼，就显得保守乃至反动了。与青年黑格尔派不同，马克思的思想早已远远地超越了宗教批判，超越了整个德意志意识形态，而诉诸对现实世界的批判和革命性的改造。

三是停留在黑格尔哲学的基地上。

在《1844 年经济学哲学手稿》中，马克思在批评布鲁诺·鲍威尔《复类福音作者》一书时，已经指出："这些说法连语言上都和黑格尔的观点毫无区别，而且无宁说是在逐字逐句重述黑格尔的观点。"④在《德意志

---

① 《马克思恩格斯全集》第 3 卷，人民出版社 1960 年版，第 21 页。
② 《马克思恩格斯选集》第 1 卷，人民出版社 1995 年版，第 2 页。
③ 《马克思恩格斯全集》第 3 卷，人民出版社 1960 年版，第 36 页注①。中译本把 als solcher：译为"真正的"不妥，译为"如此"则表示了这种"意识形态"的宗教特征。（K. Marx, F. Engels, *Werke 3*, Berlin: Dietz Verlag, 1969, s. 32.）
④ 《马克思恩格斯全集》第 42 卷，人民出版社 1979 年版，第 156 页。

意识形态》中，马克思一开始就指明了这一事实：“德国的批判，直到它的最后的挣扎，都没有离开过哲学的基地。这个批判虽然没有研究过它的一般哲学前提，但是它谈到的全部问题终究是在一定的哲学体系，即黑格尔体系的基地上产生的。”①在马克思看来，尽管这些批判家们都断言自己超出了黑格尔哲学，但实际上他们只是抓住黑格尔体系中的某个方面来反对他的整个体系，既未想到要对黑格尔的整个体系作根本性的批判，更未想到要提出与黑格尔不同的新问题来。在批判黑格尔哲学的道路上，费尔巴哈多少向前迈进了几步，但由于他的历史观是唯心的，归根结底仍未剪断那根连接着黑格尔哲学母体的脐带。所以，马克思在分析“真正的社会主义”的实质时指出：“他们企图用德国的特别是黑格尔和费尔巴哈的意识形态（der deutschen, namentlich Hegelschen und Feuerbachschen Ideologie），来阐明社会主义和共产主义文献的思想”②。正因为德意志意识形态在黑格尔的思想世界中迷失了方向，所以，在马克思看来，就其本质和基础而言，也可以把它称为“黑格尔和费尔巴哈的意识形态”。

三、“跳出意识形态”

马克思不仅对“一般意识形态”和“德意志意识形态”进行了全面的、透彻的批判，而且也为人们指明了一条“跳出意识形态”③（der Ideologie zu entspringen）的道路。

在马克思看来，费尔巴哈以活生生的感性取代醉醺醺的思辨，乃是“跳出意识形态”的一种尝试，然而，如前所述，由于他把唯物主义的哲学观与历史观分离开来，这种尝试不幸遭到了失败，因而费尔巴哈仍然是德意志意识形态的思想代表之一。至于“真正的社会主义”，作为英、法共产主义和德意志意识形态的调和物，只是一种短暂的、过渡性的思潮：“许多曾以哲学为出发点的德国共产主义者，正是通过这样的转变

---

① 《马克思恩格斯全集》第 3 卷，人民出版社 1960 年版，第 21 页。
② 同上书，第 536 页。
③ 同上书，第 98 页。

过程走向了并且继续走向共产主义，而其他那些不能摆脱意识形态的羁绊(den Schlingen der Ideologie)的人，将终生宣传这种'真正的社会主义'。"①

在马克思看来，共产主义思潮和运动在德国兴起后，为德国理论家提供了一个"跳出意识形态"的契机。然而，由于"真正的社会主义"者对德意志意识形态采取了非批判的态度，因而依然停留在这个精神的奥吉亚斯牛圈中。而德国的共产主义者只有通过对德意志意识形态的批判，才能真正看清德国的现实，并运用实践的手段对它进行改造。

在《德意志意识形态》的"序言"中，马克思开宗明义地提出了反抗思想统治，"跳出意识形态"的历史任务："人们迄今总是为自己造出关于自己本身、关于自己是何物或应当成为何物的种种虚假观念。他们按照自己关于神、关于模范人等等观念来建立自己的关系。他们头脑的产物就统治他们。他们这些创造者就屈从于自己的创造物。我们要把他们从幻想、观念、教条和想像的存在物中解放出来，使它们不再在这些东西的枷锁下呻吟喘息。我们要起来反抗这种思想的统治。"②

首先，如果人们想"跳出意识形态"，就一定要改变自己的"观察方式"(Betrachtungsweise)。一般意识形态，尤其是德意志意识形态所蕴含的观察方式是：从意识出发，把意识看作是有生命的个人。与此相反，另一种不同的观察方式是：从现实的、从事实际活动的、有生命的个人出发，把意识仅仅看作是他对外部世界的意识。在马克思看来，只有诉诸后一种观察方法，从人们的真实的生活过程出发，深入地反省并批判意识形态的虚假性和颠倒性，才有可能摆脱意识形态制造的种种神话和幻念，而人们关于意识的种种空话才有可能会让位于真正的知识。在马克思看来，致力于对现实的描绘会使独立的哲学失去存在的理由，能够取而代之的则是从对人类历史发展的观察中抽象出来的最一般结果的综

---

① 《马克思恩格斯全集》第 3 卷，人民出版社 1960 年版，第 537 页。
② 同上书，第 15 页。

合。这一科学的综合也就是历史唯物主义，而它的基本理论则是直接"同意识形态相对立的抽象"①。

其次，如果人们想"跳出意识形态"，就必须从历史唯物主义的基本立场出发，批判形形色色的社会主义或共产主义思潮，从而确立起科学社会主义和共产主义的意识。如果说，在撰写《共产党宣言》之前，马克思已对不同的社会主义或共产主义思潮作过零星的批判的话，那么，在《共产党宣言》中，他则对各种社会主义和共产主义思潮作出了综合性的批判。马克思分别剖析了"反动的社会主义"、"保守的或资产阶级的社会主义"和"批判的空想的社会主义和共产主义"的基本见解、实质及其局限性。在马克思看来，这些迥然各异的思潮虽然程度不同地包含着某些积极因素，但归根结底没有超出资产阶级意识形态的眼界，因而不能成为无产阶级寻求解放的真正的思想武器。在《共产党宣言》中，马克思还简要地驳斥了"从宗教、哲学和意识形态的（ideologischen）观点对共产主义提出的种种责难"②，强调共产主义革命就是要消灭私有制，特别是资本主义的所有制，与种种传统的观念实行彻底的决裂。为了做到这一点，共产党一分钟也不能停止培养工人的阶级意识。

最后，如果人们想"跳出意识形态"，就必须诉诸实践活动。马克思反复强调，"实际上和对实践的唯物主义者，即共产主义者说来，全部问题都在于使现存世界革命化，实际地反对和改变事物的现状"③。这就启示我们，乍看起来，"跳出意识形态"似乎仅仅是理论层面上的事情，实际上，它同时也是实践层面上的事情。事实上，马克思早已告诫我们："意识的一切形式和产物不是可以用精神的批判来消灭的，也不是可以通过把它们消融在'自我意识'中或化为'幽灵'、'怪影'、'怪想'

---

① 《马克思恩格斯全集》第 3 卷，人民出版社 1960 年版，第 31 页。

② 《马克思恩格斯全集》第 4 卷，人民出版社 1958 年版，第 488 页。中译文把 ideologischen 译为"一般思想的"显然不妥。〔K. Marx, F. Engels, *Ausgewählte Werke*（*Band 1*），Berlin: Dietz Verlag, 1989, s. 436.〕

③ 《马克思恩格斯全集》第 3 卷，人民出版社 1960 年版，第 48 页。

等等来消灭的，而只有实际地推翻这一切唯心主义谬论所由产生的现实的社会关系，才能把它们消灭；历史的动力以及宗教、哲学和任何其他理论的动力是革命，而不是批判。"①由此我们就明白了，实践的批判始终是马克思意识形态批判理论中的基础性环节。

从上面的论述可以看出，在早期理论活动中，马克思主要是从哲学和社会主义、共产主义思潮批判的角度出发来论述意识形态问题的。从19 世纪 40 年代后期起，马克思意识形态批判的锋芒逐步转向政治经济学。1847 年，马克思曾打算在布鲁塞尔创办一个新的理论刊物，从事这方面的工作。他在致威纳尔·韦尔特海姆的信中写道："这种批判不能从先入为主的原则出发，相反，应当指出德国政治的、宗教的和社会的政党和派别及其著作同德国经济条件的联系；因此，在这样的杂志上起主要作用的应当是政治经济学。"②虽然马克思创办新的理论刊物的愿望未能实现，但他把注意力转向政治经济学的决心并没有因此而改变，《哲学的贫困》的写作和出版便是一个明证。

正如"真正的社会主义者"试图把共产主义与德意志意识形态调和起来一样，蒲鲁东（P. -J. Proudhon，1809—1865）则热衷于把政治经济学与德意志意识形态的基础——黑格尔哲学调和起来，形成了马克思称为"政治经济学的形而上学"的怪东西。马克思在批判这种具有明显的唯心主义倾向的怪东西时指出："人们按照自己的物质生产的发展建立相应的社会关系（die sozialen Verhältnisse），正是这些人又按照自己的社会关系创造了相应的原理（die Prinzipien）、观念（die Ideen）和范畴（die Kategorien）。"③马克思告诉我们，不是原理创造历史，而是历史创造原理。原理正是从历史地发展着的现实关系中抽象出来的。这一历史唯物主义的基本理论成了马克思后来深入批判资产阶级意识形态的基础部分——资产阶级政治经济学的根本出发点。

---

① 《马克思恩格斯全集》第 3 卷，人民出版社 1960 年版，第 43 页。
② 《马克思恩格斯全集》第 50 卷，人民出版社 1985 年版，第 407 页。
③ 《马克思恩格斯全集》第 4 卷，人民出版社 1958 年版，第 144 页。

第二节　意识形态与拜物教观念

　　1848 年革命失败后，欧洲工人运动暂时进入了低潮。在反动势力的迫害下，马克思和恩格斯相继流亡到伦敦。在 19 世纪 50—60 年代，特别是从 50 年代后半期起，马克思潜心于政治经济学的研究，不仅写下了大量的经济学手稿，如《经济学手稿(1857—1858 年)》《经济学手稿(1861—1863 年)》等，而且也出版了《政治经济学批判》和《资本论》第一卷等重要著作。在这些手稿和著作中，马克思通过对资产阶级意识形态的基础部分——政治经济学的批判，尤其是通过对拜物教观念的批判，进一步用科学的语言表达了历史唯物主义的基本思想，推进了意识形态学说的发展。

一、对资产阶级政治经济学的批判

　　马克思认为，资产阶级政治经济学在一些局部的问题上，如商品的两重性、劳动价值理论等，提出了一些有启发性的见解，但在资产阶级上升为统治阶级以后，它的意识形态的特性越来越明显地表现出来。马克思深入地剖析了资产阶级经济学家散布的种种意识形态谬见。

　　首先，马克思批判了那种把资本主义生产关系理解为永恒关系的荒谬观点。马克思说："所有的资产阶级经济学家都有一种荒谬的观点，例如约翰·斯图亚特·穆勒也是这样，他认为资产阶级的生产关系是永恒的，而这种生产关系的分配形式则是历史的。"[①]在马克思看来，分配关系从来就不是独立的，它正是从生产关系中产生出来的。如果生产关系是永恒不变的，分配关系就绝不可能是历史性的；反之，如果分配关系是历史性的，生产关系就不可能是永恒不变的。在马克思看来，资本主义的生产关系和任何其他社会形态的生产关系一样，都是历史的、暂

---

　　① 《马克思恩格斯全集》第 46 卷(下)，人民出版社 1980 年版，第 279 页。

时的。假如预先肯定资本主义的生产关系是永恒的，那就根本不可能揭示资本主义社会的真实的运动规律。其实，资产阶级的政治经济学家之所以竭力鼓吹这种见解，目的正是遮蔽资本主义社会的本质。

其次，马克思批判了那种把英国小说家笛福笔下的鲁滨孙式的个人作为政治经济学探讨的出发点的荒谬观点。无论是亚当·斯密、大卫·李嘉图、马尔萨斯还是巴师夏、凯里、蒲鲁东等人，都郑重其事地把鲁滨孙的故事，把孤立的、抽象的个人作为政治经济学研究的起点。马克思完全不同意这种没有根据的观点，他批评道："我们越往前追溯历史，个人，从而也是进行生产的个人，就越表现为不独立，从属于一个较大的整体。"[1]人们最初生活在氏族公社中，只有到了近代，个人才逐步摆脱以血缘关系为纽带的狭隘的自然联系，但这种貌似孤立的个人实际上处于迄今为止最发达的社会关系中。孤立的个人在社会之外进行生产，就像许多人不在一起生活和彼此交谈竟有语言发展一样，是不可思议的。马克思针锋相对地指出："我们的出发点是从事实际活动的人，而且从他们的现实生活过程中我们还可以揭示出这一生活过程在意识形态上的反射和回声的发展。"[2]在马克思看来，只有在社会中从事生产的个人才是政治经济学研究的真正出发点，也只有站在这个出发点上，才有可能识破意识形态的种种虚假性和欺骗性。

再次，马克思批判了资产阶级政治经济学家把剩余价值和利润混淆起来的根本性理论错误。马克思说："一切经济学者，都在这点上面犯了错误：他们不把剩余价值纯粹地当作剩余价值来进行考察，而是在利润和地租的各种特殊形式上进行考察。"[3]众所周知，最初的经济学家，如詹姆士·斯杜亚是从流通领域去探寻剩余价值的来源的；重农主义者把探寻的方向转移到直接生产的领域，并把地租理解为剩余价值的唯一的形式；亚当·斯密进一步把剩余价值的概念扩大到社会劳动的一切部

---

[1] 《马克思恩格斯全集》第46卷（上），人民出版社1979年版，第21页。

[2] 《马克思恩格斯全集》第3卷，人民出版社1960年版，第30页。

[3] 马克思：《剩余价值学说史》第1卷，郭大力译，人民出版社1975年版，第5页。

门，但却把剩余价值和利润视为同一个东西；在大卫·李嘉图那里出现了同样的混淆；由于庸俗经济学家发挥并发展了古典经济学的庸俗的一面，剩余价值的实质和起源就被更深地掩蔽起来。马克思这样写道："决不要忘记，在资本主义生产上，直接成为问题的事情，并不是使用价值，而是交换价值，特别是剩余价值的增加。这是资本主义生产的推动力。为了掩盖资本主义生产的矛盾而把资本主义生产的基础抽去，把这种生产说成是一种以生产者的直接消费为目的的生产，当然是一种美好的见解。"①正是马克思，通过对资本主义社会的生产劳动过程的研究，揭示了剩余价值的实质和来源，指出了利润、地租、利息等不过是剩余价值的具体的表现形式，从而粉碎了作为资产阶级意识形态基础的资产阶级政治经济学编造的种种幻想。

最后，我们在这里特别要提到马克思对意识形态家特拉西的经济学思想的批判。在《经济学手稿(1861—1863年)》中，马克思集中地评述了特拉西在其《意识形态的要素》的第四、五篇《意志及其作用》中的经济学思想。如果说，在大卫·李嘉图的目光中，特拉西是一个思想深邃的经济学家的话，那么，马克思除了肯定特拉西在描述资本主义社会的某些现象(如协作)时比较客观外，对他的基本思想则取批判和否定的态度。在马克思看来，特拉西根本不懂利润的本质和它的来源，因为他认为产业资本家养活了其他的一切人，只有他们增加了公众的财富，为人们创造了一切享受的资料，马克思批评他"天真地把构成资本主义生产本质的矛盾总括起来了。因为劳动是一切财富的源泉，所以资本是一切财富的源泉；所以真正增加财富的人，不是劳动的人，而是那个从别人的劳动取得利润的人。劳动的生产力，就是资本的生产力"②。特拉西还吹嘘自己关于财富起源和消费的考察方法是多么明晰，马克思则批评他的考察方法实际上是从亚当·斯密那里抄袭来的。

---

① 马克思：《剩余价值学说史》第2卷，郭大力译，人民出版社1978年版，第572页。
② 马克思：《剩余价值学说史》第1卷，郭大力译，人民出版社1975年版，第300页。

综上所述，马克思认为，资产阶级政治经济学越是深入发展，它的科学性越是减弱，它美化统治阶级利益的庸俗性越是强烈，它掩蔽资本主义社会的现实矛盾的意识形态功能也就越是突出。

二、物化意识或拜物教观念批判

马克思对物化意识或拜物教观念的批判，乃是他的意识形态学说在第二个发展阶段上的最重要的成果，也是整个意识形态概念发展史中具有划时代意义的理论创见之一。如果说，黑格尔致力于把意识形态概念与精神发展中的异化概念会合起来，那么，马克思则致力于把意识形态概念与现实生活中的物化观念会合起来。这是把整个意识形态批判引向现实生活批判的一个根本性的步骤。

马克思认为，任何生产都是人的劳动的"物化"（Verdinglichung）。在这个意义上，"物化"是一个中性的概念，不管在什么样的社会形态中，产品总是人的劳动物化的结果，换言之，产品体现为物化劳动的凝结。马克思所关注的是私有制形式的社会，特别是资本主义社会中的物化现象和物化观念。在资本主义社会中，劳动者创造了劳动产品，这些产品构成了巨大的物的权力，然而，这种物的权力不但不归劳动者所有，反而倒过来支配劳动者，它把社会劳动当作自身的一个要素而置于同自己相对立的位置上："在资产阶级经济以及与之相适应的生产时期中，人的内在本质的这种充分发挥，表现为完全的空虚，这种普遍的物化过程，表现为全面的异化，而一切既定的片面目的的废弃，则表现为为了某种纯粹外在的目的而牺牲自己的目的本身。"①这就告诉我们，在资本主义的生产方式中，物化同时就是异化。正是这种同时也是异化的物化现象和观念才构成马克思意识形态批判学说中的一个重要的问题。

如果说，在《1844年经济学哲学手稿》中，马克思主要是用异化这一概念来解释某些物化现象的话，那么，在《德意志意识形态》中，他已同时开始使用物化和异化的概念，但物化概念的出现仍然是很少的，直到

---

① 《马克思恩格斯全集》第46卷（上），人民出版社1979年版，第486页。

《政治经济学批判》《资本论》及为写作《资本论》写下的经济学手稿中，马克思才大量地使用物化概念。在马克思看来，物化是资本主义社会的普遍现象。这种现象导致的结果是，物主体化，人客体化，物成为人的主宰，人成为物的臣仆。资本主义生产的目的是对物、对财富的无限追求。也就是说，不是生产为了人，而是人为了生产、为了财富、为了物。

实际上，这种普遍的物化，这种与人的依赖关系相对立的物的依赖关系，无非是与外表上独立的个人相对立的独立的社会关系，也就是与这些个人本身相对立而独立化的、他们相互间的生产关系。在马克思看来，普遍的物的关系和全面的异化乃是历史的产物，是从属于个人发展的一定的历史阶段的。它们的出现表明，人们还处于创造自己的社会生活条件的过程中，而不是从这种条件出发去开始他们的社会生活。资产阶级的经济学家通常把这种普遍存在的物化现象理解为自然发生的，即同个性的自然不可分割的，而且是个性内在的联系，这显然是荒谬的。马克思写道："经济学家们把人们的社会生产关系和受这些关系支配的物所获得的规定性看作物的自然属性，这种粗俗的唯物主义，是一种同样粗俗的唯心主义，甚至是一种拜物教，它把社会关系作为物的内在规定归之于物，从而使物神秘化。"①

这种把人的关系物化，把物的关系独立化、神秘化的"拜物教"倾向，由于一些意识形态家的自觉的或不自觉的加工，愈益抽象化，以至于在哲学家中造成了一种普遍的幻觉，即认为新时代的特征就是受这种观念的统治，从而把推翻这种观念的统治同创造自由个性看作是一回事。"从意识形态角度来看更容易犯这种错误，因为上述关系的统治（上述物的依赖关系，不用说，又会转变为摆脱一切幻想的、一定的、人的依赖关系）在个人本身的意识中表现为观念的统治，而关于这种观念的永恒性即上述物的依赖关系的永恒性的信念，统治阶级自然会千方百计

---

① 《马克思恩格斯全集》第46卷(下)，人民出版社1980年版，第202页。

地来加强、扶植和灌输。"①因此，只有打破意识形态所造成的种种观念上的障碍，从普遍的物的关系下揭示出资本主义生产方式中人与人之间的真实关系，才能把政治经济学的研究奠基在真正的科学的基础上，从而促使无产阶级深刻地认识资本主义生产关系的本质和自己的实际地位，并努力在实践中改变这种关系和地位。

如前所述，这种普遍的物化现象在资本主义社会的占统治地位的意识形态中的表现就是拜物教观念。在《资本论》这部资产阶级意识形态批判的鸿篇巨制中，马克思对在商品拜物教及普遍物化的基础上滋长起来的拜物教观念的本质和影响作出了透彻的分析和批判。

"拜物教"(Fetischismus)这一概念最早出现于马克思的《第六届莱茵省议会的辩论(第三篇论文)》中②。当时，马克思还是在通常的意义上使用这个概念的。后来，当马克思在《1844年经济学哲学手稿》中再度提到这一概念③时，主要用来批判货币主义者和重商主义者的拜金主义热情。在《经济学手稿(1857—1858年)》中马克思已认识到，"拜物教"乃是经济学家们信奉的一种普遍的观念。④ 在《政治经济学批判》中，虽然马克思只是在一个注释中提到了"拜物教"这个词⑤，但他已把物的关系的神秘化视为资本主义社会普遍存在的幻觉。在《剩余价值学说史》中，马克思已开始频繁地使用"拜物教"这一概念来概括资产阶级经济学家在货币、财富、资本(尤其是生息资本)等一系列问题上所持的错误见解⑥。在《价值形式》(《资本论》第一版附录)中，马克思论述了商品形式和价值关系上的"拜物教"倾向⑦。在《资本论》第一章中，马克思则全面、系统

① 《马克思恩格斯全集》第46卷(上)，人民出版社1979年版，第111页。

② 《马克思恩格斯全集》第1卷，人民出版社1956年版，第181页。

③ 《马克思恩格斯全集》第42卷，人民出版社1979年版，第112、138页。

④ 《马克思恩格斯全集》第46卷(下)，人民出版社1980年版，第202页。

⑤ 马克思：《政治经济学批判》，人民出版社1976年版，第9页注⑥。

⑥ 马克思：《剩余价值学说史》第1卷，郭大力译，人民出版社1975年版，第439页；马克思：《剩余价值学说史》第3卷，郭大力译，人民出版社1975年版，第297、304、513、515、560页。

⑦ 《马克思恩格斯全集》第49卷，人民出版社1982年版，第161—162页。

地分析、批判了"拜物教"的观念,揭示了这种观念掩盖下的一个基本事实:资本主义生产的根本目的是获取剩余价值,从而从根本上粉碎了资产阶级经济学家编造的种种意识形态的神话。

首先,马克思分析了商品拜物教的性质和秘密。马克思认为,乍看上去,商品是一种很简单平凡的东西,但分析下去,它却是一种很古怪的东西,充满了形而上学的微妙和神学的怪诞:"例如,用木头做桌子,木头的形状就改变了。可是桌子还是木头,还是一个普通的可以感觉的物。但是桌子一旦作为商品出现,就变成一个可感觉而又超感觉的物了。它不仅用它的脚站在地上,而且在对其他一切商品的关系上用头倒立着,从它的木脑袋里生出比它自动跳舞还奇怪得多的狂想。"①在马克思看来,商品的神秘性不是来源于它的使用价值,而是来源于它的交换价值。商品形式把人们本身劳动的社会性质反映成劳动产品本身的物的性质,反映成这些物的天然的社会属性,从而把生产者同总劳动的社会关系反映成存在于生产者之外的物与物之间的社会关系。"在那里,人脑的产物表现为赋有生命的、彼此发生关系并同人发生关系的独立存在的东西。在商品世界里,人手的产物也是这样。我把这叫做拜物教。劳动产品一旦作为商品来生产,就带上拜物教性质,因此拜物教是同商品生产分不开的。"②显而易见,假如我们离开这种生产形式,商品世界的全部神秘性就会自动消失。

其次,马克思又分析了货币拜物教的现象。货币作为一般等价物乃是商品交换的媒介物,它进一步"用物的形式掩盖了私人劳动的社会性质以及私人劳动者的社会关系,而不是把它们揭示出来"③。人们对货币,尤其是金银的崇拜,归根结底是对商品的普遍崇拜的结果,所以,马克思说,"货币拜物教的谜就是商品拜物教的谜,只不过变得明显了,

---

① 马克思:《资本论》第 1 卷,人民出版社 1975 年版,第 87—88 页。
② 同上书,第 89 页。
③ 同上书,第 92 页。

耀眼了"①。

最后，马克思还分析了资本拜物教的现象。资产阶级经济学家在讨论资本的实物形式时，常把它看作是一种会自行增殖的物，比如在探讨实物形式的预付资本时，把剩余价值的起源完全掩盖起来了。马克思指出："资产阶级经济学特有的拜物教也就由此完成了。这种拜物教把物在社会生产过程中获得的社会的经济的性质，变为一种自然的、由这些物的物质本性产生的性质。"②马克思还强调："在生息资本上，资本关系取得了最全面、最富有拜物教性质的形式。"③因为生息资本既不需要投入生产过程，也不需要投入流通过程，就能直接地获得利息，仿佛资本是神秘的自身增殖和自行创造的源泉。其实，资本所获得的利息或利润并不是单纯的物的产物，而是一种特定的社会关系的产物。

马克思认为，在庸俗经济学家关于利润或利息来自资本、地租来自土地、工资来自劳动的经济三位一体中，"资本主义生产方式的神秘化，社会关系的物化，物质生产关系和它的历史社会规定性直接融合在一起的现象已经完成：这是一个着了魔的、颠倒的、倒立着的世界。在这个世界里，资本先生和土地太太，作为社会的人物，同时又直接作为单纯的物，在兴妖作怪"④。应当说，古典经济学已在一定的程度上批判了这种"拜物教"的观念。比如，它把利息归结为利润的一部分，把地租归结为超过平均利润的余额，使这两者在剩余价值中合在一起；又如，它把直接生产过程中商品的价值和剩余价值归结为劳动，等等。"这样，它就把上面那些虚伪的假象和错觉，把财富的不同社会要素互相间的这种独立化和硬化，把这种物的人格化和生产关系的物化，把日常生活中的这个宗教揭穿了。"⑤马克思认为，这是古典经济学的伟大功绩，但是

---

① 马克思：《资本论》第 1 卷，人民出版社 1975 年版，第 111 页。
② 马克思：《资本论》第 2 卷，人民出版社 1975 年版，第 252 页。
③ 马克思：《资本论》第 3 卷，人民出版社 1975 年版，第 440 页。
④ 同上书，第 938 页。
⑤ 同上书，第 938—939 页。

它的代表人物归根结底仍未窥视到这种神秘的物化关系，这尤其表现在他们对"劳动的价值"和"劳动力的价值"、可变资本和不变资本关系的混淆中。由于这种普遍的"拜物教"意识所造成的假象，剩余价值的来源最终还是被严严实实地掩盖起来了。

马克思在政治经济学研究中的划时代的贡献正在于，把古典经济学的"劳动价值理论"转变为"劳动力价值理论"，再从可变资本（劳动力）在生产过程中的增殖揭示出剩余价值的起源，从而彻底打破了资本主义意识形态的核心观念——"拜物教"或物化意识的束缚，揭示出资本主义生产方式中人与人之间的真实的社会关系。

三、意识形态学说的新发展

在深入批判以物化观念和拜物教观念为基础的资产阶级政治经济学的种种谬见的同时，马克思从历史唯物主义的基本立场出发，对早期创立的意识形态学说作出了新的论述。

一是意识形态的定位。

在《德意志意识形态》中，马克思从社会存在决定意识形态的根本理论出发，阐述了意识形态在全部社会生活中的作用。在《〈政治经济学批判〉序言》中，马克思进一步完成了意识形态在整个社会结构中的定位工作。他这样写道："人们在自己生活的社会生产中发生一定的、必然的、不以他们的意志为转移的关系，即同他们的物质生产力的一定发展阶段相适合的生产关系。这些生产关系的总和构成社会的经济结构（die ökonomische Struktur der Gesellschaft），即有法律的和政治的上层建筑（ein juristischer und politischer Überbau）竖立其上并有一定的社会意识形式（bestimmte gesellschaftliche Bewusstseinsformen）与之相适应的现实基础。"①我们不妨把马克思所描绘的这一社会结构图示如下：

（1）社会生产

（2）经济结构（生产关系的总和）

---

① 《马克思恩格斯选集》第 2 卷，人民出版社 1995 年版，第 32 页。

（3）法律的和政治的上层建筑

（4）社会意识形式或意识形态

在马克思看来，物质生活的生产方式制约着整个社会生活、政治生活和精神生活的过程，"不是人们的意识决定人们的存在，相反，是人们的社会存在决定人们的意识"①。意识形态并不是一种可以无限地加以夸大的、并且支配着整个现实世界的力量，相反，它的作用是有限的，并不能超出它在整个社会结构中所处的特定的位置。从上面图示的结构中可以看出，意识形态不仅在根本上受制于社会生产和经济结构，而且也受制于法律的和政治的上层建筑。马克思在这里说的"上层建筑"主要是指显现为法律和政治设施的国家形式。这一形式看起来是独立的，实际上也是受制于社会生产和经济结构的，并对意识形态的内容、发展趋向产生重要的影响。当我们接受马克思的这一基本思想时，我们离德意志意识形态家们信奉并鼓吹的"观念统治着世界"的意识形态谬见已经有非常遥远的距离了。同时，我们也不再会简单地从意识形态自身的盛衰出发，来判断整个社会、整个时代的盛衰。

在《经济学手稿（1857—1858年）》的"导言"中，马克思谈到了"国家形式和意识形式（Bewusstseinsformen）同生产关系和交往关系的关系"②。马克思批评历来的唯心论的历史叙述总是与现实的历史叙述相分离，只局限于文化史，即宗教史和政治史的范围来探讨观念的历史发展的错误做法，强调生产关系和交往关系的发展对观念和意识形态发展的根本性的制约作用。马克思说："如果从观念上来考察，那么一定的意识形式的解体足以使整个时代覆灭。在现实中，意识的这个限制是同物质生产力的一定发展程度，因而是同财富的一定发展程度相适应的。"③从观念上看，似乎一定的意识形式的解体是某个时代覆灭的前提，实际上正好倒过来，恰恰是由于生产力本身的发展使原先的生产关系和交往关系衰

---

① 《马克思恩格斯选集》第 2 卷，人民出版社 1995 年版，第 32 页。
② 《马克思恩格斯全集》第 46 卷（上），人民出版社 1979 年版，第 47 页。
③ 《马克思恩格斯全集》第 46 卷（下），人民出版社 1980 年版，第 35 页。

落下去，从而造成了一定的意识形式的解体。

也正是从生产关系和交往关系是意识形态的基础的历史唯物主义的观点出发，马克思竭力反对社会革命中的空想主义或乌托邦主义的错误倾向。这种倾向不认真研究社会结构，夸大意识形态在整个社会结构中的地位和作用，因而并不能超出资产阶级意识形态的视野。它或者表现为对资本主义的改良，或者以激进的口号否定现存的一切，从而提出不切实际的革命任务。在马克思看来，"如果我们在现在这样的社会中没有发现隐蔽地存在着无阶级社会所必需的物质生产条件和与之相适应的交往关系，那么一切炸毁的尝试都是唐·吉诃德（堂吉诃德——引者注）的荒唐行为"①。马克思坚持，在一种生产关系所能容纳的全部生产力充分发挥出来之前，这种生产关系是绝不会灭亡的，这实际上也为我们划定了意识形态批判的界限。

二是"意识形态阶层"的形成。

在《德意志意识形态》中，马克思虽然谈到意识形态是由统治阶级中的一部分人编造出来的幻想，但他还未对这部分人的本质作透彻的分析。在《剩余价值学说史》中，马克思明确地称这部分人为"意识形态阶层"，分析了他们在资本主义社会的精神生产中的特殊的地位和作用。

马克思说："物质生产中的对立，使一个由意识形态阶层构成的上层建筑成为必要；他们的作用不管是好是坏，因为必要，所以都是好的。"②这个由意识形态阶层构成的上层建筑通常是从以前的社会形态中继承下来的。资产阶级一旦掌握了国家领导权，就与以前的领导人进行某种妥协，"承认意识形态阶层和他们血肉相连，并到处把他们转化为自己的佣人"③。庸俗经济学家就是这样的佣人，他们把以前古典经济学家批判过的东西都当作正当的东西加以辩护。这充分表明，"从事意

---

① 《马克思恩格斯全集》第46卷（上），人民出版社1979年版，第106页。
② 马克思：《剩余价值学说史》第1卷，郭大力译，人民出版社1975年版，第309页。
③ 同上书，第327页。

识形态工作的阶级等等已经从属于资本家"①。马克思认为，斯托赫由于把资本主义的生产理解为永恒的生产，因而既不能理解资本主义社会的物质生产，又不能理解它的精神生产。在马克思看来，只有把资本主义生产理解为历史的、特殊的生产形式，"只有立在这个地盘上，一方面，统治阶级的意识形态组成部分，另一方面，这个特别社会形态内的自由的精神生产，才有可能得到理解"②。在资本主义社会内，意识形态阶层构成整个统治阶级中不可或缺的一部分。这一阶层的基本使命是从观念上维护统治阶级的根本利益，所谓"自由的精神生产"只能在不损害资产阶级的根本利益的前提下得到承认和允许。

三是艺术意识形式的相对独立性。

在《德意志意识形态》中，马克思侧重于从人们的现实生活决定意识形态的角度来强调意识形态无独立的历史，以便驳斥德意志意识形态家无限夸大意识和观念作用的唯心主义观点。在《经济学手稿（1857—1858年）》中，马克思除了继续坚持这一历史唯物主义的基本见解外，又通过对物质生产的发展同艺术生产的发展的不平衡关系的剖析，强调了意识形态的某种相对独立性。

马克思说："关于艺术，大家知道，它的一定的繁盛时期决不是同社会的一般发展成比例的，因而也决不是同仿佛是社会组织的骨骼的物质基础的一般发展成比例的。"③就某些艺术形式，例如史诗来说，只有在社会发展的不发达阶段才是可能的。马克思在谈到作为古希腊艺术的"武库"和土壤的古希腊神话时问道：那种古希腊神话赖以作为基础的自然观与社会关系观，能够同走锭精纺机、铁道、机车和电报并存吗？在罗伯茨公司面前，伏尔甘又在哪里？在避雷针面前，朱庇特又在哪里？在动产信用公司面前，赫尔墨斯又在哪里？在印刷所广场旁边，法玛还成什么？在马克思看来，任何神话都是借助想象以征服自然力，把自然

---

① 马克思：《剩余价值学说史》第1卷，郭大力译，人民出版社1975年版，第170页。
② 同上书，第307页。
③ 《马克思恩格斯全集》第46卷（上），人民出版社1979年版，第48页。

力加以形象化，因而，随着科学技术的发展和这些自然力的实际上被支配，神话也就消失了。意识形态的这种相对独立性不仅表现在艺术生产中，也表现在法律、教育等其他意识形式的领域中。

四是对意识形态掩蔽性的新的揭露。

首先，马克思揭露了资本主义意识形态在对待劳动问题上的掩蔽态度。在资本主义生产中，劳动的各个要素是不可分离地结合在一起的，但"在资本主义的意识形态中，劳动的各要素表现为独立的、异己的和相互独立的要素"①。又如，资本是由劳动创造的，但当它作为过去的劳动的结晶倒过来统治劳动时，工人反而成了客体化的存在，"这种关系被神秘化了，被歪曲了，在其中主客体是颠倒过来的……由于这种被歪曲的关系，必然在生产过程中产生相应的被歪曲的观念，颠倒了的意识"②。在马克思看来，庸俗经济学家的理论不过翻译了资本主义生产的当事人的观念和动机。这些当事人把土地理解为地租的源泉，把资本理解为利润的源泉，把劳动理解为工资的源泉，等等。马克思把这些颠倒现实关系的歪曲的观念称为"一种没有想象力的虚构方式，庸人的宗教"③。

其次，马克思揭露了资产阶级经济学家和法学家力图把资本主义的意识形态与资本主义以前的意识形态混淆起来的掩蔽倾向。在《资本论》中，马克思写道："事实越是明显地反对政治经济学家的意识形态（Ideologie），政治经济学家就越是热心地起劲地把资本主义以前世界的法权观念和所有权观念应用到这个已经完成的资本世界。"④在《资本论》第一卷的手稿第六章"直接生产过程的结果"中，马克思在批评洛克、大卫·李嘉图等人从小资产阶级的观念出发来阐述资本主义的生产方式时写道："在意识形态和法律上，他们把以劳动为基础的私有制的意识形态

①　《马克思恩格斯全集》第 48 卷，人民出版社 1985 年版，第 568 页。
②　同上书，第 257—258 页。
③　马克思：《剩余价值学说史》第 3 卷，郭大力译，人民出版社 1978 年版，第 513 页。
④　马克思：《资本论》第 1 卷，人民出版社 1975 年版，第 833 页。

硬搬到以剥夺直接生产者为基础的所有制上来。"①这既表明资产阶级的意识形态总是自觉或不自觉地掩盖自己的本质，也表明在不同的意识形态之间具有某种继承性，人们总是习惯于用传统的意识形态的眼光去看待新的现实。

最后，马克思强调，在社会变动时期，意识形态对社会现实的掩蔽性会以更严重的方式表现出来，对此，我们必须保持清醒的头脑。在通常的情况下，当社会革命的时代到来的时候，随着经济基础的变更，全部庞大的上层建筑也或快或慢地发生变革，"在考察这些变革时，必须时刻把下面两者区分开来：一种是生产的经济条件方面所发生的物质的、可以用自然科学的精确性指明的变革，一种是人们借以意识到这个冲突并力求把它克服的那些法律的、政治的、宗教的、艺术的或哲学的，简言之，意识形态的形式（ideologischen Formen）"②。在马克思看来，正如我们判断一个人不能以他对自己的看法为根据一样，我们判断一个变革的时代也不能以它的意识形态为根据。相反，变革时代的意识形态的这种掩蔽性和扭曲性还必须从当时的物质生活的矛盾中去找到解释。

五是对各种意识形式的新的批判。

在批判资产阶级政治经济学这种意识形式的同时，马克思还结合时代的特征，对其他意识形式作出了新的批判。

第一，马克思批判了宗教这种意识形式。马克思写道："在商品生产者的社会里，一般的社会生产关系是这样的：生产者把他们的产品当作商品，从而当作价值来对待，而且通过这种物的形式，把他们的私人劳动当作等同的人类劳动来互相发生关系。对于这种社会来说，崇拜抽象人的基督教，特别是资产阶级发展阶段的基督教，如新教、自然神教等等，是最适当的宗教形式。"③新教不仅几乎把所有传统的节假日都变

---

① 《马克思恩格斯全集》第 49 卷，人民出版社 1982 年版，第 144 页。
② 《马克思恩格斯选集》第 2 卷，人民出版社 1995 年版，第 33 页。
③ 马克思：《资本论》第 1 卷，人民出版社 1975 年版，第 96 页。

成了工作日，从而在资本的生产和增殖上起了重要的作用，而且积极地参与殖民活动，在资本的原始积累中充当了重要的角色。那些新教牧师和新英格兰的清教徒甚至在立法会议上规定了每剥下一张印第安人的头皮和每俘获一个红种人所能得到的赏金，英国议会竟然把这种惨无人道的暴行宣布为"上帝和自然赋予它的手段"。马克思一针见血地指出，这些新教徒真正崇拜的上帝是金钱，新教正是资产阶级意识形态在宗教领域中的典型表现形式，而任何宗教史，如果抽掉其赖以发展的物质基础，都是非批判的，都不可能越出资产阶级意识形态的视界。在马克思看来，"事实上，通过分析来寻找宗教幻象的世俗核心，比反过来从当时的现实生活关系中引出它的天国形式要容易得多。后面这种方法是唯一的唯物主义的方法，因而也是唯一科学的方法"①。也就是说，只有从对世俗基础的矛盾的考察入手，才能对宗教和宗教史作出科学的、非意识形态的说明。

第二，马克思批判了哲学这种意识形式。在他看来，与新兴的资本主义经济关系和自然科学一起发展起来的一种重要的哲学思想是抽象的自然科学的唯物主义，然而，"那种排除历史过程的、抽象的自然科学的唯物主义的缺点，每当它的代表越出自己的专业范围时，就在他们的抽象的和意识形态的（ideologischen）观念中立刻显露出来"②。比如，培根是唯物主义者，但他认为生产形式的改变和人对自然的实际统治都是思维方法改变的结果。这种错误的观点正来自他所坚持的与历史过程分离的抽象的唯物主义的立场。随着资本主义社会的发展，与此相应而发展起来的物化意识或拜物教的意识与这种哲学思想相互强化，它们作为资产阶级意识形态的组成部分，都自觉或不自觉地掩盖了资本主义生产关系的历史性和暂时性，掩盖了在物的神秘外壳下发生的人与人之间的真实关系。

---

① 马克思：《资本论》第 1 卷，人民出版社 1975 年版，第 410 页。
② 同上书，第 410 页。中译文把 ideologischen 译为"唯心主义的"不妥，此处按原意译为"意识形态的"。

第三，马克思批判了法律这种意识形式。马克思认为，资产阶级法学家的普遍错误是，"不是把法律看作物质生产关系的产物，而是相反，把生产关系看作法律的产物"①。比如，黑格尔在《法哲学》中就是从抽象的人格规定出发来讨论土地所有权的。其实，这种关于土地所有权的法律观念正是在资本主义经济关系的基础上形成并发展起来的。同样地，蒲鲁东也不懂得法权关系乃是反映着经济关系的意志关系，他先从与商品生产相适应的法权关系中提取出公平的理想，然后又倒过来按照这种理想来改造现实的商品生产和与之相应的现实的法权。马克思揭示了在资产阶级法学家的"天赋人权"的口号下劳动力买卖的真实关系，指出："平等地剥削劳动力，是资本的首要的人权。"②特别是通过对法律在资本的原始积累过程中的作用的分析，马克思阐明了法的观念在资产阶级意识形态中的核心地位和作用。

第四，马克思批判了政治这种意识形式。与其他意识形式一样，人们的政治生活归根结底也是受制于物质生活的。可是，资产阶级的政治学家们认为，上述见解并不适合于古代社会，仿佛中世纪是靠天主教生活的，古代世界则是靠政治生活的。马克思驳斥说："例如只要对罗马共和国的历史稍微有点了解，就会知道，地产的历史构成罗马共和国的秘史。而从另一方面说，唐·吉诃德（堂吉诃德——引者注）误认为游侠生活可以同任何社会经济形式并存，结果遭到了惩罚。"③这就告诉我们，政治不过是经济的集中表现，要摆脱资产阶段政治意识形式的束缚，就要紧紧围绕物质生活的过程来考察各种政治现象和问题。

第五，马克思批判了历史学这种意识形式。他认为，资产阶级史学家常常把历史看作观念的历史，特别是宗教观念和政治观念的历史，很少提到物质生产的发展，即整个社会生活及整个现实历史的基础。他们常常把资本主义生产关系看作是永恒的自然的关系，而把封建主义的生

---

① 马克思：《资本论》第 1 卷，人民出版社 1975 年版，第 676 页。
② 同上书，第 324 页。
③ 同上书，第 99 页。

产关系看作是人为的关系。这种掩蔽现实真相的非历史的观点正是资产阶级意识形态在史学领域的集中表现。

从 19 世纪 50 年代后期到 60 年代，马克思的意识形态学说主要表现为对资产阶级意识形态的深入研究和全面批判。在这一过程中，马克思敏锐地抓住了政治经济学这一意识形式的核心——商品拜物教观念，从资本主义社会普遍存在的物与物关系的背后揭示出人与人之间的真实关系，阐明了资本主义社会的客观运动规律，从而为无产阶级革命奠定了思想基础。毋庸讳言，马克思对资产阶级意识形态的批判对 20 世纪和 21 世纪的意识形态理论的发展产生了巨大的影响。

第三节　朝着完整的意识形态学说

1871 年巴黎公社失败后，资本主义世界进入了相对稳定的发展时期。晚年马克思除了继续从思想上指导工人运动和继续深入地研究政治经济学外，一方面开始把思考和研究的重心逐步转向资本主义以前的社会形态，特别是史前的社会形态；另一方面也深入地探讨了共产主义初级阶段的一些重要问题，从而大大地拓宽了历史唯物主义的视野，丰富了意识形态批判学说。

有趣的是，晚年马克思不再使用"意识形态"的概念，尽管如此，在他的论著、遗著、笔记和手稿中，仍然氤氲着一种无坚不摧的意识形态批判精神，仍然显示出他对意识形态本质和发展规律的新的思考。

晚年恩格斯除了指导工人运动、整理马克思《资本论》的遗稿外，还撰写了一系列充满战斗性的论著和大量书信，清算了资产阶级意识形态家的种种谬见，捍卫和发展了马克思所创立的历史唯物主义学说。与马克思不同的是，恩格斯频繁地运用了"意识形态"的概念，特别是通过对马克思的追随者中出现的机械唯物论观点的批判，维护了马克思的历史唯物主义和意识形态批判理论的纯洁性和完整性。毋庸讳言，晚年恩格斯关于意识形态问题所作的许多精辟的论述，乃是马克思整个意识形态批判学说中的一个有机的组成部分。

一、晚年马克思的意识形态学说

晚年马克思除了在其重要论著《〈资本论〉第一卷法文版片断》中继续批判作为资产阶级意识形态的核心思想——拜物教观念外，更多地转向对人类学研究、东方社会研究和未来共产主义社会研究中的种种意识形态偏见的批判。这些批判也蕴含着他对意识形态问题的新思考、新探索。

1. 从关于东方社会演化的流行的意识形态偏见中解放出来

马克思关于东方社会演化的不同路向的见解不仅极大地丰富了历史唯物主义学说，也大大地开拓了意识形态批判的新视野。不论是东方学者，还是西方学者，在研究东方社会演化时，都自觉或不自觉地把欧洲社会演化的模式作为参照系。比如，当柯瓦列夫斯基发现印度有采邑制、荫庇制和公职承包制时，就轻易认定，在印度存在着西欧意义上的封建主义。马克思批评说："别的不说，柯瓦列夫斯基忘记了农奴制，这种制度并不存在于印度，而且它是一个基本因素。"[①]在印度，普遍存在着的是农村公社，英国殖民者入侵后，利用高利贷加速了农村公社的瓦解和向资本主义的发展。马克思对东方社会独特的演化途径的分析表明，具体问题具体分析乃是唯物史观的基本方法，是一切意识形态偏见的解毒剂。

在《给维·伊·查苏利奇的复信草稿》中，马克思指出，现存的俄国农村公社是从原始公社演化来的，是整个原生的社会形态中的最后阶段，所以它同时也是向次生的形态（包括建立在奴隶制和农奴制上的一系列社会）过渡的重要阶段，即以公有制为基础的社会向以私有制为基础的社会的过渡。但是，农村公社是否一定会向以私有制为基础的社会过渡呢？马克思的回答是有保留的。

---

① 《马克思恩格斯全集》第45卷，人民出版社1985年版，第284页。

与较早的原始公社比较起来，农村公社的基本特征是：超越了狭隘的血缘亲属关系，能保持同其他公社的接触；房屋及附属的园地成了农民的私有财产；耕地仍归公社所有，但定期在各成员之间重新分配。在马克思看来，正是这些基本特征决定了农村公社的两重性：一方面，公有制及公有制造成的各种社会关系使公社基础稳定；另一方面，房屋的私有、小块土地耕种和产品的私人占有，又使个人获得发展。如果创造历史条件来发展前一方面，逐步把土地的个体耕作发展为集体耕作，它就可能"不通过资本主义制度的卡夫丁峡谷，而把资本主义制度的一切肯定的成就用到公社中来"①。如果听凭各种破坏公社的因素（如国家财政搜刮、高利贷等）发展，就会导致农村公社的灭亡，从而重走西方社会发展的道路。

　　马克思尖锐地批评了俄国资产阶级的意识形态家们力图从理论上渲染并促成农村公社死亡的谬误见解，并希望通过俄国革命的爆发来保证农村公社的自由发展，从而实现俄国社会的复兴。马克思对东方农村公社命运的分析为我们批判东方社会研究中各种意识形态的观点提供了一把钥匙。

　　2. 对人类学家们编造的种种意识形态神话的批判

　　在对古代社会的研究中，人类学家们常犯的错误就是把意识的东西、观念的东西作为基础、作为第一性的东西去说明其他各种现象。比如，柯瓦列夫斯基用氏族各支系之间的血亲意识的减弱来说明财产关系的调整。马克思问道："为什么意识在这里起着 causa efficiens（动因）的作用，而不是随着氏族分为'支系'而必然发生的实际的空间划分起着这种作用呢？"②又如，格鲁特在解释氏族的起源时，谈到了氏族成员在观念上的共同的基础，马克思纠正说："亲爱的先生！不是观念的，是物质的，用德语说是肉欲的！"③氏族是从更早的杂交集团中产生的，在这

---

①　《马克思恩格斯全集》第 19 卷，人民出版社 1963 年版，第 436 页。
②　《马克思恩格斯全集》第 45 卷，人民出版社 1985 年版，第 232 页。
③　同上书，第 503 页。

个集团内部开始排除兄弟和姐妹之间的婚姻关系时，氏族才应运而生。这就是说，氏族并不是某种观念的产物，而是适应于血亲关系的一定形式而产生出来的。

马克思还进一步驳斥了人类学家们所坚持的神话中的幻想的系谱创造了现实的氏族的唯心主义观点。马克思这样写道："这是只有'观念的'、亦即蛰居式的书斋学者才能干出来的事情。由于血族联系（尤其是专偶婚制发生后）已经湮远，而过去的现实看来是反映在神话的幻想中，于是老实的庸人们便作出了而且还在继续作着一种结论，即幻想的系谱创造了现实的氏族！"①这种结论完全颠倒了真实的历史过程。事实是，先有现实的血族联系，然后才有反映这种联系的神话，绝不能从神话观念上去说明氏族的起源。在古希腊人那里，现实的氏族比它们自己所创造的神话及其诸神和半神要古老得多。

马克思还批判了人类学家们在法、道德、宗教的起源问题上的谬误的见解。比如，梅恩不是到古代社会经济生活的发展中寻找司法的起源，而是把罗马法中的"誓金诉讼"作为司法起源的戏剧化。马克思嘲讽说："这倒更象法律的争论怎样变成了法学家版税收入来源的戏剧化！而作为法学家的梅恩先生却把这叫做'司法的起源'！"②马克思还驳斥了梅恩认为道德的影响可以限制统治者对社会力量的实际操纵的错误观点，指出："这一'道德的'表明，梅恩对问题了解得多么差；就这些影响（首先是经济的）以'道德的'形式存在而论，它们始终是派生的，第二性的，决不是第一性的。"③从这些论述可以看出，在研究古代社会时，马克思始终坚持把经济因素作为原生的、第一性的因素的历史唯物主义观点。当拉伯克把宗教看作一种独立发展的精神力量，并把它划分为无神论、拜物教、自然崇拜等诸多阶段时，马克思揶揄说："这意味着，

---

① 《马克思恩格斯全集》第 45 卷，人民出版社 1985 年版，第 504 页。
② 同上书，第 622 页。
③ 同上书，第 646 页。

按照拉伯克先生的看法神是头脑的编造。"①

最后，马克思批判了人类学家们把政治、国家看作是第一性的或以自身为基础的独立的东西的错误观点。比如，梅恩把各种形式的政治优势看作独立存在并发展的力量，马克思批评说："基本错误不在于此，而在于把政治优势——不管它的具体形式如何或者它的各种因素的总和如何——当作某种驾于社会之上的、以自身为基础的东西。"②在马克思看来，政治并不是自身独立的力量，归根结底它依傍于一定的经济关系并把反映经济上的冲突作为自己的基本使命。梅恩也以同样错误的方式把国家看作是一种至高无上的独立存在。马克思写道："不幸的梅恩本人也根本不知道：在存在国家（在原始公社等之后）——即政治上组织起来的社会——的地方，国家决不是第一性的；它不过看来如此。"③事实上，国家是在一定的经济条件的基础上产生出来的。

通过上述批判，马克思彻底地清算了人类学研究领域中的种种意识形态的偏见，为建立人类学的科学体系扫清了地基。

3. 关于意识形态问题的新思考

首先，马克思提出了意识形态的滞后性问题。一定的意识形态作为对一定的生活过程的反映，总是落后于生活过程的。生活本身是不断地变化、发展着的，而意识形态则是相对落后的、保守的因素。美国著名人类学家摩尔根在《古代社会》一书中认为，家庭是一个能动的、处于不断发展中的因素，亲属制度则是被动的，只有当家庭已经根本变化了的时候，它才会发生根本的变化。马克思对摩尔根这一见解的评语是："同样，政治的、宗教的、法律的以至一般哲学的体系，都是如此。"④也就是说，各种意识形态作为对人们的生活过程的反映，总是被动的、保守的、滞后的。

---

① 《马克思恩格斯全集》第 45 卷，人民出版社 1985 年版，第 666 页。
② 同上书，第 647 页。
③ 同上书，第 645 页。
④ 同上书，第 354 页。

比如，在古希腊神话中，奥林帕斯山上的女神通常是很受尊敬的。马克思认为，这一现象"反映了对妇女以前更自由和更有势力的地位的回忆"①。又如，斯特兰奇在论述印度妇女作为新娘的"聘金"时，说到一种反常现象，即新娘死后，聘金按她本人的特殊继承方式相传。马克思对此分析道："这种'反常现象'不过是以氏族女系继承制即原始继承制为基础的古代正常规则的片断的、仅限于一部分财产的残迹。"②在马克思看来，既然各种意识形式都具有保守的、滞后的特征，也就是说，都或多或少地保留着一些反映以前社会形态真实生活的"残迹"，那么，通过对意识形态中保留着的这些"残迹"的研究，就可以追溯到历史上真实地存在过的生活方式。这种追溯方法构成了马克思意识形态批判理论的一种重要的方法。

其次，马克思通过对拉萨尔（F. Lassalle，1825—1864）和拉萨尔主义者的种种谬论的批判，论述了共产主义社会初级阶段中意识形态发展的根本特征。在《德意志意识形态》中，马克思开始把共产主义意识与意识形态对立起来。按照马克思的看法，在未来共产主义社会里，意识形态将会终结；在《哥达纲领批判》中，马克思进而把共产主义社会划分为初级阶段和高级阶段，并在谈到初级阶段时指出："它不是在它自身基础上已经发展了的，恰好相反，是刚刚从资本主义社会中产生出来的，因此它在各方面，在经济、道德和精神方面都还带着它脱胎出来的那个旧社会的痕迹。"③这就告诉我们，在共产主义社会的初级阶段，各种传统的意识形态的痕迹仍然存在于人们的精神生活中，这些意识形态的痕迹作为具有相对独立性的精神力量是不可能在短时间内被消除干净的。这就启示我们，在共产主义的初级阶段，清除这些遗留下来的意识形态的痕迹，仍然是我们面对的刻不容缓的历史使命。

更为重要的是，马克思在分析拉萨尔主义关于"平等的权利"的错误

① 《马克思恩格斯全集》第45卷，人民出版社1985年版，第368页。
② 同上书，第637页。
③ 《马克思恩格斯全集》第19卷，人民出版社1963年版，第21页。

观念时指出："在这里平等的权利（gleiche Recht）按照原则仍然是资产阶级权利（bürgerliche Recht），虽然原则和实践在这里已不再互相矛盾，而在商品交换中，等价物的交换只是平均来说才存在，不是存在于每个个别场合。"①这就是说，在共产主义的初级阶段，虽然生产资料私有制被破除了，个人除了消费资料外不再拥有自己的财产，商品交换的内容和形式都发生了实质性的变化，但由于平等只以同一种尺度——劳动来计量，并不虑及人们在天赋及其他方面存在的种种差别，因而仍然被限制在资产阶级权利的框框里。马克思认为，这种实际上的、个别场合下显现出来的不平等，在共产主义的初级阶段是难免的，因为"权利决不能超出社会的经济结构以及由经济结构制约的社会的文化发展"②。在马克思看来，只有在未来共产主义社会的高级阶段，在迫使人们奴隶般地服从分工的情形消失之后，在集体财富的一切源泉充分涌流之后，才能完全超出资产阶级权利的狭隘眼界，在按需分配中实现完全意义的平等。

马克思的上述见解表明，在未来共产主义社会的初级阶段，不仅存在着旧的意识形态的残余，而且由于实行按劳分配的原则，整个社会的观念形态仍未完全超出资产阶级权利的眼界，也就是说，仍未完全摆脱资产阶级意识形态的影响。这些见解显示出马克思的意识形态学说在新的历史条件下的重大发展。

最后，马克思强调，合理形态上的辩证法是穿破意识形态的基本方法。马克思阐述了两种对立的辩证法：一种是黑格尔及其信徒所坚持的神秘形式的辩证法，另一种则是马克思所倡导的合理形态上的辩证法。黑格尔主张，思维过程或观念是现实事物的创造主，而马克思"的看法则相反，观念的东西不外是移入人的头脑并在人的头脑中改造过的物质的东西而已"③。前者总是与现存的事物相协调，并使它们显得光彩，

---

① 《马克思恩格斯选集》第 3 卷，人民出版社 1995 年版，第 304 页。
② 同上书，第 305 页。
③ 《马克思恩格斯全集》第 23 卷，人民出版社 1972 年版，第 24 页。

后者则在对现存事物的肯定的理解中同时包含着否定的理解，总是从不断运动的角度，从暂时性的角度去理解每一种既成的形式，它"不崇拜任何东西，按其本质来说，它是批判的和革命的"①。

在马克思看来，只要人们在思想方法上仍然屈从于神秘形式的辩证法，因而仍然用唯心主义的、颠倒的目光去看待现实世界，并与现存的事物采取调和的态度，那就根本不可能摆脱资产阶级意识形态的束缚。由此可见，以历史唯物主义理论为基础的合理形态的辩证法乃是马克思批判资产阶级意识形态和其他形形色色意识形态的重要思想武器。

二、晚年恩格斯的意识形态学说

晚年恩格斯在历史唯物主义的基础上，深入批判了黑格尔、费尔巴哈的意识形态，指出意识形态本质上是"虚假的意识"，意识形态的产生过程就是自觉或不自觉地掩蔽自己与经济事实联系的过程。在恩格斯看来，意识形态尽管是一种"虚假的意识"，但它并不是社会存在的消极的分泌物，它也是一种现实的力量，它具有相对独立性，它常常倒过来对社会存在产生重大的影响。一言以蔽之，恩格斯在新的历史条件下继承、捍卫并发展了马克思的意识形态学说。

1. 对黑格尔、费尔巴哈的意识形态的批判

在《德意志意识形态》中，马克思批判的主要矛头是指向青年黑格尔主义者的，同时，马克思也敏锐地意识到，青年黑格尔主义者的思想是以黑格尔哲学为基础的。即使是费尔巴哈在某些观点上批判了黑格尔，超越了黑格尔，但在历史领域内，他仍然是黑格尔的俘虏。正是在这个意义上，马克思认为，德意志意识形态实际上也就是"黑格尔、费尔巴哈的意识形态"。从 19 世纪 40 年代到 70—80 年代，德意志意识形态仍然没有完全从黑格尔、费尔巴哈的影响下摆脱出来，特别是从黑格尔哲学的影响下摆脱出来。杜林（K. E. Dühring，1833—1921）就是一个典型的例子。所以，晚年恩格斯对黑格尔、费尔巴哈的意识形态继续进行了

---

① 马克思：《资本论》第 1 卷，人民出版社 1975 年版，第 24 页。

透彻的批判。

那么，恩格斯批判这种意识形态的出发点是什么呢？恩格斯认为，马克思所创立的历史唯物主义理论的意义在于，把唯心主义从它最后的避难所——历史观中驱逐出去了，一条用人们的社会存在说明他们的意识的新的道路已经被找到了："以往的全部历史，都是阶级斗争的历史；这些互相斗争的社会阶级在任何时候都是生产关系和交换关系的产物，一句话，都是自己时代的经济关系的产物；因而每一时代的社会经济结构形成现实基础，每一个历史时期的由法的设施和政治设施以及宗教的、哲学的和其他的观念形式所构成的全部上层建筑（der gesamte Überbau），归根到底都应由这个基础来说明。"[①]在恩格斯看来，当人们探索一切社会、观念变迁和政治变革的终极原因时，绝不应该像杜林那样，到他们自己的头脑中，到他们自己对所谓永恒真理的认识中去寻找，而应该在生产方式和交换方式的变革中去寻找。一言以蔽之，历史唯物主义理论是恩格斯剖析各种意识形态的基本出发点。

正是从历史唯物主义这一科学的前提出发，恩格斯指出，黑格尔、费尔巴哈意识形态的根本特征是颠倒观念与现实的关系。在黑格尔那里，辩证法是概念的自我发展。绝对理念不仅是从来就存在的，而且是全部现存世界的真正的活的灵魂，绝对理念经过逻辑运动的各个阶段而外化为自然，在自然的发展中它通过人而达到自我意识；这个自我意识在历史中又从粗糙的形式中挣脱出来，直到绝对理念最终在黑格尔哲学中回归自己，完成自己的历史使命。显而易见，在黑格尔那里，自然和历史的运动被看作概念自身运动的翻版，而这种运动又是脱离任何思维着的人的大脑的。

在恩格斯看来，"这种意识形态上的颠倒（diese ideologische Verke-hrung）是应该消除的。我们重新唯物地把我们头脑中的概念看作现实事

---

① 《马克思恩格斯选集》第3卷，人民出版社1995年版，第365页。

物的反映，而不是把现实事物看作绝对概念的某一阶段的反映"①。恩格斯认为，把这种意识形态的颠倒再颠倒过来，概念辩证法就变成了现实世界的辩证运动的自觉反映。

然而，遗憾的是，在当时德国思想界，"这种意识形态的颠倒"仍有巨大的影响。这种颠倒不仅表现在一般哲学理论中，而且特别表现在关于社会历史的哲学理论中。

第一，现实世界是思维的产物。在《反杜林论》这部论战性的著作中，恩格斯批判了杜林关于数学、道德、宗教、暴力等各种问题上的唯心主义观点，指出：杜林的思想基础是以一般世界模式论的方式出现的先验主义。如果杜林用明确的哲学术语，而不是用玄妙的话来款待我们的话，"那么这种意识形态（die Ideologie）就昭然若揭了。企图以思维和存在的同一性去证明任何思维产物的现实性，这正是一个叫作黑格尔的人所说的最荒唐的热昏的胡话之一"②。

当杜林离开人和自然界来讨论思维，并把它作为全部现实世界的基础时，恩格斯写道："于是杜林先生就绝望地陷入使他以'模仿者'黑格尔的模仿者的面目出现的那种意识形态里（in eine Ideologie）……不言而喻，在这样的意识形态的基础上（auf so ideologischer Grundlage）是不可能建立任何唯物主义学说的。"③由于杜林像青年黑格尔主义者一样，把自己的全部学说都奠基在黑格尔的意识形态之上，所以从他开始从事哲学研究活动的时候起，他就迷失了方向。

第二，精神是历史发展的动力。恩格斯认为，旧唯物主义的历史观本质上是实用性的，"它按照行动的动机来判断一切，把历史人物分为

---

① 《马克思恩格斯选集》第 4 卷，人民出版社 1995 年版，第 243 页。

② 《马克思恩格斯选集》第 3 卷，人民出版社 1995 年版，第 382 页。中译文竟然把 die Ideologie 译为"他的思想体系"，显然不妥。恩格斯在本书中使用的 Ideologie 都用来指称黑格尔的哲学。〔K. Marx, F. Engels, *Ausgewählte Werke*（*Band 5*），Berlin：Dietz Verlag，1989，s. 50.〕

③ 《马克思恩格斯选集》第 3 卷，人民出版社 1995 年版，第 375 页。

君子和小人，并且照例认为君子是受骗者，而小人是得胜者。"①根据这种肤浅的见解，必然得出历史事件是受偶然性支配的结论。因为人们的动机或目的是预期的，但这些预期的东西在大多数场合下都是彼此冲突、互相矛盾，或者是一开始就注定实现不了的，或者是完全缺乏实现的手段的。这样一来，历史似乎成了一种任意的、偶然的事件的堆积，到处体现出来的是精神因素的冲突，是精神方面的动力，旧唯物主义者不愿去探索这些精神动力背后的动力是什么，不愿去探索隐藏在这些偶然性背后的必然性。黑格尔的历史哲学并不认为历史人物的表面动机和目的是历史事变的最终原因，认为这些动机后面还有应该加以探究的别的动力，"但是它不在历史本身中寻找这种动力，反而从外面，从哲学的意识形态（aus der philosophischen Ideologie）把这种动力输入历史"②。在恩格斯看来，历史发展的最后动因应当到使整个阶级行动起来的动因中去寻找，而这些动因的基础则是经济利益和经济关系。

第三，用头脑中臆造的联系取代现实的联系。恩格斯在批判自然哲学试图用幻想和想象来代替尚未知道的现实的联系后指出："在这里，历史哲学、法哲学、宗教哲学等等也都是以哲学家头脑中臆造的联系来代替应当在事变中去证实的现实的联系，把全部历史及其各个部分看作观念的逐渐实现，而且当然始终只是哲学家本人所喜爱的那些观念的逐渐实现。"③这样一来，历史就成了一种不自觉的，但必定是为了实现某种预定的理想目的而努力的事件的连续。比如，在黑格尔那里，达到绝对观念的坚定不移的意向构成了历史事变中的内在联系。于是，人们习惯用一种神秘的天意来代替现实的、尚未知道的联系。"因此，在这里也完全象在自然领域里一样，应该通过发现现实的联系来清除这种臆造的人为的联系。"④

---

① 《马克思恩格斯选集》第4卷，人民出版社1995年版，第248页。
② 同上书，第248—249页。
③ 同上书，第246页。
④ 同上书，第247页。

第四，用宗教的变迁来说明历史的转折。费尔巴哈认为，人类各个历史发展时期彼此借以区别的，仅仅是宗教的变迁。恩格斯批评了这种历史唯心主义的观点，强调一般的历史运动虽然或多或少地带有宗教的色彩，但绝不能由此而肤浅地断言，历史的转折是由宗教的变迁引起的，"中世纪的历史只知道一种形式的意识形态，即宗教和神学（die keine andere Form der Ideologie kannte als eben die Religion und Theologie）。但是到了 18 世纪，资产阶级已经强大得足以建立他们自己的、同他们的阶级地位相适应的意识形态（Ideologie）了，这时他们才进行了他们的伟大而彻底的革命——法国革命，而且仅仅诉诸法律的和政治的观念，只是在宗教挡住他们的道路时，他们才理会宗教；但是他们没有想到要用某种新的宗教来代替旧的宗教；大家知道，罗伯斯比尔在这方面曾遭受了怎样的失败"①。在马克思看来，宗教的变迁只是整个现实的历史运动中的从属的因素，绝不能像哲学家或历史编纂学家所想象的那样，把在以阶级对立和阶级统治为基础的社会里真正推动历史前进和转变的阶级冲突和阶级斗争的历史"变为教会史的单纯附属品"。② 这种以教会的历史或以神圣的天国的历史来说明以经济关系和阶级关系为基础的世俗的历史的做法，乃是意识形态的颠倒性的最典型的表现。实际上应该把这种颠倒重新再颠倒过来，用现实的历史的变迁来说明宗教的变迁。

2. 意识形态是"虚假的意识"

在《德意志意识形态》的"序言"中，马克思曾经说过："人们迄今总是为自己造出关于自己本身、关于自己是何物或应当成为何物的种种虚假观念（falsche Vorstellungen）。他们按照自己关于神、关于模范人等等观念来建立自己的关系。他们头脑的产物就统治他们，他们这些创造者就屈从于自己的创造物。"③众所周知，德语名词 Vorstellungen（这里为

---

① 《马克思恩格斯选集》第 4 卷，人民出版社 1995 年版，第 235 页。
② 同上书，第 236 页。
③ 《马克思恩格斯全集》第 3 卷，人民出版社 1960 年版，第 15 页。

复数形式)在汉语中可以译为"种种观念",也可以译为"种种表象"。马克思这段话的意思无非是:人们先是造出关于自身的种种虚假的观念或表象,即"神""模范人"等,然后又倒过来用这些"观念"或"表象"来说明自身的各种关系。在这段话中,虽然马克思未使用"意识形态"这一概念,但已表达出这样的意思,即意识形态本质上是"虚假的观念"。尽管马克思肯定"种种虚假观念"是人自己创造出来的,但他还没有深入地探讨人是如何自然而然地创造出这些观念来的。晚年恩格斯则进一步思索并探究了这一问题。

在 1893 年 7 月 14 日致弗兰茨·梅林的信中,恩格斯告诉我们:"意识形态(Die Ideologie)是由所谓的思想家通过、但是通过虚假的意识(mit einem falschen Bewusstsein)完成的过程。推动他的真正动力始终是他所不知道的,否则这就不是意识形态的过程(kein ideologischer prozess)了。因此,他想象出虚假的或表面的动力。"①在这里,恩格斯说意识形态是"虚假的意识",是不是意味着代表统治阶级利益的意识形态家故意编造一些谎言来欺骗人们呢? 从历史上看,这种可能性是存在的,但恩格斯在这里却并不是这个意思。

毋庸讳言,意识形态家创造意识形态的过程是一个有意识的或自觉的过程,但他在这样做的时候,又是从前人或同时代人留下来的纯粹的思维材料出发的。在通常的情况下,人的行动总是在理性和思维的基础上展开的,这就使他迷惑于这样的假象,即思维是任何行为的最终基础。由于他不懂得从根本上规约着思维及其发展的经济关系的作用,所以不管他自己愿意与否,他的思维活动的产物——意识形态必然会成为一种"虚假的意识",因为它不可能揭示出历史活动的真正的深藏着的动力,而仅仅满足于想象出虚假的表面的动力。所以,恩格斯在这里说的"虚假的意识",不是就意识形态家的主观愿望而言的,而是指意识形态在按照这样的方式被创造出来时的客观结果。

---

① 《马克思恩格斯选集》第 4 卷,人民出版社 1995 年版,第 726 页。

在致梅林的同一封信中，恩格斯还告诉我们，"正是国家制度、法的体系、各个不同领域的意识形态观念（der ideologischen Vorstellungen auf jedem Sondergebiet）的独立历史这种外观，首先迷惑了大多数人"①。而那些编纂政治史、法律史、哲学史和神学史的"历史的意识形态家"（der historische Ideolog）②也深受这种外表的蒙蔽，而他们自己又以同样的方式去蒙蔽别人。这样一来，意识形态所赖以活动和展开的纯粹思维和观念的过程就把真实的经济关系及这一关系对人们的思维活动的决定性的影响严严实实地遮蔽起来了。在恩格斯看来，只要意识形态家把意识或意识形态理解为具有自己独立历史的东西，他们编造出来的就永远是"虚假的意识"。在《路德维希·费尔巴哈和德国古典哲学的出路》这部重要的哲学著作中，恩格斯还深入地分析了政治、法律、哲学和宗教这几种主要的意识形式作为"虚假的意识"的产生过程。

恩格斯认为，国家乍看起来是独立的，但它的存在和发展归根结底应该从社会的经济生活条件中得到解释。国家一经产生，意识形态就在其内部发生并发展起来："在国家中，最初的支配人的意识形态力量（die erste ideologische Macht über den Menschen）出现在我们面前。"③恩格斯在这里说的"最初的支配人的意识形态的力量"是指他接下去论述到的"国家政权"（die Staatsgewalt）在政治意识中的反映或表现。国家政权作为社会创立的保护共同利益的机关，从诞生之时起对社会来说就是独立

---

① 《马克思恩格斯选集》第 4 卷，人民出版社 1995 年版，第 727 页。

② 同上书，第 726、727 页。中译本把 der historische Ideolog 译为"历史思想家"显然不妥，因为这样的译法没有考虑到 Ideolog 这个词在上下文中的特殊的含义，而把它与德语中常用的名词 Denker（思想家）简单地赞同起来了。此处按原意把 der historische Ideolog 译为"历史的意识形态家"。〔K. Marx, F. Engels, *Ausgewählte Werke*（*Band 6*），Berlin：Dietz Verlag, 1990, s. 597.〕

③ 《马克思恩格斯选集》第 4 卷，人民出版社 1995 年版，第 253 页。译文有改动：中译本把此句译为"国家作为第一个支配人的意识形态力量出现在我们面前"显然不妥，因为原文中的 im Staate 表明，"国家"在此处是作为状语，而不是作为主语出现的。故此处按德文原意重译。〔K. Marx, F. Engels, *Ausgewählte Werke*（*Band 6*），Berlin：Dietz Verlag, 1990, s. 308.〕

的，而且它越是成为某个阶级的机关，越是直接地实现这一阶级的统治，它就越独立。这种独立性在政治意识形态中不断地被强化，从而使它与经济基础的联系变得日益模糊起来。比如，许多历史学家在政治意识形式的支配下，几乎完全看不到政治斗争与经济事实的联系。在对罗马共和国内部斗争的古代史料的研究中，只有阿庇安一个人清楚地看到了政治斗争与争夺土地所有权之间的内在联系。

恩格斯接着分析道："但是，国家一旦成了对社会来说是独立的力量，马上就产生了一种更远的意识形态（eine weitere Ideologie）。这就是说，在职业政治家那里，在公法理论家和私法法学家那里，同经济事实的联系就完全消失了。"①如果说，恩格斯把前面提到过的"最初的支配人的意识形态力量"理解为政治意识形式的话，那么，"一种更远的意识形态"指的就是法的意识形式。而经济事实要取得法律上的承认，就必须在每一个个别场合下采取法律动机的形式。这样一来，法律形式就成了一切，而经济内容则什么也不是。尽管法的关系归根结底是由经济关系决定的，但法学家们总是倾向于把法看作是独立发展的领域，自觉或不自觉地掩蔽了它与经济事实之间的关系。

最后，恩格斯写道："更高的即更远离物质经济基础的意识形态（Noch höhere，d. h. noch mehr von der materiellen, ökonomischen Grundlage sich entfernende Ideologien），采取了哲学和宗教的形式。在这里，观念同自己的物质存在条件的联系，越来越错综复杂，越来越被一些中间环节弄模糊了。"②然而，在恩格斯看来，这种联系无疑仍然存在着。比如，从文艺复兴时代开始重新觉醒的哲学的内容本质上仅仅是那些和中

---

① 《马克思恩格斯选集》第4卷，人民出版社1995年版，第253页。译文有改动：中译本把 eine weitere Ideologie 译为"另外的意识形态"显然不妥，因为这种译法既未把不定冠词 eine 的含义翻译出来，也没有把 weitere（更远的）含义翻译出来。此处按恩格斯德文的原意重译，以便与恩格斯后面一段话中所说的"更高的即更远离物质经济基础的意识形态"对应起来。〔K. Marx, F. Engels, *Ausgewählte Werke* (*Band 6*)，Berlin：Dietz Verlag, 1990, s. 308.〕

② 《马克思恩格斯选集》第4卷，人民出版社1995年版，第253页。

小市民阶级发展为大资产阶级的过程相适应的思想的哲学表现。又如，18 世纪英国和法国的许多哲学家同时又是经济学家。在恩格斯看来，不管哲学家和神学家谈论的东西是多么离奇古怪，人们总可以在他们的思想背景中找到以十分隐蔽的方式发生作用的经济因素。这条规则是如此地百试不爽，我们不禁联想起雨果的《悲惨世界》中的狄涅主教的名言：金刚石是绝不至于腐烂的。

恩格斯认为，对于那些不理解或根本不愿意理解历史唯物主义理论的意识形态家来说，意识形态具有独立发展的历史乃是一个永恒的真理。事实上，只要他们还在崇拜这个真理，他们编造出来的意识形态就永远是虚假的。恩格斯说："人们头脑中发生的这一思想过程，归根到底是由人们的物质生活条件决定的，这一事实，对这些人来说必然是没有意识到的，否则，全部意识形态就完结了(sonst wäre es mit der ganzen Ideologie am Ende)。"① 在恩格斯看来，意识形态根本不可能有自己独立发展的历史，它的存在和发展始终是受物质生活条件制约的。一旦意识形态家接受了这一真理，作为"虚假的意识"的意识形态也就失去了自己存在的理由。然而，遗憾的是，他们根本不可能意识到这一真理，相反，他们永远把意识形态看作可以无限地向上叠加的精神之塔。正如席勒笔下的华伦斯坦夫人在批评自己的丈夫时所说的那样：

> 哦，我的丈夫！你总是在营造营造，
> 已经高出了云表，依然在想更高更高。
> 全不念到这狭隘的地基不能支持
> 那晕眩飘摇的营造。②

---

① 《马克思恩格斯选集》第 4 卷，人民出版社 1995 年版，第 254 页。
② [德]席勒：《华伦斯坦》，郭沫若译，人民文学出版社 1955 年版，第 317 页。

3. 关于意识形态的相对独立性的论述

在马克思和恩格斯创立的历史唯物主义理论产生了广泛的影响之后，有些意识形态家又走向另一个极端，即无限地夸大经济关系的作用，同时又完全否定思维、意识形态对历史现实的反作用。恩格斯在1893 年 7 月 14 日致弗兰茨·梅林的信中指出："与此有关的还有意识形态家们（Ideologen）的一个愚蠢观念，这就是：因为我们否认在历史上起作用的各种意识形态领域（den verschiednen ideologischen Sphären）有独立的历史发展，所以我们也否认它们对历史有任何影响。"①其实，马克思和恩格斯在肯定经济关系的根本性作用时，丝毫不否认意识形态对经济关系的反作用。他们反对的只是完全用思维本身来说明现实的历史唯心主义观点。

在 1890 年 9 月 21 日致约瑟夫·布洛赫的信中，恩格斯曾经指出："根据唯物史观，历史过程中的决定性因素归根到底是现实生活的生产和再生产。无论马克思或我都从来没有肯定过比这更多的东西。如果有人在这里加以歪曲，说经济因素是唯一决定性的因素，那么他就把这个命题变成毫无内容的、抽象的、荒诞无稽的空话。"②恩格斯承认，之所以会出现把经济因素看作是唯一决定性因素这种偏执的观点，他和马克思是有一定责任的：在刚创立历史唯物主义理论时，把探讨的重点放在从作为基础的经济事实中引申出政治观念、法权观念和其他思想观念，这样是正确的，但在这样做时，为了内容而忽略了形式方面，即忽略了用一定的篇幅来论述各种意识形式相互间的关系及它们对经济基础的反作用。于是，一些自以为领会了马克思学说的青年理论家则把历史唯物主义理论变成了一个套语，似乎根本不用去研究复杂的历史现象，只要用经济关系直接说明各种历史现象就行了。恩格斯认为，这种把历史唯

---

① 《马克思恩格斯选集》第 4 卷，人民出版社 1995 年版，第 728 页。中译本把 Ideologen 译为"思想家们"，不妥，此处按恩格斯原意译为"意识形态家们"。〔K. Marx, F. Engels, *Ausgewählte Werke* (*Band 6*), Berlin: Dietz Verlag, 1990, s. 597.〕

② 《马克思恩格斯选集》第 4 卷，人民出版社 1995 年版，第 695—696 页。

物主义理论形式化并刻板地、偏执地加以运用的倾向是完全不符合马克思的初衷的，因而是十分错误的。

举例来说，要从经济上说明每一个德国的诸侯国的过去和现在的存在，或者要从经济上说明那种把苏台德山至陶努斯山所形成的地理划分扩大为贯穿整个德国的真正裂痕的高地德语的音变的起源，那么要不闹笑话几乎是不可能的。恩格斯强调，虽然历史唯物主义理论承认经济状况是基础，但同时肯定，对历史斗争的进程发生影响并且在许多情况下决定着这一斗争形式的，还有上层建筑的各种因素，如阶级斗争等各种政治形式及其结果——获胜了的阶级建立的新宪法，各种政治的、法律的、哲学的、宗教的观念在实际斗争的参加者头脑中的反映。这里需要考虑的是一切因素的交互作用，而经济因素则在最根本的层次上发挥着作用。马克思在《经济学手稿(1857—1858 年)》中对意识形态的相对独立性的论述主要集中在艺术意识形式上的，而晚年恩格斯则对这个问题展开了全面的论述。恩格斯对意识形态的相对独立性的论述主要表现在以下四个方面。

其一，意识形态对经济基础的反作用。

在 1894 年 1 月 25 日致瓦·博尔吉乌斯的信中，恩格斯指出："政治、法、哲学、宗教、文学、艺术等等的发展是以经济发展为基础的。但是，它们又都互相作用并对经济基础发生作用。并非只有经济状况才是原因，才是积极的，其余一切都不过是消极的结果。这是在归根到底总是得到实现的经济必然性的基础上的互相作用。"①比如说，1648—1830 年德国经济的可怜的状况从根本上造成了德国资产阶级的软弱——先是表现为虔敬主义，后来又表现出多愁善感和对诸侯贵族的奴颜婢膝，而这些因素反过来又阻碍了德国经济的发展。

在恩格斯看来，意识形态对经济基础的反作用是不言而喻的，但不同的意识形态对经济基础的反作用又采用了不同的方式。一般来说，法

---

① 《马克思恩格斯选集》第 4 卷，人民出版社 1995 年版，第 732 页。

这种意识形式的反作用是比较直接的。在 1890 年 10 月 27 日致康拉德·施米特的信中，恩格斯这样写道："经济关系反映为法的原则，同样必然是一种头足倒置的反映。这种反映是在活动者没有意识到的情况下发生的；法学家以为他是凭着先验的原理来活动的，然而这只不过是经济的反映而已。这样一来，一切都头足倒置了。而这种颠倒——在它没有被认识以前构成我们称之为意识形态观点（ideologische Anschauung）的那种东西——又对经济基础发生反作用，并且能在某种限度内改变经济基础，我认为这是不言而喻的。"①与法的意识形式不同，宗教、哲学、文学、艺术等意识形式对经济基础的反作用则是比较间接的，常常通过好多中间环节发生作用。恩格斯告诉我们："至于那些更高地悬浮于空中的意识形态的领域（ideologischen Gebiete），即宗教、哲学等等……从事这些事情的人们又属于分工的特殊部门，并且认为自己是致力于一个独立的领域。只要他们形成社会分工之内的独立集团，他们的产物，包括他们的错误在内，就要反过来影响全部社会发展，甚至影响经济发展。"②从表面上看，它们似乎是完全独立的、与经济事实毫无关系的，但深入地分析下去，仍然可以窥见它们试图从哪个角度对经济生活发生影响和作用。

在充分肯定意识形态对经济基础的反作用的情况下，恩格斯也反复重申这种反作用并不是任意的，更不容许被无限地夸大，它是有严格的界限的：人们是在既定环境，即既定的现实关系的基础上创造自己的历史的，"在这些现实关系中，经济关系不管受到其他关系——政治的和意识形态的——多大影响，归根到底还是具有决定意义的，它构成一条贯穿始终的、唯一有助于理解的红线"③。恩格斯认为，马克思的《路易·波拿巴的雾月十八日》是运用历史唯物主义理论分析错综复杂的历史现象的光辉范例；恩格斯还批评德国出版物对经济史的不可原谅的忽

---

① 《马克思恩格斯选集》第 4 卷，人民出版社 1995 年版，第 702 页。
② 同上书，第 703 页。
③ 同上书，第 732 页。

略，批评那些追随德国社会民主党的青年人不愿下功夫去钻研经济学、经济学史、商业史、工业史、农业史和社会形态发展史，他说："但是我们的历史观首先是进行研究工作的指南，并不是按照黑格尔学派的方式构成体系的诀窍。必须重新研究全部历史，必须详细研究各种社会形态存在的条件，然后设法从这些条件中找出相应的政治、私法、美学、哲学、宗教等等的观点。"①也就是说，从总体上看，历史唯物主义理论所要反对的始终是从观念或概念出发来说明历史现实的意识形态神话，它主张，应当谨慎地阐明各种意识形式反作用于经济事实的界限，否则，在探讨各种因素的交互作用时我们仍然会迷失方向，退回到历史唯心主义的立场上去。

其二，意识形态同现有观念材料的结合。

在《路德维希·费尔巴哈和德国古典哲学的出路》一书中，恩格斯指出："任何意识形态（Jede Ideologie）一经产生，就同现有的观念材料相结合而发展起来，并对这些材料作进一步的加工；不然，它就不是意识形态（keine Ideologie）了，就是说，它就不是把思想当作独立地发展的、仅仅服从自身规律的独立存在的东西来对待了。"②恩格斯认为，意识形态同现有观念材料的结合会通过各种不同的方式表现出来。比如，哲学这种意识形式就与现有的自然科学的成就密切相关，甚至可以说，随着自然科学领域中每一划时代的发现，哲学上的唯物主义必定会改变自己的形式。18世纪的唯物主义之所以主要表现为机械唯物主义，因为那时在自然科学中达到某种完善地步的只有力学。又如，新的世界宗教——基督教就是从普遍化了的东方神学，特别是犹太神学和庸俗化了的古希腊哲学，尤其是斯多葛派哲学的混合中悄悄地产生的。到了中世纪，几乎所有的思想观念都打上了神学的烙印。正如恩格斯所指出的："中世纪把意识形态的其他一切形式（alle übrigen Formen

---

① 《马克思恩格斯选集》第4卷，人民出版社1995年版，第692页。
② 同上书，第254页。

der Ideologie)——哲学、政治、法学，都合并到神学中，使它们成为神学中的科目。"①尽管在不同的时代和社会历史条件下各种具体的意识形式之间的渗透和结合会采取不同的方式，但这种渗透和结合对于任何意识形态的存在和发展来说都具有普遍的意义。

其三，意识形态对传统的继承和选择。

在《路德维希·费尔巴哈和德国古典哲学的出路》一书中，恩格斯还强调："我们看到，宗教一旦形成，总要包含某些传统的材料，因为在一切意识形态领域内（auf allen ideologischen Gebieten）传统都是一种巨大的保守力量。但是，这些材料所发生的变化是由造成这种变化的人们的阶级关系即经济关系引起的。"②这段重要的论述包含着以下两层意思。

第一层意思是：任何意识形式都不可能是凭空产生的，它除了与现有的观念材料相结合外，还有一个对传统的继承问题。这在宗教这种特殊的意识形式上表现得尤为突出。比如在中世纪，传统的宗教观念的力量是如此之强大，以致要掀起巨大的风暴，就必须让群众的切身利益披上宗教的外衣出现。近代世界中市民阶级的兴起是以宗教改革的方式出现的，加尔文教派就为资产阶级的革命提供了"意识形态的外衣"③（das ideologische Kostüm）。到了 17 世纪后期，资产阶级的力量已非常强大，基督教已经踏进了最后的阶段，"此后，它已不能成为任何进步阶级的意向的意识形态外衣（ideologische Verkleidung）了"④。

第二层意思是：任何意识形态都不会对传统取照单全收的态度，一定的意识形态所代表的一定阶级的经济利益和政治利益决定着意识形态继承传统、改铸传统的方向。比如，恩格斯告诉我们，占有土地的容克弘扬的是天主教的耶稣会派或新教的正统派的宗教观念，激进的资产者则利用唯理派的宗教观念，等等。这充分表明，意识形态家们对任何传

① 《马克思恩格斯选集》第 4 卷，人民出版社 1995 年版，第 255 页。
② 同上书，第 257 页。
③ 同上书，第 256 页。
④ 同上书，第 256 页。

统观念的弘扬或贬斥都是受他们实际所处的经济地位的影响的。

其四，意识形态发展中的否定之否定规律。

如前所述，意识形态具有相对独立性。承认这一点，也就等于承认，意识形态具有相对独立的发展历史。那么，不同时代的意识形态的更替和发展是否服从某种规律呢？恩格斯的回答是肯定的，在他看来，这种规律就是否定之否定规律。在《反杜林论》中，恩格斯这样写道："否定的否定究竟是什么呢？它是自然、历史和思维的一个极其普遍的、因而极其广泛地起作用的、重要的发展规律。"①

在论述思维发展过程中的否定之否定规律时，恩格斯透彻地分析了哲学这种意识形式的发展史。他告诉我们："古希腊罗马的哲学是原始的自发的唯物主义。作为这样的唯物主义，它没有能力弄清思维对物质的关系。但是，弄清这个问题的必要性，引出了关于可以和肉体分开的灵魂的学说，然后引出了灵魂不死的论断，最后引出了一神教。这样，旧唯物主义就被唯心主义否定了。但是在哲学的进一步发展中，唯心主义也站不住脚了，它被现代唯物主义所否定。现代唯物主义，否定的否定，不是单纯地恢复旧唯物主义，而是把两千年来哲学和自然科学发展的全部思想内容以及这两千年的历史本身的全部思想内容加到旧唯物主义的永久性基础上。"②

在恩格斯看来，既然否定之否定是一个普遍的规律，所以，它不仅适用于哲学这一意识形式的发展，也适用于政治、法、伦理、宗教等所有其他的意识形式的发展。总之，适用于整个意识形态的相对独立的发展史。在对意识形态发展的否定之否定规律的论述中，恩格斯特别强调的是"辩证否定"的思想。他反复强调，辩证否定并不是简单地说不，并不是宣布某一事物不存在，或者用任何一种方法把它消灭掉，辩证否定乃是既有克服又有保留的"扬弃"（Abhebung）。

---

① 《马克思恩格斯选集》第 3 卷，人民出版社 1995 年版，第 484 页。
② 同上书，第 481 页。

恩格斯把否定之否定规律，特别是"扬弃"的概念引入意识形态研究中，无疑是对马克思意识形态批判学说的一个重大的贡献。马克思的划时代的功绩是开辟出历史唯物主义的地平线，站在这条地平线上来观察一切意识形态。于是，意识形态统治世界的假象便被揭穿了。当然，在马克思和恩格斯跨出了这决定性的一步之后，还有许多工作要做。特别需要指出的是，意识形态不是社会生活的消极分泌物，它也对社会生活产生重大的反作用，它也有自己相对独立的发展历史，因而对任何意识形态的批判都不能取全盘否定的简单态度，而要取辩证否定的态度。马克思和恩格斯对德国古典哲学、英国古典政治经济学、法国空想社会主义学说和英、美、法、俄人类学的批判便是典型的例子。

　　综上所述，在马克思意识形态学说发展的第三个阶段上，经过马克思和恩格斯的共同努力，意识形态批判的视野大大地被拓展了。值得一提的是，在这个阶段中，恩格斯的重要贡献是不可磨灭的，尤其是通过对机械唯物主义思想方法的批判，恩格斯完整地表述了马克思主义的整个意识形态学说，全面地论述了意识形态的相对独立性问题，从而捍卫并发展了马克思的历史唯物主义理论和意识形态学说的纯洁性，为马克思主义意识形态学说在新的历史条件下的发展和传播打下了坚实的基础。

第四章 马克思意识形态学说论析

在上一章中，我们按照历史发展的线索探讨了马克思早期、中期和晚期的意识形态学说，论述了马克思在不同历史时期对意识形态问题所作的新的思考，也论述了恩格斯对马克思意识形态学说的继承、捍卫和发展，特别是恩格斯关于意识形态相对独立性的论述，使马克思的意识形态学说得到了完整的、辩证的表达，从而既回答了来自历史唯心主义方面的挑战，又回答了来自机械唯物主义方面的挑战。在本章中，我们的主要任务是对马克思的意识形态概念的含义、基本特征、"虚假的意识"的问题、意识形态学说在马克思全部哲学思想中的地位和作用等问题，做一个理论上的、总体性的考察。

第一节 意识形态概念刍议

马克思究竟是如何定义"意识形态"这一概念的呢？如前所述，马克思描述过"一般意识形态"和"德意志意识形态"的特征，揭示过意识形态的本质，却从未给意识形态下过一个明确的定义。下面，我们根据前面对马克思意识形态学说的理解，对马克思的意识形态概念的定义、特征及意识形态在整个社会结构中的地位和功能作一概要的考察和阐释。在这样做之前，我们有必要先探讨一下我们经常遇到的三个概念——意识、社会意识和意识形态之间的区别和联系。

我们先来看"意识"（Bewusstsein）和"社会意识"（gesellschafliches Bewusstsein）这两个概念之间的关系。众所周知，在苏联、东欧和中国的马克思主义哲学教科书中，"意识"概念通常出现在"辩证唯物主义"部分，它被视为高度发展的物质——人脑的产物，是对"存在"的反映。与此不同的是，"社会意识"的概念通常出现在"历史唯物主义"部分，它被视为对"社会存在"的反映。比如，艾思奇认为，"社会意识是对社会存在的反映，是人们对于自己周围环境、社会关系、社会过程的认识"[①]。

按照这样的叙述方式，"意识"与"社会意识"的概念是不同的，"意识"是对整个"存在"的反映，"社会意识"则是对整个"社会存在"的反映。然而，正如"社会存在"只是"存在"的一部分一样，"社会意识"也只是"意识"的一部分。假如说，"存在－社会存在＝自然存在"还说得通的话，那么，"意识－社会意识＝自然意识"却是无法成立的。因为世界上并不存在非社会的"自然意识"。

在马克思看来，即使是自然科学家关于自然界的知识，本质上也是"社会意识"。在《1844年经济学哲学手稿》中，马克思曾经写道："甚至当我从事科学之类的活动，即从事一种我只是在很少情况下才能同别人直接交往的活动的时候，我也是社会的，因为我是作为人活动的。不仅我的活动所需的材料，甚至思想家用来进行活动的语言本身，都是作为社会的产品给予我的，而且我本身的存在就是社会的活动；因此，我从自身所做出的东西，是我从自身为社会做出的，并且意识到我自己是社会的存在物（gesellschaftliches Wesen）。我的普遍意识（Mein allgemeines Bewusstsein）不过是以现实共同体、社会存在物为生动形式的那个东西

---

① 艾思奇：《辩证唯物主义 历史唯物主义》，人民出版社1978年版，第310页。

的理论形式，而在今天，普遍意识是现实生活的抽象，并且作为这样的抽象是与现实生活相敌对的。因此，我的普遍意识的活动本身也是我作为社会存在物的理论定在（mein theoretisches Dasein）。"①而且甚至也不存在非社会的"意识"。在《德意志意识形态》中，马克思明确地告诉我们："意识一开始就是社会的产物，而且只要人们还存在着，它就仍然是这种产物。"②这就启示我们，把"意识"与"社会意识"分置于"辩证唯物主义"和"历史唯物主义"两个部分中的做法是根本站不住脚的。这种分置试图造成这样的假象，即世界上存在着非"社会意识"的"意识"。既然马克思告诉我们，"意识一开始就是社会的产物"，即"意识"就是"社会意识"，所以，在"社会意识"之外，根本就无法再使用"意识"概念，除非把"意识"作为"社会意识"的代名词。

由此可见，一切"意识"都是"社会意识"，世界上根本就不存在"社会意识"之外的任何其他意识。苏联、东欧和中国的马克思主义哲学教科书在"社会意识"概念（属于历史唯物主义范围）之外再使用"意识"概念（属于辩证唯物主义范围），根本上就是不合法的，因为这种使用方法完全违反了马克思的本意。

如果我们同意上述分析的话，那么"意识"与"社会意识"就成了同一个概念。这一点甚至像列维·布留尔这样的法国人类学家也已经看得非常清楚了。在《原始思维》一书中，他这样写道："不论我们上溯到过去多么远，不论我们所考察的民族多么原始，我们处处都只能遇到社会化了的意识。"③也就是说，意识不管是以自然界还是以社会作对象，本质上都是社会意识，是作为社会存在物的人的理论定在。

我们再来看"社会意识"与"意识形态"这两个概念之间的关系。毋庸

---

① 《马克思恩格斯全集》第42卷，人民出版社1979年版，第122页，中译文将 Dasein 译为"存在"不妥，此处按原意译为"定在"。（Karl Marx, *Pariser Manuskripte*, Westberlin: Das europäische Buch Verlag, 1987, s. 84.）

② 《马克思恩格斯全集》第3卷，人民出版社1960年版，第34页。

③ ［法］列维-布留尔：《原始思维》，丁由译，商务印书馆1981年版，第16页。

讳言，我们可以说，"意识形态"是"社会意识"，但却不能倒过来说，"社会意识"就是"意识形态"，原因如下。第一，按照马克思的观点，"意识形态"只存在于有阶级冲突的社会形态中，而"社会意识"则指涉一切社会形态的意识。比如，我们可以称原始人的"自然宗教"为"社会意识"，却不能称其为"意识形态"，因为在原始社会中，阶级和阶级冲突都还未存在，因而"意识形态"也不可能存在；第二，在马克思那里，"意识形态"是一个贬义的概念，而"社会意识"则是一个中性的、描述性的概念；第三，对于马克思来说，"社会意识"的含义比"意识形态"的含义更丰富。众所周知，虽然"科学"不属于"意识形态"，但它却是"社会意识"的一部分。在这个意义上可以说，社会意识＞意识形态。

在弄清楚意识、社会意识与意识形态三个概念的关系后，还有必要论述一下"意识形态"（Ideologie）与"意识形式"（Bewusstseinsform/die Gestalt des Bewusstseins/die Gestaltung des Bewusstseins）这两个概念之间的关系。应该看到，不少论著对这两个概念的区分是不严格的。比如，黑格尔《精神现象学》中的概念 die Gestalten des Bewusstseins 或 die Gestaltungen des Bewusstseins，中文均译为"意识形态"或"意识的诸形态"；又如，马克思在《共产党宣言》里使用的概念 Bewusstseinsformen，中文也译为"意识形态"。确实，德语词 Gestalt、Gestaltung 和 Form 在中文中既可译为"形式"也可译为"形态"。严格来说，只应该将 Ideologie 译为"意识形态"，上面列举的三个词应该译为"意识形式"。总之，"意识形态"是一个总体性的概念，是由各种"意识形式"——哲学、宗教、伦理、政治、法律等构成的有机整体。事实上，马克思和恩格斯正是按照这样的方式来理解意识形态和意识形式之间的关系的。

现在我们进一步来探讨意识形态概念的含义。当代学者雷蒙·盖斯（Raymond Geuss）区分了三种不同的意识形态概念：一是"描述意义上的意识形态"（ideology in the descriptive sense），即在分析某一社会总体结构时，只限于指出意识形态是这一总体结构的一部分，不引入某种价值观来批评或赞扬这种意识形态，即只作中性的、客观的描述，不作带有任何主观意向的评论；二是"贬义的意识形态"(ideology in the pejorative sense)，也可称为"否定性的意识形态"，即承认意识形态的存在，但对它的内容和价值却采取否定的态度，认定它不可能正确地反映社会存在，而只能曲解社会存在，掩蔽社会存在的本质。凡是从这一角度去理解意识形态的人，必然对意识形态取批判的态度；三是"肯定意义的意识形态"(ideology in the positive sense)，即不光承认意识形态的存在，而且对它的内容和价值采取肯定的态度，认定它能客观地反映社会存在的本质。① 那么，马克思的意识形态概念究竟属于哪一种呢？

埃利希·哈恩(Erich Hahn)在1964年发表的那篇题为《马克思主义和意识形态》的有影响的论文中，对马克思的意识形态概念的含义作了如下的说明："意识形态这一概念或术语很可能在双重含义上被运用：一方面，它被马克思和恩格斯具体地理解为虚假的意识的标志；另一方面，在马克思主义和其他一些人的文献中，它主要是作为一个阶级的社会意识的总体概念而出现的。"②民主德国哲学家格奥尔格·克劳斯(Georg. Klaus)主编的《马克思主义-列宁主义哲学词典》则认为，"马克思和恩格斯在历史唯物主义的基础之上提出了科学的意识形态的概念，并把社会意识理解为社会存在的反映。他们达到了这样的认识，即在阶级社会中意识形态是一个确定阶级的社会观念的总体，意识形态所表达的是这一阶级的历史-社会状况和利益，也就是说，在阶级社会中意识形态具有阶级特征。"③罗兹(P. C. Ludz)在《意识形态概念和马克思的理论》一书中认为："马克思已经把意识形态理解为'虚假的意识'，也理解为'形而上学'和'宗教'的整个'上层建筑'。"④在上面列举的三种对马克思

---

① R. Geuss, *The Idea of A Critical Theory*，Cambridge：Cambridge University Press，1981，pp. 4，12，22.

② Kurt Lenk (Hg.)，*Ideologie*，Frankfurt：Campus Verlag，1975，s. 126.

③ G. Klaus（Hg.），*Marxistisch-leninistisches Wörterbuch der Philosophie*（Band 2），Leipzig：Enzyklopädie Verlag，1977，s. 546.

④ P. C. Ludz，*Ideologiebegriff und marxistische Theorie*，Koln and Opladin：Westdentscher Verlag，1977，s. 20.

的意识形态定义的不同理解中可以看出，哈恩和罗兹都把马克思的意识形态概念首先理解为否定意义上的概念，这可以说是把握了马克思的这一概念的真谛，但简单地把意识形态称为"虚假的意识"又会引起种种误解：如意识形态是纯属虚构的东西吗？它是人们故意编造的谎言，还是不自觉地编造出来的错误的观念？克劳斯则在这里把马克思的意识形态概念理解为一个描述性的概念。其实，哈恩和罗兹也都认为，马克思意识形态概念的第二方面的含义是指某一阶级的社会意识的总体，因而是一个描述性的概念。

总的来看，把马克思的意识形态概念理解为否定性的概念，可以说是抓住了马克思意识形态概念的根本倾向。在马克思和恩格斯看来，意识形态本质上是编造幻想、掩蔽现实关系的精神力量，是对社会现实的颠倒的、神秘的反映。当然，马克思和恩格斯偶尔也以描述性的口吻谈到意识形态，但从他们思想的整个背景上来看，他们始终是把意识形态当作否定性概念来对待的。

根据笔者的看法，马克思的意识形态概念可以定义如下：在阶级社会中，适合一定的经济基础以及竖立在这一基础之上的法律的和政治的上层建筑而形成的，代表统治阶级根本利益的情感、表象和观念的总和，其根本的特征是自觉或不自觉地用幻想的联系来取代并掩蔽现实的联系。这样的定义在文字上虽然稍显冗长，但是比起"虚假的意识""观念的上层建筑"等过于简单的定义来说，具有明显的优点。

当然，要用上述定义来概括马克思意识形态学说的全部内涵也是不可能的。为此，有必要进一步探讨马克思意识形态概念的主要特征。笔者认为，这些特征可以概括如下。

一是实践性。

说意识形态具有实践性，这里有两层意思。第一层意思是：意识形态并不是纯粹空洞的东西，它具有意向性，即它总是指向现实的。正如马克思所指出的，意识在任何时候都只能是被意识到了的存在，而人们的存在就是他们的实际生活过程。人们在社会生活中形成的意识形态观念，不论是关于他们同自然界之间的关系的观念，还是关于他们之间的关系的观念，或关于他们自己的肉体组织的观念，都是他们的现实活动和现实关系的有意识的表现，不管这种表现是真实的还是虚幻的，这些观念总是指向现实的，总是有自己特定的社会内容的。马克思说意识形态没有历史，强调的也正是它对社会生活的意向性和依赖性。社会生活改变了，意识形态也会或快或慢地改变自己，根本不存在黑格尔和青年黑格尔主义者所主张的意识的独立发展的历史或精神的自我展开的历史。第二层意思是：人们之所以接受意识形态的教化，努力与意识形态认同，正是出于实践的目的。意识形态并不是闲来无事的诗词，并不是一经掌握就可以束之高阁的东西，而是人们进入社会、在社会中维持自己生存和各种实际活动的实用证书。意识形态在本质上是实践的，或者换句话说，实践性乃是任何意识形态的基本特征和功能。一个试图逃避意识形态教化的人只可能是自然存在物，而不可能是社会存在物。① 也就是说，与一种意识形态认同正是人们在任何特定的社会中从事任何实践活动的前提。在这个意义上，并且仅仅在这个意义上，我们也可以把人理解为意识形态动物或意识形态存在物。

二是总体性。

在写作《德意志意识形态》前，马克思曾从政治、法律、法哲学、宗教、哲学、文学、艺术、伦理、经济等不同的角度批判过德国社会及其

---

① 明代思想家李贽倡"童心"说，尝言："夫童心者，绝假纯真，最初一念之本心也。"（《焚书》）他认为人正是在教化中失去"童心"的。虽然他的"童心"说在批判传统思想上具有积极意义，但他并不懂得，人只有失去"童心"，通过教化与意识形态认同，才可能进入一个社会，并在这个社会中生活。黑格尔在《精神现象学》中非常透彻地阐明了这个道理。当然，要回复到"童心"状态，恢复自我的本性，就需要对自己置身于其中的意识形态进行深刻的反思和批判。而这种批判要成为可能，就需要接受新思想。实际上，这里有三个"自我"：第一个自我，即原初的、拥有"童心"的自我；第二个自我，即在意识形态的教化中形成的、异化了的自我；第三个自我，即在接受或萌发出新思想的过程中形成的新的自我。我们通常所说的"自我反思"，实际上是第三个自我对第二个自我和第一个自我的反思。如果只有一个自我，而这个自我的想法又从来没有改变过，那么，这个自我是不可能进入反思状态的，因为它缺乏进行反思的必要条件。

相应的各种意识形式。尽管这些批判在各自的领域里都是异常深刻的，但它们表明，马克思还没有深入思考这些被批判的不同意识之间的内在联系，还没有从整体上把握德国的思想状况及其实质。《德意志意识形态》的写作、意识形态概念的创制和运用，表明马克思的思想经历了一个重大的飞跃。应该说，这一飞跃和历史唯物主义理论的初步表述是同步进行的。由于马克思发现物质资料的生产过程是人类历史的最基本的过程，这样一来，他就获得了一个考察意识的各种不同的形式之间的内在联系的参照系。我们在这里看到的是一种交互关系：一方面，对意识的各种不同形式的批判是导致历史唯物主义理论创立的基本契机之一；另一方面，历史唯物主义理论的创立又使马克思的批判理论从局部上升到总体。也就是说，马克思形成了意识形态批判理论，即从总体上批判社会意识（不包括"科学"这样的意识形态）的理论。

在马克思和恩格斯看来，意识形态是由各种具体的意识形式——政治思想、法律思想、经济思想、社会思想、教育、伦理、艺术、宗教、哲学等构成的有机的思想体系。这里之所以使用"有机的"这个形容词是为了说明，马克思和恩格斯理解的意识形态并不是各种具体的意识形式的机械的总和，而是一个有一定结构的、有活力的总体。根据马克思和恩格斯的观点，从各种意识形式和经济基础关系的远近来看，意识形态作为总体大致上可以划分为以下三个层次。

第一层次：政治思想、法律思想、经济思想。这三种意识形式以最直接的方式反映经济基础，它们之间也以最密切的关系相互发生影响。马克思在批判资本主义社会的意识形态时，之所以把主要矛头对准政治经济学以及直接维护经济关系的法的思想，目的正是为了揭明这一意识形态总体的基础部分。

第二层次：社会思想、教育、伦理、艺术。这四种意识形式离经济基础较远，但对人们日常生活的影响是非常之大的，尤其是伦理思想，对人们的行为方式和性格的形成起着举足轻重的作用。这是意识形态总体的中间部分。

第三层次：哲学、宗教。这是两种离经济基础最远的意识形式，但它们在意识形态总体中的作用却并不因此而稍减。比较起来，宗教更贴近人们的日常生活，影响人们的信仰和行为；哲学虽然是十分抽象的，但它是以世界、社会和生活的本质作为研究对象的，它是整个意识形态的灵魂。比如，马克思在批判以青年黑格尔派为代表的德意志意识形态、恩格斯在批判杜林的种种意识形态谬见时，都揭露了它们的共同的思想根源——黑格尔哲学。

在意识形态的总体中，这三个层次的各种意识形式都是紧密联系在一起的，它们共同与经济基础发生交互作用。

三是阶级性。

马克思刚提出意识形态概念时，就已深刻地揭示了它与统治阶级之间的内在联系。马克思告诉我们，统治阶级的思想在每一个时代都是占统治地位的思想。支配着物质生产资料的阶级，同时也支配着精神生产的资料，并调节着自己时代的思想的生产和分配。马克思还指出，随着精神劳动和物质劳动的分工形式出现在统治阶级内部，统治阶级中有一部分人是作为该阶级的思想家，尤其是意识形态家而出现的，他们把编造统治阶级关于自身的幻想当作谋生的主要源泉。在《经济学手稿（1861—1863年）》中，马克思进一步明确地把这部分人称为"意识形态阶层"。

在这里，马克思不仅揭示了意识形态的阶级属性，而且揭示了使这一属性成为可能的两个基本条件。一是意识形态的物质载体的问题。机械唯物主义者把意识形态作为纯粹精神的东西与物质的东西相对立，显然是十分幼稚的。诚然，意识形态在内容上是精神的，在形式上却通常是以物质的方式表现出来的。比如，没有印刷机和纸张，就不可能有现代意义上的报纸、书刊；又如，没有教堂，宗教意识的生存、发展和传播就会变得非常困难；再如，没有学校，大规模的社会教育也是根本不可能的。二是从事意识形态生产和分配的"意识形态阶层"。这里指的当然不是印刷工人、管教堂或管学校的工人，而是统治阶级内部或依附于统治阶级的意识形态家。没有这些意识形态家，也就不可能生产出契合统治阶级根本利益的意识形态。在讨论意识形态的阶级性时，我们必须注意到下面五个问题。

第一，意识形态所维护的是统治阶级的根本利益，而不是每一个细小的、具体的利益。在马克思看来，统治阶级内部的意识形态阶层和从事实际管理的阶层常常会发生冲突，甚至发展为这两部分人之间在某种程度上的对立和敌视，但当统治阶级本身的存在受到威胁时，它们立即就会联合起来。

第二，当社会是由几个阶级联合进行统治时，意识形态将契合联合统治的根本利益。马克思举例说，当某个时期王权、贵族和资产阶级争夺统治时，当时的意识形态就会把分权学说当作永恒规律来谈论。

第三，意识形态只能用来指称阶级社会中的意识的总体，不应当超出阶级社会的范围来使用这一概念。伯恩施坦关于"原始民族的意识形态（迷信）"①的提法显然是不符合马克思关于意识形态的阶级性的论述的。在马克思看来，在尚未出现精神劳动和物质劳动分工的原始民族中，只存在纯粹动物式的宗教——自然宗教，而根本不存在意识形态。

第四，在阶级社会里，不存在超越某一阶级或某些阶级的根本利益的意识形态。意识形态是由意识形态家"编造"出来的，既然意识形态家的生存总是从属于一定的阶级的，因而不存在超阶级倾向的意识形态。

第五，一般来说，被统治阶级不可能有自己的完整的思想体系，它们总是被同化在统治阶级的意识形态中。一方面，正如马克思指出的："一切先前的所有制形式都使人类较大部分，奴隶，注定成为纯粹的劳动工具。历史的发展、政治的发展、艺术、科学等等是在这些人之上的上层社会内实现的。但是，只有资本才掌握历史的进步来为财富服务。"②在资本主义社会内，各种意识形式不仅是资产阶级中的意识形态

---

① ［德］爱德华·伯恩施坦：《社会主义的前提和社会民主党的任务》，殷叙彝译，生活·读书·新知三联书店1965年版，第56页。

② 《马克思恩格斯全集》第46卷（下），人民出版社1980年版，第88页。

阶层创造的，而且使之服务于财富的积累。也就是说，由于被统治阶级不占有物质生产资料和精神生产资料，因此，在一般情况下，它们不可能参与各种意识形式的创造；另外，被统治阶级的成员从出生时起，就处在统治阶级的意识形态的教化下，很难从这种意识形态的影响下摆脱出来。只有在统治阶级本身的统治已处于危机时，从统治阶级中分化出来的某些知识分子才可能为被统治阶级创造出比较完整的思想体系，并用这种思想体系去取代统治阶级的意识形态。也就是说，只有在不同社会形态的更替时期，希望夺取政权的被统治阶级才可能拥有相对完整的思想体系，从而从旧的、统治阶级的意识形态中解放出来。而某个被统治阶级一旦在革命斗争中转化为统治阶级，它原先拥有的思想体系也就转化为意识形态。在通常的情况下，被统治阶级是不可能拥有意识形态的，只能说它们拥有自己的观念（不完整）或思想体系（相对完整），而这些观念或思想体系不过是民间意识而已。也就是说，只有统治阶级的思想体系能够被称为意识形态。

四是掩蔽性。

马克思的意识形态概念之所以是一个否定性的概念，是因为马克思通过对种种传统的意识形态的分析，认定它们的一个根本特征是用神秘的、扭曲的方式去反映现实世界。也就是说，意识形态与现实的关系不是一种真实的、相契合的关系，而是一种不真实的、掩蔽的关系。一言以蔽之，意识形态作为一种完整的理论形式，其目的不是揭示现实生活的真相，而是竭力把这种真相掩蔽起来，以维护它所支持的统治阶级的统治。

意识形态的悖论在于，它既要说出它所代表的统治阶级的根本利益，宣布这种利益是神圣不可侵犯的，又要竭力掩蔽这种根本利益，把人们的注意力转向细节或其他问题上。也就是说，意识形态不光要求人们记住什么，也要求人们忘记什么；不光为人们的思想提供可靠确定的领域，也为他们的思想划出不能擅入的禁区；不光使人们获得教养，也使他们失去自我；不光使人们在某些方面获得判断力，也使他们在另一些方面丧失判断力；等等。总之，意识形态既要让人们知道它愿意让他们知道的东西，又要使人们不知道它不愿意让他们知道的东西。

在诸多意识形式中，经济思想、法律思想、政治思想这三种意识形式与伦理、艺术、宗教、哲学等意识形式相比，其掩蔽性要相对地弱一些，因为这三种意识形式都直接反映现实的经济关系，统治阶级不得不通过这三种意识形式说出自己必须说出来的东西，当然这里也有障眼法，那就是通过一些抽象的、普遍的概念去表达和辩护一部分人（统治阶级成员）的特殊利益。凭借这种语言上的技巧，意识形态在说出它所代表的统治阶级的根本利益时，同时又竭力把它掩蔽起来。语言真是一种神奇的东西，真是意识形态悖论的真正的避难所。有趣的是，人们从来都乐意把语言看作表达思想的工具，然而，他们完全忘记了，语言也是阻碍思想交流的工具。比起这三种意识形式来，其他意识形式由于远离经济关系，它们的掩蔽性显得更为突出，尤其是在宗教的彼岸世界和哲学形而上学的幻境中，现实世界似乎退到无限远处去了。置身于现实世界中而又竭力忘记现实世界，难道这不正是意识形态本身颁布的"绝对命令"吗？

正因为掩蔽性是意识形态的基本特征之一，所以，马克思和恩格斯都主张通过批判，去意识形态之蔽，从而认识现实世界的真相。关于这方面的问题，我们将在下一章中详加论述。

五是相对独立性。

意识形态的这一特征是相对于经济关系而言的。恩格斯把经济关系看作是一条中轴线，认为意识形态的发展归根结底是围绕这一中轴线而波动的。但是，意识形态并不是经济关系的消极的伴生物，它是整个社会生活中的一个能动的组成部分，它不仅给予经济关系以巨大的反作用，而且表明自己具有相对独立性。意识形态的相对独立性主要表现在以下五个方面。

其一，滞后性。这里有两层意思：一层意思是，意识形态作为对社会存在的反映，在一般情况下总是落后于社会存在的，社会存在即人们的生活过程总是处于不断的发展和变化中，而意识形态一经形成就具有相对稳定性，直到社会存在发生根本性的改变时，意识形态才会或迟或早地发生剧烈的变化；另一层意思是，当旧的意识形态赖以存在的经济基础灭亡之后，其中的某些因素作为"遗迹"还会在新的意识形态中长期保留下去，这些"遗迹"之所以能见容于新的不同的意识形态，是因为它们不可能对新的意识形态的根本精神构成损害。总之，与日新月异地变化着的生活比较起来，意识形态从全局上看永远是一种相对保守的精神力量。

其二，不平衡性。意识形态的繁荣或衰弱并不是与经济基础的发展或瓦解一一对应的。在有的情况下，经济上落后的国家在意识形态上却能演奏第一小提琴；在另外的情况下，经济上衰退的时代又会伴随着意识形态上的繁荣。比如，18世纪的法国在经济上落后于英国，在哲学上却比英国更辉煌；19世纪的德国在经济上落后于英国和法国，在哲学上却远胜于英国和法国；另外，古希腊哲学的繁荣期又与城邦奴隶制的经济生活的衰退交织在一起。充分认识意识形态发展与经济生活发展之间的不平衡性，就能避免用机械唯物论的态度去对待马克思的历史唯物主义理论和意识形态学说。

其三，继承性。任何意识形态都不是凭空地形成的，意识形态在诞生时，总会从传统的"武库"中择取某些和自己的价值取向相一致的观念材料，以便借着已死先辈的服装和口号，来演出世界历史的新场面。一方面，意识形态从统治阶级的根本利益出发，选择传统，改铸传统；另一方面，传统也在不断更新着的意识形态中得到保存和延续。

其四，相关性。各种意识形式并不是孤立地向前发展的。它们在发展中既相互渗透、甚至相互融合，又相互排斥，甚至相互冲突。不了解各种意识形式之间的这种相关性，就不可能真正懂得任何一种意识形式。同样地，不同国家的意识形态之间也存在着这种相关性。事实上，正是这种相关性为意识形态的发展开拓出广阔的前景。

其五，先导性。在社会历史急剧变化的时期，新的宗教、哲学、艺术等意识形式常常充当革命的先导，从而给予经济关系、政治关系和社会生活以深刻的影响。恩格斯认为，18 世纪的法国哲学和 19 世纪的德国哲学都起着这样的先导作用。海涅在提到法国革命者的时候说："记住吧，你们这些骄傲的行动者！你们不过是思想家们不自觉的助手而已。这些思想家们往往在最谦逊的宁静之中向你们极其明确地预示了你们的一切行动。马克西米安·罗伯斯庇尔不过是卢梭的手而已，一只从时代的母胎中取出一个躯体的血手，但这个躯体的灵魂却是卢梭创造的。"①哲学这种意识形式是这样，其他意识形式也是这样。这充分表明，意识形态并不是完全消极的、被动的东西。如果说，旧的意识形态对社会发展和变革起着阻碍和滞后的作用，那么，新的意识形态则会成长为新的经济关系、社会关系和政治关系的先导。

在论述了意识形态的基本特征之后，我们再来看意识形态在整个社会结构中的位置和功能。根据马克思在《德意志意识形态》和《〈政治经济学批判〉序言》中关于历史唯物主义理论的经典性表述，社会结构主要是由以下四大因素构成的：社会生产—经济基础（相当于市民社会）—法律的和政治的上层建筑（相当于政治社会或国家）—意识形态。这一结构表明，对于任何存在着阶级和阶级冲突的社会来说，意识形态都是整个社会结构的一个不可或缺的组成部分。实际上，社会再生产的过程也就是经济关系、国家关系和意识形态关系再生产的过程。在社会总体中，先进的意识形态推动社会向前发展，落后的乃至反动的意识形态则阻碍社会向前发展。当不同的意识形态共居于一个社会总体内部时，必然会发生各种冲突，而经济冲突、政治冲突和意识形态冲突作为阶级斗争的主要表现形式，乃是有阶级和阶级冲突存在的社会向前发展的根本动力。

后来，作为西方马克思主义思潮的创始人之一，葛兰西对西方工业社会的总体结构作出了新的理解，提出了"社会生产—经济基础—市民社会（意识形态和文化领域）—政治社会（国家）"的新模式，从而进一步

---

① 张玉书编选：《海涅选集》，人民文学出版社 1983 年版，第 291 页。

肯定了意识形态批判和意识形态-文化领导权在西方工业社会革命中的决定性作用。

第二节　"虚假的意识"问题

在马克思的意识形态学说中，"虚假的意识"问题是一个最有争议的问题。有人认为，所谓"意识形态"就是"虚假的意识"。按照这种观点，统治阶级是故意编写谎言来欺骗人民群众的。在意识形态的某些方面，我们当然不能完全否认这种可能性的存在，柏拉图甚至还在《理想国》中专门从哲学上来论证城邦首领在必要的时候可以欺骗人民。然而，值得注意的是，马克思和恩格斯并不是从这样的角度出发来讨论"虚假的意识"问题的。在他们看来，如果意识形态全都是统治阶级挖空心思地编造出来的谎言，那它就是一触即溃的，根本不可能成长为长时期支配人们思想的精神力量。也有人认为，"虚假的意识"主要是针对统治阶级的阶级属性而言的。统治阶级为了维护自己的根本利益，总要自觉或不自觉地掩盖事实的真相，因而他们通过意识形态表述的观点必然是虚假的。这种见解在一定程度上揭示了"虚假的意识"的阶级根源，但它也不符合马克思和恩格斯的原意。事实上，他们主要是从认识根源上来论证意识形态必然成为"虚假的意识"的。为了澄清马克思和恩格斯的基本态度，我们将从以下三个方面来论述"虚假的意识"问题。

一、"虚假的意识"源于对思维的独立性的崇拜

我们这里所说的"思维的独立性"究竟是指什么呢？那就是把思维和观念的发展看作是可与其他种种关系分离的纯粹独立的过程。如前所述，意识形态家在创造意识形态时，并不知道推动他这样做的真正的动力是什么，他只能从他所接触的思维材料中想象出他这样做的动力，而这种动力不过是虚假的或表面的动力，因为"他只和思想材料打交道，他毫不迟疑地认为这种材料是由思维产生的，而不去进一步研究这些材料

的较远的、不从属于思维的根源。而且他认为这是不言而喻的，因为在他看来，一切行动既然都是以思维为中介，最终似乎都以思维为基础"①。

在马克思主义创始人看来，思维和观念不但不是第一性的东西，而且也不是独立的、自足的东西。马克思说："观念的东西不外是移入人的头脑并在人的头脑中改造过的物质的东西而已。"②人的思维和观念是在人的物质实践活动的基础上产生并发展起来的，而且唯有人的物质实践活动才是人的思维和观念正确与否的检验者和判定者。所以，从纯粹思维材料出发想象出来的创造意识形态的动力，只能是虚假的或表面的动力，而意识形态家基于这样的动力创造出来的意识形态，从总体上看，必然是虚假的意识。

我们当然不能说，意识形态家是在无意识或完全不自觉的状态下创造意识形态的，问题是，意识形态家所能意识到的东西是有限的，或许他们能在一定程度上意识到他们所代表的那个阶级的根本利益，并竭力在他们所创造的意识形态中体现出这种根本利益，但无论如何，在认识上，他们所能意识到的东西是极其有限的、极其肤浅的，他们完全沉湎于对思维的独立性的崇拜中，忘记了在思维、观念的世界之外还有一个现实的世界，因此，从根本上说，他们是在他们没有意识到或至少是很少意识到的动力的支配下来从事意识形态这种"虚假的意识"的创造的。也就是说，从表面的、直接的动力的层面上看起来，意识形态家是"虚假的意识"的自觉的创造者；但从思维和意识之外的真正的动力的层面上看起来，意识形态家又是"虚假的意识"的不自觉的创造者。不管如何，意识形态作为"虚假的意识"并不是偶然的，这种普遍的现象深深地植根于历史唯心主义的认识方式中。

---

① 《马克思恩格斯选集》第 4 卷，人民出版社 1995 年版，第 726 页。
② 马克思：《资本论》第 1 卷，人民出版社 1975 年版，第 24 页。其实，马克思这里说的"物质的东西"(Materielle)并不是人们通常理解的抽象的物质，而是物质的具体的样态。在这里，"物质的"只是一个形容词，而"物质的东西"则指涉打上社会历史烙印的客观事物，是进入属人世界的人的生活的要素。关于马克思物质观的详尽论述请参阅拙文《马克思物质观新探》，载《复旦学报(社会科学版)》1995 年第 6 期。

二、"虚假的意识"的基本特征

在马克思和恩格斯看来,意识形态作为"虚假的意识"具有以下五个基本的特征:

第一,合理性(rationality)。意识形态家们总是把他们所代表的那个阶级的意识形态说成是唯一合理的意识形态。这种合理性的观念不仅充斥在对意识形态的颂扬中,而且也充斥在对相应的社会存在的颂扬中。已经占统治地位的阶级总是把现存的一切(观念的和实在的)宣布为最合理的东西。反之,正在为夺取政权而制造舆论的阶级则把现存的一切都宣布为最不合理的,而把自己努力争取实现的一切宣布为最合理的东西。其实,人们往往不清楚,合理性的实质反倒要通过非理性才能得到充分的理解和解释。

人所共知,所谓"合理性"总是在"合法性"(legality)的范围内得到认可的。也就是说,统治阶级并不是无条件地赞同(合)理性的,它赞同的只是不触犯"合法性"的(合)理性。在这个意义上,"合理性"的本质就是"合法性"。那么,"合法性"又是什么呢?所谓"合法性",也就是切合统治阶级的根本意志,因为法律本身就是统治阶级意志的客观化。当统治阶级的意志还没有采取法的形式之前,它只是一种主观的、世俗化的东西,但它一旦通过法实现出来,就成了一种客观的、神圣化的东西。所以,"合法性"的本质是合统治阶级的意志,而这种意志当然是统治阶级的根本利益的体现。在这个意义上可以说,"合法性"就是"合(统治阶级的)意志性"。要言之,"合理性"本质上就是"合法性",而"合法性"本质上就是"合意志性"。

众所周知,"意志"是属于非理性的范围的,这样一来,人们惊异地发现,他们如此自信的"(合)理性"竟然成了自己的对立物——非理性的产物。尽管说出这个真理令人感到痛苦和无奈,但事实正是如此。如果说,合理性为合法性提供论证的话,那么,合法性则为合理性规定了界限,而意识形态则永远躲藏在合理性和合法性的外衣之下。

人所共知,17—18世纪的法国启蒙学者在批判封建社会及其意识形态时,建立了著名的"理性的法庭"(court of reason),理性成了他们衡量一切事物和观念的唯一的尺度，他们所希望建立的则是一个完全沐浴在阳光中的理性的王国。可是，正如恩格斯所指出的："现在我们知道，这个理性的王国不过是资产阶级的理想化的王国；永恒的正义在资产阶级的司法中得到实现；平等归结为法律面前的资产阶级的平等；被宣布为最主要的人权之一的是资产阶级的所有权；而理性的国家、卢梭的社会契约在实践中表现为，而且也只能表现为资产阶级的民主共和国。"[①]在这个实现了的"理性的王国"中，商业变成了欺诈，贿赂取代了暴力，金钱代替了刀剑，卖淫和通奸接替了封建领主的"初夜权"。总之，启蒙学者所描绘的合理的景象竟成了一幅令人极度失望的讽刺画。由此可见，合理性乃是意识形态制造的一种幻想。

第二，普遍性（universalness）。意识形态家们总是把他们所代表的某一阶级的特殊利益说成是社会全体成员的共同利益，换言之，就是赋予他们所代表的那个阶级的思想以普遍性的形式。这种从特殊到普遍、从部分到全体的过渡并不是无聊的语言游戏，而是每一种意识形态的必然的生存方式。对于统治阶级来说，为了维护自己的长治久安，总是把自己的统治描绘成代表全社会成员的公正的统治；而对于试图代替旧统治阶级地位的新阶级来说，为了赢得更多阶层的拥护，总要制造普遍的革命口实，似乎它的革命是为统治阶级之外的每一个人而进行的。直到革命胜利后，这种"普遍性"的外壳才会逐渐剥落下来。终于有一天，人们突然发现，在"人""公民""正义""自由"等普遍口实的背后，隐藏着的只是一个阶级的特殊利益。于是，普遍性还原为特殊性，全体性还原为单一性，语言的幻术似乎失去了它的魔力。但是，新阶级一旦成了统治阶级，它的意识形态家们又会创造出新的关于"普遍性"的神话来。正如黑格尔所说的，每一个历史时期都太特殊了，"一个灰色的回忆不能抗衡'现在'的生动和自由"[②]。人们很快就忘记了历史的教训，重新沉浸

---

① 《马克思恩格斯选集》第 3 卷，人民出版社 1995 年版，第 356 页。

② Georg Wilhelm Friedrich Hegel, *Gesammelte Werke*，*vol 12*，Berlin：Suhrkamp Verlag，1986，s. 17.

在对"普遍性"的热烈的希望和憧憬之中。实际上，普遍性也是意识形态制造的一种幻想。

第三，永恒性（eternality）。意识形态家们也热衷于把现存的各种秩序描绘成最美好的、永恒的秩序。比如，资产阶级的国民经济学家把资本主义的生产关系说成是永恒的关系；拥护王权、贵族和资产阶级联合统治的政治家们则把分权学说说成是永恒的规律；等等。把历史的、暂时的东西说成是永恒的东西，同样是意识形态制造的一种幻想。恩格斯说："历史同认识一样，永远不会在人类的一种完美的理想状态中最终结束；完美的社会、完美的'国家'是只有在幻想中才能存在的东西；相反，一切依次更替的历史状态都只是人类社会由低级到高级的无穷发展进程中的暂时阶段。"①有趣的是，正如个人对长生不老的追求恰恰是他意识到自己生命的短暂性的一个确证一样，意识形态对永恒性的追求也正是它的短暂性的一种变态的表现。

第四，目的性（teleology）。意识形态家们常把自己喜爱的观念作为目的设置起来，认为历史和现实运动的必然趋向就是实现这样的目的。恩格斯说："这样看来，历史是不自觉地、但必然是为了实现某种预定的理想目的而努力，例如在黑格尔那里，是为了实现他的绝对观念而努力，而力求达到这个绝对观念的坚定不移的意向就构成了历史事变中的内在联系。"②这种以黑格尔为代表的历史意识形式，习惯于从思维和观念出发，去推演出存在的发展，这里充分暴露出德国"同一哲学"（philosophy of identity）的唯心主义实质。③ 这种意识形态所创造的目的性的

---

① 《马克思恩格斯选集》第 4 卷，人民出版社 1995 年版，第 216—217 页。

② 同上书，第 246 页。

③ 我国学术界流行的见解之一是：从康德的自在之物（思维无法把握的超验的东西）学说到黑格尔的思维与存在同一性的学说是哲学的一种进步，这种见解显然忽略了问题的另一面，即这种进步同时也是一种退步，因为它使用思维和逻辑去创造存在的历史唯心主义的见解流行起来实际上，"自在之物"概念乃是思维与存在的异质性的一种暗示。马克思的异化学说乃是对这种异质性的深刻的领悟，有赖于此，马克思才走出了黑格尔的思辨逻辑学和同一哲学的迷宫。

幻想甚至在自然科学的研究中也充分地表现出来了。正如恩格斯所指出的，牛顿时期的自然科学所达到的最高的、最普遍的思想，就是关于自然界安排的合目的性的思想。根据这种浅薄的理论，猫被创造出来是为了吃老鼠，老鼠被创造出来是为了给猫吃，而整个自然界被创造出来是为了证明造物主的智慧。这种拟人化的倾向，即把人的目的植入历史和自然的做法，无疑是意识形态家们经常陷入的迷误之一。

第五，观念的支配性（ruling function of ideas）。意识形态家们在考察历史时，总是自觉或不自觉地把统治阶级的观念和统治阶级本身分离开来，使这些观念独立化，并把它们描绘成支配着整个社会的最高统治力量，仿佛这些观念一瓦解，整个社会就会崩溃。这种虚构出来的观念的独立性及对实在的支配性，也是意识形态制造的一种最常见的幻想。马克思在《德意志意识形态》中说："所有的德国哲学批判家们都断言：观念、想法、概念迄今一直统治和决定着人们的现实世界，现实世界是观念世界的产物。这种情况一直保持到今日，但今后不应继续存在。"①正是这种观念支配现实的幻想，把人们的注意力从现实生活中引开，使之沉湎于抽象的观念世界中。既然大脑就是一切，人的肢体也就成了奢侈品，但人能用脑袋在地上行走吗？单纯的观念不能解开现实生活之谜，反之，人只有退回到现实生活，即人们的实际生活过程中，才能真正地解开观念之谜。

从上面的论述可以看出，合理性、合法性、普遍性、永恒性、目的性和观念对实在的支配性，乃是意识形态作为"虚假的意识"的最普遍的表现方式。如果明白了这一点，人们在见到这些常常出现的意识形态语言时，就会保持一种独立的、批判的识见。

三、走出"虚假的意识"的虚假的意识

当某些意识形态家（如青年黑格尔主义者）在批判先前的、传统的意识形态时，常常指责它们是"不合理的幻想""虚假的意识"等。他们认

---

① 《马克思恩格斯全集》第3卷，人民出版社1960年版，第16页。

为，只要在思想上、观念上自觉地批判并放弃这些幻想，世界就会得救。正如马克思所说的："一个人说，只要我们教会他们如何用符合人的本质的思想来代替这些幻想，另一个人说，只要我们教会他们如何批判地对待这些幻想，还有个人说，只要我们教会他们如何从头脑里抛掉这些幻想，这样……当前的现实就会崩溃。"①对于这些意识形态家来说，他们用以走出先前的"虚假的意识"的意识本身也是虚假的。正如马克思所嘲讽的，那个"好汉"，以为人们之所以溺死，是因为他们被关于重力的思想迷住了，一旦他们抛掉这个观念，就再也不会被溺死了。

在马克思和恩格斯看来，破解作为"虚假的意识"的意识形态的最根本的出路乃是革命实践，只有革命的实践活动才能最终摧毁传统意识形态的物质基础，从而也扬弃这种意识形态本身。当然，在实践批判的基础上，理论批判也是必要的，但这种批判只有立足于现实生活，才是真正有生命力的，如果本身仍然飘浮在观念中，那充其量不过是用这一种"虚假的意识"去取代另一种"虚假的意识"而已。

第三节　意识形态与科学

在马克思和恩格斯的著作中，"科学"（Wissenschaft）是一个经常出现的词，它具有极其丰富的内涵。从主要之点来看，"科学"具有以下四方面的含义：一是指自然科学，这是"科学"一词的最普遍的用法；二是指科学的历史观，即马克思的历史唯物主义理论；三是指与英国古典经济学及庸俗经济学相对立的科学的政治经济学，即马克思的政治经济学理论；四是指与空想社会主义及其他形形色色的社会主义、共产主义思潮相对立的科学社会主义、共产主义的理论。下面，我们就意识形态与科学的上面四种不同含义的关系逐一进行探讨。

---

① 《马克思恩格斯全集》第 3 卷，人民出版社 1960 年版，第 15 页。

一、意识形态与自然科学

首先，马克思和恩格斯认为，自然科学是在物质生产的需要的直接推动下发展起来的，因而他们更倾向于把自然科学以及自然科学在应用过程中发展起来的技术看作是从属于生产力范围的要素。马克思和恩格斯对自然科学及其技术成果的高度关注，并始终把科学技术视为革命的重要契机的观点表明，在他们的心目中，自然科学和技术始终是推动社会向前发展的积极的力量。也正是在这个意义上，恩格斯说，"在马克思看来，科学是一种在历史上起推动作用的、革命的力量"①。

其次，马克思和恩格斯在讨论意识形态问题时，从未把自然科学作为具体的意识形式之一。这是很容易理解的，因为在他们那里，意识形态是一个否定性的概念，它以扭曲的、颠倒的方式反映着现实世界，自然科学则是以客观地、正确地反映自然界的运动规律为根本特征的，因而它与意识形态有着本质上的差异。也正是在这个意义上，恩格斯把自然科学看作是意识形态的对立面。当然，自然科学与作为哲学意识形式的一个分支——自然哲学比较起来，乃是两种具有本质差异的东西。自然哲学用幻想的联系去取代尚未知道的现实的联系，因而明显地具有意识形态的特征，而自然科学则力图描绘出关于自然界的真实联系的图景，从而蕴含着对自然哲学这种意识形式的批判。

最后，需要指出的是，马克思和恩格斯虽然把（自然）科学和技术作为生产力的要素而与意识形态对立起来，但是，他们丝毫也不否认自然科学与意识形态之间的密切联系。

其一，自然科学虽然属于生产力的范畴，但它对人的社会生活产生了巨大的影响。马克思说，自然科学通过工业日益从实践上进入人的生活，"工业是自然界同人之间，因而也是自然科学同人之间的现实的历史关系"②。作为自然科学研究对象的自然界并不是与人分离的自然界，

---

① 《马克思恩格斯选集》第 3 卷，人民出版社 1995 年版，第 777 页。
② 《马克思恩格斯全集》第 42 卷，人民出版社 1979 年版，第 128 页。

而是属人的自然界。既然自然科学关系到人的全部生活，它也必然间接地与意识形态发生关系。自然科学的定理与意识形态无关，但人们对自然科学研究课题的确定、解释和运用都是受意识形态影响的。

其二，人作为自然科学研究的主体是社会存在物，人用以表达自然科学研究的语言是社会语言；人同时又是意识形态的接受者、传播者或创造者，因而他飘浮于其中的社会语言总是自觉或不自觉地受到意识形态的影响。马克思早就告诉我们，自然科学与人的科学、自然史与人类史是交织在一起的。完全撇开各个历史时期的人类史和意识形态史，我们就无法理解自然科学发展史，反之亦然。

其三，自然科学与各种意识形式都有着密切的关系。比如，自然科学的每一个划时代的进步都是在同宗教意识形式的斗争中实现的；又如，自然科学的每一个发现都会对哲学意识形式产生巨大的影响；再如，科学技术上的每一个重要的发明都会引发新的伦理问题，也会对艺术及其表现形式发生相当大的影响；等等，不一而足。

综上所述，在马克思和恩格斯那里，虽然自然科学不是一种意识形式，不从属于意识形态，但它作为社会意识的一个有机的组成部分，必然与意识形态密切相关。在当代哲学家哈贝马斯那里，我们终于看到，科学技术不仅成了第一生产力，同时也成了发达工业社会的意识形态。关于哈贝马斯的意识形态学说，我们将在第九章中详加论述。

二、意识形态与科学的历史观

这里所说的"科学的历史观"就是历史唯物主义。马克思和恩格斯常常把作为"科学"的历史唯物主义理论与作为"虚假的意识"的意识形态严格地对立起来。在《德意志意识形态》中，马克思批判了作为德意志意识形态的主要表现形式之一的唯心主义的历史哲学的观点，然后指出："对现实的描述会使独立的哲学失去生存环境，能够取而代之的充其量不过是从对人类历史发展的观察中抽象出来的最一般的结果的综合。这些抽象本身离开了现实的历史就没有任何价值。"①马克思分析了人类历史活动的若干基本的前提，并把它们作为科学的抽象而与历史哲学的谬误的、意识形态式的抽象尖锐地对立起来；马克思还用简洁的语言阐述了历史唯物主义的基本原理，从而宣告了作为前科学的德国历史编纂学，尤其是黑格尔的历史哲学的终结。恩格斯在《路德维希·费尔巴哈和德国古典哲学的出路》一书中也强调，在黑格尔学派的解体的过程中产生出来的马克思学派的历史观是唯一科学的、产生真实结果的观点，"这种历史观结束了历史领域内的哲学"②。

三、意识形态与科学的政治经济学

马克思在这里阐述的是作为资产阶级意识形态基础的资产阶级政治经济学与科学的政治经济学之间的对立。细加探究，就会发现，这里的"科学"具有以下两方面的含义。

一是指资本主义社会的阶级斗争尚处于潜伏状态的资产阶级政治经济学。马克思说："只要政治经济学是资产阶级的政治经济学，就是说，只要它把资本主义制度不是看作历史上过渡的发展阶段，而是看作社会生产的绝对的最后的形式，那就只有在阶级斗争处于潜伏状态或只是在个别的现象上表现出来的时候，它还能够是科学。"③因为在阶级斗争的表现还不明显的时候，一些资产阶级的政治经济学家（马克思在这里主要指以亚当·斯密和大卫·李嘉图为代表的古典经济学家）还能以公正的自由的态度来研究资本主义社会。在这样的情况下，他们还能在一些局部的，甚至重要的问题上提出自己的科学见解或提供一些极有价值的启发，但在总体上，他们却无法使资产阶级政治经济学真正成为一门科学，因为他们不可避免地通过教化而受到资产阶级意识形态的总的框架的约束和影响，尤其是当他们把资本主义社会的生产规律看作永恒的自然规律时，也就从根本上失去了使政治经济学真正成为一门科学的彻底

---

① 《马克思恩格斯全集》第 3 卷，人民出版社 1960 年版，第 31 页。
② 《马克思恩格斯选集》第 4 卷，人民出版社 1995 年版，第 257 页。
③ 马克思：《资本论》第 1 卷，人民出版社 1975 年版，第 16 页。

的批判精神。所以，马克思只是在局部的意义上把早期的资产阶级经济学称为"科学的资产阶级经济学"①。随着资产阶级在一些主要的西方国家掌握政权，随着无产阶级和资产阶级斗争的日益明朗化，早期资产阶级政治经济学所具有的局部的科学性也终于丧失殆尽，正如马克思所说的："不偏不倚的研究让位于豢养的文丐的争斗，公正无私的科学探讨让位于辩护士的坏心恶意。"②

二是指马克思所创立的科学的政治经济学。这一学说才与资产阶级政治经济学构成真正的、总体上的对立。当马克思在《资本论》第一卷第一版序中说"万事开头难，每门科学都是如此"③时，这里的"科学"指的正是他自己创建的政治经济学体系。马克思政治经济学的最伟大的科学发现是揭示了剩余价值的起源和实质，正是以这一科学发现为基础，马克思全面地阐述了资本主义社会的经济运动规律。马克思之所以创立了真正科学的政治经济学体系，不仅因为他参加了工人阶级的实际斗争，而且因为他通过思想领域里的一系列批判活动，摆脱了资产阶级意识形态的羁绊。

四、意识形态与科学社会主义、共产主义

马克思和恩格斯也常常用"科学"这个词来指称与资产阶级意识形态的主要意识形式之一，即形形色色的社会主义和共产主义思潮相对立的科学社会主义和共产主义的学说。

在《德意志意识形态》中，马克思指出了以"科学"自居的"真正的社会主义"实际上是法国、英国的共产主义和德意志意识形态的杂拌。马克思强调："共产主义和所有过去的运动不同的地方在于：它推翻了一切旧的生产和交往的关系的基础，并且破天荒第一次自觉地把一切自发产生的前提看作是先前世世代代的创造，消除这些前提的自发性，使它

---

① 马克思：《资本论》第 1 卷，人民出版社 1975 年版，第 17 页。
② 同上书，第 17 页。
③ 同上书，第 7 页。

们受联合起来的个人的支配。"①正是这样的共产主义才是科学的共产主义，才超越了德意志意识形态的狭隘眼界。在《共产党宣言》中，马克思和恩格斯批判了各种社会主义和共产主义的思潮，尤其是在工人运动中拥有广泛影响的、批判的空想的社会主义和共产主义，强调："批判的空想的社会主义和共产主义的意义，是与历史的发展过程成反比例的。阶级斗争愈发展和愈具有确定的形式，那末，这种幻想超出阶级斗争的意图，这种用幻想的办法克服阶级斗争的态度，就愈失去任何实际意义和任何理论根据。"②这种社会主义和共产主义由于停留在幻想之中，虽然具有某种批判的成分，但归根结底仍是传统意识形态，尤其是资产阶级意识形态的俘虏。

马克思和恩格斯所倡导的科学的社会主义和共产主义正是以打破幻想、通过现实的阶级斗争推翻资本主义制度为出发点的。这种社会主义和共产主义与以前的形形色色的社会主义和共产主义思潮在本质上是判然有别的。在《社会主义由空想到科学的发展》一文中，恩格斯进一步揭示了科学社会主义的两个基本前提——历史唯物主义和剩余价值理论。在社会主义和共产主义问题上，马克思、恩格斯与以前的各种社会思想家的区别归根结底体现为科学与意识形态的区别。

综上所述，在马克思和恩格斯那里，与意识形态相对立的科学具有两个主要的含义：一是自然科学；二是马克思所创立的历史唯物主义、政治经济学、科学社会主义和共产主义，一言以蔽之，即马克思主义。意识形态与科学的本质区别在于，意识形态仅仅停留在幻想的联系中，科学则把握了研究对象的真实的联系。当然，马克思主义者要保持马克思主义的科学性，就必须正确处理理论与实践、坚持与发展的关系问题。如果脱离实际，把马克思主义教条化、经院哲学化，马克思主义就有可能蜕变为意识形态。所以，从实际的历史条件出发，坚持和发展马

---

① 《马克思恩格斯全集》第 3 卷，人民出版社 1960 年版，第 79 页。
② 《马克思恩格斯全集》第 4 卷，人民出版社 1958 年版，第 501 页。

克思主义，乃是避免这种蜕变的根本前提。

第四节　意识形态学说的地位和作用

要弄清楚意识形态学说在马克思主义哲学体系中的地位和作用，必须先辨明：究竟什么是马克思主义哲学体系？关于这一问题已引发许多争论，限于题旨，不适宜花很多篇幅展开讨论，在这里只是简要地论述一下我们对这一问题的看法。

笔者认为，马克思在《德意志意识形态》中的两段论述已经非常清楚地回答了这一问题。这两段论述我们在前面均已引证过，这里不重复引证，只说明它们的大意。一段的大意是：当费尔巴哈是唯物主义者时，历史在他的视野之外；当他去研究历史时，他绝不是唯物主义者。这段论述表明，费尔巴哈哲学的根本缺陷在于，他的唯物主义和历史观是分离的，而马克思的要求则是：在历史领域中实现唯物主义的变革。另一段的大意是：对现实的描绘会使独立的哲学失去生存环境，能够取而代之的只是从对人类历史发展的观察中抽象出来的最一般结果的综合，而这些抽象本身离开了现实的历史就没有任何价值。这段论述表明，旧的独立的哲学已经终结，取而代之的只能是历史唯物主义。也就是说，马克思主义哲学本质上就是历史唯物主义，成熟时期的马克思并没有提出过历史唯物主义之外的任何其他的哲学理论。有了这样的认识以后，上面的问题，即意识形态学说在马克思主义哲学体系中的地位和作用问题也就转变为：意识形态在历史唯物主义学说中的地位和作用问题。

首先，我们认为，马克思的历史唯物主义学说正是在意识形态批判的前提下形成的。在青年时期，马克思的思想主要处于黑格尔和青年黑格尔派的代表人物布鲁诺·鲍威尔和费尔巴哈的影响之下。如果说，马克思的博士论文充分体现出黑格尔的哲学史思想和布鲁诺·鲍威尔的自我意识理论的影响的话，那么，他的《1844 年经济学哲学手稿》和《神圣家族》则充分体现出费尔巴哈的人本主义思想的影响。恩格斯后来在《路德维希·费尔巴哈和德国古典哲学的出路》中还描绘过费尔巴哈的《基督教的本质》一书对马克思思想的强烈的影响。

显然，马克思要是不起来批判黑格尔、鲍威尔和费尔巴哈，那他充其量只能成为一个青年黑格尔主义者、鲍威尔主义者或费尔巴哈主义者，不可能成为一个马克思主义者和马克思主义的创始人。在对以黑格尔和费尔巴哈为代表的德意志意识形态的批判中，马克思之所以创立了历史唯物主义，一个重要的原因是：历史领域是遭意识形态掩蔽最深的，因而也是在理论上最混乱、最黑暗的领域。即使像费尔巴哈这样卓越的唯物主义者也在这个领域中完全迷失了方向，成了黑格尔思辨的历史哲学的俘虏；同时，正确认识人类本身，认识人类全部精神活动和物质活动的钥匙也正隐藏在历史领域里。正是对德意志意识形态和一般意识形态的批判，促使马克思去探索人类社会历史活动的根本前提，从而发现并提出了"同意识形态相对立的抽象"，初步表述出历史唯物主义的基本原理。完全可以说，马克思的历史唯物主义理论在后来的任何发展，都伴随着他对传统意识形态，尤其是资产阶级意识形态的深刻批判。在马克思看来，历史唯物主义所倡导的根本方法是合理形态的辩证法，而这种辩证法"不崇拜任何东西，按其本质来说，它是批判的和革命的"[①]。马克思辩证法的批判特征最鲜明地体现在他的意识形态学说中。在这个意义上可以说，没有意识形态批判理论，也就没有历史唯物主义。

其次，笔者认为，意识形态学说是历史唯物主义理论的一个基本的、不可或缺的组成部分。如前所述，马克思的历史唯物主义的基本原理是在意识形态批判的过程中形成的，而意识形态学说又是其整个历史唯物主义思想构架中的基本组成部分。

众所周知，社会与自然界的差异在于，社会是由有目的地活动着的

---

① 马克思：《资本论》第 1 卷，人民出版社 1975 年版，第 24 页。

人构成的，或者如马克思所说的，社会生活本质上是实践的。人的实践活动的目的和动机是从哪里来的？人们会毫不含糊地回答，是从人的头脑中来的。但是，如果我们进一步追问下去，在人的头脑中决定着人的行为的动机和目的的信念系统（包括世界观、人生观、价值观）又是从哪里来的？我们就会发现，它们都是通过意识形态的教化进入人的头脑的。正是并且仅仅是在这个意义上，人的社会存在体现为意识形态中的存在，或者换一种说法，人是意识形态的动物。

对于一个普通的、缺乏理论批判能力的人来说，他的思想的界限实际上也就是他所接受的意识形态的界限，因而他总是生活在他具有独立思维能力的虚假的自信和幻觉中。讲清楚这一点也许令人感到沮丧，但这正是人们必须正视的事实。既然全部社会生活都是由实践着的人来承担的，而实践着的人又都是在意识形态中的存在物，那么，意识形态在全部社会生活中的重要性就是不言而喻的了。

此外，人们也正是凭借以语言为载体的意识形态来认识他们自己和周围的一切的。在这个意义上也可以说，在有阶级和阶级冲突存在的社会里，全部社会生活的再生产必然蕴含着意识形态的再生产，没有意识形态的再生产，人类社会（这里指阶级社会）的再生产是不可能的。

从实践活动的角度强调意识形态在社会生活中的重要作用，强调人是在意识形态中的存在物，并不等于说，意识形态是最根本的、最基础性的因素。按照马克思的历史唯物主义学说，在社会生活中最基本、最重要的因素是实践活动的基础形式——生产劳动。尽管生产劳动也包含着作为劳动者的人的意识和目的，但归根结底，这种意识、目的乃至整个意识形态都是在这一基本的生活过程的展开中产生并发展起来的。

我们知道，马克思刚创立历史唯物主义理论时，为了批判德意志意识形态家们关于观念统治世界的历史唯心主义理论，着重阐述的是人们的物质生产过程对他们的意识和意识形态的决定作用。后来，一些庸俗的马克思主义者力图把历史唯物主义理论曲解为机械的决定论。正如恩格斯在 1893 年 7 月 14 日致弗兰茨·梅林的信中所指出的："此外，只有一点还没有谈到，这一点在马克思和我的著作中通常也强调得不够，在这方面我们大家都有同样的过错。这就是说，我们大家首先是把重点放在从基本经济事实中引出政治的、法的和其他意识形态的观念以及以这些观念为中介的行动，而且必须这样做。但是我们这样做的时候为了内容方面而忽略了形式方面，即这些观念等等是由什么样的方式和方法产生的。这就给敌人以称心的理由来进行曲解或歪曲，保尔·巴尔特就是个明显的例子。"①事实上，这些曲解马克思和恩格斯思想的人根本没有看到，马克思的历史唯物主义是以现实的人的实践活动为基础的，在这一基础中，正包含着对人的动机、目的、意识和全部意识形态的重要性的认可。恩格斯在晚年的书信中一再强调意识形态的反作用问题，正是为了阐明意识形态学说在历史唯物主义中的重要地位和作用。事实上，是否看到意识形态的这种地位和作用，正是历史唯物主义和机械唯物主义的根本的分水岭。

最后，我们必须看到，深化意识形态的研究正是深化历史唯物主义理论研究的一个重要的方向。其实，早在一百多年前，在1890年8月5日致康·施米特的信中，恩格斯就已经向马克思主义的追随者提出了这样的希望："必须重新研究全部历史，必须详细研究各种社会形态存在的条件，然后设法从这些条件中找出相应的政治、私法、美学、哲学、宗教等等的观点。在这方面，到现在为止只做了很少的一点工作，因为只有很少的人认真地这样做过。在这方面，我们需要很大的帮助，这个领域无限广阔，谁肯认真地工作，谁就能做出许多成绩，就能超群出众。"②在我们看来，深入地、系统地开展对意识形态问题的研究至少有以下四条途径。

第一条途径是深入探讨意识形态（包括各种具体的意识形式）的结构、功能、历史以及各种不同的意识形态之间的关系。

---

① 《马克思恩格斯选集》第4卷，人民出版社1995年版，第726页。
② 同上书，第692页。

第二条途径是深入探讨意识形态和它的史前内容(原始文化)之间的关系，正如恩格斯强调的，宗教、哲学等意识形式"都有一种被历史时期所发现和接受的史前的东西"①。

第三条途径是探讨意识形态在社会主义历史时期的地位和作用问题，尤其是它和资产阶级权利的关系问题以及它的最终的消亡问题。

第四条途径是探讨意识形态和经济基础之间的中介环节问题，如社会心理、社会性格等。

所有这些研究途径都将大大地拓宽历史唯物主义理论的视野，丰富历史唯物主义的内涵，从而继承并推进马克思和恩格斯已开创的伟大的理论事业。

综上所述，马克思的意识形态批判学说的出现，乃是迄今为止人类思想史上最重要的事件。马克思把历史上一直颠倒着的思想世界与现实世界之间的关系又重新颠倒过来了。从此以降，思想与精神之谜被彻底地破解了。不是人们的意识决定他们的存在，而是他们的社会存在决定他们的意识。意识与意识形态终于回到了它们原先的地位上。事实上，也只有记住历史唯物主义理论中的这一最基本的学说，我们才能始终保持清醒的理论头脑和独立思考的立场，识破形形色色的错误观念。在这个意义上可以说，马克思既是这个时代的涤罪所，也是我们的保护神。

---

① 《马克思恩格斯选集》第 4 卷，人民出版社 1995 年版，第 703 页。

第五章　意识形态批判的哲学意义

　　如前所述，在马克思那里，意识形态主要是一个否定性的概念，因而马克思的意识形态学说本质上是意识形态批判学说。意识形态作为各种具体的意识形式的总和，乃是一个总体性的概念，它从根本上规约着人们的思考方向和思考范围，或者说，它为每一种可能的思考活动提供了理论前提和运思范围。一旦哲学的反思折向意识形态这一理论前提，哲学就被引导到"元批判"（Metakritik）的高度上。事实上，马克思的意识形态批判学说作为"元批判"的学说，既继承了康德以来的批判哲学的传统，又从唯物史观出发，从根本上改造了这一传统，从而把贯穿在德国古典哲学中的批判精神提高到一个崭新的水平上。在"元批判"的光芒所及之处，以往哲学研究中的许多模糊问题都豁然开朗了。

第一节　德国批判精神的继承者

　　深入的考察表明，马克思的意识形态批判学说的出现绝不是偶然的，而是康德所开创的批判哲学的合乎逻辑的发展结果。康德早年的思想沉涵于莱布尼茨-沃尔夫的独断论形而上学中，正是休谟的怀疑论把他从独断论形而上学的迷梦中惊醒过来。经过长时间的深入的思考，他终于建立起石破天惊的批判哲学的体系。康德在其划时代的巨著《纯粹理性批判》中庄严地宣告："我们这个时代特别可以称为批判的时代，所有的东西都无法逃避批判。宗教由于其神圣，立法由于其尊严，似乎可以逃避批判。但它们也正因此而遭到了怀疑，失去了人们对它们的真诚的敬重，因为理性只尊重那些经得起它的自由的、公开检查的东西。"①康德批判哲学的矛头主要是针对旧形而上学的，也兼及对神学、伦理学、法学等学科中形形色色的传统偏见和谬误的批判。由于他的批判识见既深刻又严谨，既切中时弊又震撼传统，他实际上开创了一个全新的批判的时代。正如海涅所说的："康德引起的这次巨大的精神运动，与其说是通过他的著作的内容，倒不如说是通过在他著作中的那种批判精神，那种现在已经渗入于一切科学之中的批判精神。"②作为马克思的同时代人，海涅说出了康德的批判哲学对他们那个时代的巨大的影响。

作为海涅的亲密朋友，马克思的批判识见也正是在康德批判精神的熏陶下发展起来的。凡是认真研究过马克思思想的人都会发现，马克思一系列重要著作和手稿的标题或副标题都带有"批判"这个词，如《黑格尔法哲学批判》《神圣家族，或对批判的批判所做的批判》《德意志意识形态：对费尔巴哈、布·鲍威尔和施蒂纳所代表的现代德国哲学以及各式各样先知所代表的德国社会主义的批判》《政治经济学批判》《资本论：政治经济学批判》《哥达纲领批判》等。我们列举这些著作，并不等于说，在马克思未用"批判"这个词做标题的著作中就不贯彻其批判理论了。事实上，马克思一生的著作都贯穿着富于生命力的、无坚不摧的批判精神。当然，肯定马克思是德国批判哲学传统的伟大继承者，并不等于说，马克思的批判理论和康德的批判理论是一回事。事实上，马克思的

---

① I. Kant，*Werkausgabe Band Ⅲ*，Frankfurt am Main：Suhrkamp Verlag，1988，s. AXI，XII.

② 张玉书编选：《海涅选集》，人民文学出版社 1983 年版，第 304—305 页。

整个思想发展史表明，他起先曾受到康德、费希特的影响；后来又受到黑格尔、青年黑格尔派和费尔巴哈的影响；最后，马克思又从思想上扬弃了整个德国古典哲学的精神遗产，形成了自己崭新的批判理论，并把这一批判理论运用到他以后的全部研究活动中。在这个意义上可以说，马克思又是德国批判精神，特别是黑格尔和青年黑格尔主义者的批判精神的伟大改造者。

在费尔巴哈哲学思想的影响下，马克思很早就认出了隐藏在黑格尔批判识见背后的非批判性。在《黑格尔法哲学批判》中，马克思写道："这种非批判性，这种神秘主义，既构成了现代国家制度形式(χατ᾽ἐξοχην〔主要是〕它的等级形式)的一个谜，也构成了黑格尔哲学、主要是他的法哲学和宗教哲学的秘密。"① 在《1844 年经济学哲学手稿》中，马克思进一步揭露了作为黑格尔哲学的秘密和诞生地的《精神现象学》中已经潜伏着的非批判因素："在《现象学》中，尽管已有一个完全否定的和批判的外表，尽管实际上已包含着那种往往早在后来发展之前就有的批判，黑格尔晚期著作的那种非批判的实证主义和同样无批判的唯心主义——现有经验在哲学上的分解和恢复——已经以一种潜在的方式，作为萌芽、潜能和秘密存在着了。"② 由于黑格尔思辨哲学的神秘主义的、唯心主义的倾向，它的全部批判都只能是不结果实的批判。以布鲁诺·鲍威尔为首的青年黑格尔主义者尽管把批判的口号叫得满天响，但由于他们始终站在黑格尔哲学的基地上，始终以从黑格尔那里借用过来的神秘主义的辩证法作为批判武器，始终满足于宗教上的词句上的批判，因而他们的批判和黑格尔一样是苍白无力的。

马克思是沿着与青年黑格尔主义者不同的路向来形成并发展自己的批判理论的。1844 年，在致卢格的信中，马克思提出了"意识改革"(Reform des Bewusstseins)的新任务。所谓"意识改革"并不是引入一种

---

① 《马克思恩格斯全集》第 1 卷，人民出版社 1956 年版，第 348 页。
② 《马克思恩格斯全集》第 42 卷，人民出版社 1979 年版，第 161—162 页。

新的教条来主宰意识，而是要努力形成一种以"批判的哲学"（kritische Philosophie）为主导的新的世界观，对当代的斗争、愿望和意识作出分析、批判和自我阐明。马克思写道："新思潮的优点就恰恰在于我们不想教条式地预料未来，而只是希望在批判旧世界中发现新世界。"①这种批判的哲学不仅在表面上，而且骨子里都卷入了斗争的旋涡，它"要对现存的一切进行无情的批判，所谓无情，意义有二，即这种批判不怕自己所作的结论，临到触犯当权者时也不退缩"②。马克思不仅主张批判宗教和哲学，还主张把这种理论的批判和政治的批判紧密结合起来。

在《〈黑格尔法哲学批判〉导言》中，马克思指出，在德国，宗教批判是其他一切批判的前提，而在宗教批判揭示了天国的谬误之后，"对天国的批判就变成对尘世的批判，对宗教的批判就变成对法的批判，对神学的批判就变成对政治的批判"③。马克思不仅主张把当时德国的整个批判引向对现存制度的批判，而且主张批判这种制度的抽象的继续——黑格尔的国家哲学和法哲学。马克思还提出了"批判的武器当然不能代替武器的批判"④的著名的口号，从而不仅肯定了理论的批判的必要性，而且也肯定了实践的批判，即用革命的手段推翻现行的政治制度的必要性。

在《1844 年经济学哲学手稿》中，马克思认为，真正实证的批判并不是从布鲁诺·鲍威尔为首的"批判的神学家"那里开始的，而是从费尔巴哈那里开始的。马克思表示要沿着费尔巴哈开拓的方向，进一步拓展实证的批判的成果。他写道："我打算连续用不同的单独小册子来批判法、道德、政治等等，最后再以一本专著来说明整体的联系、各部分的关系并对这一切材料的思辨加工进行批判。"⑤虽然马克思上面提出的计划后

---

① 《马克思恩格斯全集》第 1 卷，人民出版社 1956 年版，第 416 页。
② 同上书，第 416 页。
③ 同上书，第 453 页。
④ 同上书，第 460 页。
⑤ 《马克思恩格斯全集》第 42 卷，人民出版社 1979 年版，第 45 页。

来没有得到实现，但已明显地表露出他要对整个观念形态进行批判的志向，这正是他以后创立意识形态批判理论的重要先兆。我们的研究表明，马克思的这个批判的计划之所以没有实现，是与他当时声称的"对国民经济学进行认真的批判研究"①紧密相关的。正是这方面的批判工作整个地改变了马克思原先的思路和整个批判的方向，使他获得了远远超过费尔巴哈的深邃的洞察力。

马克思在《神圣家族》中驳斥以"批判的批判"自居的青年黑格尔主义者的种种谬论时，高度赞扬了费尔巴哈在实证的批判中作出的积极贡献。马克思指出："费尔巴哈把形而上学的绝对精神归结为'以自然为基础的现实的人'，从而完成了对宗教的批判。同时也巧妙地拟定了对黑格尔的思辨以及一切形而上学的批判的基本要点。"②然而，很容易发现，马克思对费尔巴哈的赞扬是有保留的，马克思关于实践、工业、自然科学和人类历史发展的相关论述表明，他的批判理论与费尔巴哈的实证的批判的哲学基础——自然主义和直观的唯物主义已不再相容。果然，在《关于费尔巴哈的提纲》中，马克思转而批判费尔巴哈"不了解'革命的'、'实践批判的'活动的意义"③，并强调新唯物主义的根本宗旨是改变世界。马克思对实践批判(以前称为武器的批判)的高度重视表明，他的批判理论已最终摆脱了费尔巴哈的直观唯物主义的影响。

《德意志意识形态》的写作宣告了马克思的批判理论的成熟。马克思在回忆黑格尔学派解体后整个德国理论界的发展情况时指出：布鲁诺·鲍威尔等人依靠从黑格尔那里继承来的理论武器是不可能理解人们的经验的物质行为的。由于费尔巴哈揭露了宗教世界是世俗世界的幻想，在德国理论界面前就自然而然地产生了一个费尔巴哈所没有回答的问题：人们是怎样把这些幻想"塞进自己的头脑"的？"这个问题甚至为德国理论家开辟了通向唯物主义世界观的道路，这种世界观没有前提是绝对不

---

① 《马克思恩格斯全集》第 42 卷，人民出版社 1979 年版，第 45 页。
② 《马克思恩格斯全集》第 2 卷，人民出版社 1957 年版，第 177 页。
③ 《马克思恩格斯全集》第 3 卷，人民出版社 1960 年版，第 3 页。

行的，它根据经验去研究现实的物质前提，因而最先是真正批判的世界观（erst wirklich kritischen Anschauung der Welt）。"①马克思还强调，这一批判的道路在《德法年鉴》上发表的《〈黑格尔法哲学批判〉导言》和《论犹太人问题》中已经阐明了，但当时用的哲学术语还是陈旧的，因而德国哲学家都把它理解为他们穿旧了的理论外衣的翻新。然而，我们注意到，在《德意志意识形态》中，马克思不再使用"类""人的本质"这样的哲学术语，而是引入了"生产力""生产方式""物质实践""生活条件""交往方式"等新概念，特别是"意识形态"这一总体性概念的引入，终于使这一"真正批判的世界观"，即历史唯物主义理论脱颖而出。

第二节　元批判与去蔽

马克思把历史唯物主义理论称作"最先是真正批判的世界观"，是发人深省的。这实际上等于宣布，历史唯物主义理论本质上是一种批判理论，换言之，批判是历史唯物主义理论的第一维度。与前人和同时代的人比较起来，马克思批判理论的全部独特性在于，它是一种意识形态批判理论，而这种理论的优点和特点在于，它表现为元批判，即用历史唯物主义的基本原理先行地对前提加以澄明的批判方式。这种元批判的导向是马克思的意识形态批判理论向人类思想贡献出来的最卓越的成果。我们认为，这种元批判的根本特征是去蔽的先行性。

这里所说的"去蔽"是除去遮蔽物的意思。那么，什么是遮蔽物呢？按照马克思和恩格斯的看法，意识形态就是遮蔽物。马克思曾经指出："我们所需要研究的是人类史，因为几乎整个意识形态不是把人类史归结为一种歪曲的理解（eine verdrehte Auffassung），就是归结为一个完全

---

① 《马克思恩格斯全集》第3卷，人民出版社1960年版，第261页。

的抽象（eine gänzliche Abstraktion）。"①也就是说，意识形态总是歪曲、遮蔽人类史，没有一个先行的去蔽的过程，人们就不可能认识现实的人类史。恩格斯也强调："正像达尔文发现了有机界的发展规律一样，马克思发现了人类历史的发展规律，即历来为意识形态的繁芜丛杂遮蔽着的（verdeckte）一个简单的事实：人们首先必须吃、喝、住、穿，然后才能从事政治、科学、艺术、宗教等等。"②在恩格斯看来，这一"简单的事实"在被马克思发现之前，一直是蔽而不明的。马克思之所以能够把它揭示出来，因为他在观念上先行地完成了去意识形态之蔽的过程。对于马克思来说，这一过程就是他的整个批判理论形成的过程；而对于我们来说，这一过程就是领悟马克思所创立的历史唯物主义理论的真精神，并在着手研究任何问题之前，先行地把以下三个前提加以澄清的过程。

第一，历史性（historicity）之先行的澄清。

在马克思看来，意识形态家们掩蔽现实的关系的最普遍的表现形式是脱离真实的历史条件抽象地谈论一切。马克思在批判德意志意识形态的主要代表人物费尔巴哈时曾经指出："当费尔巴哈是一个唯物主义者的时候，历史在他的视野之外；当他去探讨历史的时候，他决不是一个唯物主义者。在他那里，唯物主义和历史是彼此完全脱离的。"③在这段极为重要的论述中，马克思一方面揭露了旧唯物主义学说的根本缺陷，另一方面又阐明了历史唯物主义理论在探讨任何理论问题时的根本要求，即对历史性的先行的澄清。按照马克思的批判理论，历史性的先行澄清主要包括以下四方面的内容。

一是历史前提的先行澄清。马克思说："我们首先应当确定一切人

---

① 《马克思恩格斯全集》第 3 卷，人民出版社 1960 年版，第 20 页，译文有更动，见 K. Marx, F. Engels, *Ausgewählte Werke*（Band 3），Berlin: Dietz Verlag, 1989, s. 18。

② 《马克思恩格斯选集》第 3 卷，人民出版社 1995 年版，第 776 页，译文有更动，见 K. Marx, F. Engels, *Ausgewählte Werke*（Band 5），Berlin: Dietz Verlag, 1989, s. 506。

③ 《马克思恩格斯全集》第 3 卷，人民出版社 1960 年版，第 51 页。

类生存的第一个前提也就是一切历史的第一个前提，这个前提就是：人们为了能够'创造历史'，必须能够生活。"①而为了生活，首先需要解决衣、食、住的问题。因此，第一个历史活动就是生产满足这些需要的物质生活资料；第二个事实是，已经得到满足的第一个需要本身、满足需要的活动和已经获得的为满足需要用的工具又引起新的需要；一开始就纳入历史发展过程的第三种关系是人的生产，即生育和繁衍后代；第四种关系是与上述三种关系同步发展起来的社会关系的再生产。马克思写道："只有现在，当我们已经考察了最初的历史的关系的四个因素、四个方面之后，我们才发现：人也具有意识。"②因而绝不能把历史的创造理解为纯粹意识的运动和范畴的逻辑推演。马克思把上述四个因素称为"我们用来同意识形态相对立的抽象（einige dieser Abstraktionen heraus, die Wir gegenüber der Ideologie gebrauchen）"③。因为意识形态总是把观念、精神作为历史的前提，所以先行地澄清这四种关系乃是马克思批判理论的最根本的出发点。

二是自然的历史特征的先行澄清。马克思批判了那种流行的意识形态的见解，即排除历史过程的抽象的自然科学的唯物主义观点，强调了自然的历史特征乃是历史唯物主义理论以批判的目光探讨全部自然问题的基点。马克思批评费尔巴哈道："他没有看到，他周围的感性世界决不是某种开天辟地以来就已存在的、始终如一的东西，而是工业和社会状况的产物，是历史的产物，是世世代代活动的结果。"④在马克思看来，即便是康德称为"纯粹的"自然科学的东西，也只是由于商业和工业的兴起，由于人们的感性活动才获得材料并达到自己的目的的。尽管费尔巴哈把自然作为自己哲学的基础，但由于他所说的自然始终是与人类社会历史相分离的，因而他的思想无法超越旧唯物主义的基本立场。虽

---

① 《马克思恩格斯全集》第 3 卷，人民出版社 1960 年版，第 31 页。
② 同上书，第 34 页。
③ 同上书，第 31 页。
④ 同上书，第 48 页。

然马克思也承认自然在时间上的"先在性"，但他并不主张历史唯物主义理论停留在对这种抽象的"先在性"的认可上，而是一开始就主张把考察的逻辑起点放在人类诞生以后形成的人化自然上。实际上，早在《1844年经济学哲学手稿》中马克思已经告诉我们："在人类历史中即在人类社会的产生过程中形成的自然界是人的现实的自然界；因此，通过工业——尽管以异化的形式——形成的自然界，是真正的、人类学的自然界。"①在《德意志意识形态》中，马克思以更明确的语言阐述了自然的历史特征。他从现代社会的历史性出发，把自然理解为人的历史活动的产物，甚至提出了"历史的自然"②（eine geschichtliche Natur）这样的重要概念。这就告诉我们，只有先行地澄清自然的历史特征，我们在探讨哲学问题时才不会退回到旧唯物主义的立场上去。

三是个人活动的既定的历史条件的先行澄清。德国的意识形态家们总是热衷于把抽象的、没有历史前提的人作为自己理论的基础，侈谈"人自身""人的本质""人的自我异化"等。马克思反复批判了这种意识形态的见解，指出："每个个人和每一代当作现成的东西承受下来的生产力、资金和社会交往形式的总和，是哲学家们想像为'实体'和'人的本质'的东西的现实基础。"③在马克思看来，只有先行地澄清这一"现实基础"，进入研究者视野的才是历史活动的真实的，而不是想象的主体。

四是历史过程性的先行澄清。资产阶级的意识形态家们总是把资本主义社会的生产方式理解为永恒的不变的东西。这种非历史的见解使他们根本不可能发现资本主义社会的真正的运动规律。按照马克思的批判理论，在研究任何问题之前，必须先行地确立历史辩证法的观念，这种观念在对现存事物的肯定的理解中同时包含着对现存事物的否定的理解，即对现存事物的必然灭亡的理解。这种理解正是马克思的批判理论的革命性的真正体现。

---

① 《马克思恩格斯全集》第 42 卷，人民出版社 1979 年版，第 128 页。
② 《马克思恩格斯全集》第 3 卷，人民出版社 1960 年版，第 49 页。
③ 同上书，第 43 页。

第二，总体性（totality）之先行的澄明。

这里提到"总体性"有以下两层意思：一层意思是先行地揭露意识形态家们给出的虚假的总体性；另一层意思是先行地指明通达真实的总体性的道路。在马克思看来，社会作为人与自然的完成了的统一物，乃是一个有机的总体，意识形态既是社会总体的一个组成部分，又以观念的形式反映着社会总体。由于意识形态总是以颠倒的、歪曲的方式表现现实关系，因此在意识形态中呈现出来的社会现实必定是虚假的总体性。要言之，作为一定历史时期的所有意识形式总和的意识形态本身就是一种虚假的总体性。这种虚假的总体性总是通过意识形态的具体形式之一、但又构成其基础和灵魂的哲学表现出来，确切些说，通过哲学所阐述的系统的观点（人们通常称之为世界观）表现出来。这就是说，谁是一个时代的哲学思想的俘虏，也必定会成为这个时代的意识形态的俘虏。

在马克思看来，青年黑格尔主义者之所以不能认识真实的社会总体，并对之展开批判，是因为他们始终停留在意识形态的虚假的总体性中，而他们之所以不能识破这一虚假的总体性，又是因为他们从未对德意志意识形态的基础——黑格尔哲学体系进行过全面的批判和清算。马克思写道："德国的批判，直到它的最后的挣扎，都没有离开过哲学的基地。这个批判虽然没有研究过它的一般哲学前提，但是它谈到的全部问题终究是在一定的哲学体系，即黑格尔体系的基地上产生的……对黑格尔的这种依赖关系正好说明了为什么在这些新出现的批判家中甚至没有一个人想对黑格尔体系进行全面的批判，尽管他们每一个人都断言自己已超出了黑格尔哲学。"①这就告诉我们，先行地破解意识形态的虚假的总体性，也就是先行地破解作为这一意识形态基础的哲学体系之谜。

我们在这里说的破解哲学体系之谜，并不是在一些枝节问题上做文章，而是从"什么是哲学?"的"元问题"（meta-question）出发，对哲学体系实施元批判，即前提性的批判。马克思本人之所以能跳出德意志意识

① 《马克思恩格斯全集》第 3 卷，人民出版社 1960 年版，第 21 页。

形态，正有赖于他对一切旧哲学(尤其是黑格尔和费尔巴哈的哲学)做出了这样的批判。他说："对现实的描述会使独立的哲学失去生存环境，能够取而代之的充其量不过是从对人类历史发展的观察中抽象出来的最一般的结果的综合。这些抽象本身离开了现实的历史就没有任何价值。"①这就是说，旧的、自诩有独立发展历史的哲学已经终结了，唯一科学的新哲学只能是历史唯物主义理论，而历史唯物主义理论的根本特征是历史性的先行的澄明，即它的任何抽象都不与现实的社会历史相分离。恩格斯在《路德维希·费尔巴哈和德国古典哲学的出路》一书中也回忆了马克思当时对旧哲学的彻底批判，认为马克思的唯物史观是在黑格尔学派的解体中唯一取得真实结果的学说："自从历史也得到唯物主义的解释以后，一条新的发展道路也在这里开辟出来了。"②正是通过对哲学元问题的询问和新的解答方式的形成，马克思破解了一切传统的哲学体系(也包括传统的唯物主义体系)的秘密，破解了德意志意识形态和一般意识形态的虚假的总体性。按照这种总体性，观念和概念支配着现实世界，一切都以颠倒的方式呈现在人们的面前。在历史唯物主义理论诞生之前，人们始终把这种虚假的总体性误认为是真实的总体性，从而对整个社会历史的考察步入了误区。

马克思的历史唯物主义理论既是对一切旧意识形态的虚假的总体性的破解，又是对现实社会的真实的总体性的澄明。马克思对历史唯物主义理论做了如下的经典性的说明："人们在自己生活的社会生产中发生一定的、必然的、不以他们的意志为转移的关系，即同他们的物质生产力的一定发展阶段相适合的生产关系。这些生产关系的总和构成社会的经济结构，即有法律的和政治的上层建筑竖立其上并有一定的社会意识形式与之相适应的现实基础。"③这段话阐述了真实的社会总体性中四大因素(社会生产、经济结构、法律的和政治的上层建筑、社会意识形式)

---

① 《马克思恩格斯全集》第 3 卷，人民出版社 1960 年版，第 31 页。
② 《马克思恩格斯选集》第 4 卷，人民出版社 1995 年版，第 228 页。
③ 《马克思恩格斯选集》第 2 卷，人民出版社 1995 年版，第 32 页。

之间的结构关系。

马克思的历史唯物主义理论不仅是对真实的社会总体性的先行的澄明，而且也指出了通达真实的社会总体性的新的方法和路径。

一是从抽象上升到具体的方法。在马克思看来，这是思维用来掌握具体并把它当作一个精神上的具体再现出来的方式，马克思本人也正是以这种方式来研究资本主义社会这一有机整体的。同时，马克思也告诫说，在运用这一研究方法时，要谨防把具体在思维中的再现误认为是具体本身的产生过程。其实，黑格尔的历史唯心主义陷入的正是这种幻觉。为此，马克思批评道："因此，黑格尔陷入幻觉，把实在理解为自我综合、自我深化和自我运动的思维的结果，其实，从抽象上升到具体的方法，只是思维用来掌握具体并把它当作一个精神上的具体再现出来的方式。但决不是具体本身的产生过程。"①马克思的这段重要的论述同时也揭露了历史唯心主义的认识根源。

二是结构优先于历史的方法。马克思在论述政治经济学研究方法时指出："问题不在于各种经济关系在不同社会形式的相继更替的序列中在历史上占有什么地位，更不在于它们在'观念上'（蒲鲁东）（在历史运动的一个模糊表象中）的次序。而在于它们在现代资产阶级社会内部的结构。"②如果撇开现代资产阶级社会这一总体的结构特征，只是按照经济范畴在历史上先后出现的自然次序来研究资产阶级社会，那就不可能得出科学的结论，而只能像蒲鲁东一样陷入经济学的形而上学的谬误之中。在马克思看来，黑格尔的法哲学是从主体的最简单的法的关系，即占有开始的，尽管从历史上看，占有关系并不是最先出现的经济关系，而是在家庭或主奴关系这类更具体得多的关系出现时才出现的，但黑格尔这样处理是对的，因为这里体现的正是结构优先于历史的原则。

三是把"人体解剖"作为"猴体解剖"的先导。在马克思看来，已经发

---

① 《马克思恩格斯全集》第 46 卷（上），人民出版社 1979 年版，第 38 页。
② 同上书，第 45 页。

育的身体是比细胞更容易研究的，低等动物身上表露出来的高等动物的征兆，只有在高等动物已被认识之后才能理解。这当然是方法论上的一种隐喻，它表明，马克思反对按照社会演进的自然次序逐一研究不同的社会形态。马克思认为，要把握不同形态下的真实的社会总体，恰恰要选择与社会演进的自然次序相反的研究进程。他指出："资产阶级社会是历史上最发达的和最复杂的生产组织。因此，那些表现它的各种关系的范畴以及对于它的结构的理解，同时也能使我们透视一切已经覆灭的社会形式的结构和生产关系。"①也就是说，在最发达的社会形态中，由于各种关系已充分地展开，其结构上的总体性反倒是最容易被理解的，由此而往起点方向追溯，以前社会形态的总体结构也就一目了然了。马克思本人的研究历程也表明了这一点，即他先探讨现代资产阶级社会，然后再探讨以前的各个社会形态（包括史前社会）。这就告诉我们，在历史唯物主义理论对历史性的先行澄清中，最根本的是对现代社会的历史性的先行澄清。当然，在贯彻这一研究方法时，马克思也坚决反对对不同社会形态的历史差异性的忽视。比如，在他看来，拉伯克用文明社会的淫婚去解释史前社会的群婚，就显得十分可笑。

总之，在马克思那里，上述三种研究方法是彼此贯通在一起的，综合起来可以称之为"总体优先的结构-历史研究方法"，其目的是先行地澄明通达真实的社会总体性的道路。

第三，实践性（practicality）之先行的澄明。

德意志意识形态家们的另一个共同特征是把实践贬低为卑污的犹太人的活动，把精神和精神上的批判活动视为全部历史的基础和推动力。马克思的历史唯物主义理论作为批判理论则致力于先行地澄明实践在人类全部历史活动中的基础的作用。实践性之先行的澄明有如下三方面的含义。

一是实践在本体论上的优先性。人的实践活动是多种多样的，其基

---

① 《马克思恩格斯全集》第 46 卷（上），人民出版社 1979 年版，第 43 页。

本形式则是生产劳动。从生存论的本体论角度来看，生产劳动构成人的全部历史活动的基础，正如马克思所说的："这种活动、这种连续不断的感性劳动和创造、这种生产，是整个现存感性世界的非常深刻的基础，只要它哪怕只停顿一年，费尔巴哈就会看到，不仅在自然界将发生巨大的变化，而且整个人类世界以及他（费尔巴哈）的直观能力，甚至他本身的存在也就没有了。"①因此，人的实践活动，尤其是生产劳动，相对于人的其他活动来说的优先性是不言而喻的，这和我们前面所论述的历史性之先行的澄明是一致的。

二是实践在认识论上的优先性。马克思说过："全部社会生活在本质上是实践的。凡是把理论引向神秘主义的神秘东西，都能在人的实践中以及对这个实践的理解中得到合理的解决。"②这就是说，在人类认识的总体发展过程中，实践相对于认识、理论、意识形态而言，总是优先的。实际上，马克思在这里倡导了一种从理论向实践的归化法。既然观念、理论或意识形态不外是为人的行为提供信念、目的和动机的，那么不管它们是真实的、虚幻的，还是神秘的，都可以通过归化的方法找到它们在实践中的起源。这种方法也适合对意识形态中的某些观念踪迹（如旧的亲属称谓）进行批判性的分析，从而从观念上重构出以前社会形态的真实生活。在对古代文化的研究中，这种从观念向实践的归化方法具有特别重要的意义。

三是实践在批判方式上的优先性。与德意志意识形态的著名代表布鲁诺·鲍威尔这样的批判家不同，马克思倡导了两种不同方式的批判，一种是"理论的批判"，另一种是"实践的批判"。比较起来：后一种批判方式比前一种更重要，因而具有优先性。马克思写道："意识的一切形式和产物不是可以用精神的批判来消灭的，也不是可以通过把它们消融在'自我意识'中或化为'幽灵'、'怪影'、'怪想'等等来消灭的，而只有

---

① 《马克思恩格斯全集》第 3 卷，人民出版社 1960 年版，第 50 页。
② 《马克思恩格斯选集》第 3 卷，人民出版社 1995 年版，第 56 页。

实际地推翻这一切唯心主义谬论所由产生的现实的社会关系，才能把它们消灭；历史的动力以及宗教、哲学和任何其他理论的动力是革命，而不是批判。"①马克思批判理论的根本特征在于它是一种实践的批判，它的基本宗旨在于使现存世界革命化，而不是仅仅诉诸理论的批判、词句的批判。

由此可见，实践性之先行的澄明乃是我们批判地探讨任何理论问题，并避免陷入经院式的无谓的争论的前提，也是马克思主义哲学在其发展中摆脱学院化倾向的解毒剂。

从上面的论述可以看出，马克思的历史唯物主义理论作为批判理论乃是以"去蔽"作为根本特征的元批判理论。这种先行去蔽的态度在20世纪哲学的发展中已作为一种重要的倾向出现了。胡塞尔的现象学主张，在探讨任何问题之前，要把先入为主地支配着人们大脑的种种传统的见解存入括号之中，悬置起来。这正是一种先行去蔽的态度，实际上，现象学的还原方法也就是去蔽的方法。问题在于，胡塞尔的去蔽的方向是错误的，其目的是澄明纯粹的、先验的自我，这样一来，作为历史和人类生存的第一个前提的生产劳动也就被存入括号之中了。从胡塞尔的先验的自我出发，当然不可能像马克思那样，对人类历史作出科学的说明。海德格尔引入现象学方法来研究存在问题，把存在的真理理解为"去蔽状态"(Enthüllung)，在他看来，正是由于种种传统的哲学见解，尤其是形而上学见解的遮蔽，存在的真理才晦而不明，所以，他创立了"此在诠释学"，宣称自己已排除了种种遮蔽物，通达了存在的真理。海德格尔虽然试图通过去蔽的方法使存在的真理，即人的生存状态显露出来，但既然他把普通人的日常生活理解为"沉沦"，主张撇开具体的历史性，先行地去弄清"死"之意义，所以他倡导的仍是一种悲观主义的、抽象空洞的人生态度，与同样是以人的生存问题的思考作为出发点的马克思的历史唯物主义理论大异其趣。事实上，海德格尔的哲学既不能科学

---

① 《马克思恩格斯全集》第 3 卷，人民出版社 1960 年版，第 43 页。

地揭示人们的真实的生活过程，也不能指出一条有效地改变现存的生活世界的道路。胡塞尔和海德格尔通过去蔽而达到的结果是不正确的，但他们的去蔽态度可以启发我们看到马克思早已倡导的以去蔽为根本宗旨的元批判理论的极端重要性。同时，我们也认识到，只有以历史唯物主义的基本理论作为去蔽的前提，这种去蔽活动才能引申出正确的结论来。

第三节　哲学基本理论的再认识

从前面的分析中不难发现，马克思的意识形态批判学说具有明确的元批判的导向。既然意识形态总是扭曲、遮蔽人类史，既然人们总是通过教育而先行地生活在一种意识形态中，亦即人们是先行地用确定的意识形态的目光去看待周围世界的，那么在探讨任何问题之前，在批判任何见解之前，先行地导入元批判，即导入马克思的意识形态批判理论，用历史唯物主义的基本观点"去意识形态之蔽"，从而先行地澄明我们所要探讨的问题的前提，澄明我们作为探讨者或批判者的思想前提，就显得绝对必要的了。

要言之，元批判的先行性不是枝节之论，不是单纯的方法论，而是对探讨者和探讨对象的历史性的真正的澄明，特别是对探讨者的思想出发点的真正的澄明。创造性地领悟马克思哲学的真精神，领悟马克思的划时代的哲学革命的意义之所在，正在于自觉地把历史唯物主义理论作为我们思维的基本立场和态度。意识形态批判或元批判的深邃的目光正蕴含在这一基本立场和态度之中。当前，我们亟须从这一基本立场和态度出发，澄清我们在哲学基本理论研究上产生的一些模糊的认识。事实上，这些模糊的认识正是在传统的意识形态学说的影响下形成的。借助于马克思的元批判的目光，我们将对哲学基本理论获得新的、正确的认识。

先来看"世界观"（conception of world）的概念。人们通常把哲学理解为一种世界观，而世界观就是人们关于自然、社会和思维的根本观点。乍看上去，这种见解是无可非议的，但一导入元批判的目光，问题就出现了。第一个问题是：在这一见解中，自然、社会、人类思维这三者是以相互分离的方式被提出来的，按照历史唯物主义的理论，自然和人类思维都应该统一在以人的物质实践活动为基础的社会生活过程中。马克思早已告诉我们，"社会是人同自然界的完成了的本质的统一"①。在《1844年经济学哲学手稿》《德意志意识形态》等著作中，马克思反复地批判了那种把自然与社会、自然与人、人类思维与社会生活、自然科学与人的科学分离的错误观点，并把它们看作是旧唯物论或唯灵论的意识形态的产物。事实上，从马克思的历史唯物主义理论的眼光看出去，自然就是"人化的自然"或"历史的自然"，思维则表现为社会意识或社会思维。这就是说，一旦澄明了历史唯物主义的立场，就不会再把自然、社会、思维这三者相互分离开来。在《关于费尔巴哈的提纲》中，当马克思告诉我们"全部社会生活（Alles gesellschaftliche Leben）在本质上是实践的"②时，他实际上已经表明，"全部社会生活"正是人们目前仍然以相互分离的方式谈论的自然、社会和思维的统一体。

人们也许会辩护说，他们并没有把这三者分离开来，既然谈世界观，也就是要把这三者统一起来。这种辩护使我们进入到对第二个问题的讨论中：三者统一的基础是什么？如果从"抽象物质"的观点出发，人们通常主张以物质或自然作为基础来统一自然、社会和人类思维。实际上，这是一种发生学上的时间在先的目光，即强调先有自然界，然后才发展出人类、人类社会和人类的思维。

诚然，马克思从来不否认自然在时间上的先在性，但他所强调的始终是一种结构优先于历史的、逻辑在先的目光。马克思在论述雇佣劳动

---

① 《马克思恩格斯全集》第42卷，人民出版社1979年版，第122页。
② 《马克思恩格斯选集》第1卷，人民出版社1995年版，第56页。

的发展及对农民土地的剥夺时曾经这样写道："一切关系都是由社会决定的，不是由自然决定的。"①恩格斯也驳斥了德莱柏等自然科学家所坚持的"自然主义的历史观"，强调指出："人的思维的最本质和最切近的基础，正是人所引起的自然界的变化，而不单独是自然界本身；人的智力是按照人如何学会改变自然界而发展的。"②事实上，人的历史性表明，人总是处于一定的社会关系中来改造自然界的，随着科学技术和各种意识形式的发展，随着自然界日益被人化，作为基础的社会的作用显得越来越重要。在马克思和恩格斯看来，社会生产劳动是整个现存感性世界的非常深刻的基础。他们都认为，那种以撇开人和社会历史过程的自然观作为基础的哲学，本质上是从属于旧唯物主义的意识形态的。我们从这里可以发现，在讨论世界观前，先行地澄清历史唯物主义的基本立场是何等重要。

再来看"认识论"（epistemology）的问题。人们通常认为，认识论研究的是人的认识的起源和本质。这里对作为认识主体的"人"采取了一种非批判的、自然主义的思维态度。一旦导入马克思所倡导的元批判的观点，我们就会发现，认识论研究的基本前提是先要对认识主体加以澄明，而在通常的认识论研究中，尽管人们也喋喋不休地谈论着认识主体，但对他们来说，认识主体的本质是蔽而不明的。这里的"蔽而不明"并不是说人们不知认识主体为何物，而是指作为认识主体的人的历史性仍然是晦而不明的。这里说的历史性不光是指人置身于其中的既定的生产关系、交往方式和物质实践活动，不光是指人的一定的社会地位和利益取向，也是指人置身于其中的社会的主导性的精神状况，即意识形态。在某种意义上可以说，意识形态是广义教育学，这就是说，作为认识主体的某个人，可能是文字之盲（我们通常说的不识字的文盲），却不可能是文化之盲、意识形态之盲。意识形态是在有阶级存在的社会中人

---

① 《马克思恩格斯全集》第 46 卷（上），人民出版社 1979 年版，第 234 页。
② 恩格斯：《自然辩证法》，人民出版社 1971 年版，第 209 页。

们参与社会生活，以维持自己生存的实用"证书"，是人们在社会中走完自己的人生历程所必备的"旅行护照"。一定的意识形态总是通过一定的语言载体进入人们的大脑，因而黑格尔把教化理解为语言的直接现实。由此可见，人是通过一套习得的语言，一套既定的概念来接受意识形态的。一般来说，人们不可能纯粹形式地去学习一种语言，人们学习语言的过程实际上也是进入一种文化、进入一种意识形态的过程。所谓纯粹形式地去学习一种语言的说法，不过是我们无思考地接受的一种幻念罢了。正是在这个意义上，哈贝马斯把语言理解为隐藏着意识形态倾向的话语体系。

如果我们同意上面这些见解的话，那就是说，一个历史性已经被澄明的人在开始现实的认识活动之前，已先行地接受了他置身于其中的那个时代的意识形态。他的心灵并不是亚里士多德式的"蜡块"或洛克式的"白板"，而是先行地写满了意识形态象形文字的"青埂峰下的顽石"。诚然，当一个人在年幼时开始学习语言时，甚至在学习语言之前，已通过感官在接触、感受周围的世界，但我们得承认，一个人的主要认识都是通过语言而习得的，而一般来说，儿童对语言和观念是缺乏批判能力的。当他进入青年时期，开始具有较成熟的反省和独立思考能力的时候，他骄傲地称为"自我"或"自我意识"的东西实际上已不复存在了，自我和自我意识早已飘浮在意识形态的"以太"中。也就是说，在他通常认为自己具有独立思维能力的时候，恰恰也是这种能力丧失殆尽的时候。

因此，一个人在认识某一对象之前或在认识某一对象的过程中，关键的是先要搞清楚，他头脑里先已具备的东西，人们通常把这样的东西称为"先入之见"，即他打算把什么样的先入之见带入他的认识过程中。所以，马克思从来不撇开人的社会历史性来抽象地讨论认识论问题。既然认识论研究的前提是要澄明人的历史性，那就是说，马克思的历史唯物主义理论和意识形态批判学说乃是认识论研究的真正前提，换言之，乃是"一种元批判的认识论"（an epistemology of meta-criticism），它要求任何认识者在认识对象之前，先反思认识者自己的先入之见以及他与他置身于其中的意识形态之间的内在联系。也就是说，任何认识者要准确地进入认识的过程，就先得批判地反思，自己将把什么东西覆盖到整个认识过程中。

下面再来看"方法论"（methodology）的问题。正统的阐释者们通常十分重视方法论的问题，有的人甚至把掌握方法作为学习哲学的最高目的。其实，这种片面地倚重方法论的倾向表明，这些阐释者们还没有脱离近代哲学的根本思路。从当代哲学的视野看，我们也十分重视方法论的问题，但在我们看来，关键在于怎么去看待方法论的本质，尤其是辩证法的本质。这一问题尤其需要用元批判的目光加以澄清。人类的语言和思维越发展，用以表达哲学思考方法的范畴就越丰富。在这里，黑格尔的《逻辑学》是一个最典型的例子。人们通常把《逻辑学》中的一些基本范畴，如现象与本质、可能与现实、偶然与必然、个别与一般等抽取出来，作为范畴辩证法加以讨论；人们也热衷于抽象地谈论对立统一、质量互变、否定之否定等辩证法的基本规律。然而，人们显然忘记了，马克思和恩格斯曾说过，黑格尔的辩证法，作为神秘的概念辩证法，在其现有的形态上完全是无用的。因此，绝不能把方法仅仅视为一种技巧性的东西，也不能从抽象地获取方法论的角度来读黑格尔的《逻辑学》。

我们应当看到，在黑格尔那里，辩证法乃是绝对理念运动的方式，也就是说，黑格尔辩证法的载体或"托子"是绝对理念。要真正地去掉这种辩证法的神秘形式，就必须从历史唯物主义的批判的立场出发，重新阐明辩证法的载体或"托子"。然而，人们通常从费尔巴哈式的一般唯物主义的立场出发，把抽象的、与人的实践活动相分离的"物质"或"自然界"作为辩证法的载体来取代黑格尔辩证法的载体——绝对理念，接着，再从自然界里抽取一些实例来论证辩证法的深刻性，然后再进一步把辩证法的载体扩大为"社会"和"思维"，从而论证这种"被唯物主义地改造过的"辩证法的普遍性。实际上，他们对黑格尔辩证法的改造还没有真正开始。

上述见解是与人们对恩格斯的自然辩证法思想的误解分不开的。人们不懂得，恩格斯的自然辩证法本质上是人化的自然的辩证法，换言之，恩格斯认为，辩证法的主体不是脱离人的自然界，而是以人的实践活动为中介的自然界。恩格斯下面这段重要的论述常为人们所忽视："日耳曼民族移入时期的德意志'自然界'，现在只剩下很少很少了。地球的表面、气候、植物界、动物界以及人类本身都不断地变化，而且这一切都是由于人的活动，可是德意志自然界在这个时期中没有人的干预而发生的变化，实在是微乎其微的。"①在恩格斯那里，辩证法的真正载体实际上是人改造自然的实践活动。撇开这一基本的因素，自然界的变化是微乎其微的。与恩格斯一样，列宁也是从历史唯物主义的立场出发来解读黑格尔的《逻辑学》的。他写道："人的实践活动必须亿万次地使人的意识去重复各种不同的逻辑的格，以便这些格能够获得公理的意义。"②在列宁看来，辩证法的真正载体是人的实践活动，而不是逻辑范畴，不是绝对理念。事实上，马克思在读黑格尔的《精神现象学》时，已经阐明了这一真理："黑格尔的《现象学》及其最后成果——作为推动原则和创造原则的否定性的辩证法——的伟大之处首先在于，黑格尔把人的自我产生看作一个过程，把对象化看作失去对象，看作外化和这种外化的扬弃；因而，他抓住了劳动的本质，把对象性的人、现实的因而是真正的人理解为他自己的劳动的结果。"③显然，马克思认为，人类的生产劳动才是辩证法的根本的载体。

这就是说，从历史唯物主义的元批判的目光来看，马克思的辩证法是人的实践活动的辩证法，是劳动的辩证法。不应该泛泛地说，辩证法是德国古典哲学的遗产，而应该说，劳动的辩证法才是德国古典哲学的遗产。我们谈方法论，必须先行地从历史唯物主义的立场出发去澄明方法的载体或方法的基础，否则，抽象地谈论方法论必然导致诡辩，导致哲学之"根"的丧失。

---

① 恩格斯：《自然辩证法》，人民出版社 1971 年版，第 209 页。
② 列宁：《哲学笔记》，人民出版社 1974 年版，第 203 页。
③ 《马克思恩格斯全集》第 42 卷，人民出版社 1979 年版，第 163 页。

事实上，当正统的阐释者们把哲学理解为单纯的方法论的时候，哲学就成了无"根"的浮萍。20世纪初以来哲学家们对本体论问题的高度重视正是对近代哲学肇始以来，认识论、方法论的探讨始终占主导地位的发展倾向的一种反拨。在我们看来，哲学是存在之思，对于哲学来说，最根本的使命是澄明思想的前提。在这方面，马克思的历史唯物主义理论是哲学发展史上的最辉煌的成果，因为它把思想前提的澄明理解为自己的根本使命。

我们同样可以对美学、伦理学、逻辑学等学科的前提作进一步的澄明，但限于题旨，在这里就不一一加以论述了。正如我们在前面已经指出过的那样，历史唯物主义理论首先是一种真正的批判的世界观，这种批判的世界观的核心是意识形态批判，意识形态批判具有明显的元批判的导向，这种导向的实质是从历史唯物主义的基本理论出发，先行地澄明我们所要探讨的问题的前提。今天，在我们的哲学研究中，没有一种理论比马克思的历史唯物主义和意识形态批判理论更重要，因为它们正是我们探讨一切问题的唯一科学的出发点。

第六章　马克思意识形态学说的
　　　　　传播与演化

当马克思的伟大战友恩格斯于 1895 年逝世时，马克思主义已在世界范围内产生了广泛而深入的影响。毋庸讳言，作为马克思的历史唯物主义理论的重要组成部分的意识形态学说也得到了广泛的传播，引起了人们的普遍的理论兴趣。当然，也必须指出，在这一传播过程中，马克思意识形态概念的内涵也发生了相应的变化。

众所周知，马克思和恩格斯论述意识形态问题的最重要的著作《德意志意识形态》直到 1932 年才问世。在此之前，人们主要根据《共产党宣言》《〈政治经济学批判〉序言》《反杜林论》《路德维希·费尔巴哈和德国古典哲学的出路》等著作来理解、研究并传播马克思的意识形态理论。在上述著作中，马克思和恩格斯并没有专门辟出篇幅来讨论意识形态问题，只是在批判青年黑格尔派的代表人物的思想和论述历史唯物主义的基本原理时，论述到意识形态的问题。在这种情况下，马克思主义的早期传播者和阐释者既没有从哲学上系统地去探讨意识形态概念的发展史，也没有深入地去思考意识形态概念在马克思的全部学说中的地位和作用，只是在介绍、评论马克思和恩格斯关于历史唯物主义的基本理论时，提到意识形态概念。他们在阐述意识形态问题时，比较重视的是意识形态的来源以及对资产阶级意识形态的虚伪性、掩蔽性的揭露和批判，并在一定的程度上思考了意识形态的实践性、能动性及其相对独立性问题，初步地认识并阐述了意识形态和经济基础之间的辩证关系。至于马克思主义的"修正者们"则以反对机械唯物主义为借口，竭力夸大意识形态的作用，使之与经济基础等量齐观。实际上，他们力图以历史唯心主义的观点来取代马克思主义的哲学基础——历史唯物主义理论。

从 19 世纪末到 20 世纪初，作为对黑格尔哲学的泛理性主义倾向的反拨，以叔本华和尼采为代表的唯意志主义思潮开始产生重大的影响。这两位哲学家从新的角度出发，反省并批判了传统的意识形态，深受这一思潮影响的奥地利心理学家弗洛伊德创立了以无意识理论为基础的心理分析学说，并在此基础上对整个人类文明的发展作出了新的批判性的解释，从而开辟出与马克思的历史唯物主义理论有差异的另一种解释社会生活的理论。如果说，马克思重视经济因素在归根结底层面上对人们的社会生活的决定性作用的话，那么，弗洛伊德重视的则是无意识和性对人们的社会生活的制约作用。与此同时，由孔德肇始的实证主义思潮，经过涂尔干和帕累托等人的推动，也已经在思想界拥有一定的影响。受到这一思潮影响的马克斯·韦伯形成了"价值中立性"学说，力图消融掉马克思和恩格斯所反复强调的意识形态的阶级内涵。

要言之，上述思潮所蕴含的意识形态理论与马克思的意识形态理论在某些方面是相互冲突的，而从另一个角度看也是相互补充的。这种对立或互补在意识形态理论的发展中以越来越明显的方式表现出来，从而极大地丰富了意识形态理论的内涵，也在一定的程度上对马克思的意识形态理论提出了严峻的挑战，当然，这些挑战同时也成了马克思的意识形态理论向前发展的契机和动力。

第一节 意识形态学说的传播者

拉法格、梅林、拉布里奥拉和普列汉诺夫是马克思主义思想的著名传播者。他们都十分重视对马克思和恩格斯的历史唯物主义理论的研究，因而他们的著作都不同程度地涉及对意识形态问题的探讨和论述。这些论述为我们了解马克思意识形态学说的传播和演化提供了极为珍贵的材料。

一、拉法格的意识形态理论

保尔·拉法格（Paul Lafargue，1842—1911）是法国著名的马克思主义活动家和理论家，他一生著述甚丰，其中有几部论著专门阐述了马克思的历史唯物主义理论。我们在这里主要讨论他在《卡尔·马克思的经济唯物主义》这部代表作中的意识形态理论。

首先，拉法格强调，各种意识形式都是经济环境的产物。他这样写道："从马克思学派的唯物主义者的观点来看，人是两种环境的产物：宇宙的或自然的环境和经济的或人为的环境的产物，我说'人为的'环境，是因为它是人类创造的产物。人类社会的民事和政治的制度、宗教、哲学体系和文学都是植根于经济环境里。它们在经济的土壤里获得自己盛衰的因素。历史哲学家应当在经济的环境里——也只有在这中间——找出社会进化和革命的基本原因。"[1]在拉法格看来，一切宗教和唯心主义思想体系的共同特点在于，不是从人们生存的物质条件，不是从人的需要、情欲、利益出发来解释历史，而是把历史看作是神的意志或抽象观念的产物。所以，拉法格反复强调，批判种种宗教的和唯心主义的思想体系，从经济环境出发来解释历史，阐明各种意识形式的真实

---

① ［法］拉法格：《唯心史观和唯物史观》，王子野译，生活·读书·新知三联书店1965年版，第39页。

的起源，乃是马克思主义者面临的一个重要的理论任务。

其次，拉法格批判了资产阶级意识形态的虚伪性。他指出："资产阶级的意识形态也像以前的耶稣和贞女玛利亚一样，曾经服务于和现在还在服务于欺骗人民的勾当。"①如果说，资产阶级的经济学家把资本主义生产关系看作是永恒的自然关系的话，那么，资产阶级的思想家和历史学家则竭力用新教的教义来论证资本主义社会的进步性和合理性。拉法格认为，自从马克思主义诞生之后，所有资产阶级的意识形态都已经失去了自己存在的理由，因为马克思已经揭露了这种意识形态的实质，阐明了它们的虚假性。

最后，拉法格把马克思的历史唯物主义理论命名为经济唯物主义。他说："马克思和恩格斯的经济唯物主义粉碎了历史唯心主义及其愚弄人们的宿命论，创造了历史哲学并训练无产阶级的思想家作出打开通向新世界——自由的劳动世界的大门的经济革命。"②在拉法格看来，经济唯物主义不同于庸俗的社会达尔文主义，它从对每一时期的社会经济结构的研究出发，把历史置于全新的基础之上，从而也为批判传统社会的形形色色的意识形态，特别是资产阶级的意识形态提供了思想武器。

在《唯心史观和唯物史观》《财产的进化》和《思想起源论》等论著中，拉法格进一步开展了对资产阶级意识形态的批判，并从社会生活的物质条件出发去阐述各种意识形式和观念的起源。虽然拉法格坚持了历史唯物主义的基本立场，但由于他把历史唯物主义简单地理解为"经济唯物主义"，因而忽视了对意识形态的能动性和相对独立性的探索。

二、梅林的意识形态理论

弗兰茨·梅林（Franz Mehring，1846—1919）是德国杰出的马克思主义活动家和理论家。《论历史唯物主义》这一长篇论文表明，他无疑是历史唯物主义的最出色的阐释者和捍卫者之一。与拉法格比较起来，他对

---

① ［法］拉法格：《唯心史观和唯物史观》，王子野译，生活·读书·新知三联书店1965年版，第46页。译文有改动。

② 同上书，第52页。

马克思的历史唯物主义理论的理解更趋成熟。他不仅坚持社会物质生活条件对意识形态的决定作用，也开始注意到意识形态本身的力量及对社会物质生活的反作用。

首先，梅林主张全面认识社会物质生活条件和意识形态之间的辩证关系。他引证了马克思在《〈政治经济学批判〉序言》和恩格斯《在马克思墓前的讲话》中关于历史唯物主义和意识形态的基本论述，既肯定"人类精神不是物质生产方式的父亲，物质生产方式反倒是人类精神的母亲"①，又肯定"历史唯物主义并不认为人类是一种死板的机械运动的无意志的玩物；历史唯物主义并不否认观念的力量"②。但梅林强调，这并不是一种同等的交互关系，归根结底，物质生活的生产和再生产制约着精神生活和意识形态的发展方向。梅林还批判了意识形态的虚假性，他在分析哥伦布在日记上写的"愿上帝慈悲，让我发现金矿！"这句话时评论说："这'慈悲的上帝'是当时的意识形态，一如今天的，当然是更其伪善的意识形态——'把人道和文明'带到'黑暗大陆去'一样。"③

其次，梅林批驳了历史浪漫学派的基本观点。从理论上看，历史浪漫学派是对资产阶级古典经济学的反动，它反对古典经济学把资本主义的经济形式说成是永恒的自然规律，但却主张把地主和农奴之间的经济依赖关系加以神化。所以，梅林说："资产阶级国民经济学和历史浪漫学派间的理论斗争，是资产阶级和封建地主间的阶级斗争的意识形态反映。"④除了封建主义经济形式外，历史浪漫学派对其他经济形式几乎都没有什么研究，只是偶尔提出了用经济形式来贯穿法律、政治、宗教等的思想。可是，有人竟把它与马克思的历史唯物主义理论等同起来。梅林反驳道："这个学派与历史唯物主义没有任何关系；至多也只能说，它的毫不隐饰的阶级意识形态，可能是促使马克思和恩格斯达到历史唯

---

① ［德］梅林：《保卫马克思主义》，吉洪译，人民出版社1982年版，第32页。
② 同上书，第39页。
③ 同上书，第32页。
④ 同上书，第11页。

物主义的酵素之一。"①

最后，梅林又驳斥了那种试图把历史唯物主义与自然科学的唯物主义混淆起来的错误见解。自然科学的唯物主义一方面仅仅把人类当作具有意识而行动着的自然的产物来考察，因而不懂得人类的意识究竟是由社会中的什么东西决定的；另一方面又把人类历史看作是不同的动机和观念之间冲突的产物，"因此，当它进入历史领域时，它就转化为自己最相反的对立物，即转化为最极端的唯心主义了"②。梅林从历史唯物主义的观点出发，强调社会集团的物质基础决定人们的动机、目的和意识，从而捍卫了马克思的意识形态学说。

综上所述，尽管梅林从总体上维护了马克思的历史唯物主义理论，批判了资产阶级意识形态的各种错误的见解，但他并未辟出专门的篇幅，从理论上深入地探讨意识形态存在和发展的规律。

三、拉布里奥拉的意识形态理论

安东尼奥·拉布里奥拉（Antonio Labriola，1843—1904）是意大利第一个马克思主义者，也是第二国际著名的理论家。他对历史唯物主义学说的创造性理解集中表现在《论历史唯物主义》一书中对意识形态的相对独立性问题的阐发上。正如梅林所指出的："拉布里奥拉完全掌握了马克思和恩格斯所阐明的历史唯物主义，但他是作为一个独立的思想家来再现这一理论的。"③拉布里奥拉的贡献主要体现在以下三个方面。

（1）历史唯物主义理论是对社会历史总体结构的认识。拉布里奥拉批评了那种把历史唯物主义理论曲解为用经济因素机械地、直线式地去解释各种社会历史现象的错误观点，坚持历史唯物主义理论乃是对各种因素的综合，是对社会历史总体结构的把握。他写道："问题不在于只是发现和确定社会基础，然后把人变成已经不是由天意，而是由经济范

---

① ［德］梅林：《保卫马克思主义》，吉洪译，人民出版社 1982 年版，第 13—14 页。
② 同上书，第 18 页。
③ ［意］安·拉布里奥拉：《关于历史唯物主义》，杨启潾、孙魁、朱中龙译，人民出版社 1984 年版，第 149 页。

畴操纵的傀儡。……简单说来，要写的是历史，而不是历史的骨架子，要叙述历史事件的过程，而不要抽象化，要记叙和解释整个的历史，而不是仅仅把它分解为一些单个因素并分析这些因素。"①拉布里奥拉丝毫不否认，在社会历史总体结构中，经济因素在归根结底的层次上发挥着决定性的作用，但他认为，一方面这种作用的过程是错综复杂的，"不是直接地和似乎自动地产生制度、法律、习俗、思想、感情和各种意识形态形式的简单机体"②。另一方面，人们不是经济环境的消极的分泌物，他们在一定的意识形态和观念的推动下总是参与并制造着各种历史事件，而"没有一个历史事件不是以一定的社会意识形式为先导的，由它相伴随和由它所跟随的，而不论这种意识是以迷信或经验为基础，是以直接感受或反射为基础，是充分发展的或不彻底的，是心血来潮的或自我控制的，是幻想的或纯理论的"③。这样一来，拉布里奥拉通过对上层建筑和意识形态的重大社会作用的肯定，重新恢复了历史唯物主义理论的丰富内涵，使它成为真正能够把握社会历史总体的科学的立场和方法。

（2）意识形态的相对独立性。拉布里奥拉这样写道："我们认为，不是人们的意识的形式决定他们的社会存在，而是相反，他们的存在决定他们的意识（马克思语），这一论点是无可争辩的。但是，这些意识形式既然决定于生活条件，也就构成了历史的一部分。历史——这不仅是社会的经济解剖，而且是蒙住和遮盖这种解剖的种种现象，包括它在幻想中的种种反映的总和。"④正是在把意识形态理解为社会历史总体的一部分的基础上，拉布里奥拉探讨了意识形态的相对独立性问题。

首先，意识形态并不是直接受制于经济基础的，在这两者之间，存在着一个中介物，拉布里奥拉称之为"社会心理"。在他看来，社会心理

① ［意］安·拉布里奥拉：《关于历史唯物主义》，杨启潾、孙魁、朱中龙译，人民出版社1984年版，第136—137页。
② 同上书，第88页。
③ 同上书，第63页。
④ 同上书，第63页。

始终是特殊条件的特殊产物，意识形态是在对社会心理加工的基础上形成并发展起来的，因而它对经济基础而言，具有某种相对独立性。

其次，意识形态具有自己相对独立的发展历史。拉布里奥拉说："思想的历史是存在的，但是这一历史决不囿于那些自我说明的思想的恶性循环。"①这就是说，人们必须结合不同历史时期的物质生活条件的变化来研究思想的历史、意识形态的历史，而这些历史的存在则是毫无疑义的。

再次，法、宗教、哲学、教育、艺术、伦理等各种意识形式在发展中都是相互联系、相互影响的。拉布里奥拉在追溯自然法的意识形态的形成史时说，"在自然法的意识形态的形成当中还有另一个因素也起了自己的作用，这就是后来各个时代的希腊哲学。"②在这里，拉布里奥拉实际上论述了法律和哲学这两种不同的意识形式在发展中的内在联系。

最后，意识形态斗争是现实斗争的先导。拉布里奥拉认为，虽然意识形态是在人们的现实生活的基础上形成并发展起来的，但它一经形成，又会通过思想观念和意识，对他们的现实生活施加重大的影响。拉布里奥拉分析了法国启蒙思想对法国大革命的先导作用，特别分析了自然法的意识形态在资产阶级革命时期的重大作用。总之，在他看来，意识形态是社会历史总体发展中的一种现实的力量，它具有自己相对独立的发展规律。

（3）批判的共产主义的中心任务是"去意识形态之蔽"。拉布里奥拉常常把历史唯物主义理论称为"批判的共产主义"，他之所以这样做，是因为他发现历史唯物主义理论也有被形式化、机械化和庸俗化的趋向。他说："我们的智力很少安于严格的批判的研究，总是倾向于把任何一个思想发现变成刻板的因素和新的烦琐哲学。"③在这样的情况下，用

---

① ［意］安·拉布里奥拉：《关于历史唯物主义》，杨启潾、孙魁、朱中龙译，人民出版社1984年版，第131页。

② 同上书，第114页。

③ 同上书，第72页。

"批判的共产主义"来称呼历史唯物主义，就是为了激活历史唯物主义的批判的向度。那么，拉布里奥拉所说的"批判"又是什么意思呢？他告诉我们："揭去历史事实在其发展过程中所蒙上的那些覆盖物——这就是对真正意义上而不是形式上的资料进行新的批判的关键所在。"①这里说的"覆盖物"正是指意识形态附加在历史事件上的种种幻想和曲解，也正是指意识形态笼罩于整个社会之上的那种"独立化"的外观。因此，拉布里奥拉强调，批判的共产主义的重要使命在于：一方面，去掉幻想，去掉意识形态之蔽，认识并返回到真正的现实生活中去；另一方面，"当人们发现这些意识形态的真正的源泉在于生活本身的时候，任务就在于真实地说明它们是怎么产生的"②。

综上所述，拉布里奥拉的意识形态理论旨在复兴历史唯物主义理论的本真的批判的精神，因而是更富有活力的，它对葛兰西的意识形态学说的形成和发展产生了不可低估的影响。

四、普列汉诺夫的意识形态理论

普列汉诺夫（Г. В. Плеханов，1856—1918）是第二国际最有声望的理论家之一，他对马克思的历史唯物主义理论有精深的研究。这里探讨的主要是他在《论唯物主义历史观》这篇论文中论述的关于意识形态的理论。

（1）普列汉诺夫从分析经济唯物主义这一思潮入手，深入地批判了"因素论"这一错误的观点。他说："经济唯物主义者就是认为经济因素在社会生活中起支配作用的人。这就是我们的民粹派和主观主义者对经济唯物主义的理解。"③可是，在他看来，真正的唯物主义者是不喜欢到处乱套经济因素，也不欢喜抽象地谈论其他的因素的。比如，格拉古兄弟反对罗马富人强占公地这一历史事件，既有激情的因素、国家法的因素，也有经济的因素。这些社会历史因素都是从社会整体的各个方面抽

---

① ［意］安·拉布里奥拉：《关于历史唯物主义》，杨启潾、孙魁、朱中龙译，人民出版社1984年版，第59页。

② 同上书，第126页。

③ 同上书，第155页。

象出来的，停留在其中的任何一个因素上都不可能对社会历史整体作出科学的说明。从马克思的历史唯物主义理论看来，"历史的'因素'是纯粹抽象的东西，等到它们周围的云雾一消散，便真相大白。原来人们根本没有创造若干互不相同的历史——法的历史、道德的历史、哲学的历史等，而是仅仅创造了一部由每个一定时期的生产力状况所决定的他们自己的社会关系历史。所谓的意识形态只不过是这个统一而不可分的历史在人的头脑中的各式各样的反映而已"①。这就告诉我们，不仅要用总体的眼光去研究历史，而且要用同样的眼光去研究反映这一历史过程的意识形态。

(2)如何研究意识形态的历史，这是普列汉诺夫十分关注的问题。他曾经写道："在意识形态的历史中，人们常常不得不向自己提出问题：一定的仪式或习俗，在不仅那些产生它的关系已经消失，而且由同一些关系的产生的其他同源的习俗和仪式也已经消失的情况下，为什么能保留下来呢?"②他认为，解答这个问题应当求助于社会心理学。那些旧的习俗和仪式在其赖以存在的经济基础瓦解之后之所以能够长期保存下去，因为它们仍然契合保存者的心理状态，以及隐伏在这种心理状态背后的利益关系，"在社会力量的一定的联合的出现、变化和崩溃的影响下发生的观念的结合的发生、变化和崩溃，在颇大的程度上说明了意识形态的历史"③。这就是说，社会力量-社会心理分析乃是意识形态史研究的基本出发点。

(3)普列汉诺夫赞同拉布里奥拉关于各种意识形态相互影响的见解，但又进一步指出："在不同的社会发展阶段上每种一定的意识形态受其他意识形态的影响在程度上极不相同。"④在他看来，深入地探讨这些不

① ［意］安·拉布里奥拉：《关于历史唯物主义》，杨启潾、孙魁、朱中龙译，人民出版社1984年版，第185—186页。
② 同上书，第181页。
③ 同上书，第182页。
④ 同上书，第180页。

同或差异，也是意识形态研究所面临的重要任务之一。

不管如何，重视对意识形态史的研究，也就是重视对意识形态相对独立性的研究。在这方面，普列汉诺夫积极地推进了拉布里奥拉的工作。尽管如此，在这些马克思主义的早期传播者那里，意识形态在理论上还未上升为一个独立的、基本的课题。

第二节　意识形态学说的"修正者"

从伯恩施坦、库诺夫到考茨基，构成了一条对马克思的历史唯物主义理论进行全面"修正"的思想路线。毋庸讳言，这一"修正"也涉及马克思的意识形态学说，并在考茨基那里获得了最为典型的表现形式。

一、伯恩施坦的意识形态观

爱德华·伯恩施坦（Eduard Bernstein，1850—1932）的《社会主义的前提和社会民主党的任务》是在恩格斯逝世后全面"修正"马克思的历史唯物主义理论和意识形态学说的宣言书。

首先，伯恩施坦非难马克思不重视意识形态的因素。他在引证了马克思的《〈政治经济学批判〉序言》中关于历史唯物主义的经典性论述后，指责马克思把"意识"和"存在"彼此截然对立起来，把人仅仅看作是历史力量的代理人，否定了人的自由意志的作用："整个说来，人的意识和意愿表现为非常从属于物质运动的因素。"①伯恩施坦甚至扬言，历史唯物主义在其创始人马克思那里，已成了一种独断论和宿命论。

其次，伯恩施坦力图夸大意识形态的独立性。他在攻击那种认为经济因素今天所起的作用比过去更大的见解时写道："所以引起这种错觉，不过是因为经济动机今天是自由地出场的，而它在以前是被各种各样的

---

① ［德］爱德华·伯恩施坦：《社会主义的前提和社会民主党的任务》，殷叙彝译，生活·读书·新知三联书店 1965 年版，第 51 页。

统治关系和意识形态掩盖着的。现代社会在不受经济和作为经济力量起作用的自然所制约的意识形态方面反而比以前的诸社会更为丰富。科学、艺术和相当大的一批社会关系，今天同以前的任何时期比起来，对于经济的依赖程度要小得多。或者，为了不致留下误解的余地，可以说，经济发展今天已经达到的水平容许意识形态因素特别是伦理因素有比以前更为广阔的独立活动余地。因此，技术和经济的发展同其他社会制度的发展之间的因果联系变得愈来愈间接了，从而前者的自然必然性对于后者的形态的决定性影响就愈来愈小了。"①伯恩施坦竭力割断意识形态和经济因素之间的内在的必然联系，从而把意识形态，特别是伦理因素独立化，把历史唯物主义理论变成某种带有折中主义倾向的理论杂烩。其实，每一个有识之士都会发现，与以前的社会形态比较起来，意识形态与经济因素之间的关系在现代资本主义社会中表现得更为直接、更为明显，只有像伯恩施坦这样对资本主义社会的现实生活采取鸵鸟政策的人才会看不到这一点。

最后，伯恩施坦竭力把马克思主义本身贬低为小资产阶级式的意识形态。他说："'科学社会主义'——的的确确。如果说科学一词曾经被贬低到纯粹的口头禅（Cant），那就是在这一场合。"②不仅如此，伯恩施坦甚至把马克思主义和布朗基主义相提并论，认为马克思主义超过布朗基主义的地方"只涉及外部手段和意志即意识形态"，并扬言，"对于布朗基主义的批判将变成马克思主义的自我批判——不仅是对某些外部表现的自我批判，而是对它的学说体系的极其本质的组成部分的自我批判"③。伯恩施坦还指责马克思未能从黑格尔主义辩证法的陷阱中完全超脱出来，马克思学说中的一些重要的结论不是根据资本主义社会的现实，而是根据黑格尔的辩证法推导出来的。

---

① ［德］爱德华·伯恩施坦：《社会主义的前提和社会民主党的任务》，殷叙彝译，生活·读书·新知三联书店 1965 年版，第 56—57 页。
② 同上书，第 248 页。
③ 同上书，第 85—86 页。

这样一来，伯恩施坦实际上把马克思主义也看成是一种未超出资产阶级、小资产阶级眼界的意识形态。正如拉雷所说："到 1898 年为止，第一代马克思主义作者中还没有一个人公开称马克思主义本身是意识形态。提出马克思主义是否是意识形态这一问题的第一个思想家是伯恩施坦。"①在伯恩施坦看来，"马克思主义无疑是一种意识形态。"②

二、库诺夫的意识形态观

亨利希·库诺夫（Heinrioh Cunov，1862—1936）是德国社会民主党和第二国际的重要理论家之一，在他的代表作《马克思的历史、社会和国家学说》中，他从不同的角度"修正"了马克思的意识形态学说。他的主要观点如下。

（1）意识形态因素与经济因素并无本质上的区别。库诺夫批评伯恩施坦对马克思意识形态学说的误解："伯恩施坦所设想的经济因素同意识形态因素之间的对立，对于马克思和恩格斯来说，根本不存在。"③在库诺夫看来，意识形态不过是翻译成观念的东西的社会生活的实在，或者换一种说法，意识形态是社会状况在观念上的反射。他发挥道："意识形态因素不是同所谓经济因素有本质的区别的东西；它们只不过是后者的观念表现形式，是后者向观念的转化，它的思想形式。"④他认为，只有通过意识形态的这种转化形式，人们才能理解经济事实及其相应的变化，才能通过斗争解决现实生活中的冲突。库诺夫甚至认为，"一个意识形态因素可能同时就是经济因素，只不过前者是后者的比较抽象的、或多或少地把赤裸裸的经济内容包藏起来的表现形式。"⑤这样一来，库诺夫在批评伯恩施坦时滑向另一个极端，即没有看到意识形态因

---

① T. Bottomore（ed.），*A Dictionary of Marxist Thought*，Cambridge：Harvard University Press，1983，p. 221.

② Ibid.，p. 221.

③ ［德］库诺夫：《马克思的历史、社会和国家学说》第二卷，《哲学研究》编辑部译，上海人民出版社 1966 年版，第 266 页。

④ 同上书，第 202 页。

⑤ 同上书，第 203 页。

素与经济因素之间的本质差异。事实上，马克思早就告诉我们，意识形态对社会状况的反映通常是以扭曲的、颠倒的方式表现出来的，因而唯有通过对意识形态的批判才能意识到真实的经济关系，而库诺夫竟然完全没有注意到这一点。

(2)意识形态与人们的利益之间并无必然的联系。库诺夫批评了那种把一切意识形态理解为一定的社会利益矛盾的反映的见解，主张："不同的利益固然往往对社会成员的思想和见解有重大影响，但是这些利益决不单独决定一个时代的社会意识形态的全部内容，恰恰相反，这种意识形态的大部分同利益争执没有关系。"①在库诺夫看来，在经济生活条件和意识形态之间，利益所起的作用并不一定是必然的，他试图用宗教这种意识形态来说明利益与意识形态之间关系的疏远化。这显然曲解了马克思的意识形态理论。实际上，按照马克思的看法，在有阶级存在的社会中，占统治地位的思想必定是统治阶级的思想，而意识形态必然或隐或现地与统治阶级的根本利益联结在一起。淡化意识形态和统治阶级根本利益之间的内在关系，必然会背离马克思的意识形态批判理论。

(3)淡化经济基础对意识形态的制约作用。虽然库诺夫不赞成把意识形态看作完全独立的力量，但他通过对各种意识形态之间的相互作用的强调，极力淡化经济基础对意识形态的根本性的制约作用。他说："唯物主义历史观……不根据一定的经济动因和关系直接地或间接地推出意识形态的潮流和艺术倾向。"②在这里，经济动因对意识形态"间接地"发生作用的可能性也被否定了，它的作用仅仅被限制在观念的最初的起源上，似乎观念的东西、意识形态的东西一经启动就只在其内部的相互作用中向前发展。这种见解与马克思的意识形态学说是完全不相容的。在马克思和恩格斯看来，经济动因不仅仅是"第一推动力"，而且是持久地、每日每时都在发生作用的，它对意识形态的作用尽管是间接

---

① ［德］库诺夫：《马克思的历史、社会和国家学说》第二卷，《哲学研究》编辑部译，上海人民出版社 1966 年版，第 218 页。

② 同上书，第 256 页。

的，但始终是意识形态发展中所围绕的"中轴线"。库诺夫把经济动因对意识形态的作用由"线"缩短到"点（起点）"，在逻辑上也与他前面的见解——意识形态因素是对经济因素的反映相冲突。

三、考茨基的意识形态观

卡尔·考茨基（Karl Kautsky，1854—1938）作为德国社会民主党和第二国际的最重要的理论家之一，在他后期的代表作《唯物主义历史观》的第三卷"人类社会"的第四篇"马克思的《序言》"中对马克思的意识形态学说提出了全面的"修正"。

首先，考茨基认为，马克思在《〈政治经济学批判〉序言》中用"上层建筑"这样的比喻来说明意识形态是不适合的："用经济的基础和意识形态的上层建筑字样对经济与意识的关系所作的这种说明，在表述唯物主义历史观定义的一切词句中，是最常用和给人印象最深的词句，同时也是这个观点的核心。但是，这个说明也造成了一些奇奇怪怪的误解和解释。"①在考茨基看来，这些误解部分地是由这样的比喻引起的。一方面，把社会看作一个建筑物，会导致同唯物主义历史观毫不相容的空想的思想方式，"这会使人们认为，只有立法者能够发现、设计和建造比现有的社会建筑更完善的社会建筑"②。另一方面，对于缺乏批判能力的人来说，还会造成一个危险，"那就是不从运动状态，而从静止状态去考察社会关系"③。考茨基对马克思的上述批评显然是站不住脚的。在《〈政治经济学批判〉序言》的那段著名的论述中，马克思既阐明了全部社会生活的深层动因，即不以人们的意志为转移的经济关系的根本作用，从而彻底否定了英雄史观，也阐明了经济关系的变化必然引发整个上层建筑（包括意识形态）的变化。所以，马克思关于"基础"和"上层建筑"的比喻不但不会导致考茨基上面所说的误解，反而是对历史唯物主

---

① ［德］卡尔·考茨基：《唯物主义历史观》第三分册，《哲学研究》编辑部译，上海人民出版社 1984 年版，第 70 页。
② 同上书，第 371 页。
③ 同上书，第 371 页。

义的形象的表述。

其次，考茨基强调，不能从物质和精神分野的角度来探讨经济基础与意识形态的关系。他说："这些生产关系的总和，即上面竖有法律和政治的上层建筑以及一定的社会意识形式的'现实基础'，决不只是'物质'范围的东西，即不只是由外部世界的物质的事物所形成，而是在很大程度上由精神因素、即人类的需要和认识所决定的。奇怪的是，这些精神因素出现在生产领域的时候，人们把它们称为物质因素。"①考茨基认为，正如物质的基础中包含着许多精神的成分一样，"意识形态的上层建筑也决不是纯粹精神的"②。各种意识形态必须通过物质的媒介才能获得社会意义。比如天主教这一意识形式，不仅有教义和戒律，也有教堂、圣像、大风琴、钟、蜡烛、香炉、华丽的弥撒服和圣餐杯。最虔诚的信仰和最狂热的迷信都需要由物质的事物来唤起、支持和保持下去。"因此，不能简单地说基础中只有物质的事物，而上层建筑中只有思想和感情。人们到处都需要物质的事物，然而任何地方也少不了精神活动。"③据考茨基自己说，他上述见解是对粗糙的唯物主义而发的，但他滑向另一个极端，即否定了马克思关于"物质生活"和"精神生活"差别的论述。尽管物质生活包含着某种精神的成分，精神生活也有其物质的载体，但两者的侧重点是不同的。从历史唯物主义看来，物质生活始终是人的全部社会生活的基础。考茨基力图用相对主义的诡辩曲解马克思的历史唯物主义和意识形态理论。事实上，马克思本人也反对近代哲学把物质与精神抽象地对立起来，马克思之所以倡导"实践唯物主义"，就是要扬弃精神与物质之间的这种抽象的对立，因为"实践"是主观见诸客观的活动，也就是说，在实践中，包含着实践者的意识（如目的、动机、初始的想法等），但实践又不同于主观幻想和纯粹思维，它乃是一种改

---

① ［德］卡尔·考茨基：《唯物主义历史观》第三分册，《哲学研究》编辑部译，上海人民出版社1984年版，第373页。

② 同上书，第374页。

③ 同上书，第376页。

变外部世界的物质性的活动。由此可见，考茨基的上述批评只能表明他对马克思思想是多么无知！

最后，考茨基扬言任何意识形态都是新因素和旧因素的混合。他写道："我们已经知道，在一个时代、一个阶级、一个政党的政治的、哲学的、宗教的、艺术的意识形态中，新因素和旧因素的混合程度会由于情况不同而表现为多种多样。"①值得注意的是，考茨基在这里强调的并不是意识形态的相对独立性，即新的意识形态是如何继承旧的意识形态的某些内容的，而是新旧意识形态的折中与调和。他说，"任何一种意识形态，甚至最激进的、最革命的，也不会是只由新因素形成的"；又说，"任何一种意识形态，即使是最保守的、甚至是最反动的，也不会只有旧传统而不包含新因素"②。这样一来，一方面，考茨基完全撇开历史条件，把不同的意识形态等量齐观了；另一方面，他只注意到意识形态内部新、旧因素的"混合"，完全忽视了它们之间的冲突和矛盾。

综上所述，从伯恩施坦、库诺夫到考茨基的思想历程表明，由于这些人成了资产阶级意识形态（尤其是新康德主义、庸俗进化论和实证主义）的俘虏，因此，马克思的意识形态批判及这一批判学说与历史唯物主义理论之间的内在联系始终在他们的视野之外，同样地，马克思对资产阶级意识形态的核心思想——异化和物化的批判也始终在他们的视野之外。

第三节　意识形态与无意识

从叔本华、尼采到弗洛伊德，在哲学上开辟出一条研究意志、生命、本能、欲望（尤其是性欲）的独特的道路。沿着这条道路，各种传统的意识形态遭到了激烈的批判，而当代新的意识形态的形成及意识形态

---

① ［德］卡尔·考茨基：《唯物主义历史观》第三分册，《哲学研究》编辑部译，上海人民出版社 1984 年版，第 390 页。

② 同上书，第 390 页。

的研究，特别是对马克思意识形态学说的研究，也受到上述思潮的冲击和影响。所以，在阐发马克思意识形态学说的演化时，我们有必要分析、批判一下蕴含在这一思潮中的特殊的意识形态理论。

一、叔本华的意识形态学说

叔本华（Arthur Schopenhauer，1788—1860）声称他的哲学是直接从康德出发的。在《作为意志和表象的世界》这部著作中，他认为，世界有两面：一面是现象，在现象的范围内，世界是作为"表象"（Vorstellung）出现的；另一面是本质，在本质的范围内，世界是作为"意志"（Wille）而出现的。"自在之物是什么呢？就是意志。"①这样一来，叔本华把整个西方哲学的研究扭转到人生哲学的方向上。

然而，叔本华的"意志"概念并不是只对人而言的。在他看来，意志是世界的本质，是万事万物的基础。换言之，世界是意志的逐级客体化，比如，自然界中的"力"（Kraft）就是意志的一种表现形式。在人类产生之前，意志处于黑暗的、盲目的冲动中。人类诞生后，人的认识之光就侵入到盲目地起作用的意志的工地上去了。随着人的认识的发展，人被各种各样的知识包裹起来了。于是，出现了一种完全颠倒的见解，即认识（Erkenntnis）是第一性的，意志则是第二性的，意志是服从理性认识的。

叔本华把这种颠倒的观点又重新颠倒过来了，他强调说："意志是第一性的，是原始的，认识只是后来加上去的，是作为意志现象的工具而隶属于意志现象的。"②这就是说，认识总是服服帖帖地为意志服务的，实际上，认识正是为这种服务而产生的，犹如头部是为躯干而长出来的一样。在叔本华看来，人不再是苍白的理性动物，"人作为意志的最完美的客体化，相应地也是一切生物中需要最多的生物了：人完全是具体的欲求和需要，是千百种需要的凝聚体"③。由于生命意志是不停息

① A. Schopenhauer，*Sämtliche Werke*（*Band 1*），Frankfurt am Main：Suhrkamp Verlag，1986，ss. 182-183.

② Ebd.，s. 403.

③ Ebd.，s. 428.

地发生作用的，人的欲求是无限的，永不厌足的，因此，人生就像钟摆一样在痛苦和无聊之间摆动。为了从痛苦和无聊中摆脱出来，叔本华主张，人们应该像印度的圣者或基督一样，清心寡欲。从肯定生命意志开始，到否定生命意志终结，充分体现出叔本华的哲学思想具有悲观主义的倾向。

叔本华哲学的影响是双重的：一方面，他从生命意志的理论出发，对传统的意识形态，尤其是以费希特、谢林和黑格尔的理性主义哲学为基础的德意志意识形态进行了猛烈的抨击。在《作为意志和表象的世界》的第二版序中，他辛辣地嘲讽了那些追随黑格尔哲学的思想家："他们早就习惯于把空洞的废话当作哲学思想，把最可怜的诡辩当作机智，把愚昧的妄谈当作辩证法。"①另一方面，叔本华的哲学又是悲观主义的，它通过对生命意志的否定而走向对宗教，特别是基督教的认同。这样一来，叔本华的意识形态批判的触角在基督教及其道德观念前面停住了。对它们的批判工作是由后来的尼采承担起来的。

二、尼采的意识形态学说

弗里德里希·尼采（Friedrich Nietzsche，1844—1900）的哲学思想是在批判地继承叔本华的意志主义学说的基础上形成的。尼采的晚期著作《偶像的黄昏》既体现了他和叔本华之间的思想差异，又体现了他对传统的意识形态的透彻的批判。正如汉斯·巴尔特所说的，尼采的著作"包含着一种包罗万象的意识形态学说"②。

尼采认为，叔本华是最后一个值得引起重视的德国人，"他是一个恶作剧式的天才的尝试，为了有利于以虚无主义的方式全面地贬低生命，却把相反的判决——'生命意志'的伟大的自我肯定，生命的蓬勃形态引进了场"③。尼采坚决地否定了叔本华的衰退的腐败的悲观主义，

---

① A. Schopenhauer, *Sämtliche Werke*（*Band 1*），Frankfurt am Main：Suhrkamp Verlag，1986，s. 22

② Hans Barth, *Wahrheit und Ideologie*，Frankfurt：Suhrkamp Verlag，1961，s. 253.

③ F. Nietzsche, *Sämtliche Werke 6*，München：Deutscher Taschenbuch Verlag，1988，s. 125.

转而讴歌生命，并把酒神狄奥尼索斯作为追求生命本能的象征引入了哲学中，还用"权力意志"(der Wille zur Macht)的概念取代了叔本华的"生命意志"(der Wille zum Leben)的概念。正是在肯定生命、高扬生命之进取的基础上，尼采提出了"重估一切价值"(eine Umwertung aller Werte)①的重要口号，并以此为基点对传统的意识形态进行了猛烈的抨击。

首先，尼采批判了西方传统的意识形态的理论基础，即以苏格拉底和柏拉图为代表的古希腊哲学。他说："希腊哲学是希腊人的本能的衰退。"②苏格拉底的道德说教是一种欺骗，柏拉图则由于不敢面对现实而逃入"理想"之中。尼采甚至说："我把苏格拉底和柏拉图看作衰落的象征，希腊解体的工具，伪希腊人，反希腊人。"③然而，在尼采看来，西方哲学由于继承了苏格拉底和柏拉图的传统，崇拜理性、崇拜概念，因而误入了歧途。"几千年来凡经哲学家们处理过的一切都成了概念的木乃伊(Begriffs—Mumien)；没有一样真实的东西活着逃出他们的手掌。这些概念偶像的侍从先生，当他们崇拜时，是在宰杀、是在剥制，他们使一切陷入生命危险之中。"④在尼采看来，要肯定生命，就得从根本上推倒苏格拉底、柏拉图以来的整个知识论哲学的传统，把人们的思想从"概念木乃伊"中解放出来。

其次，尼采批判了基督教及其道德观念。他认为，道德判断和宗教判断都不是从生命的利益出发的，它们是对生命的压抑和谴责，因而是一种特别的谬误，是人的本能退化的象征。所以，"道德和宗教完全隶属于错误的心理学"⑤。尼采甚至把利他主义的道德也作为颓废道德进行否定，因为这种道德使自私萎缩。一旦没有了自私，人的本能也就崩

---

① F. Nietzsche，*Sämtliche Werke 6*，München：Deutscher Taschenbuch Verlag，1988，s. 57.

② Ebd. , s. 156.

③ Ebd. , s. 68.

④ Ebd. , s. 74.

⑤ Ebd. , s. 125.

溃了，而利他主义归根结底不过是道德上的遮羞布。尼采对基督教的控诉也同样激烈："唯有基督教，怀着从根本上反对生命的怨恨，使性成为某种不洁的东西：它把污秽泼在源头上，泼在我们生命的前提上……"①在尼采看来，生殖、怀孕和生育行为乃是生命力的具体表现，足以唤起最崇高、最庄严的情感。基督教及其道德是对生命的扼杀和摧残，尼采因而主张超越善、恶，成为非道德主义者。

最后，尼采也批判了其他传统的意识形式。尼采批判了传统的美学，宣告："没有什么东西是美的，只有人是美的：在这一简单的真理上建立了全部美学，它是美学的第一真理。我们立即补上美学的第二真理：没有什么东西比衰退的人更丑了，审美判断的范围就这样被限定了。"②这就是说，尼采把健康的人性和生命作为审美的根本标准；与此同时，尼采也批判了传统的文学和艺术，他猛烈地讽刺了但丁、席勒、雨果、乔治·桑、艾略特等人物，他把德国音乐称作酒精和基督教之外的第三样麻醉剂；尼采也批判了传统的教育思想："'一切高等教育的任务是什么？'——使人成为一架机器。"③尼采也批判了民主主义的政治思想，认为它是国家的没落形式。

毋庸讳言，尼采对传统意识形态的批判并不仅仅是否定性的，他力图以权力意志为基础来建构新的意识形态。正如汉斯·巴尔特所说的："尼采意识形态学说的基本动因在于，把国家哲学-法哲学和道德哲学理解为'权力意志的表现'。"④显然，尼采对传统意识形态的批判是有一定深度的，但在马克思主义者看来，他的学说的出发点——生命、本能和权力意志并没有向人们展示出一条科学地扬弃传统意识形态的道路。这条道路是以从事实际活动的人为出发点的马克思的历史唯物主义理论向

①　F. Nietzsche，*Sämtliche Werke* 6，München：Deutscher Taschenbuch Verlag，1988，s. 160.

②　Ebd.，s. 124.

③　Ebd.，s. 129.

④　Hans Barth，*Wahrheit und Ideologie*，Frankfurt：Suhrkamp Verlag，1961，s. 250.

我们指明的。乍看起来，尼采的意识形态批判似乎要摧毁一切偶像，可是，归根结底，他的学说仍是资产阶级意识形态这一偶像的侍从。

三、弗洛伊德的意识形态学说

《文明及其他的不满》(*Das Unbehagen In Kultur*，直译为《文化中的不满》)是弗洛伊德(Sigmund Freud，1856—1939)晚年从心理分析的角度探讨文化或文明问题的重要著作。这部著作包含着一种独特的意识形态分析方法。正如伦克所指出的："马克斯·阿德勒早就发现，在马克思的意识形态分析和弗洛伊德的心理分析之间有一种'值得注意的平行'。"①

在这部著作中，弗洛伊德对马克思的共产主义学说采取了激烈批评的态度。他认为，共产主义力图通过扬弃私有财产，达到按需分配的社会制度的方式来消解文明内部的冲突，而这是不可能的，因为在他看来，财产性质的改变并不能改变人的本能，"侵犯性并不是由财产创造出来的"②。显然，弗洛伊德把他的心理分析方法理解为比马克思的历史唯物主义理论更为根本的文化或意识形态的分析方法。

弗洛伊德认为，心理分析方法的第一个最重要的发现是"一个无意识的心理实体"，弗洛伊德称之为 id。③ 我们知道，id 是拉丁文，它的含义是"本我"，而本我是由人的种种原始的本能、欲望和冲动构成的，是人的心理中最基础的部分，它所遵循的唯一的原则就是向外追求满足、快乐与幸福。人所创造的文化或文明正是无意识中的本能的升华物。弗洛伊德说，"本能的升华是文化发展的一个最显著的特征；正是这种升华使更高的心理活动，即科学的、艺术的或意识形态的活动成为可能，它在文明化的生活中起着极为重要的作用。"④那么，人类为什么要创造

---

① K. Lenk, *Marx in der Wissenssoziologie*, Berlin: Hermann Luchterhand Verlag, 1972, s. 184.

② S. Freud, *Civilization and Its Discontents*, New York: W. W. Norton & Company, 1961, p. 67.

③ Ibid., p. 13.

④ Ibid., p. 49.

文化、文明或意识形态呢？弗洛伊德认为，有两方面的动因：一方面是为了征服支配着自己的强大的自然界；另一方面是为了约束人类的本能的无限制的追求和扩张。就后一个方面来说，作为本能升华的结果的文化，同时也是对人类本能的一种压抑。弗洛伊德认为，在对种种本能的压抑中，对性本能的压抑是最为明显的。无论是古代野蛮人的原始文化，还是现代文明人的宗教、伦理等意识形态，都充斥着种种关于性禁忌的规定。鉴于此，弗洛伊德提醒我们："个体的自由并不是文明的赠礼。"①这样一来，在个体本能的追求和文化的约束之间就形成了一种对峙和敌意。

此外，弗洛伊德还借用谢林的名言"饥饿和爱是推动世界的力量"来阐述他自己的本能理论。他认为，饥饿涉及个体求生存的问题，因而被称为"自我本能（ego-instincts）"；而爱则涉及种族繁衍的问题，因而被称为"对象本能"（object-instincts）。这两种本能可以统称为"生之本能"（life instinct），而与"生之本能"相对峙的则是"死之本能"（death instinct）。在弗洛伊德看来，"死之本能"的基本特点是破坏性和侵犯性，它"构成了文明的最大的障碍"②。文明发展史，也就是爱欲和死亡之间的冲突史。弗洛伊德认为，人类所创造的文化就其重要职能而言，起着"超我"（super-ego）的作用，即力图确立"良知"（conscience）或"负罪感"（a sense of guilt）在个体内心中的作用。这也正是意识形态所要起的基本作用。

最后，弗洛伊德表示："在我看来，人类所面临的严峻的问题是，是否和在什么程度上人类的文化发展将会成功地控制由侵犯和自我破坏的本能所引起的对他们共同生活的扰乱。"③这段话表明，弗洛伊德对人类文明或文化能否有效地控制住死亡本能的破坏作用仍然心怀忧虑。

---

① S. Freud, *Civilization and Its Discontents*, New York：W. W. Norton & Company, 1961, p. 47.

② Ibid. , p. 77.

③ Ibid. , p. 104.

从上面的论述可以看出，弗洛伊德从心理分析的视角出发，形成了一套解释意识形态起源、发展、冲突及对意识形态进行批判的特殊的理论。正如伊拉·柯亨(Ira H. Cohen)指出的：“运用心理分析的理论，意识形态和意识能够从人的原初的本能的倾向与社会环境的相互作用中得到理解。”①尤其是弗洛伊德的无意识理论，作为对叔本华所开创的唯意志主义思潮的进一步的发展，对当代意识形态学说的演化产生了不可低估的影响。这是我们在研究马克思的意识形态学说的传播和发展史时必须注意到的重要的倾向。

第四节　“派生物”与“价值的中立性”

涂尔干、帕累托和韦伯是在世纪之交活跃在西方社会学舞台上的著名的社会理论家。他们的思想在一定程度上都无例外地受到实证主义思潮的创始人孔德的影响。帕累托关于“派生物”的观点、涂尔干对“实在判断”与“价值判断”的区分、韦伯关于“价值中立性”的见解，都程度不同地涉及与马克思的意识形态学说的关系，且对当代意识形态理论的发展造成了一定的影响，其中，韦伯的“价值中立性”的见解影响尤大。

一、帕累托的“派生物”概念

维尔弗雷多·帕累托(Vilfredo Pareto，1848—1923)是意大利著名的社会学家，在其有争议的著作《普通社会学》中，他提出了著名的“派生物”(Derivation)的概念。他认为，应该从下列四大因素——“利益”“剩遗物”“派生物”和“社会异质性”出发去理解社会的总运动。这里说的“利益”是指各种利益关系；“剩遗物”是指与人的情感、本能、欲望等方面有关的因素；“社会异质性”是指社会精英之间的竞争及他们与群众之

①　I. H. Cohen, *Ideologys and Unconsciousness*，New York：New York University Press，1982，p. 129.

间的冲突；"派生物"则与意识形态概念的内涵大致相同。正如雷蒙·阿隆所指出的："派生物是由人类行为及其口头表述构成的整体的可变因素。用帕累托的话来说，它们相当于通常叫作意识形态或辩护性理论的东西。"①

帕累托认为，"派生物"可以划分为以下四种类型：一是"断言"(Behauptung)，即对事实作出的简单的判断；二是"权威"(Autorität)，指从权威理论家、传统或习俗中获得的具有说服力的见解；三是"与情感或原则的一致"(Übereinstimmung mit Gefühlen oder Prinzipien)，指的是与大部分人的感情或一般原则(法令、政治见解等)的一致；四是"口头证明"(Wortbeweise)，指口头上或书面上用语词作出的承诺或申辩。② 从上述划分可以看出，帕累托的"派生物"概念与马克思的意识形态学说还是有区别的。雷蒙·阿隆显然看到了这一点，他指出："与马克思对意识形态的批判相比，帕累托的方法有两个特殊之处：一、它不注重建立派生物或意识形态与社会阶层之间的关系，帕累托甚至不提出各个社会阶层是各种意识形态的主体；二、他不太关注派生物和理论的历史特点和显著特性。他的研究旨在完整地列举各种类的剩遗物和派生物，在于缩小人类历史进程的意义，在于介绍一个不朽的人或一个永恒的社会结构。"③毋庸讳言，从马克思的历史唯物主义理论看来，否定意识形态的历史性和阶级性，去寻找所谓永恒的观念因素，实际上正是资产阶级意识形态的典型特征。从理论上看，帕累托的"派生物"概念由于撇开了马克思所倡导的阶级分析方法，在表述上也是模糊不清的，难以令人信服的。

二、涂尔干的"价值判断"概念

埃米尔·涂尔干(Émile Durkheim，1858—1917)是法国著名的社会

---

① ［法］雷蒙·阿隆：《社会学主要思潮》，葛智强等译，上海译文出版社 1988 年版，第 470 页。

② Kurt Lenk (Hg.)，*Ideologie*，Frankfurt：Campus Verlag，1975，s. 178.

③ ［法］雷蒙·阿隆：《社会学主要思潮》，葛智强等译，上海译文出版社 1988 年版，第 509 页。

学家，在《价值判断与实在判断》这篇论文中，他提出了这两种判断的差异问题。他说："当我们断定物体是重的或气体的压力与它的体积成反比时，我们是在做判断，这些判断仅限于表达既定的事实。它们说的是存在的东西，人们因而称它们为存在的或实在的判断（Existenzial-oder Wirklichkeitsurteile）。"①这类判断与判断者本人在感情和观念上的好恶毫无关系，它们只是以完全客观的方式陈述事实。他又说："另一类判断的目的并不是关于事物本质的陈述，而是关于对一个有意识的主体说来是有价值的陈述，是关于这一主体赋予它们的有意义的陈述。人们把这样的判断称为价值判断（Werturteile）。"②价值判断涉及的是事物与理想的关系，并不是事物本身自在地具有某种价值，而是人们通过某种理想把价值与意义赋予事物。

涂尔干认为，当人们在观察、研究与宗教、法、道德、美学、经济学、社会学等学科相对应的社会现象时，由于受一定的理想的引导，极易陷入具有主观倾向性的价值判断之中。他主张通过使理想科学化的途径来淡化这种主观倾向性，从而使价值判断向客观化方向运动，使社会学真正具有严格的科学性。显然，涂尔干的这一见解已蕴含着对具有不同的价值倾向的各种意识形态见解的否定。

三、韦伯的"价值中立性"概念

作为涂尔干的同时代人的马克斯·韦伯（Max Weber，1864—1920）关于价值问题的思索更多地受到新康德主义者，尤其是李凯尔特的影响。在《"伦理的中立性"在社会学和经济学中的意义》这篇论文中，韦伯提出了"价值中立性"（Wertfreiheit）和"价值关系"（Wertbeziehung）的学说。

什么是"价值中立性"呢？要回答这个问题，先得弄明白价值判断的含义。韦伯认为，价值判断完全是出于个人主观上的情感和价值取向的

---

① E. Durkheim, *Soziologie und Philosophie*, Frankfurt am Main: Suhrkamp Dyck, 1985, s. 137.

② Ebd., s. 137.

作用。比如，有些经济学家在讨论经济问题时，把它和民族精神、伦理公正等联系在一起。韦伯认为，这完全是在作价值判断，而不是进行严格的科学研究。他这样写道："的确，在我们的科学中，个人的一些价值判断倾向于对尚未被明确承认的科学观点产生影响。这些价值判断带来了长期的混乱并导致了对科学论点的各种不同的解释，甚至根据实现某些个人理想的机会(臆想的特定事情的可能性)是增大或减少的结果这样的事实，就对纯属偶然的相互关系作出决定论的解释。"[①]所谓"价值中立性"就是在社会科学的研究中撇开个人的主观情感和臆想，中止价值判断，本着完全尊重事实的态度从事科学研究活动。

那么，"价值关系"又是什么意思呢？在韦伯看来，社会科学的研究要完全撇开价值是不可能的。价值涉及有效性的问题，在这里要撇开的只是对个人有效的价值取向，要保留的则是人性中最高的、最内在的普遍有效的价值取向。韦伯认为，发自这样的价值观的判断才不会与客观事物相冲突，才是可以接受的。他告诉我们："只有当这些价值判断对我们表现出是有效的，是从我们最高价值中得出的并且是在与生命现有的疑难的斗争中发展出来的时候，我们才能够真正地采纳这些价值。"[②]"价值关系"也就是社会科学研究者要自觉地同这种普遍有效的最高价值保持联系。

韦伯的"价值中立性"学说的矛头是指向历史主义、功利主义和马克思主义的。社会学家塔尔科特·帕森斯(Talcott Parsons)认为，这一学说会导致"意识形态的终结"。哈贝马斯则对韦伯的这一学说采取批判的态度，认为它不能破坏意识形态的迷惑力，反而强化了它。不管如何，以后的实证主义者把意识形态与科学尖锐地对立起来的做法正滥觞于韦伯的"价值中立性"说。事实上，当代马克思主义的意识形态理论正是在批判形形色色的社会思潮的基础上发展起来的。

---

① Max Weber, *Methodology of Social Science*，Glencoe：Free Press，1949，p. 54.
② Ibid. ，p. 55.

综上所说，马克思的意识形态学说在传播中受到了各种各样社会思潮的侵袭，它们或者试图用种种唯心主义的理论来改变马克思意识形态学说的哲学基础，或者竭力抹杀意识形态的阶级属性，从而瓦解马克思意识形态学说的革命精神。后来，正是通过列宁所作的巨大的努力，才粉碎了各种错误思潮的挑战，捍卫并发展了马克思的意识形态学说。

第七章　列宁、斯大林和毛泽东的
　　　　　意识形态学说

　　在本章中，我们主要讨论列宁、斯大林和前期毛泽东的意识形态学说。他们的学说不仅对社会主义社会的思想进程产生了重大的影响，而且也启发了西方的一些理论家和思想家对意识形态问题作出新的思考。就基本精神而言，斯大林和毛泽东的意识形态学说是在列宁的影响下形成并发展起来的。

　　列宁的意识形态学说乃是马克思的意识形态学说在 20 世纪复兴的最重要的标志。这不仅因为列宁继承了马克思意识形态学说的基本精神，而且因为他根据自己所处的时代的实践需要和理论需要，对意识形态的含义作出了新的说明。在列宁看来，资产阶级有自己的意识形态，无产阶级也有自己的意识形态，即社会主义和共产主义的意识形态。无产阶级的意识形态既具有鲜明的阶级性，即它是无产阶级的根本利益的体现，又具有严格的科学性，即它是对社会发展规律的正确的阐述。一句话，它是阶级性和科学性的辩证的统一。

　　所以，列宁不再一般地谈论意识形态的"虚假性"。他认为，以马克思的历史唯物主义和剩余价值理论为基础的社会主义和共产主义的意识形态，就不是虚假的意识形态，而是正确地揭示资本主义社会的运动规律，适应社会历史发展潮流的科学的意识形态。列宁不再一般地谈论意识形态的"虚假性"，这并不等于说，他放弃了对资产阶级和其他形形色色的意识形态学说的批判，事实上，列宁从来都认为，资产阶级和其他一切剥削阶级的意识形态学说从根本上看是虚假的，只有通过对它们的不懈的批判和斗争，才能真正推动社会主义和共产主义意识形态的发展。总之，抽象地看，意识形态是一个描述性的概念。正如拉雷指出的："对于列宁来说，意识形态成了关系到不同阶级的利益的政治意识，他特别把探讨的重点放在资产阶级的意识形态和社会主义意识形态的对立上。因此，在列宁那里，意识形态含义的变化过程达到了顶点。意识形态不再是取消冲突的必然的扭曲，而是成了一个涉及阶级（包括无产阶级）的政治意识的中性的概念。"①

列宁把马克思主义的社会主义和共产主义学说称为意识形态，简言之，把马克思主义称为意识形态，这和我们前面提到的伯恩施坦把马克思主义看作意识形态是完全不同的。伯恩施坦把马克思主义和布朗基主义相提并论，乃是对马克思主义的最大的"修正"和曲解。正如列宁所指出的："这个派别因前正统的马克思主义者伯恩施坦而得名，因为伯恩施坦叫嚣得最厉害，最完整地表达了对马克思学说的修正，对马克思学说的修改，即修正主义。"②与伯恩施坦根本不同的是，列宁始终坚持马克思主义是无产阶级的意识形态。也有的论者认为，在马克思那里，意识形态是一个否定性的概念，列宁把它变成了一个描述性的概念，似乎是对马克思的意识形态学说的一种误导。这显然误解了列宁的意识形态

---

① T. Bottomore（ed.），*A Dictionary of Marxist Thought*，Cambridge：Harvard University Press，1983，p. 222. 这里所谓"中性的概念"并不表示意识形态是某种超阶级的东西，实际上是我们上面说的"描述性的概念"的意思，即意识形态是整个社会结构的一部分，不同的阶级（包括无产阶级）都拥有自己的意识形态。一般地谈论意识形态时，我们既不否定它，也不肯定它，只采取描述的态度。

② 《列宁选集》第 2 卷，人民出版社 1995 年版，第 2 页。

学说的本意。列宁在世时，尽管没有读到过马克思和恩格斯合著的《德意志意识形态》），但他通过马克思和恩格斯的其他著作，完全可以把握马克思意识形态概念的否定性含义。列宁之所以把意识形态理解为描述性的概念，并不是出于对马克思学说的误解，而是出于他所生活的那个时代的实际斗争的需要，因而是对马克思意识形态学说的重要推进和发展。

如前所述，在意识形态概念的创始人——特拉西那里，意识形态是一个肯定性的概念，是"观念的科学"的代名词。特拉西之所以赋予它以肯定性的含义，目的是把它与经院哲学、神学和宗教的种种谬误见解对立起来。在黑格尔、费尔巴哈和马克思那里，意识形态成了一个否定性的概念。黑格尔从德国启蒙主义者的立场出发，肯定意识形态本身就是精神异化的产物。意识形态，特别是宗教的内容是虚假的，人们必须通过启蒙，高扬理性，以便从盲目的信仰中摆脱出来。黑格尔的批判意识启发了费尔巴哈，他通过对宗教异化的批判，把神学还原为人学，可是在人学中仍然充斥着各种错误的见解，费尔巴哈由于成了这些见解的俘虏，也就再也不能向前迈进了。费尔巴哈未竟的事业是由马克思来完成的。

马克思之所以继续把意识形态视为一个否定性的概念，因为他发现，德意志意识形态的真正的基础是黑格尔哲学，黑格尔哲学作为思辨的唯心主义，把一切都头足倒置起来："德国哲学家们在他们的黑格尔的思想世界中迷失了方向，他们反对思想、观念、想法的统治，而按照他们的观点，即按照黑格尔的幻想，思想、观念、想法一直是产生、规定和支配现实世界的。"[①]在这种情况下，不对以黑格尔的思辨唯心主义为基础的种种谬误的观念进行彻底的清算和批判，是不可能从思想上开辟出任何真正的道路来的。也正是在这个意义上，马克思把历史唯物主义理论首先理解为一种真正的批判的世界观。马克思和恩格斯后来之所

---

① 《马克思恩格斯全集》第 3 卷，人民出版社 1960 年版，第 16 页。

以继续把意识形态理解为否定性的概念，因为在创立并发展科学社会主义学说的道路上，几乎每前进一步都得和各种错误思潮进行斗争。由此可见，在马克思和恩格斯那里，强调意识形态的否定特征并不是偶然的。

毋庸讳言，就主导性倾向而言，马克思和恩格斯都把意识形态理解为一个否定性概念，但这并不等于说，他们在任何情况下都完全不以中性的、描述性的口吻来谈论意识形态。在《〈政治经济学批判〉序言》中，马克思对历史唯物主义理论进行了系统化的表述。他一开始就指出："人们在自己生活的社会生产中发生一定的、必然的、不以他们的意志为转移的关系，即同他们的物质生产力的一定发展阶段相适合的生产关系。这些生产关系的总和构成社会的经济结构，即有法律的和政治的上层建筑竖立其上并有一定的社会意识形式（gesellschaftliche Bewusstseinsformen）与之相适应的现实基础。物质生活的生产方式制约着整个社会生活、政治生活和精神生活的过程。不是人们的意识决定人们的存在，相反，是人们的社会存在决定人们的意识。"①如前所述，意识形态（ideologie）是蕴含在社会意识（gesellschaftliche Bewusstseinsformen）中的，显然，在这里，马克思只是以描述的方式，而不是以批判的口吻提到了它们。

当马克思叙述到社会生产关系成了发展着的生产力的桎梏时，他继续写道："那时社会革命的时代就到来了。随着经济基础的变更，全部庞大的上层建筑也或慢或快地发生变革。在考察这些变革时，必须时刻把下面两者区别开来：一种是生产的经济条件所发生的物质的、可以用自然科学的精确性指明的变革，一种是人们借以意识到这个冲突并力求把它克服的那些法律的、政治的、宗教的、艺术的或哲学的，简言之，意识形态的各种形式（ideologischen Formen）。我们判断一个人不能以他

---

① 《马克思恩格斯选集》第 2 卷，人民出版社 1995 年版，第 32 页。见 K. Marx, F. Engels, *Ausgewählte Werke（Band 2）*，Berlin：Dietz Verlag，1989，s. 503。

对自己的看法为根据，同样，我们判断这样一个变革时代也不能以它的意识为根据；相反，这个意识必须从物质生活的矛盾中，从社会生产力和生产关系之间的现存冲突中去解释。"①在这段重要的论述中，虽然马克思只使用了"意识形态的"（ideologischen）这个形容词，但从中可以看出，他基本上是以描述性的口吻谈到"意识形态的各种形式"的，然而，这段话的最后部分表明，马克思仍然强调了"意识形态的各种形式"在反映现实生活时的虚假性和欺骗性。

同样地，恩格斯偶尔也会以描述性的口吻提到意识形态。在《路德维希·费尔巴哈和德国古典哲学的出路》一书中，当恩格斯谈到欧洲宗教发展史的时候，指出："中世纪的历史只知道一种形式的意识形态，即宗教和神学。但是到了 18 世纪，资产阶级已经强大得足以建立他们自己的、同他们的阶级地位相适应的意识形态了，这时他们才进行了他们的伟大而彻底的革命——法国革命，而且仅仅诉诸法律和政治的观念，只是在宗教挡住他们的道路时，他们才理会宗教。"②在这段耳熟能详的论述中，恩格斯所注重的也只是对宗教这种意识形态形式进行客观的描述，而不是给它下主观的价值判断。由此可见，马克思和恩格斯在关于意识形态的论述中并不完全排斥中性的、描述性的态度。

必须指出的是，列宁所处的时代和马克思、恩格斯的时代有着很大的差异：一方面，资本主义的发展已由自由竞争阶段进入垄断阶段，各资本主义国家之间经济和政治发展的不平衡显得越来越突出，这就为无产阶级的解放斗争提供了客观条件；另一方面，马克思主义在其传播的过程中，已先后战胜了种种资产阶级思潮的进攻，也清除了蒲鲁东、巴枯宁、拉萨尔、杜林等人的错误思想对工人运动的影响，正如列宁所说

---

① 《马克思恩格斯选集》第 2 卷，人民出版社 1995 年版，第 33 页。原译文把 ideologischen Formen 译为"意识形态的形式"显然不妥，未把 Formen 的复数含义译出，所以，此处改译为"意识形态的各种形式"。〔K. Marx, F. Engels, *Ausgewählte Werke*（*Band 2*），Berlin: Dietz Verlag, 1989, s. 503.〕

② 《马克思恩格斯选集》第 4 卷，人民出版社 1995 年版，第 235 页。

的，"马克思主义已经绝对地战胜了工人运动中的其他一切意识形态"①。在马克思和恩格斯生活的时代，马克思和恩格斯虽然以"共产主义意识""历史唯物主义""科学社会主义"等学说与意识形态对立起来，比如，在《德意志意识形态》中，马克思把历史唯物主义的基本理论称作"我们用来同意识形态相对立的抽象"②，但是，马克思和恩格斯并没有把他们自己创立的学说也称作意识形态，而是把它们称作科学，以便与意识形态对立起来。在当时的历史条件下，如果马克思和恩格斯把自己的学说也称作意识形态，那就会导致理论上的混乱。在列宁的时代，马克思主义已成为国际工人运动中最有影响的一种学说，但从19世纪90年代起，马克思主义内部又产生了以伯恩施坦为首的修正主义派别，力图利用新康德主义、实证主义、马赫主义、庸俗进化论等资产阶级思潮来取代马克思主义，把无产阶级的革命斗争引入歧途。

在这样的情况下，列宁把意识形态理解为一个描述性的概念是十分自然的。因为马克思主义已成长为当时的社会意识中的一股巨大的精神力量，笼统地批评意识形态的虚假性，实际上也就否定了马克思主义的科学性。另外，在马克思主义的内部也充满了正确路线和修正主义路线之间的斗争，一些修正主义的理论派别常常打着马克思主义的旗号出现，不像马克思和恩格斯的时代那样阵营分明，容易识别。所以，把意识形态作为描述性概念，深刻认识资产阶级意识形态和无产阶级意识形态之间的对立，努力用无产阶级的意识形态，即真正的马克思主义来指导无产阶级的革命斗争，就成了列宁时代的马克思主义者的重要使命。事实上，列宁的意识形态概念不仅为斯大林和毛泽东所继承，也为现当代不少西方学者所继承。在作了上述说明之后，现在我们就有条件分别考察列宁、斯大林和前期毛泽东的意识形态学说了。

---

① 《列宁选集》第2卷，人民出版社1995年版，第2页。原句中的俄文词 Идеология 译为"思想体系"不妥，此处译为"意识形态"。以下均仿此译。

② 《马克思恩格斯全集》第3卷，人民出版社1960年版，第31页。

第一节　两大意识形态的对立

列宁关于意识形态的学说最初是在《怎么办?》这部重要的著作中集中地阐述出来的。

首先,列宁在这部著作中批判了俄国工人运动中出现的崇拜自发性的机会主义倾向。人们常常认为,工人阶级是自发地倾向于社会主义的。列宁引证了考茨基(当时还是杰出的马克思主义者)在《新时代》杂志上发表的观点来驳斥这种错误倾向。考茨基认为,社会主义作为一种学说是根源于现代经济关系的,而社会主义学说并不能从工人队伍中自发地产生出来并扩大自己的影响,它是在深刻的科学知识的基础上形成的。现代社会主义学说是在个别的资产阶级知识分子的头脑中产生出来的,然后传给才智出众的无产者,并进而灌输到无产阶级的革命斗争中去的。

列宁肯定了考茨基这方面见解的重要性,并补充说,流行的资产阶级的意识形态也无时无刻不在影响着工人阶级。因此,"对工人运动自发性的任何崇拜,对'自觉因素'的作用即社会民主党的作用的任何轻视,完全不管轻视者自己愿意与否,都是加强资产阶级意识形态对于工人的影响。所有那些说什么'夸大意识形态的作用',夸大自觉因素的作用等等的人,都以为工人只要能够'从领导者手里夺回自己的命运',纯粹工人运动本身就能够创造出而且一定会创造出一种独立的意识形态。但这是极大的错误"①。在列宁看来,实践一再表明,那种认为纯粹的工人运动本身就能自发地产生出一种新的、独立的思想意识的见解是完全错误的,是与历史事实相违背的。

其次,列宁强调,超阶级的意识形态是不存在的。"既然谈不到由

---

① 《列宁选集》第 1 卷,人民出版社 1995 年版,第 325 页。译文有改动。

工人群众在其运动进程中自己创立的独立的意识形态，那么问题只能是这样：或者是资产阶级的意识形态，或者是社会主义的意识形态。这里中间的东西是没有的（因为人类没有创造过任何'第三种'意识形态，而且在为阶级矛盾所分裂的社会中，任何时候也不能有非阶级的或超阶级的意识形态）。因此，对社会主义意识形态的任何轻视和任何脱离，都意味着资产阶级意识形态的加强。"①这就是说，只要阶级冲突存在，从属于不同阶级的意识形态之间的冲突就是不可避免的。由于资产阶级意识形态比社会主义的意识形态久远得多，拥有的传播工具也多得多，"所以某一个国家中的社会主义运动愈年轻，也就应当愈积极地同一切巩固非社会主义意识形态的企图作斗争，也就愈坚决地告诉工人提防那些叫嚷不要'夸大自觉因素'等等的蹩脚的谋士"②。在列宁看来，工人运动绝不应当重蹈工联主义的覆辙，而应当与资产阶级意识形态展开积极的斗争。

最后，列宁主张必须把社会主义的意识形态从外部灌输到工人阶级队伍中去。因为社会主义的意识形态是从有产阶级中的有教养的人，即知识分子创造的哲学、历史和经济理论中成长起来的。所以，列宁指出："我们应当积极对工人阶级进行政治教育，发展工人阶级的政治意识。"③这里所说的"教育"，除了向工人阶级灌输社会主义的意识形态外，还包括必须无情地揭露并批判资产阶级的意识形态。

在《唯物主义和经验批判主义》这部重要的论战性的著作中，列宁进一步阐述了他的意识形态学说。

首先，列宁提出了"科学的意识形态"的新概念。列宁在驳斥波格丹诺夫对相对真理与绝对真理关系的误解时写道："一句话，任何意识形态都是受历史条件制约的，可是，任何科学的意识形态（例如不同于宗

---

① 《列宁选集》第 1 卷，人民出版社 1995 年版，第 326—327 页。译文有更动。
② 同上书，第 328 页。译文有更动。
③ 同上书，第 342 页。

教的意识形态)都和客观真理、绝对自然相符合，这是无条件的。"①在列宁看来，马克思主义无疑是"科学的意识形态"。马克思主义作为无产阶级求解放的学说，是为无产阶级的根本利益服务的，是有鲜明的阶级性的，是受一定的历史条件制约的；同时，无产阶级的解放又是社会发展的必然趋势，马克思主义作为对这一必然趋势的阐明，又是科学的，它科学地阐明了社会发展的客观规律。也正是在这个意义上，列宁后来也把共产主义称作"共产主义科学"。② 这就是说，马克思主义作为"科学的意识形态"，正体现了科学性与阶级性、相对真理与绝对真理的统一。"科学的意识形态"的概念也为社会主义意识形态的建设指明了方向。

其次，列宁重申了马克思关于社会存在决定思想意识的历史唯物主义的基本理论，肯定了社会存在是一切意识形态和观念的基础和来源。波格丹诺夫片面地强调意识在生活中的作用，认为人们只有借助意识才能相互交往，才能结成一定的关系。因此，他得出了这样的结论：社会存在和社会意识是等同的。列宁认为，这一结论和马克思主义毫无共同之处："社会存在和社会意识不是同一的，这正如一般存在和一般意识不是同一的一样。人们进行交往时，是作为有意识的生物进行的，但由此决不能得出结论说，社会意识和社会存在是同一的。"③在复杂的社会形态中，特别是在资本主义的社会形态中，人们在交往中并没有意识到他们正在形成什么样的社会关系，这些关系又是按照什么样的规律向前发展的。另外，意识形态是反映社会存在的，但这种反映也可能是扭曲的，也可能近似正确，却不可能是完全等同的。归根结底，社会存在是不依赖于意识和观念的，相反，一定的意识和观念总是直接地或间接地来源于社会存在。在列宁看来，只有从马克思的历史唯物主义理论出发，才能正确理解意识形态与社会存在的关系及它在整个社会结构中的

---

① 《列宁选集》第 2 卷，人民出版社 1995 年版，第 96 页。译文有更动。
② 《列宁选集》第 4 卷，人民出版社 1995 年版，第 284 页。
③ 《列宁选集》第 2 卷，人民出版社 1995 年版，第 218 页。

地位和作用。

最后，列宁强调了哲学上的党派斗争，重申无产阶级意识形态和资产阶级意识形态之间的对立乃是当代思想界和理论界不可回避的事实。早在1905年写的《社会主义政党和非党的革命性》一文中，列宁已指出，非党性是资产阶级的思想，党性是社会主义的思想。在1908年写就的《马克思主义和修正主义》一文中，列宁在阐述哲学和科学的党性时说，几何公理要是触犯了人们的利益，也一定会遭到反驳的。在《唯物主义和经验批判主义》一书中，列宁强调，马克思和恩格斯在哲学上始终是有党性的，也就是说，他们在自己的一切哲学著作中，在一切问题上都简单明白地把唯物主义路线与唯心主义路线对立起来。马克思和恩格斯的天才正在于：在差不多半个世纪的时期内，发展了唯物主义，向前推进了哲学上的一个基本派别，而最新的哲学家，如马赫、阿芬那留斯等人却以"无党性"自夸，都主张"超越"唯物主义和唯心主义的对立，实际上，他们坚持的正是唯心主义的立场："在经验批判主义认识论的烦琐语句后面，不能不看到哲学上的党派斗争，这种斗争归根到底表现着现代社会中敌对阶级的倾向和意识形态。"[①]在列宁那里，意识形态的阶级属性始终是一个重要的问题，因为列宁始终是从工人运动的根本利益出发来思考意识形态领域内出现的一切问题的。以后，在1913年发表的《马克思主义的三个来源和三个组成部分》中，列宁进一步分析了哲学与科学的党性，认为在资本主义社会里是不可能有"公正的科学"的。

十月革命胜利后，在新的历史条件下，列宁的意识形态学说的内容得到了进一步的发展和充实。

在《青年团的任务》一文中，列宁提出了建设共产主义道德的伟大任务。列宁指出，资产阶级责备共产主义者摒弃一切道德是没有根据的。共产主义者有自己的道德观念，他们所摒弃的是以超阶级、超人类的概念为表象的一切剥削阶级的道德观念："在我们看来，超人类社会的道

---

① 《列宁选集》第2卷，人民出版社1995年版，第240页。译文有更动。

德是没有的；那是一种欺骗。在我们看来，道德是服从于无产阶级阶级斗争的利益的。"①在社会主义社会中，共产主义道德的作用是破坏剥削者的旧社会，把全体劳动者团结到创立共产主义新社会的无产阶级周围。在这里，列宁提到的是共产主义道德的建设问题，实际上涉及的则是社会主义意识形态的建设问题。

在《关于无产阶级的文化》一文中，列宁批判了"无产阶级文化派"的虚无主义观点。这一派打着"科学社会主义文化"的旗号，企图斩断与过去文化的一切联系，建立纯粹的无产阶级的新文化。列宁以马克思主义的诞生和发展为例，批判了这种貌似革命的荒谬见解："马克思主义这一革命无产阶级的意识形态赢得了世界历史性的意义，是因为它并没有抛弃资产阶级时代最宝贵的成就，相反却吸收和改造了两千多年来人类思想和文化发展中一切有价值的东西。"②列宁认为，只有在马克思的意识形态的指导下，认真地吸取以前一切文化成果中的有价值的东西，才能发展真正的无产阶级的文化。通过对"无产阶级文化派"的批评，列宁不仅提出了社会主义时期文化建设的重大课题，而且也强调了意识形态的相对独立性。

既要与资产阶级和其他一切剥削阶级的意识形态划清界限，又要继承人类历史上的一切优秀的文化遗产，怎样才能做好这两方面的工作呢？在《论战斗唯物主义的意义》一文中，列宁指出，坚持哲学的党性原则，努力发扬战斗的唯物主义的精神，乃是做好上述两方面工作的基本前提。也就是说，战斗唯物主义的精神是马克思主义者在社会主义历史时期进行意识形态领域斗争的基本精神。列宁强调，要达到战斗唯物主义的境界，必须：①翻译并广泛传播18世纪末叶战斗的无神论的文选，以便把人们从宗教迷梦中唤醒过来；②注意研究自然科学领域里最新革命所提出的种种问题，如果"不解决这个任务，战斗唯物主义决不可能

---

① 《列宁选集》第4卷，人民出版社1995年版，第289页。
② 同上书，第299页。译文有更动。

是战斗的，也决不可能是唯物主义"①；③用唯物主义的观点研究、掌握黑格尔的辩证法思想。列宁的这些论述极大地丰富了社会主义历史时期的意识形态理论。

综上所述，列宁对意识形态问题的高度重视不仅影响了后来苏联和中国的思想家，也影响了卢卡奇、葛兰西和柯尔施等西方马克思主义者。正如拉雷指出的："在以后对意识形态问题的新的探讨中，列宁的意识形态概念起了决定性的作用，并成了最有影响的学说。"②

第二节　生活方式决定思想方式

斯大林（И. В. Сталин，1879—1953）主要是以马克思的《〈政治经济学批判〉序言》和列宁的《唯物主义和经验批判主义》为基础来阐述他的意识形态学说的。

究竟什么是斯大林意识形态学说的哲学基础呢？斯大林这样写道："历史唯物主义就是把辩证唯物主义的原理推广去研究社会生活，把辩证唯物主义的原理应用于社会生活现象，应用于研究社会，应用于研究社会历史。"③把历史唯物主义理论理解为辩证唯物主义在社会历史领域中的推广和应用，这表明斯大林并没有真正理解马克思的划时代的哲学革命——创立历史唯物主义理论的伟大意义。在马克思那里，历史唯物主义理论是他探讨其他一切哲学问题（包括辩证唯物主义所研究的哲学问题）的基础和出发点，而不是像斯大林所认为的那样，是从其他哲学理论——辩证唯物主义的基础上引申出来的实证性的研究结果。也就是

---

① 《列宁选集》第 4 卷，人民出版社 1995 年版，第 651 页。

② T. Bottomore（ed.），*A Dictionary of Marxist Thought*，Cambridge：Harvard University Press，1983，p. 222.

③ 联共（布）中央特设委员会：《联共（布）党史简明教程》，人民出版社 1975 年版，第 116 页。

说，辩证唯物主义和历史唯物主义的统一应以历史唯物主义作为前提和基础。斯大林没有把握这一点，这使他的全部哲学思想，包括他的意识形态理论，带有后来毛泽东所批评的那种机械论的特征。

下面，我们主要从斯大林起草的《辩证唯物主义和历史唯物主义》一文来考察他的意识形态理论。

首先，斯大林从马克思关于"人们的社会存在决定人们的意识"的基本原理出发，强调了任何意识形态都源于一定的社会生活条件："社会的生产方式怎样，社会本身基本上也就怎样，社会的思想和理论、政治观点和政治设施也就怎样。或者说得粗浅一些：人们的生活方式怎样，人们的思想方式也就怎样。"①斯大林认为，在人们的生活方式中，最基本的是人们的生存所需要的生活资料的谋得方式，正是这种方式给予各种意识形态和思想观念以最深刻的影响。因此，不应该到意识形态、"宇宙精神"或人们的观念中去寻找历史发展的规律，而应该到决定这些观念的变化和发展的生活方式中去寻找这种规律。

其次，斯大林强调，在生产发展的一定阶段上，存在着阶级和阶级冲突，"要在政治上不犯错误，就要执行无产阶级的不调和的阶级政策"②，尤其要在意识形态领域中坚持无产阶级的党性原则，开展对资产阶级意识形态的批判和斗争。在社会主义历史时期，无产阶级和资产阶级在意识形态上的冲突仍然存在，看到这一点是必要的，斯大林的错误在于从理论上和实践上把这种冲突扩大化了。比如，他根据恩格斯和列宁的思想，提倡在哲学史研究中开展唯物主义和唯心主义两条路线的斗争，这是对的。但在这样做的过程中，又有明显的扩大化和简单化的倾向，从而对社会主义思想建设和实际生活造成了严重的损害。

最后，斯大林指出，相对于意识形态来说，社会存在虽然是一种决定性的力量，但是绝不能引申出这样的结论，即意识形态、理论、社会

---

① 联共（布）中央特设委员会：《联共（布）党史简明教程》，人民出版社 1975 年版，第 135 页。

② 同上书，第 123 页。

思想等在整个社会生活中是无意义的，实际上，意识形态并不是社会存在的消极的分泌物，相反，它的反作用是巨大的："至于社会思想、理论、观点和政治设施的意义，至于它们在历史上的作用，那么历史唯物主义不仅不否认，相反，正是着重指出它们在社会生活和社会历史中的重大作用和意义。"①按照斯大林的观点，旧的思想和理论是为社会上衰颓的势力服务的，新的思想和理论则是为社会上先进的势力服务的。斯大林特别强调了作为无产阶级的先进思想的马克思列宁主义的巨大实践作用。

把历史唯物主义理解为辩证唯物主义在社会历史领域中的推广和应用，并着眼于从社会存在与思想意识、经济基础与上层建筑之间的相互关系来论述意识形态问题，构成斯大林意识形态观的基本框架。数十年来，苏联理论界对意识形态问题的思考都未能突破这一基本框架。后来的思想家们只是就意识形态的各种形式（如政治和法律思想、道德、宗教、哲学、艺术等）、意识形态的阶级属性、意识形态的相对独立性、社会主义意识形态的基本特征和作用等问题展开一些具体的论述而已。②

总的来说，斯大林是一个复杂的历史人物。从一方面看，他对俄国十月革命、苏联社会主义革命和建设、反法西斯战争等都有重要的贡献；但从另一方面看，他搞肃反扩大化，搞"个人崇拜"，不切实际地推行工业化和集体化，又造成了极其严重的社会后果。人们通常把当时苏联的历史状况称为"斯大林现象"，在观念上则称为"斯大林的意识形态"或"斯大林主义"。拉尔福·米利班德认为："从术语上看，斯大林主义的主要标志是试图把马克思主义转变为官方的国家的意识形态，这一意识形态的主要原则和处方是斯大林以权威的方式制定出来的，因此要求

① 联共（布）中央特设委员会：《联共（布）党史简明教程》，人民出版社 1975 年版，第 130 页。

② ［苏］康士坦丁诺夫：《历史唯物主义》，刘丕坤等译，人民出版社 1955 年版，第386—511 页。请参阅该书第十章"社会意识及其形态"。

总体上的、无条件的服从。"①在斯大林时期，不仅与斯大林不同的各种理论见解受到无情的批判，甚至连自然科学中的许多新发现，如爱因斯坦的相对论、摩尔根的遗传学说、维纳的控制论等都被斥之为资产阶级的思想谬误而遭到批判。所有这一切都表明，在社会主义历史阶段，虽然在意识形态领域里仍然存在着不同思想倾向之间的斗争，因而仍然需要开展积极的、合理的思想斗争，但把这种斗争估计得过于严重，并在实践上搞阶级斗争扩大化，混淆敌我矛盾和人民内部矛盾，必然会损害社会主义革命和建设事业，造成不堪设想的严重后果。

第三节　意识形态与文化

马克思、列宁和斯大林的意识形态学说主要是通过苏联和中国的一些哲学教科书对前期毛泽东的思想产生影响的。虽然毛泽东（1893—1976）在《矛盾论》中还未使用"意识形态"的概念，但他对马克思和列宁关于这方面的理论已有深刻的领会。毛泽东这样写道："我们承认总的历史发展中是物质的东西决定精神的东西，是社会的存在决定社会的意识；但是同时又承认而且必须承认精神的东西的反作用，社会意识对于社会存在的反作用，上层建筑对于经济基础的反作用。这不是违反唯物论，正是避免了机械唯物论，坚持了辩证唯物论。"②当时毛泽东的主要思想倾向是：反对机械唯物论，强调意识和理论的巨大的能动的作用。

毛泽东最初运用"意识形态"这个词是在《读李达著〈社会学大纲〉一书的批注》中。批注之一是："社会意识形态是理论上再造出现实社会。"③批

---

① T. Bottomore (ed.), *A Dictionary of Marxist Thought*, Cambridge: Harvard U-niversity Press, 1983, p. 463.

② 《毛泽东选集》第 1 卷，人民出版社 1991 年版，第 326 页。

③ 中共中央文献研究室编：《毛泽东哲学批注集》，中央文献出版社 1988 年版，第 210 页。

注之二是："代表古代反动贵族的意识形态是古代观念论哲学。……由于希腊奴隶经济的向下发展而产生的深刻的阶级分化与斗争，引起贵族主义与民主主义之意识形态的斗争，前者便以观念论哲学为基础。"①在《读艾思奇编〈哲学选辑〉一书的批注》中，毛泽东也写下了一段重要的批注："哲学是一定阶级的意识形态的集中表现。"②上述三个批注反映出毛泽东当时的意识形态观，即：第一，意识形态不只是对现实社会的反映，而是从理论上再造现实社会；第二，意识形态具有鲜明的阶级特征；第三，哲学是意识形态的灵魂，它的集中表现。

无论是研究毛泽东思想的人，还是研究意识形态问题的人，都忽视了下面这个重要的事实，即《新民主主义论》是毛泽东关于意识形态的最重要的论著之一。之所以产生这种忽视，是因为在这部著作中毛泽东未使用"意识形态"这个词，但细心的读者会注意到，毛泽东频繁地使用了三个在内涵上与"意识形态"相近，甚至完全相同的词，那就是"文化""观念形态"和"思想体系"。毛泽东在这部著作中阐述的意识形态理论可以概括如下。

(1)作为观念形态的文化与政治、经济的关系。毛泽东说，"一定的文化(当作观念形态的文化)是一定社会的政治和经济的反映，又给予伟大影响和作用于一定社会的政治和经济；而经济是基础，政治则是经济的集中表现。这是我们对于文化和政治、经济的关系及政治和经济的关系的基本观点。"③正如旧文化是旧经济和旧政治在观念形态上的反映一样，新文化则是新经济和新政治在观念形态上的反映。所以，毛泽东指出："没有资本主义经济，没有资产阶级、小资产阶级和无产阶级，没有这些阶级的政治力量，所谓新的观念形态，所谓新文化，是无从发生的。"④而在他

---

① 中共中央文献研究室编：《毛泽东哲学批注集》，中央文献出版社 1988 年版，第 225—226 页。

② 同上书，第 310 页。

③ 《毛泽东选集》第 2 卷，人民出版社 1991 年版，第 663—664 页。

④ 同上书，第 695 页。

看来，新的革命的观念形态或文化，也不是消极的东西，它在革命前是革命的舆论准备，在革命中是革命总战略中的一个必不可少的重要环节。

(2)共产主义是无产阶级的思想体系。毛泽东指出："共产主义是无产阶级的整个思想体系，同时又是一种新的社会制度。这种思想体系和社会制度，是区别于任何别的思想体系和任何别的社会制度的，是自有人类历史以来，最完全最进步最革命最合理的。"[①]毛泽东强调，封建主义的思想体系和社会制度是进了历史博物馆的东西了，资本主义的思想体系和社会制度已有一部分进了博物馆，其余部分也已日薄西山，快进博物馆了，唯有共产主义的思想体系正磅礴于全世界，而葆其美妙之青春。中国的新文化在五四运动前是旧民主主义性质的文化，属于世界资本主义思想体系的范围，五四运动后的新文化则是新民主主义性质的文化，属于世界无产阶级思想体系的一部分。因此，新民主主义的文化是以共产主义思想体系为指导的人民大众反帝反封建的文化。

(3)文化革命是总的革命过程中的一个基本的组成部分。所谓总的革命过程主要是指政治革命、经济革命和文化革命协调进行的过程。毛泽东说："文化革命是在观念形态上反映政治革命和经济革命，并为它们服务的。"[②]从中国近代史上看，五四运动所进行的文化革命是彻底地反对封建文化的运动，因而是伟大彻底的文化革命。毛泽东认为，新民主主义文化所倡导的革命主要有两个方面：一是"在工人阶级中宣传社会主义和共产主义，并适当地有步骤地用社会主义教育农民及其他群众"[③]；二是批判封建文化、半封建文化和帝国主义的文化。"不把这种东西打倒，什么新文化都是建立不起来的。不破不立，不塞不流，不止不行，它们之间的斗争是生死斗争。"[④]

---

① 《毛泽东选集》第 2 卷，人民出版社 1991 年版，第 686 页。
② 同上书，第 699 页。
③ 同上书，第 704 页。
④ 同上书，第 695 页。

从上面的论述可以看出，在《新民主主义论》中，毛泽东运用"文化""观念形态"和"思想体系"等概念，全面地阐述了意识形态理论。毛泽东和葛兰西一样，都引入"文化"概念来讨论意识形态问题。如果说，葛兰西形成了一套适合于西方工业社会的文化-意识形态理论话语，那么，毛泽东则提出了一整套适合东方社会的文化-意识形态理论话语，特别是毛泽东关于"文化革命"的思想后来在社会主义时期产生了重大的影响。在稍晚于《新民主主义论》的《在延安文艺座谈会上的讲话》中，毛泽东结合"文艺"这一文化的特殊形式，进一步发挥了他的意识形态理论。

　　综上所述，在 20 世纪意识形态研究的复兴中，列宁的理论是开创性的，起着十分重要的作用。列宁不但强调了无产阶级在争取解放的道路上开展意识形态斗争的必要性，而且也强调了无产阶级在夺取政权后这方面斗争的长期性和曲折性。列宁的意识形态理论对东西方世界的影响都是巨大的。斯大林和前期毛泽东都继承并发展了列宁的意识形态学说。斯大林把社会主义时期意识形态中不同倾向的斗争扩大化了，从而导致了严重的后果；前期毛泽东则从中国的实际出发，把意识形态和文化问题紧密结合起来，从而为中国革命的胜利制定了正确的意识形态政策。

第八章　西方意识形态研究的复兴

20 世纪 20 年代，在中欧、西欧的工人革命相继失败之后，西方国家的一些马克思主义理论家和活动家开始冷静地思索并总结革命失败的经验教训。作为西方马克思主义创始人的卢卡奇、柯尔施和葛兰西都不约而同地把目光投向马克思的意识形态学说，强调在西方工业社会的革命中开展意识形态斗争的必要性和重要性，认定西方革命失败的主要原因是对意识形态领导权的忽视。

与此同时，对意识形态问题的探讨也出现了三种新的倾向：第一种倾向是由知识社会学的重要代表人物曼海姆所倡导的，他试图通过"总体的意识形态概念"，把意识形态变为一种超阶级、超党派的形而上学的知识，从而退回到马克思以前的德国古典唯心主义哲学的立场上去；第二种倾向是由弗洛伊德主义的马克思主义的创始人赖希所倡导的，他力图用弗洛伊德的心理分析理论来补充马克思的意识形态学说；第三种倾向是由实证主义社会学的重要继承者盖格尔所倡导的，他主张把意识形态作为认识批判的概念，使之理论化、认识论化，完全脱离阶级和党派的利益。虽然他批判了曼海姆的意识形态理论，但他们的基本立场是一致的，那就是淡化意识形态理论的阶级归属。这一基本立场显然违背了马克思的意识形态学说的真谛，是必须认真地加以分析和批判的。

另外，我们必须提到的一个重要事实是：马克思和恩格斯的划时代的遗著《德意志意识形态》在 1932 年的出版也为意识形态研究在西方社会的复兴提供了重要的助力。

第一节　物化、合法性与意识形态

被公认为西方马克思主义者的"圣经"的《历史与阶级意识》是格奥尔格·卢卡奇(György Lukács，1885—1971)在青年时期写下的最重要的理论著作之一。这部著作是卢卡奇在 1919—1922 年写下的 8 篇论文的汇编。这 8 篇论文是：《什么是正统的马克思主义?》《作为马克思主义者的罗莎·卢森堡》《阶级意识》《物化和无产阶级的意识》《历史唯物主义的功能变化》《合法性和非法性》《对罗莎·卢森堡〈论俄国革命〉的批评意见》和《关于组织问题的方法论》。这些论文都是卢卡奇在总结当时中欧、西欧革命斗争失败的经验教训的基础上写成的。贯穿在这些论文中的一个主导思想是：无产阶级必须重视意识形态问题，努力形成自觉的阶级意识，否则就不可能在革命斗争中获得真正的胜利。在《历史与阶级意识》中，卢卡奇对意识形态问题作了大量的论述。这些论述表明，他的意识形态理论不仅受到马克思、恩格斯、列宁的影响，也受到马克斯·韦伯、齐美尔等人的影响。

一、关于意识形态的一般理论

在《历史与阶级意识》一书中，卢卡奇并没有给"意识形态"概念下一个明确的定义，但从他的许多论述中可以看出，他并不像马克思和恩格斯那样，仅仅从否定的意义上来理解意识形态，而是像列宁一样，把意识形态理解为一个描述性的概念。所以他既谈资产阶级、小资产阶级的意识形态，也谈无产阶级的意识形态。在他看来，意识形态本身是一种非经济的因素，但它又是一定的经济关系在人们观念中的反映："如果经济是社会的最重要的形式，是推动人们背后的社会演化的真正的驱动力，那么它必然会以非经济的、意识形态的方式进入人们的思想。"①卢卡奇并不把意识形态看作是一定社会的经济关系的消极的分泌物，相反，他要强调的正是问题的另一个方面，即意识形态对经济关系的重大的反作用。他这样写道："意识形态不仅仅是社会的经济结构的一个结果，而且也是它能健康地发挥作用的先决条件。"②在卢卡奇看来，重要的不是搬弄马克思意识形态学说的基本内容，而是要把握意识形态和经济关系之间的活生生的、不断地变化着的辩证关系。但是，正如黑格尔主义者停留在纯粹的意识形态的结构中，因而不能正确地理解历史事件一样，那些把马克思主义教条主义化的"庸俗的马克思主义者"也拘执于经济关系的客观规律，看不到意识形态与经济基础之间的现实的联系，因而同样不能理解历史事件及其进程。卢卡奇认为，如果坚持用马克思主义经典作家的辩证法来看问题的话，"'意识形态的'问题和'经济的'问题就不再相互排斥，而是密切地联系起来了。"③

卢卡奇还认为，对意识形态问题的探讨必须与具体的历史条件结合起来。他对"资产阶级意识形态"(the bourgeois ideology)的历史的分析就是一个典型的例子。他说："在 18 世纪末，资产阶级在意识形态上是强大的和不可战胜的。在 19 世纪初，当资产阶级的意识形态，即资产阶级的自由和民主的观念还没有被经济的自然作用从内部削弱时，当资产阶级还能够希望并且确信，这种民主的资产阶级的自由和经济的优越性总有一天能导致对全人类的拯救时，情形同样是如此。"④在卢卡奇看

---

① G. Lukacs, *History and Class Consciousness*, Cambridge：The MIT Press, 1971, p. 252.

② Ibid. , p. 261.

③ Ibid. , p. 34.

④ Ibid. , p. 225.

来，这种信念的激情充斥着资产阶级最初发展的历史时期，特别是在法国大革命中得到了充分的表现。作为当时资产阶级意识形态的杰出代表的古典经济学家亚当·斯密和大卫·李嘉图，还能本着科学的、公正的态度来研究资本主义社会。

　　但是，正如卢卡奇所指出的："资产阶级意识形态的历史是不断破坏其信念的历史，根据这一信念，它的使命就是通过创造社会资产阶级的整体来拯救世界。"①从西斯蒙第的批判理论和卡莱尔的社会批判的时代起，资产阶级意识形态渐渐地被削弱了。随着无产阶级的兴起，资产阶级突然发觉，它为反对封建主义所锻造的一切武器现在都倒过来对着它自己了。在 19 世纪 50、60 年代，无产阶级不仅在阶级斗争中取得了一定的成绩，而且在摧毁资产阶级意识形态中也不断地获得成功。卢卡奇认为，第二国际的首领伯恩施坦等人在理论上的堕落"是无产阶级内部的意识形态危机的标记；但同时也意味着资产阶级在历史唯物主义面前的屈服"②。这就是说，伯恩施坦等人的经济宿命论和改良主义既是资产阶级意识形态在工人队伍中的表现，又表明资产阶级意识形态已失去其作为革命阶级时的合理性，不得不采取歪曲马克思的历史唯物主义理论的途径来生存下去。在当时，资产阶级意识形态已陷入深刻的危机之中。卢卡奇说："在意识形态上，我们看到了同样的矛盾：资产阶级使个体具有史无前例的重要性，但同时，这同一个个体性又被它所从属的经济条件，被商品生产创造的物化所消灭。"③从外观上看，资本主义社会中的个人是绝对自由的，但实际上，商品生产早已把个人降低为物，降低为机器的单纯的附属品。

　　卢卡奇还指出，随着"资产阶级意识形态"的陨落而兴起的是"无产阶级意识形态"（the proletarian ideology），其理论表现则是历史唯物主

---

① G. Lukacs, *History and Class Consciousness*, Cambridge：The MIT Press，1971，p. 225.

② Ibid.，p. 228.

③ Ibid.，p. 62.

义。卢卡奇写道："什么是历史唯物主义？它无疑是一种科学的方法，凭借这种方法，人们能够理解过去的各种事件并掌握它们的真实的本质。"[①]对于无产阶级来说，历史唯物主义理论具有比单纯的历史研究方法更重要的价值，它是无产阶级用来批判资产阶级意识形态、认识资本主义社会本质的最重要的思想武器。作为资本主义社会的自我知识，历史唯物主义理论又是一种特殊的意识形态，"这种意识形态的问题本身不外是客观的经济状况的理智的表达"[②]。在卢卡奇看来，历史唯物主义理论的最重要的功能是揭示资本主义社会的真实面貌，对其社会制度作出正确的判断。因此，在无产阶级的整个阶级斗争中，资产阶级运用意识形态的各种伪装在哪里掩蔽真实情况，掩蔽阶级斗争的状况，历史唯物主义理论就会在哪里被运用。在十月革命胜利后的苏联，历史唯物主义理论还负有建设新社会、新文化和新意识形态的重要使命。

二、物化与物化意识

关于物化与物化意识的探讨，构成《历史与阶级意识》的一个基本课题。如果说，物化是资本主义社会的普遍现象的话，那么，物化意识则是资产阶级意识形态的普遍的、基本的表现形式。"物化"（reification）这一概念最早出现于卢卡奇在 1919 年写的《什么是正统的马克思主义？》一文中。在该文中，当他叙述到资本主义经济形式的拜物教特征时，提到了"人的关系的物化"[③]。在 1920 年撰写的《阶级意识》一文中，他比较深入地论述了物化这一主题。他写道："无产阶级作为资本主义的产物，必然隶属于它的创造者的生存模式。这一生存模式就是非人性和物化。"[④]在 1922 年写的《物化和无产阶级意识》一文中，卢卡奇全面地论述了"物化"和"物化意识"（reified consciousness）的问题。

---

① G. Lukacs, *History and Class Consciousness*, Cambridge: The MIT Press, 1971, p. 224.

② Ibid., p. 229.

③ Ibid., p. 6.

④ Ibid., p. 76.

必须指出的是，卢卡奇这方面的论述是以马克思在《资本论》中对商品拜物教的批判为前提的。卢卡奇说："商品拜物教是我们时代，即现代资本主义时代的特殊的问题。"①商品拜物教现象也就是物化现象，即在资本主义社会中，人与人之间的关系采取了物与物之间关系的虚幻的形式。卢卡奇对物化现象作了如下的说明："在这里，最重要的是这种情况，即一个人自己的活动，他自己的劳动，成了某种客观的和独立于他的东西，某种凭借着与人异己的自主性而控制着人的东西。"②卢卡奇关于物化与物化意识的讨论主要是围绕着以下四个方面展开的。

1. 物化是资本主义社会的普遍的必然的现象

卢卡奇说："我们的目的是把物化理解为构成资本主义社会这一整体的一个普遍的现象。"③又说，"物化是生活在资本主义社会中的每一个人的必然的、直接的现实。"④这两段重要的论述告诉我们，在资本主义社会中，物化既不是偶尔有之的现象，也不是专对无产阶级一个阶级而言的，物化是整个资本主义社会及生活于其中的人必然遭遇到的现实。物化现象的普遍性和必然性是由以交换价值的生产为目的的资本主义社会独有的经济形式所决定的。人的劳动的产品作为一种异己的力量来支配人、统治人、压抑人，这构成了资本主义生产方式的一个基本的方面。

2. 物化的具体表现

卢卡奇认为，人与人之间关系的物化主要表现在以下三个方面。第一，它使人屈从于狭隘的分工范围，把整个社会生活分解为一块块碎片。在资本主义社会内，由于分工和交换的高度发展，人们的职业愈益专门化，他们的生活也被局限在一个越来越小的圈子中，其结果是使人

---

① G. Lukacs, *History and Class Consciousness*, Cambridge: The MIT Press, 1971, p. 84.

② Ibid., pp. 86-87.

③ Ibid., p. 210.

④ Ibid., p. 197.

们的目光停留在周围发生的局部的事情上，失去了对整个社会的理解力和批判力。正如卢卡奇所说："技能的专门化导致了对整体的每一个想象的破坏。"①第二，它使现实(活生生的历史过程)物化、僵硬化和机械化。人们对物(商品)的追求使他们的目光变得越来越近视，越来越拘执于眼前的物的关系和孤立的事实，忽视了对前景和未来的思考。总之，物支配人，过去支配现在，死的东西支配活的东西。第三，它使无产阶级在劳动过程中客体化、对象化，成了整个机械系统中的一个组成部分，从而丧失了自己的主体性和创造性，正如卢卡奇所指出的："当世界变得机械化的时候，它的主体，人也必然地被机械化了。"②

3. 物化意识的形成及其危害

既然物化是资本主义社会存在的普遍的、必然的现象，这一现象也必然在人们的观念中反映出来，形成同样普遍的、渗透到各种意识形式中的物化意识。卢卡奇认为，物化意识即"物化在意识中的意识形态结构"③，由于这种意识的普泛性，"资产阶级也试图理解这种物化的意识形态现象"。在这方面，齐美尔的《货币哲学》就是一个很好的例子。但在卢卡奇看来，这样的著作只是满足于对物化意识的表面上的考察，并没有像马克思那样，深入地揭示这种意识现象背后的本质，从而阐明其危害性。

卢卡奇认为，物化意识的实质是丧失对资本主义社会的整个现实的批判力和改造能力。他指出："物化意识必然会无希望地陷入到粗糙的经验主义(crude empiricism)和抽象的乌托邦主义(abstract utopianism)这两个极端中。"④所谓"粗糙的经验主义"，也就是说，意识成了它自己必须服从而从来不能加以控制的客观法则的消极的旁观者。在这里，物、

---

① G. Lukacs，*History and Class Consciousness*，Cambridge：The MIT Press，1971，p. 103.

② Ibid.，p. 38.

③ Ibid.，p. 156.

④ Ibid.，p. 77.

事实、法则的力量被无限地夸大了，人或主体则成了可有可无的东西。人们显然忘记了，他们自己也通过理论和实践，参与了这一社会总体的创造活动。在一定的条件下，人们也能改变自己周围的生存环境。所谓"抽象的乌托邦主义"则滑向另一个极端：一方面，它不主张社会革命，而是寄希望于社会改良，尤其是以提高个人伦理水平的方式来实现社会主义，其目光完全停留在个人和社会的局部现象上；另一方面，它无限地夸大主体的力量，相信奇迹会改变一切。乍看上去，它似乎极端蔑视客观法则的力量，实际上，正是在客观法则的重压下，主体意识茫然失措地表现自己。它同样显示出在理解社会总体上的无能。这两个极端看起来是正相反对的，事实上，"它们经常是一起出现的，它们之间有一种内在的联系"①。

4. 以总体的优先性超越物化意识

要冲破以物化意识为基础的资产阶级意识形态的束缚，唤起无产阶级创造历史的主动性，就要在思维方法上回到作为马克思辩证方法的核心的"总体"（totality）范畴上去。卢卡奇用总体这一范畴来指称资本主义社会的整个现实。他说，"只有把社会生活的孤立的事实看作历史过程的各个方面，并把它们综合进一个总体的时候，事实的知识才有希望成为现实的知识。"②也就是说，只有时时处处坚持总体的优先性，才能超越物化意识的狭隘眼界，达到对资本主义社会现实的整体把握，从而在理论上批判它，在实践上改变它。

三、意识形态和合法性

在写于1920年的《合法性和非法性》这篇短文中，卢卡奇深入地探讨了合法性与意识形态的关系问题。卢卡奇认为，"合法性"（legality）与"非法性"（illegality）关系到无产阶级斗争的策略问题，因而具有十分重要的意义。卢卡奇写道："对于马克思主义思想来说，合法性和非法

①　G. Lukacs，*History and Class Consciousness*，Cambridge：The MIT Press，1971，p. 77.

②　Ibid.，p. 8.

性的概念究竟有何意义呢？这个问题不可避免地把我们引导到组织力量的一般问题，法和国家的问题，最后引导到意识形态的问题。"①

在资本主义社会里，法和国家看起来是独立的，实际上是维护资产阶级利益的工具。资产阶级通过意识形态向人民群众灌输合法性的思想："这就是合法性的意识形态基础。它并不总是关涉到一种意识上的叛逆或甚至是一种意识上的调和，它毋宁说是对国家的一种自然的本能的态度，而对于行动的人来说，国家是作为混乱世界中的一个固定的点而出现的。"②这就是说，在人民群众的心目中，自发地具有一种对国家和法的权威的认可和尊重，这种自然的本能的态度正是从意识形态的教化中获得的。无产阶级在资本主义社会中的地位虽然是十分低下的，但它同样不能摆脱在合法性问题上的自然的态度。卢卡奇说："那是不难理解的，在资本主义就其内部而言仍然非常稳定的时代中，工人阶级中的大部分都会完全接受资本主义内部的意识形态立场。"③只有当资本主义社会陷入尖锐的冲突和危机中时，无产阶级从资产阶级意识形态中接受过来的合法性概念才会发生动摇。

卢卡奇还认为，马克思主义是关于资本主义社会的革命理论，"同时也是无产阶级在其解放自己的努力中的意识形态的表达"④。正是马克思主义，为无产阶级革命运动中的合法的和不合法的策略提供了理论基础，因为它揭示了资本主义社会的本质，从而从根本上否定了资产阶级在国家与法的问题上散布的种种意识形态的神话。

根据卢卡奇的分析，俄国无产阶级之所以能取得革命斗争的胜利，"因为它已经在长期的非法斗争中坚强起来，从而获得了对资本主义国家的本质的清醒的认识。因此它的行动奠基在真正的现实而不是意识形

---

① G. Lukacs, *History and Class Consciousness*, Cambridge：The MIT Press，1971，p. 257.

② Ibid. , p. 263.

③ Ibid. , p. 261.

④ Ibid. , pp. 258-259.

态的幻觉上。"①卢卡奇称此为"俄国无产阶级在意识形态上的成熟"②，而这种成熟性充分体现在创造性地发展了马克思主义的列宁的学说中。

西欧和中欧的无产阶级革命之所以失败，只是因为无产阶级在思想上还没有超出资产阶级意识形态的眼界。卢卡奇说："许多年前，罗莎·卢森堡已注意到掌握政权本质上是'不成熟的'，而尤其在意识形态的状况中是如此。"③而要使无产阶级在意识形态上真正地成熟起来，即打破从资产阶级意识形态那里接受过来的关于国家和法的合法性的神话，就要用马克思主义的学说教育无产阶级，而这种意识形态上的教育工作正是无产阶级革命过程中最长期、最艰巨的工作之一。

最后，卢卡奇探讨了无产阶级夺取政权后合法性与意识形态的关系问题。在无产阶级专政的条件下，合法性和非法性都经历了一个功能上的变化。原来合法的，现在成了非法的，而原来非法的，则成了合法的。在这种情况下，资产阶级不会轻易放弃自己原来的合法性思想，无产阶级的新的合法性思想也不会一下子成熟起来，因而在意识形态和文化上，新旧合法性之间的冲突仍然会发生，无产阶级甚至比以前更需要对资产阶级意识形态和文化保持一种批判的识见。

四、无产阶级的意识形态危机和阶级意识的形成

卢卡奇认为，中欧、西欧的革命运动面临着的最大问题是"无产阶级的意识形态危机"(the ideological crisis of the proletariat)："这种意识形态的危机一方面表现在，工人们把客观上极端不稳定的资本主义社会的地位理解为像以前一样具有稳定性，在许多方面无产阶级依然停留在旧的资本主义的思想和感情中；另一方面表现在，在孟什维克工人党以及由他们所控制的工会中，无产阶级的资产阶级化已经成了一种制

---

① G. Lukacs, *History and Class Consciousness*, Cambridge: The MIT Press, 1971, p. 270.

② Ibid., p. 270.

③ Ibid., p. 266.

度。"①这些组织竭力把工人运动保持在自发的、局部的、经济斗争的水平上，避免在自觉的、总体的、政治的层面上和资本主义社会进行斗争。许多孟什维克都竭力在意识形态和组织上把无产阶级保持在物化意识的水平上，"它们之所以能够获得这样的成功，仅仅因为无产阶级处于意识形态的危机状态中，因为对于无产阶级来说，在意识形态上向专政和向社会主义的自然的发展，甚至在理论上也是不可能的，因为这一危机不仅关系到资本主义在经济上的削弱，同样也关系到在资本主义社会中，在资产阶级的生活形式的影响下成长起来的无产阶级在意识形态上的转变"②。在卢卡奇看来，摆脱这种意识形态上的危机状态乃是无产阶级革命运动面临的首要任务。

卢卡奇强调，摆脱这种危机状态是需要客观条件的。"这种意识形态的转变的存在归因于创造了掌握政权的客观机会的经济危机。"③但这并不是说，这种意识形态的转变会随着资本主义经济危机的发生而自然地发生，相反，它只能通过无产阶级的自由的行动来实现。"孟什维克党是无产阶级意识形态危机的组织形式，共产党则是自觉地达到这种跳跃，从而达到朝着自由领域的最初的自觉的一步。"④但卢卡奇强调，这里的自由并不是资产阶级意识形态家所讲的个体的自由，而是指集体的自由，指无产阶级在革命实践中的集体的意志。

在卢卡奇看来，这种集体的自由行动的发生正是以无产阶级确立自己的阶级意识为前提的："当资本主义最后的经济危机发生时，革命的命运（以及与此相关的人类的命运）将依赖于无产阶级意识形态的成熟，即依赖于它的阶级意识（class consciousness）的成熟。"⑤无产阶级的阶级意识与其他阶级的阶级意识的根本区别在于：第一，它诉诸整个社会和

---

① G. Lukacs, *History and Class Consciousness*, Cambridge: The MIT Press, 1971, p. 310.

② Ibid., pp. 310-311.

③ Ibid., p. 311.

④ Ibid., p. 414.

⑤ Ibid., p. 70.

全人类的解放；第二，它注重理论和实践的结合。一言以蔽之，它注重从总体上对资本主义社会进行革命的改造。如果说，共产党是无产阶级阶级意识的体现者的话，那么历史唯物主义理论正是这种阶级意识，这种新的意识形态的理论形式。"对于无产阶级来说，'意识形态'既不是加入战斗的旗帜，也不是对其真实目的的掩盖：它是客观的，并且就是武器本身。"①

综上所述，《历史与阶级意识》是青年卢卡奇论述意识形态问题的重要著作，特别是关于物化意识和合法性问题的讨论，既揭示了资产阶级意识形态的本质，又阐明了无产阶级意识形态的危机及其实质，从而把确立无产阶级的阶级意识的重要性提到前所未有的高度上。当然，《历史与阶级意识》也有它的局限性：它把物化与异化简单地等同起来了；它也以总体的优先性取代了经济的优先性。此外，它对实践活动的理解也显露出乌托邦主义的倾向。所有这一切都使卢卡奇在一定程度上夸大了意识形态的实际作用，从而滑向与经济宿命论相反的另一个极端——意志主义。

第二节　哲学与意识形态批判

卡尔·柯尔施（Karl Korsch，1886—1961）作为西方马克思主义的早期代表人物之一，在总结中欧、西欧无产阶级革命失败的经验教训时，他和卢卡奇一样，十分重视意识形态问题。正如哈利戴所指出的："柯尔施试图重新提出马克思主义与哲学、马克思主义与意识形态的一般关系问题。不同于第二国际理论家的地方在于，柯尔施承认资本主义社会内部意识形态层面的特殊的自主性和它的实际结果：甚至在革命后，资

---

① G. Lukacs, *History and Class Consciousness*, Cambridge：The MIT Press，1971，p. 70.

产阶级意识形态也绝不会自动消失，必须通过科学社会主义理论的斗争才会消失。庸俗唯物主义的错误是对资本主义社会的理智的和意识形态的机关的活力的'先验的低估'。"①如果说，在写于1922年的《工厂委员会的劳动法》这部论著中，柯尔施已把劳动法看作是资产阶级意识形态的重要领域，并进而主张"对将来的社会生产关系准备一个无产阶级的合法的表述，乃是革命运动的一个重要的意识形态的任务"②，那么，在1923年出版的《马克思主义和哲学》③中，柯尔施已对马克思主义的意识形态理论作出了全面的论述，并在驳斥第二国际的庸俗马克思主义者对马克思的意识形态学说的种种曲解时，从马克思主义与哲学的内在联系的高度上，阐述了意识形态批判，特别是资产阶级意识形态批判的重要性。

一、意识形态理论在马克思主义学说中的地位

要弄清楚意识形态理论在马克思主义学说中的地位，必须先要明白什么是马克思主义。柯尔施说，"马克思主义被看作并被理解为一个活的总体(a living totality)的社会发展理论；或者更确切些说，它被理解并被实践为一个活的总体的社会革命理论"④。柯尔施认为，在马克思主义发展的第一阶段(1843—1848年)中，不存在把这一总体的经济、政治和精神要素划分为各个不相干的分支的问题，甚至在重点考察某一要素时，也是首先从总体上着眼的。"当然，继续构成'革命实践'的活的统一的，不仅是经济、政治和意识形态，而且也是历史过程和自觉的社会行动。"⑤也就是说，马克思主义从来就不是对社会现实总体的支离破

---

① K. Korsch, *Marxism and Philosophy*, New York：NLB, 1970, p. 14.

② Ibid. , p. 11.

③ 这部著作主要由两个部分组成的，即1923年发表在《社会主义和工人运动史文库》上的长篇论文《马克思主义和哲学》和1930年增补上去的《"马克思主义与哲学"问题的现状——一个反批评》。"反批评"主要是对"马克思主义和哲学"发表七年来遭到的各种批评提出驳斥和反批评。

④ K. Korsch, *Marxism and Philosophy*, New York：NLB, 1970, p. 57.

⑤ Ibid. , p. 57.

碎的描述，而是对这一现实总体的本质的深刻理解和把握，并努力唤醒革命实践的因素来改变这一现实总体。在柯尔施看来，不论是认识这一总体，还是改变这一总体，意识形态问题都是举足轻重的。

柯尔施根据马克思主义的理论分析了资本主义社会："资产阶级经济学连同物质生产关系属于作为整体的资产阶级社会。这一总体也包括政治的和法的代表以及外观上的被资产阶级的政治学家和法学家（马克思称为'私有财产的'意识形态家）以意识形态的颠倒方式称为自主的本质的东西。最后，它也包括资本主义社会的艺术、宗教和哲学这些较高的意识形态。"[1]在柯尔施看来，马克思主义作为社会理论，特别是关于资本主义社会的理论，就是要对资本主义社会这一现实总体的各个方面进行理论上的批判和实践上的改变。在某种意义上，马克思主义就是在批判资产阶级意识形态的基础上形成的："马克思的发展能够被概括如下：他首先从哲学上批判宗教，然后从政治上批判宗教和哲学，最后，从经济上批判宗教、哲学、政治和所有其他的意识形态。"[2]柯尔施还认为，黑格尔的哲学是启蒙运动的意识形态的顶峰，同样，李嘉图的经济学说则体现了资产阶级经济意识形态的顶峰及其内在矛盾。马克思主义主要是在批判以黑格尔和李嘉图为代表的资产阶级意识形态的基础上形成并发展起来的。柯尔施还引证了恩格斯在致弗·梅林的信中提出的关于意识形态对经济基础的反作用的论述，强调了意识形态批判在整个马克思主义学说中的极为重要的地位。

二、对庸俗马克思主义的意识形态理论的批判

在马克思主义学说发展的第二个阶段（1848 年全 19 世纪末）中，马克思和恩格斯的学说仍然体现为一个综合的社会革命理论的整体，但是，"这一整体的各个组成部分，即它的经济的、政治的和意识形态的因素，科学理论和社会实践，被进一步分离开来了。我们能够用马克思

---

[1]　K. Korsch, *Marxism and Philosophy*, New York: NLB, 1970, p. 96.
[2]　Ibid., p. 85.

的一个表达说，它的自然联系的脐带被粉碎了。可是，在马克思和恩格斯的著作中，从来没有产生一种用以取代整体性的独立的诸要素的多样性"①。

但是，柯尔施指出，在马克思主义的追随者，尤其是第二国际的庸俗的马克思主义者那里，马克思主义学说的这种总体特征被破坏了：一方面，理论与实践的统一被分离开来了；另一方面，经济、政治和意识形态等诸要素也被分解开来了，而且通过对经济要素的决定作用的片面的夸大，完全忽视了意识形态领域里的斗争的重要性和必要性。

庸俗的马克思主义者把意识形态看作与其对象相分离的、空洞的、虚假的，因而是无足轻重的一种实在。他们把实在划分为三个等级：一是经济，是唯一客观的，从总体上看是非意识形态的实在；二是法和国家，它们处于意识形态的掩蔽之下，在某种程度上并不是很真实的；三是纯粹意识形态，从总体上看是不客观的、不真实的。② 这里显然有一种把意识形态作为仅仅存在于意识形态家头脑中的不真实的东西与其他社会现实分离开来的倾向。柯尔施认为，马克思和恩格斯晚年关于意识形态的理论的侧重点和早期虽然有所不同，但"他们总是把意识形态（包括哲学）看作是具体的实在而不是空洞的幻想"③。也就是说，意识形态虽然以一种虚假的颠倒的方式反映着社会生活，但它毕竟是对社会生活和人的行为产生重大影响的精神力量，因此，坚持批判资产阶级意识形态始终是马克思思想发展的一个重要的侧面："众所周知，马克思和恩格斯对德国社会民主党在哥达纲领（1875）和爱尔福特纲领（1895）中就政治、文化和意识形态领域所制定的几乎完全带有改良主义色彩的要求作了多么严厉的批判"④。然而，柯尔施认为，庸俗的马克思主义者完全忽视了意识形态问题的重要性，从而完全放弃了对资产阶级意识形态的

---

① K. Korsch, *Marxism and Philosophy*, New York：NLB, 1970，p. 59.
② Ibid.，p. 82.
③ Ibid.，p. 73.
④ Ibid.，p. 64.

斗争和对工人阶级自发意识的引导，从而使整个斗争停留在工联主义的水平上。

三、关于列宁的意识形态学说

在马克思主义发展的第三个阶段（1900 年以后）中，出现了回到真正的马克思的学说，即作为活的总体的社会革命学说那里去的精神运动："马克思理论的这一转折的发展是在回到原初的或真正的马克思主义纯粹的学说的特殊的意识形态旗号下发生的。"①

柯尔施认为，在这一转折的过程中，列宁起着十分重要的作用。尽管列宁在他几乎所有的著作中坚持的都是唯物主义的哲学，但他也提出了马克思主义或社会主义的意识形态的重建任务，尤其在《怎么办？》这部重要著作中，列宁反复强调，工人群众绝不能在他们的运动过程中创造出独立的意识形态，社会主义的意识形态不是自发地产生的，而是要由党的先进分子灌输到工人队伍中去的。

在《反批评》中，柯尔施的立场发生了急剧的变化，他开始转而批评列宁的意识形态理论乃至其整个学说。柯尔施说："对列宁的关于哲学和意识形态立场的任何探讨都必须设定在列宁的特殊的'唯物主义的哲学'的判断不得不依赖的最初的问题上。"②这个问题就是列宁强调了当时哲学面临的主要危险是反对唯物主义的倾向，而柯尔施则认为，哲学面临的主要危险恰恰是庸俗的、非辩证的唯物主义的流行。在当时，理论和实践的辩证的统一乃是最重要的问题，因而他指出："'列宁主义'理论在理论上不能回答现时期国际阶级斗争的实际需要，所以，构成其理论的意识形态基础的唯物主义哲学无法建立适应今天需要的革命无产阶级的哲学。"③

柯尔施还批评列宁从唯物主义的哲学出发，把认识论与意识形态批判分离开来的做法："列宁总是从一个抽象的认识论的立场上来阐述这

---

① K. Korsch, *Marxism and Philosophy*, New York：NLB, 1970，p. 67.
② Ibid. , p. 129.
③ Ibid. , p. 130.

些关系，他从不在意识的社会-历史形式的同样的平面上来分析知识，从不把它作为一种历史的现象，作为任何既定时代社会经济基础的意识形态方面的'上层建筑'来加以探讨。"①显而易见，柯尔施对列宁的上述批评是站不住脚的。事实上，列宁对社会历史进程和资产阶级意识形态具有深刻的洞察力和批判力，列宁从不以学究的方式来谈论哲学问题，特别是认识论问题，他的哲学思想处处体现出理论与实践的紧密结合。此外，列宁当时对俄国流行的种种唯心主义思潮的批判恰恰为无产阶级革命的胜利作了理论上的准备。

四、关于"意识形态专政"

在《马克思主义和哲学》这篇长文中，柯尔施不仅强调了无产阶级在革命过程中进行意识形态斗争的重要性，而且肯定无产阶级在掌握政权后也要实施"意识形态专政"（ideological dictatorship）②。在《反批评》中，柯尔施提到，他关于"意识形态专政"的提法已引起了许多误解，特别是来自考茨基方面的误解。他承认这个提法是不合适的，但又为自己辩护说，他说的"意识形态专政"在以下三点上与苏联以无产阶级专政名义建立的"精神压迫制度"（system of intellectual oppression）是不同的：第一，它是无产阶级的专政，而不是对无产阶级的专政；第二，它是一个阶级的专政，而不是一个党的领袖的专政；第三，最重要的是，它是革命的、进步的专政，其目的是为大多数人创造更多的自由："社会主义，无论就其目的和手段而言，都是一场实现自由的斗争。"③

在阐述关于"意识形态专政"见解的同时，柯尔施又批评列宁的追随者正在把列宁的思想变为实行"意识形态专政"的工具。他说，列宁本人倾向于把当代哲学的各种潮流"当作从党的工作的立场看来是不正确的意识形态"④。列宁的追随者则进一步把列宁的思想当作裁决、评判各

---

①　K. Korsch, *Marxism and Philosophy*, New York：NLB, 1970, p. 134.

②　Ibid., p. 97.

③　Ibid., p. 144.

④　Ibid., p. 125.

种科学发现是否正确的最高司法权威。"迄今为止，在'宣传列宁'的口号下，俄国党已经开始了把所有属于共产国际的非俄国党的意识形态'布尔什维克化'的运动。"①所有这一切"已经导致了一种在革命的进步和最黑暗的反动之间摇摆的特种意识形态专政"。② 显然，柯尔施对列宁的批评是缺乏说服力的，列宁的许多著作，尤其是晚年的著作表明，列宁的学说是最富于批评和自我批评的精神的。当然，柯尔施对列宁去世后苏联出现的一些意识形态现象的批评确实是发人深省的，也是我们需要认真地加以总结的。

综上所述，柯尔施也把意识形态理解为一个描述性的概念，他在驳斥庸俗的马克思主义者时强调的意识形态是重要的现实力量的论述具有不可忽视的意义，他关于"意识形态专政"的理论也触及无产阶级掌握政权后在文化和意识形态问题上的基本态度和基本政策，因而具有一定的现实意义。但必须指出，他对列宁的批评是错误的，表明他并不真正懂得列宁主义的革命本质和理论贡献。

第三节　意识形态领导权的凸显

安东尼奥·葛兰西（Antonio Gramsci，1891—1937）也是西方马克思主义的早期代表人物之一。他在长达 2848 页的《狱中札记》（撰写于1929—1935 年）中，结合意大利的革命斗争的现实情况，系统地探讨了哲学、政治、文化、历史、知识分子、政党、国家等问题。《狱中札记》表明，葛兰西也十分重视对意识形态问题的研究，并且提出了一系列新的、对指导西方工业社会的革命具有重要理论意义和现实意义的见解：正如哈利戴所说的："柯尔施和葛兰西都主张，无产阶级革命的主要任

---

① K. Korsch, *Marxism and Philosophy*, New York：NLB, 1970，p. 118.
② Ibid.，p. 138.

务是开展意识形态战线的斗争。"①

一、对意识形态概念的新的理解

葛兰西的意识形态理论主要是在批判第二国际的经济主义思潮的基础上形成并发展起来的。这一思潮把意识形态仅仅看作是对经济基础的机械的消极的反应，看作是一种附带的现象，认为它在历史进程中并不能起什么作用。正如穆福（C. Mouffe）所批评的："在一段很长的时间里，在对社会的马克思主义分析中，意识形态理论是一个最遭人忽视的领域。"②

作为意大利人，葛兰西的思想深受克罗齐、拉布里奥拉重视精神、实践的传统的影响，在总结中欧、西欧革命失败的经验教训时，他更深刻地感受到，意识形态和文化问题在无产阶级夺取政权的政治斗争中的重要地位，因而反复批评了经济主义者贬低意识形态作用的种种谬见。他既反对把意识形态看作是经济基础的附带现象，从而把政治和意识形态领域里的每一个微小的变动都直接地归于经济基础的幼稚的行为，也不同意把意识形态仅仅看作是一堆虚假的观念，他主张把意识形态定义为"一种在艺术、法律、经济行为和所有个体的及集体的生活中含蓄地显露出来的世界观"③。

葛兰西认为，意识形态主要包括以下四个层面，即哲学、宗教、常识和民间传说。他认为，马克思仅仅是在论战的意义上把意识形态看作是幻想，看作是一些颠倒的、虚假的观念，实际上，马克思也看到了意识形态是一种现实的力量，是一个战斗的领域，"在这个领域里，人们活动着，斗争着，并获得关于他们自己地位的意识"④。在这里，葛兰西强调了意识形态与实践的密切关系，或者换一种说法，强调了意识形

① K. Korsch, *Marxism and Philosophy*, New York: NLB, 1970, p. 11.
② C. Mouffe（ed.）, *Gramsci and Marxist Theory*, London: Routledge & Kegan Paul, 1979, p. 168.
③ A. Gramsci, *Selections from Prison Notebook*, London: Lawrence & Wishart, 1973, p. 328.
④ Ibid., p. 377.

态的实践功能：一方面，人们在社会实践的过程中，必然会在观念上进入意识形态领域，因为人正是在意识形态的教育中成长起来并确立自己的世界观的；另一方面，人们又在他们已确立的世界观的支配下从事各种实际活动。穆福认为，在葛兰西的意识形态理论中，体现出这样的思想，即"正是意识形态创造了主体并使他们行动"①。

葛兰西还认为，他所重视的意识形态作为具有实践意义的世界观并不是为个别人的，并不是"任意的意识形态"（arbitrary ideologies），即单个人的成见，而是一定的社会团体的共同生活在观念上的表达。正是在这个意义上，他把这样的意识形态称为"有组织的意识形态"（organic ideologies）。② 正是通过对这样的意识形态的接受，单个人获得了自觉的团体的意识，从而投入到集体的活动中去。葛兰西还进一步指出，制作并传播这些"有组织的意识形态"的主体是知识分子，这些意识形态的物质载体则是教会、学校、各种宣传媒介、工会、党派等组织或团体。葛兰西是第一个强调意识形态的物质载体的人，他这方面的见解对后来的阿尔都塞的意识形态理论产生了重要的影响。

二、市民社会与意识形态

葛兰西不仅赋予传统的意识形态概念以新的含义，而且也阐述了意识形态在西方工业社会结构中的特殊的地位和作用。要了解葛兰西这方面的思想，先要搞清楚他所使用的"市民社会"概念的特殊含义。众所周知，在马克思那里，市民社会是物质生活关系的总体，是从属于经济基础的，葛兰西则把它归入上层建筑的范围内，他告诉我们："目前我们能做的是确定上层建筑的两个主要的层面：一个能够被称作是'市民社会'（civil society），即通常被称作'民间的'社会组织的集合体；另一个

---

① C. Mouffe（ed.），*Gramsci and Marxist Theory*，London：Routledge & Kegan Paul，1979，p. 187.

② A. Gramsci，*Selections from Prison Notebook*，London：Lawrence & Wishart，1973，p. 376.

则是'政治社会'（political society）或'国家'。"①政治社会的执行机构是军队、法庭、监狱等，作为专政的工具，它们代表暴力；市民社会是由政党、工会、教会、学校、学术文化团体和各种新闻媒介、民间组织构成的，作为宣传和劝说性的机构，它们代表的是社会舆论。正如泰西尔所说："'市民社会'是一个进行旨在获得整个社会的舆论的意识形态——文化或伦理-政治的活动场所。"②在马克思关于社会结构的分析中，意识形态属于第四位，即"社会生产—经济基础—政治和法律上层建筑—意识形态"。也就是说，意识形态归根结底受制于经济基础，直接受制于政治和法律上层建筑；在葛兰西关于社会结构的分析中，意识形态居于第三位，即"社会生产—经济基础—市民社会（意识形态）—政治社会（相当于马克思说的政治和法律上层建筑）"。按照葛兰西的观点，在整个上层建筑的范围内，市民社会是政治社会的基础。葛兰西认为，在西方资本主义社会中，资产阶级的统治主要不是靠政治社会，即军队和暴力来维持的，而在相当程度上是靠他们广为宣传，从而被人民大众普遍接受的世界观来维持的。这就在西方社会的革命中，把市民社会，即意识形态-文化及其领导权问题空前地凸显出来了。

三、意识形态领导权

在把整个上层建筑划分为市民社会和政治社会的基础上，葛兰西提出了新的领导权理论，即相对于政治社会的"政治的领导权"（political hegemony）和相对于市民社会的"文化领导权"（cultural hegemony）或"精神的和道德的领导权"（intellectual and moral Leadership）③。后者的实质也就是意识形态领导权。正如大卫·麦克莱伦所分析的："葛兰西把当时第二国际的失败归咎于工人阶级运动在抵抗资产阶级意识形态领导权

---

① A. Gramsci，*Selections from Prison Notebook*，London：Lawrence & Wishart，1973，p. 12.

② C. Mouffe（ed.），*Gramsci and Marxist Theory*，London：Routledge & Kegan Paul，1979，p. 69.

③ A. Gramsci，*Selections from Prison Notebook*，London：Lawrence & Wishart，1973，p. 59.

(ideological hegemony)渗透上的无能。"①如果说在东方专制国家，如俄国，政治领导权比意识形态的领导权起着更为重要的作用的话，那么在西方工业国家，情形正好相反。

葛兰西说："在俄国，国家就是一切，市民社会是初生的和凝结的；在西方，国家和市民社会有一个适当的关系，当国家不稳的时候，市民社会的坚固结构立即就显露出来了。国家仅仅是一条外部的壕沟，在它后面耸立着一个强有力的堡垒和土木工程系统。"②正是从西方社会的现实出发，葛兰西提出了与列宁不同的领导权理论，把问题的焦点集中到市民社会的领导权，即意识形态的领导权上。这就是说，西方无产阶级革命的目标并不是直接夺取政治社会的领导权，而是先在市民社会的各个环节中逐步破坏资产阶级在文化、意识形态上的领导权，然后才有可能在适当的时候掌握政治社会的领导权。正如科拉柯夫斯基所指出的："无论如何，在葛兰西的学说中，这是一个重要的论点，即工人们只有在获得文化'领导权'之后，才能获得政治上的权力。"③

在葛兰西看来，意识形态领导权的实质是一种教育关系，而这种关系正是通过先进的知识分子批判旧的意识形态，并传播新的意识形态的方式来实现的。葛兰西写道："这种批判使旧的意识形态已拥有的重要影响的分化和变化的过程成为可能。先前是第二位的，从属的或甚至是附带的东西现在变成了主要的东西，变成了一个新的意识形态的和理论的复合体。"④正是通过这种意识形态的转换，无产阶级逐步掌握了意识形态的领导权，把各种不同的社会团体团结在一种新的世界观之下，从而完成了夺取政治领导权的最重要的准备工作。

---

① D. McLellan, *Marxism after Marx*, Boston：Macmillan Press, 1979, p. 186.

② A. Gramsci, *Selections from Prison Notebook*, London：Lawrence & Wishart, 1973, p. 238.

③ L. Kolakowski, *Main Currents of Marxism (Vol. 3)*, Oxford：Oxford University Press, 1978, p. 241.

④ A. Gramsci, *Selections from Prison Notebook*, London：Lawrence & Wishart, 1973, p. 258.

四、夺取意识形态领导权的新的战略

正是从市民社会和意识形态领导权的理论出发，葛兰西借用西方军事史上的术语"运动战"（war of movement）和"阵地战"（war of position）来阐述革命战略的新的转变。所谓运动战，就是直接发动政治革命和武装起义，夺取资产阶级国家的领导权；所谓阵地战，就是坚守自己的阵地，逐步扩大，先夺取市民社会的领导权，最后在条件成熟时夺取国家的领导权，这种战略特别适合于西方资本主义社会。葛兰西说，"在政治这门艺术和科学中，至少在最发达国家的情况下，'市民社会'已变成一个非常复杂的结构，一个抵挡直接经济要素的灾难性的'入侵'（危机、萧条等）的结构。市民社会的上层建筑像现代战争中的堑壕体系。在战争中有时会发生这样的情形：一场猛烈的炮火攻击似乎已经摧毁了敌人的整个防御系统，而事实上只是破坏了它的外表；在攻击者前进和进攻时，会发现自己面对着一条仍然有效的防御线。"①在西方发达国家中，由于市民社会的强大，俄国十月革命式的运动战必须让位于以争夺意识形态领导权为前提的阵地战。这样一来，通过意识形态-文化领导权理论的提出，葛兰西为西方发达社会提供了一整套新的革命理论。

尽管葛兰西没有系统地建立意识形态理论，但他关于市民社会和意识形态-文化领导权的见解，作为对西方社会现实的深刻反省，至今仍具有重要的理论意义和现实意义。

第四节　新意识形态概念论争

新意识形态概念论争是在曼海姆和霍克海默之间展开的。我们先来看曼海姆的意识形态概念和理论。20 世纪 20 年代，德国出现了一股由

---

① A. Gramsci, *Selections from Prison Notebook*，London：Lawrence & Wishart，1973，p. 235.

马克斯·舍勒（Max Scheler，1874—1928）开创的知识社会学思潮。这一思潮对意识形态问题的理解和阐释，既不同于完全从经验科学出发的、具有实证主义倾向的社会学，又不同于从经济基础决定上层建筑的历史唯物主义理论出发的马克思主义，它形成了一种以形而上学为基础的，力图在社会历史的空间内透视各种知识（包括意识形态）的新的社会学理论。卡尔·曼海姆（Karl Mannheim，1893—1947）正是这一新思潮的重要代表人物。在《意识形态与乌托邦》一书中，曼海姆系统地阐述了知识社会学关于意识形态问题的新见解。

一、两种意识形态的概念

曼海姆认为，意识形态和乌托邦一样，都是关于"存在之超越的观念"（jene seinstranszendenten Vorstellungen）[①]，但两者又是有区别的。乌托邦观念既寄希望于将来，又对现存的社会秩序采取否定的态度，这样的观念原则上是无法实现的。意识形态对存在的超越或不一致，或是表现为以想象的方式去描述存在并竭力掩盖存在的真实关系，或是表现为有意识地编造谎言。这两者的关系是：一方面，与意识形态比较起来，乌托邦是比较容易识别的；另一方面，在每一种意识形态中，或多或少地包含着某些乌托邦观念的因素。所以，曼海姆把分析的重点放在意识形态问题上。

在曼海姆看来，意识形态概念的发生史最早可以追溯到弗兰西斯·培根。从特拉西创立意识形态学说及拿破仑对这种学说的非难，一直到今天，这一概念的含义已经发生了许多变化，有必要从社会学角度对这一概念的含义作一分析，而"这样的一个分析告诉我们，一般来说，人们能够区分出两种相互之间可以分离的'意识形态'的意义来"[②]。这个词的意义的第一种类型是"特殊的意识形态概念"（der partikulare Ideologiebegriff）；第二种类型是"总体的意识形态概念"（der totale Ideologiebe-

---

① K. Mannheim, *Ideologie und Utopie*, Frankfurt am Main：Vittorio Klostermann GMbH，1985，s. 171.

② Ebd.，s. 53.

griff）。

究竟什么是"特殊的意识形态概念"呢？曼海姆回答说："我们在这里涉及的特殊的意识形态概念这个词仅仅表明，人们不愿意相信敌对者规定的'观念'和'表象'。这些观念和表象之所以被敌对者所坚持，或多或少地是出于对一个事实状况的有意识的掩盖，而关于这一事实的真实认识是不适合于敌对者的利益的。"①这些观念和表象可能是有意识的谣言，也可能是半自觉的本能的掩盖；可能是对他人的欺骗，也可能是自我欺骗。当然，特殊的意识形态概念并不能等同于简单的谣言，它具有多方面的内容和意义，但有一点是可以肯定的，它与以相互敌对的方式出现的人们的利益是密切相关的，因而一般来说，其内容上的真实性是可疑的。

究竟什么是"总体的意识形态概念"呢？曼海姆说："人们能够谈论一个时代或一个以历史的社会的方式具体地确定了的团体（可能是一个阶级）的意识形态，他们指的正是这个时代或确切地说是这个团体的总体的意识结构的特征和状态。"②也就是说，总体的意识形态概念意谓一个时代或一个团体的总的意识结构。

在曼海姆看来，这两个意识形态概念的共同点在于，它们都是从特殊的或集体的主体的存在状况出发的，因而都具有功能性的特征，它们的区别主要表现在以下三个方面。

第一，特殊的意识形态概念从内容上看来仅仅是敌对者的各种观念的一个部分，总体的意识形态概念指的是敌对者的整个世界观，包括其范畴体系及从集体主体出发对这一范畴体系的理解。

第二，"在特殊的意识形态概念那里，功能化的活动仅仅出现在心理学的层面上"③。在这种情况下，即使谣言被揭露，欺骗的根源被发

---

① K. Mannheim，*Ideologie und Utopie*，Frankfurt am Main：Vittorio Klostermann GMbH，1985，s. 53.

② Ebd.，s. 54.

③ Ebd.，s. 54.

现，这种"意识形态的怀疑"（der Ideologieverdacht）的目的仍然是不彻底的，仍然停留在心理的层面上。但是在总体的意识形态概念那里，情形就不同了。当人们说，某一个时代生活在某一个观念世界中，我们则生活在另一个观念世界中；或者说，某个历史的具体的阶层以与我们不同的范畴进行思维，在这里人们指的并不是单一的、特殊的思维内容，而是指整个确定的思想体系，指经验形式和陈述形式的一种类型，或指范畴体系的内容和形式。尽管这些东西归根结底关系到集体主体的存在状况，但与个别的意识形态概念不同："在那里，功能化在纯粹心理学的范围内，在这里，功能化仅仅在理论的层面上。"①曼海姆还引证了马克思在《哲学的贫困》中关于经济范畴仅仅是社会生产关系的抽象和理论表达的见解，来证明功能化在总体的意识形态概念那里如何出现在理论的而不是心理学的层面上。

第三，"与上述差异相应的是，特殊的意识形态概念主要带着一个利益心理学起作用，与此相反，总体的意识形态概念则带着一个以前构成的，可能具有客观的结构联系的意向性的功能概念起作用"②。在特殊的意识形态概念那里，这样的或那样的利益作为原因迫使人们说谎或进行掩盖，在总体的意识形态概念那里，虽然也会出现利益的分析，但并不是以直接的因果关系的方式出现的，在这里，更重要的是理论思维的总体的结构。另外，特殊的意识形态概念从来不可能离开心理学的层面，它关系到的是作为个体的"主体"（das Subjekt），而总体的意识形态概念则始终在理论的层面上发生作用，它关系到的是"有责任能力的主体"（Zurechnungssubjekt），即理想的认识态度。

总之，虽然特殊的意识形态概念不是简单的谣言编造，但无论如何是直接地受经济上的因果关系的约束的，因此，从知识社会学的角度来说，并没有多少研究价值；反之，总体的意识形态概念虽然间接地受到

① K. Mannheim, *Ideologie und Utopie*, Frankfurt am Main: Vittorio Klostermann GMbH, 1985, s. 55.
② Ebd. , s. 55.

经济关系的影响，但它主要是在理论的层面上发生作用的，因而既有研究的价值，又有从知识社会学角度加以改造和提高的可能。

二、总体的意识形态概念的形成与发展

曼海姆认为，推动总体的意识形态概念不断向前发展并在理论的、本体论的层面上逐步改变自己特征的因素有很多。从培根、洛克和法国启蒙学者以来对各种意识形态偏见的批判、怀疑和否定，无疑是促使总体的意识形态的概念向纯粹观念的、形而上学的方向靠拢的一个重要原因。但人们也应当看到，更重要的原因是，哲学本身参与了改造总体的意识形态概念的过程，并成了它的发展的至关重要的推动力。当然，曼海姆也强调，人们无论如何不应当忽视来自现实的历史——社会运动的推动力，这种推动力在最根本的层次上发挥着它的作用。总括起来说，曼海姆认为，以下三个步骤是促使总体的意识形态概念形成和演化的主要原因。

"第一个最重要的步骤是在意识哲学的出现中完成的。"①如果人们从心理感受的角度来看待世界，通常观察到的总是世界的无穷无尽的多样性，从而破坏了世界图式在本体论上的客观的统一性。在思想中，意识是统一的，意识哲学所寻求的，正是要从主体的角度来拯救世界图式的统一性。"在这里，特别是在康德那里，理论的层面从纯粹的心理学的层面显现出来。"②在以康德为代表的意识哲学看来，世界图式不是单纯的多样性，而是结构的统一体，在这里有一个明确的主体关系，这一关系涉及的主要不是具体的主体，而是虚构的一般意识。"从现在起，这个世界仅仅是一个关系到主体的'世界'，这一主体的意识能力为的是构成世界图式。如果人们愿意的话，这已经是总体的意识形态的概念，不过是在非历史的和非社会学意义上被观察到的总体的意识形态概念。"③这就是说，通过意识哲学对心理层面的剥离，总体的意识形态概

---

① K. Mannheim, *Ideologie und Utopie*, Frankfurt am Main：Vittorio Klostermann GMbH，1985，s. 61.

② Ebd．，s. 62.

③ Ebd．，s. 62.

念已开始在理论的层面上发挥作用。

"第二个步骤是,这一总体的(但仍然是超时间的)'意识形态视界'(Ideologiesicht)被历史化。"①这一步骤主要是在历史学派和黑格尔的著作中达到的。历史学派和黑格尔都是从下列见解出发的,即世界图式仅仅从主体方面来看才具有统一性,但这种统一性并不是超时间的、静止的,它是处于历史生成过程中的、不断在转换的统一性。曼海姆说:"作为意识统一性的承担者的主体,在启蒙阶段完全是一个抽象的、超时间的、超社会的统一体——'一般意识'。在这里,'民族精神'变成了已经以历史的方式自我区分开来的意识统一性的代表,它的完成了的、较高的统一则是黑格尔的'世界精神'。"②总体的意识形态概念的历史化主要不是通过哲学,而是通过每一时代的政治、历史思想资料的契入而达到的。这一历史化的过程正是通过从人的抽象的世界图式向具体的民族精神的转换来实现的。

"但是,造成现代的总体的意识形态概念的最后的,也是最重要的步骤正是在历史-社会的运动中出现的。"③现在,作为历史意识或精神的承担者的,不再是人民或民族,而是阶级,包罗万象的民族精神的概念也为阶级意识的概念所取代。这种阶级意识也就是"阶级意识形态"(die Klassenideologie)④。

总体的意识形态概念的形成和发展是一个双重的运动。一方面,世界的无限的多样性在意识和精神中获得了统一和综合;另一方面,在这种统一体中又出现了结构上的松动和重新组合的种种趋向。也正是在这一过程中,"特殊的意识形态概念消融在总体的意识形态概念中。"⑤于是,人们对意识形态的批判也进一步深化了。原先,人们总是从心理学

---

① K. Mannheim, *Ideologie und Utopie*, Frankfurt am Main: Vittorio Klostermann GMbH, 1985, s. 62.

② Ebd., s. 62.

③ Ebd., s. 63.

④ Ebd., s. 63.

⑤ Ebd., s. 64.

的层面出发去批评敌对者的意识形态，指责它是某一确定的社会立场的代表，因而它总是竭力掩盖事实的真相。现在，人们的批判则深入到理论的层面上，开始分析意识形态的总体结构是否是正确的。所以，曼海姆说："总体的意识形态概念复兴了一个实际上很老的，但在思想史的当今发展阶段又获得了一个相应的意义的问题，即很早人们已经提示过的'虚假的意识'的可能性问题。"①这个问题对于总体的意识形态概念来说是一个难以摆脱的困境。

三、知识社会学与新意识形态概念

在曼海姆看来，只有知识社会学才能把意识形态概念从困境中拯救出来。那么，什么是知识社会学呢？曼海姆写道："知识社会学是一门新出现的社会学学科，它提出了所谓知识的'存在的联系'(Seinsverbundenheit)的学说，并把这种学说构成为一种理论，这种'存在的联系'作为历史的社会学的研究已经出现在过去和现在的各种知识的内容中。"②这就是说，知识社会学主张从整个"存在的联系"出发，在历史的社会的大空间里，研究各种知识形式和内容。这一知识社会学的定义实际上已显示出曼海姆解决意识形态问题的基本方向。

曼海姆说："通过'存在的联系的思维'这一术语，我试图把意识形态概念的纯粹的知识社会学的内容从特殊的政治鼓动的框架中分离出来。"③那么，这一分离过程是如何完成的呢？曼海姆认为，人们在分析一种总体的意识形态概念时，总会自觉或不自觉地把它与某一敌对者（很可能是一个党派）的立场联系起来，曼海姆称此为"对总体的意识形态概念的特殊的领悟"(eine spezielle Fassung des totales Ideologiebegriffs)，并指出："与这种特殊的领悟相反，当人们有勇气不仅把敌对者的思想基点，而且原则上把所有的，也包括自己的思想基点看作是意识

① K. Mannheim, *Ideologie und Utopie*, Frankfurt am Main: Vittorio Klostermann GMbH, 1985, s. 64.
② Ebd., s. 227.
③ Ebd., s. 71.

形态的时候，人们会达到一种对总体的意识形态概念的普遍的领悟（zu einen allgemeinen Fassung des totalen Ideologiebegriffs）。"①在曼海姆看来，这种"对总体的意识形态概念的普遍领悟"，即把所有党派的思想和整个时代的人的思想都视为意识形态，乃是精神发展史上出现的一种不可避免的趋势。"正是随着对总体的意识形态概念的普遍的领悟的出现，知识社会学从纯粹意识形态学说中产生了。"②

知识社会学先是把一切知识都看作是意识形态，继而又把意识形态与特定的党派立场分离开来，并把它们看作是对"存在的联系"的思考。这样也就完成了把意识形态概念在价值上中立化的过程。这一过程完成后，曼海姆又从认识论的——形而上学的角度引入新的价值观念，并从这一角度再把意识形态概念价值化。这样一来，曼海姆的意识形态概念也就成了一种形而上学的知识的代名词。

曼海姆的意识形态理论明显地受到马克斯·韦伯的"价值中立性"学说的影响，从其基本思想倾向而言，是更靠拢实证主义思潮的，但也掺和了传统的德国形而上学的某种成分。他的意识形态理论对 20 世纪 50 年代兴起的以"意识形态终结"为口号的社会学思潮产生了不可低估的影响。与此同时，他的理论也招致了多方面的批评，特别是来自西方马克思主义者的批评。在这些批评中，霍克海默的见解是最有代表性的。③

马克斯·霍克海默（Max Horkheimer，1895—1973)作为著名的法兰克福学派的创始人之一，其思想更倾向于维护马克思的社会理论。1930年，在法兰克福社会研究所的刊物《社会主义和工人运动史文库》上，霍克海默发表了《一个新的意识形态概念？》的论文，对曼海姆的知识社会学和意识形态理论提出了全面的批评。这一批评之所以具有重要的意

---

① K. Mannhcim, *Ideologie und Utopie*, Frankfurt am Main: Vittorio Klostermann GMbH, 1985, s. 70.

② Ebd., ss. 70-71.

③ 对曼海姆的知识社会学的意识形态理论取批评态度的还有另一些著名的哲学家，如哲学人类学的重要代表普莱斯纳、法兰克福学派的另一位重要代表阿多诺等。

义，因为它集中地体现出西方马克思主义者对知识社会学的意识形态理论的基本态度。霍克海默的批评主要是围绕以下三个方面展开的。

第一，对曼海姆的知识社会学理论的驳斥。

正如我们在本节前面部分所阐述的那样，曼海姆的意识形态理论是以知识社会学为基础的，这使霍克海默不得不花一定的力气来批判这一基础本身。

霍克海默在分析曼海姆的思想与狄尔泰思想的内在联系时指出："曼海姆的知识社会学和狄尔泰的精神科学一样，是古典唯心主义哲学的继承者。"①为什么这么说呢？因为知识社会学并不研究人们的实际的生活过程，而只满足于在纯粹精神的圈子内兜来兜去。比如，"现实"（Wirklichkeit）这个词是知识社会学的基本概念，可是，它既没有被用来指称真实的历史事件，也没有被用来指称从事实际活动的民族、阶级，更没有被用来指称饥饿、战争、经济危机和政治革命。在曼海姆看来，所有这些都不是现实的，真正现实的东西植根于精神和概念之中，因为正是我们的思想才使经验的事实成为可能。由于人的一切行动都是受思想支配的，因而思想构成真正的现实，而实际事实则成了可有可无的东西。在霍克海默看来，曼海姆真正关心的是"形而上学的现实"②。霍克海默还分析了知识社会学的最基本的概念——"存在的联系"（Seinsgebunden）③，认为曼海姆试图把它作为所有的思想、所有的知识形式的基点，但实际上它像黑格尔《逻辑学》开头的"Sein"（存在）概念一样是空洞的、无内容的。显然，在这一基点上形成的，霍克海默称之为"存在的联系的意识形态"（Seinsverbundenen Ideologien）④同样是空洞无物的。

霍克海默也批评曼海姆的知识社会学试图以整个社会历史的大空间为框架，来调和、超越各种事实的和观念的冲突的幻想："知识社会学

---

① Kurt Lenk（Hg.），*Ideologie*，Frankfurt：Campus Verlag，1975，s. 232.
② Ebd.，s. 233.
③ 在曼海姆那里，这个词通常有两种写法，另一种写法是 Seinsverbunden。
④ Kurt Lenk（Hg.），*Ideologie*，Frankfurt：Campus Verlag，1975，s. 242.

按照自己的信念阐述了这样一种思想，这种思想既在现实的真正的问题框架的高度上运动，又有能力综览各种现成的冲突资料。"①曼海姆把知识社会学作为摆脱当时德国的思想危机的出路，实际上进一步加剧了这种危机。按照霍克海默的看法，知识社会学非但不能解决意识形态的问题，相反，把这个问题弄得更为扑朔迷离了。

第二，对曼海姆的意识形态理论的非难。

首先，霍克海默分析了曼海姆关于"特殊的意识形态概念"和"总体的意识形态概念"的提法，认为这一提法，特别是"总体的意识形态概念"的提法是从康德的唯心主义哲学中获得启发的。在康德那里，经验是通过知性范畴来构成的，并不是对现实世界的反映，"正是在这个意义上，主体对世界图式的结构的依赖性在总体的意识形态概念中被论述到了。但是这个主体在认识时，不再像在康德那里一样是无条件的和普遍的，而是依赖于历史和社会条件的整个认识工具，所有的范畴和观念的形式"②。乍看起来，在曼海姆那里，总体的意识形态的概念有一个广阔的社会的和历史的背景，实际上，这一背景并不是指真实的生活世界，而只是指纯粹的精神运动史。在这个意义上，曼海姆并没有比康德提供更多的东西。

其次，霍克海默批评曼海姆把意识形态变成超党派的观念体系。霍克海默写道："按照曼海姆的观点，知识社会学的规定是使意识形态学说从'一个党派的斗争武器'转变为一个超党派的'社会学的精神历史'。"③曼海姆把心理的东西和理论的东西尖锐地对立起来，并通过对心理的东西的否定，既撇开了"特殊的意识形态概念"，又创制了"对总体的意识形态概念的普遍领悟"的新的提法，清除掉"总体的意识形态概念"中的心理的、经验的东西的残余，从而把意识形态变成一种超党派的、只具有认识论的和形而上学的价值的东西。曼海姆还把意识形态学

---

① Kurt Lenk (Hg.), *Ideologie*, Frankfurt: Campus Verlag, 1975, s. 243.
② Ebd. , s. 228.
③ Ebd. , s. 227.

说的发展史理解为"特殊的意识形态概念"逐步融入"总体的意识形态概念"的历史，理解为意识形态本身不断地摆脱党派的政治影响，逐步中立化的过程，在霍克海默看来，沿着这样的方向思考下去，必定会把意识形态概念变成一个空洞的符号。

最后，霍克海默批评曼海姆试图在总体的意识形态概念的历史发展中，特别在对这一概念的"特殊领悟"向"普遍领悟"的转变中探索人的本质的生成的错误观点。霍克海默认为，在观念史中去寻找人的本质是可笑的："不是人的'本质'，而仅仅是人们本身，即那些在一个确定的历史时期，在外在的本性和内在的本性上现实地相互依赖的人们才是历史的活跃的有情感的主体。"①这就是说，只有通过对社会生活中的现实的人及其历史活动的探索，才可能揭示出人的真正的本质。

第三，对马克思的意识形态学说的澄清。

霍克海默认为，在 20 世纪 20—30 年代，马克思的理论在德国产生了更广泛的影响，而曼海姆的《意识形态与乌托邦》既是对马克思理论的最新研究，也是对它，特别是对它的意识形态学说的一个挑战，因而有必要澄清已被曼海姆曲解了的马克思的意识形态理论。

霍克海默说，按照曼海姆的看法，总体的意识形态概念在马克思那里是作为阶级意识出现的。② 也就是说，曼海姆把马克思主义也看作是贬义上的意识形态，这显然从根本上误解了马克思主义，也误解了它的意识形态理论。霍克海默认为，马克思与曼海姆一样研究存在，但他对存在有完全不同的理解。"马克思的唯物主义把世俗的，现实中的事物的不能令人满意的状态表述为真实的存在(das wahre Sein)，同时不赞成把人的不论哪一种的思想假定为较高意义上的存在。"③如果说曼海姆的"存在的联系"是一个空洞的字眼的话，那么马克思的"真实的存在"指的正是人们的实际生活过程。马克思正是以此为出发点来批判资产阶级意

---

① Kurt Lenk（Hg.），*Ideologie*，Frankfurt：Campus Verlag，1975，ss. 234-235.
② Ebd.，s. 228.
③ Ebd.，s. 235.

识形态对真实的存在状况的掩蔽的，而在马克思生活的时代，资产阶级意识形态在德国的思辨形而上学中得到了最充分的表现。所以，霍克海默说："马克思已经尝试用意识形态的概念去摧毁形而上学的权威。"①可是，在曼海姆那里，人们看到的是一个相反的过程，即把一切知识形式都看作是意识形态，并使之形而上学化。

曼海姆的意识形态理论，特别是他的总体的意识形态概念表明，他无批判地接受了德国唯心主义哲学对总体和绝对真理的崇拜，从而根本不能理解作为科学理论而与这一意识形态相对立的马克思主义的实质。霍克海默指出："不是关于一个'总体'或一个总体的绝对的真理的认识，而是对现存的社会状态的改变是马克思的科学的目标。"②马克思主义作为科学不但不是曼海姆所说的贬义上的意识形态，相反，是它的真正的对立面和批判者。曼海姆把意识形态作为超阶级、超党派的观念体系来谈论，正表明他自己坚持了一种纯粹的资产阶级意识形态的立场。

总的来看，霍克海默对曼海姆的所谓"新的意识形态概念"即"总体的意识形态概念"的批判是具有积极意义的，在一定的范围内捍卫了马克思的意识形态学说，但霍克海默的批判主要限于理论的方面，因而没有进一步阐明曼海姆意识形态理论的社会认识根源。事实上，曼海姆的意识形态理论乃是现代社会中社会主义意识形态和资本主义意识形态冲突的一个缩影。

第五节　意识形态锚入性格结构

威廉·赖希(Wilhelm Reich，1897—1957)作为弗洛伊德主义的马克思主义的奠基人，十分重视对意识形态问题的研究。他是直到 1932 年

---

① Kurt Lenk (Hg.), *Ideologie*, Frankfurt: Campus Verlag, 1975, s. 234.
② Ebd., s. 227.

才获出版的马克思和恩格斯合著的《德意志意识形态》的最早的读者之一，他分析法西斯主义兴起的名著《法西斯主义的群众心理学》既体现了他对马克思的意识形态理论的独特的、创造性的理解，又体现出他力图契入弗洛伊德的心理分析的理论，尤其是通过自己创制的性格结构的学说，进一步扩大并深化马克思的意识形态理论的意图。正如伊拉·柯亨所说："赖希运用弗洛伊德的无意识理论发展出性格结构的理论，作为对马克思的意识形态理论的心理学的补充。"①下面，我们根据赖希本人的思路，简要地阐述他在《法西斯主义的群众心理学》一书中关于意识形态的基本理论。

一、经济基础发展和意识形态发展之间的剪刀差

在这部著作的开头，赖希分析了下面这一令人困惑的现象：在1929—1933 年的世界性资本主义经济危机中，在发达工业国家中，大约有 5000 万工人失业，几亿人处于饥饿状态中。在这样的情况下，按照庸俗的马克思主义者的分析，在意识形态上必然会出现一种同步的、向左发展的趋向，即工人群众在意识上将普遍地转向社会主义、共产主义。可是，实际情形正好同这种盲目的预料相反，工人群众在意识形态上不但没有向左转，反而急剧地向右转，转向野蛮，转向非理性主义，转向法西斯主义。在德国，希特勒的国家社会主义的得逞，最典型地反映出这种意识形态向右发展的趋势。赖希写道："这种状况显露为经济基础中的向左方向挤压过去的发展与愈益扩大着的阶层的意识形态向右方向的发展之间的剪刀差（eine Schere）。"②

如何解释这种"剪刀差"的现象呢？赖希认为，无论是当时的马克思主义理论家，还是持有不同见解的思想家，都忽视了这一重要的现象。实际上，"它关涉到意识形态的作用问题，也关涉到作为历史因子的群

---

① I. H. Cohen, *Ideology und Unconsciousness*, New York：New York University Press，1982，pp. 2-3.

② W. Reich, *Die Massen-Psychologie des Faschismus*, Frankfurt am Main：Fischer Taschenbuch Verlag，1974，s. 31.

众从感觉出发来接受'意识形态对经济基础的反作用'"①。意识形态对经济基础的反作用这一重要的问题完全为庸俗的马克思主义者所漠视了。庸俗的马克思主义者机械地把经济的存在从一般的社会存在中分离出来，主张意识形态和人的意识唯一地并直接地为经济存在所规定。由于这种对经济和意识形态、经济基础和上层建筑关系的错误的理解，"庸俗的马克思主义使意识形态机械地、单方面地依赖于经济，忽视了经济的发展对意识形态的依赖"②。

在批判庸俗的马克思主义的机械论观点，充分肯定意识形态反作用的基础上，赖希又追问道：当意识形态反作用于经济过程时，它必定会转化成物质力量，而这种转化又是通过怎样的渠道发生的呢？赖希认为，要回答这个问题，必须诉诸对群众的心理，特别是性心理的分析。尽管马克思对意识形态和经济的关系作了深入的研究，但由于缺乏心理学的环节，这两者之间的真实的具体的关系仍未得到充分的阐明。赖希坚持，只有契入弗洛伊德发现的心理分析方法，才能真正揭示意识形态反作用于经济基础的具体途径，从而揭开上面提到的剪刀差的秘密。在赖希看来，弗洛伊德的最重要的四个发现是：无意识和梦的分析、性和作为性能的"里比多"（Libido）、俄狄浦斯情结、以儿童的欲望和父母的禁止之间的冲突为雏形的整个文化内部的冲突。如果把这些发现和马克思的意识形态理论综合起来，不仅仅是分析希特勒个人的心理，更重要的是分析受法西斯主义影响的整个群众的心理，我们的目光就会深邃得多。所以赖希写道："在'意识形态反作用于经济基础'的过程中，我们现在更好地抓住了一个中心点，即性障碍是如此厉害地从结构上改变着经济上受压迫的人，以致他竟违背自己的物质利益来行动、感觉和思

---

① W. Reich, *Die Massen-Psychologie des Faschismus*, Frankfurt am Main: Fischer Taschenbuch Verlag, 1974, s. 33.

② Ebd., s. 36.

考。"①赖希在这里说的"结构上"，主要指人的心理结构或性格结构。根据赖希的观点，意识形态与经济基础之间的这种剪刀差的原因正是由性障碍导致的特殊的心理结构或性格结构引起的。这表明，赖希的心理分析方法主要是沿着心理结构或性格结构分析的方向展开的。

二、性格结构与意识形态

赖希说："我们的政治心理学无非是对'历史的主观因素'的研究，是对一个时代的人的性格结构和由社会创造的社会的意识形态结构的研究。"②这里所说的"性格结构"(die charaktliche Struktur)指的是个人在行动或在对外界的刺激做出反应时的行为模式。与弗洛伊德不同，赖希注重的不是对个人的性格结构的分析，而是对群众的性格结构的分析。换言之，他注重的是不同个体的性格中所共有的基本特征。那么，社会的意识形态和群众的性格结构之间究竟有何联系呢？赖希说："每一社会形式的意识形态都不仅有反映这一社会的经济过程的功能，而且也在这一社会的人的心理结构中来支撑这一过程。"③这样一来，人们的性格结构或心理结构也就成了经济过程和意识形态之间的不可或缺的中介环节。

于是，我们的思索又不得不转到下面一个问题上，即意识形态究竟是如何锚入人们的性格结构，从而对经济过程产生一定的影响的呢？赖希写道："独裁国家从独裁家庭中获得了惊人的利益：独裁家庭成了独裁国家的结构工厂和意识形态工厂(Struktur-und Ideologiefabrik)。"④每一国家的占统治地位的意识形态都表现为统治阶级的意识形态，而统治阶级为了维护自己的统治，又会竭力创造出最能安于自己统治的性格结构。而这两者的创造又都会聚到作为国家细胞和基本单位的家庭的舞台

---

① W. Reich, *Die Massen-Psychologie des Faschismus*, Frankfurt am Main: Fischer Taschenbuch Verlag, 1974, s. 51.

② Ebd., s. 37.

③ Ebd., s. 39.

④ Ebd., s. 49.

上。赖希认为，在家庭中，以下三种关系是基本的。

第一种关系是经济关系，具体来说，是母亲和儿童在经济上对父亲的依赖关系。赖希在分析当时德国的小市民的家庭状况时指出，这些家庭在经济上都是很窘迫的，因而自然而然地有一种经济上寻求扩张的心理，这种心理状况自然与法西斯主义旨在寻求更大的生存空间的帝国主义的意识形态一拍即合。所以，赖希说："小市民是特别容易接受帝国主义的意识形态（der imperialistischen Ideologie）的。"①这些小市民的家庭不仅接受这种意识形态，并且竭力维护它，传播它。

第二种关系是父母之间的性关系。母亲不仅在经济上，而且在性关系上也是依赖父亲的。父亲作为独裁国家在独裁家庭中的代表，他在意识形态中寻求的观念和他在性生活中的地位是一致的。所以，赖希说，"对小市民的分析使人毫不怀疑他的性生活和他的关于'责任'和'尊严'的意识形态之间联系的意义。"②这种对"责任"和"尊严"的维护也正是具有独裁色彩的法西斯主义的意识形态所主张的。

第三种关系是父母和儿童之间的关系。这一关系蕴含着两个基本的方面。一是父母对儿童的"意识形态教化"（Ideologiebildung）。儿童是在独裁家庭中成长起来的，他的思想观念最初是在父母的教育下形成的，父母总是有意识无意识地把儿童的观念同化到自己所信奉的意识形态中。也正是在这个意义上，赖希把家庭称作"意识形态工厂"。二是父母通过种种禁止的措施，特别是性禁止的措施，塑造着儿童的性格结构，而这样的性格结构又是巩固独裁国家的统治所必需的。也正是在这个意义上，赖希把家庭称作"结构工厂"。

按照赖希的看法，一定的意识形态是通过政治国家的媒介，在一定的经济基础上形成的，但意识形态并不是经济基础的消极的分泌物，它通过人们的性格结构，间接地对经济基础发生重大的反作用。性格结构

---

① W. Reich, *Die Massen-Psychologie des Faschismus*, Frankfurt am Main：Fischer Taschenbuch Verlag, 1974, s. 72.

② Ebd., s. 67.

是在家庭中形成的，它的形成方向和上面谈到的家庭的三大基本关系有关。性格结构一经形成，就具有相对独立性，尤其在经济基础本身陷入矛盾（如经济危机）时，意识形态就可能引导性格结构沿着与经济基础不同的，甚至相反的方向发生作用。赖希认为，这种状况最典型地出现在当时德国的小市民和小农的身上。他在分析小农的情况时指出："由于其个体的经济和如此严重的家庭的孤立，小农很轻易地接受了政治上反动的意识形态。这正是社会状况与意识形态之间的剪刀差的原因。"①

三、对法西斯主义的意识形态的批判

赖希认为，"法西斯主义意识形态"（die faschistische Ideologie）的产生并不是偶然的，它主要是在小农和小市民阶层生活状况的基础上形成的："关于国家的等级结构的法西斯主义的意识形态是在农民家庭的等级结构中预先构成并发展起来的。农民家庭是一个小国家，这个家庭的每个成员都是与这个小国家一致的。接受大帝国主义的意识形态的基础正是农民和在其经济上的小企业及家庭处于崩溃中的小市民阶层。"②正是在小农、小市民的家庭里，形成了以父亲为核心的独裁主义性格，这种性格又通过种种性压抑的措施而传递给儿童，在儿童中形成了相应的独裁主义的性格。这种性格结构和充斥在这类家庭中的讲究"责任"和"尊重"的个体主义观念成了法西斯主义的意识形态的思想基础。反之，法西斯主义的意识形态在把小农、小市民的思想情绪理论化、系统化后，通过宣传的途径，又倒过来进一步强化了这种思想情绪，从而形成了规模巨大的法西斯主义的群众运动。赖希还进一步分析了法西斯主义的意识形态的两个基本特征。

第一个特征是独裁主义倾向。这种倾向强调义务和权威的结合。一方面，上级是权威的化身，对它必须绝对服从；另一方面，在下级面前，自己又是权威的化身，又要求下级无条件地服从自己。这种独裁主

---

① W. Reich, *Die Massen-Psychologie des Faschismus*, Frankfurt am Main: Fischer Taschenbuch Verlag, 1974, s. 78.

② Ebd., s. 75.

义的倾向正源于小市民和小农家庭中产生出来的独裁性格。在这个意义上可以说，法西斯主义的意识形态正是独裁主义性格的理论表现。

第二个特征是非理性主义的倾向。这种倾向集中表现在以维护日耳曼人血统的纯洁和高贵为口号的种族理论中，并在反犹太人的运动中获得了典型的表现。赖希认为，这种非理性主义的倾向正是长久以来的性压抑造成的结果。小市民、小农阶层大多是信仰宗教的，而"在全部父权宗教中，宗教的基本观念是对性需要的否定"①。在这个意义上，宗教也可以称为"惩罚性的意识形态"（Strafideologie）。另一方面，在这些独裁家庭中，性压抑是普遍的现象，尤其表现在父母对儿童的教育中，其结果是被压抑的"里比多"寻求不正常的宣泄。这正是法西斯主义的意识形态的非理性主义倾向的性心理基础。所以赖希说，"非理性的意识形态教化以非理性的方式创造了人。"②而正是这些人使意识形态上的这种倾向化为现实。

赖希强调，要消除法西斯主义的意识形态，同时也要铲除接受并维护这种意识形态的独裁主义性格，通过性-政治运动，消除性压抑，形成新的民主主义性格。赖希的意识形态和性格分析理论虽然主张把心理分析与经济分析紧密地结合起来，但实际上主要是偏向于心理分析一面的，这使他的理论具有一定的片面性。他对马克思的历史唯物主义理论和意识形态学说的理解也有简单化的倾向，但他的意识形态理论对以后的西方马克思主义者，尤其是弗洛姆，产生了较大的影响。

第六节 作为认识批判概念的意识形态

泰德·盖格尔（Theodor Geiger，1891—1952）的重要论文《对意识形

---

① W. Reich, *Die Massen-Psychologie des Faschismus*, Frankfurt am Main: Fischer Taschenbuch Verlag, 1974, s. 141.

② Ebd., s. 89.

态概念的批判的评论》发表在由爱斯曼编辑出版的《社会学的当代问题》一书中。盖格尔的意识形态理论主要师承了奥古斯特·孔德（Auguste Comte，1798—1857）、埃米尔·涂尔干等人的实证主义传统，从而形成了自己的独特的路向。正如伦克所说，在盖格尔那里，"意识形态只有作为认识批判的一个概念才是有意义的，盖格尔既摒弃了马克思的意识形态批判理论，又摒弃了曼海姆的总体的意识形态概念：社会现实和与之相联系的意识结构都不能成为意识形态批判的分析的对象"①。在这篇论文中，盖格尔主要阐述了下面的思想。

一、意识形态与理论

盖格尔把意识形态理解为认识批判的一个概念。正是从这样的基本思想出发，他把意识形态与理论对立起来。他说，"仅仅根据理论（Theorie），意识形态概念才有一个意义。"②那么，究竟什么是"理论"呢？盖格尔认为，理论就是我们关于外部经验所作的陈述，这些陈述能够被观察和推理所证实或证伪。"我们称这样的陈述为理论的命题。"③理论的基本特征是"真实性"（Richtigkeit），它与现实是一致的。

确立了"理论"这一参照系后，盖格尔也就规定了意识形态的内涵。他写道："1. 意识形态（在几乎确定的方式中）是虚假的思想。'正确的意识形态'（richtige Ideologie），本身就是一个矛盾，'虚假的意识形态'（falsche Ideologie）是一个同义反复。2. 虚假性或意识形态的东西在于同客观的-合理的或认识-现实性不一致。"④盖格尔在这里说的"认识-现实性（Erkenntnis-Wirklichkeit）指的是在时空中的各种经验的总和。这就是说，从认识关系的角度来看，凡是与经验事实的总体不相契合的虚假的思想观念都是意识形态。

盖格尔批评曼海姆从"存在的联系"出发来讨论意识形态问题是超越

---

① Kurt Lenk（Hg.），*Ideologie*，Frankfurt：Campus Verlag，1975，s. 40.
② Ebd.，s. 187.
③ Ebd.，s. 185.
④ Ebd.，s. 185.

了认识论的范围。曼海姆仅仅在理论的层面上讨论意识形态问题，并力图从中立化的立场出发，把所有思维的东西都看作是意识形态。盖格尔批评了他这种"泛意识形态的"（pan-ideologisch）态度和倾向，并指出："如果人们已经（以确定的方式）把意识形态概念规定为虚假的思想的话，那么无论如何它不应该在这么宽泛的意义上被使用。"①否则，整个认识论问题也就被抹杀了。

二、意识形态的本质

从认识过程来考察意识形态时，盖格尔发现，常常有一些外在于理论的因素渗入到意识形态中来。他认为，"事实上，意识形态的本质正在于此"②。那么，这种"外在于理论的"或他称为"非理论的"因素究竟指什么呢？盖格尔说："每一种意识形态都是以一种原始的感情关系的理论化和客观化为基础的，这种关系处于说的东西和一个对象之间。"③这里提到的"感情关系"（Gefühlsverhältnis）正是外在于理论的因素，是主体先入为主地带入到认识的过程中来的。所以，盖格尔写道："感情关系是感情对一个对象的指向性。但是，这种具有指向性的感情并不属于与感情相关的对象，而是属于感受着的、思维着的主体性的。"④这种感情关系的渗入也就是价值判断对认识过程的渗入。盖格尔认为，价值判断是从属于整个意识形态现象的，陈述作为价值判断的结果也正是感情关系的客观化和理论化。"因此，价值判断是缺乏一切真正的理论内容的纯粹的意识形态（reine Ideologie）。"⑤

如果说，价值判断是纯粹的意识形态的话，那么，意识形态却不能简单地被归结为纯粹的价值判断。盖格尔认为，意识形态是价值因素与理论因素的混合物。他这样写道："意识形态是表面理论（Schein-Theo-

---

① Kurt Lenk（Hg.），*Ideologie*，Frankfurt：Campus Verlag，1975，s. 185.
② Ebd.，s. 186.
③ Ebd.，s. 186.
④ Ebd.，s. 187.
⑤ Ebd.，s. 187.

rie），不是真正的理论。它是一种具有理论指向的非理论的东西。"①毫无疑问，意识形态概念关系到理论问题，它是一种仅仅在理论思维的范围内才会出现的现象，因而是一种理论的现象，但是，它又关系到指向理论的思想过程中的外在于理论的部分。"因此，人们也能用一个专门的术语——似是而非的理论现象（para-theoretische Erscheinung）——来指称意识形态。"②盖格尔还强调，意识形态的虚假性并不是人们在通常意义上所理解的那种虚假性，即违背形式逻辑规则意义上的虚假性，"意识形态的虚假性在于，它是表面理论。人们能够说：意识形态并不是在逻辑的意义上，而是在认识论的意义上是虚假的"③。

三、从意识形态中解放出来

既然意识形态是一种虚假的思想，那就应当在认识过程中从意识形态中摆脱出来，达到与现实真正契合的科学的理论认识。而要做到这一点，关键是要排除主体带入认识过程中的外在于理论的因素。如前所述，这种因素主要是指"感情关系"，那么是不是要把这种因素全都排除掉呢？盖格尔的意思是：人作为一个富有感情的活生生的存在物，与各种对象都保持着感情上的联系，要完全排除这种联系是困难的，关键在于，在认识过程中，主体要摒弃把自己的"感情关系"理论化和客观化的任何意图和做法。这需要在以下两个方面作出努力。

1. 认识对象的"远化处置"

盖格尔所说的"远化处置"（Distanznahme）这一术语，实际上是从曼海姆那里借用过来的，其含义是在认识过程中撇开主观的、非理性因素对认识对象的笼罩，把认识对象远置到纯粹的理论层面上。在盖格尔看来，"正是通过这种方式，认识对象在一个样式中被把握，在这个样式中，它排除了对认识的东西的感情的吁求"④。

---

① Kurt Lenk（Hg.），*Ideologie*，Frankfurt：Campus Verlag，1975，s. 186.
② Ebd.，s. 186.
③ Ebd.，s. 187.
④ Ebd.，s. 188.

2. 对认识主体的"自我分析"

盖格尔认为，在对认识对象作远化处置的时候，对认识主体的"自我分析"(Selbstanalyse)也是必不可少的。不把感情的关系客观化和理论化，并不等于回避这些关系，而是要澄清这些关系，并对它们有清醒的认识。主体由于与外界的各种对象处于错综复杂的关系之中，因而他的思维通常表现为"实用主义的思维"(pragmatisches Denken)，这种思维会直接导致意识形态。那么，面对着这种"意识形态危险"(Ideologiegefahr)，我们是不是干脆放弃任何认识活动呢？这显然是不可能的。盖格尔认为，"从意识形态中解放出来(Die Emanzipation von der Ideologie)正在于对存在的自我的分析"①。也就是说，通过对自我的存在状况和存在关系的分析，测定出我们思维中潜藏着的由于感情关系可能导致的意识形态危险。当我这样做的时候，虽然不可能完全摒弃我对认识对象的感情关系，但毕竟通过自我批判，把"潜在的意识形态源泉"(potentielle Ideologiequelle)澄明了，从而为达到真正的理论认识奠定了基础。

综上所述，盖格尔的实证主义的意识形态学说由于把意识形态理解为认识批判的一个概念，因而坚持了与曼海姆的知识社会学的意识形态概念不同的研究方向。尽管如此，他们的共同点都是淡化意识形态与真实的生活过程的联系，从而把意识形态变成一种纯粹的知识形式或干脆对它取否定的态度。在盖格尔的遗著《意识形态和真理》中，他的实证主义的意识形态学说进一步得到了系统的阐述，并对以后的学者产生了重要的影响。

20世纪上半叶，在对马克思的意识形态学说的研究中，西方国家出现了各种新的思潮。这些新思潮的出现，既表明了人们对马克思主义理论兴趣的增加，也表明了西方社会内部的经济、政治、文化冲突和危机的加剧。在这些迥然各异的思潮中，包含着一些积极的成分，如对西

---

① Kurt Lenk（Hg.），*Ideologie*，Frankfurt：Campus Verlag，1975，s. 189.

方社会的意识形态，尤其是对法西斯主义意识形态的批判，对意识形态领导权的重视，对物化意识的批判，等等；但也包含着一些消极的因素，如对马克思意识形态学说理解上的简单化倾向、对意识形态的阶级特性的否定等。所有这些重要的理论现象，都需要我们从马克思主义的立场出发，认真地加以批判和总结。

第九章 当代西方对意识形态问题的新思考

如果说，亨利·阿肯（Henry D. Aiken）在撰写 19 世纪哲学史时，把那个世纪称为"意识形态的时代"（the Age of Ideology）的话，那么，在 20 世纪 50 年代，西方却出现了一股"意识形态终结"（the end of ideology）的思潮。

这一思潮是在一些社会学家［雷蒙·阿隆（Raymond Aron）、爱德华·希尔斯（Edward Shils）、利普塞特（S. M. Lipset）和丹尼尔·贝尔（Daniel Bell）］中酝酿起来的，其代表作是希尔斯的《意识形态终结》（1955）、贝尔的《意识形态终结：论 20 世纪 50 年代政治观念的衰落》和利普塞特的《政治人：政治的社会基础》。

这一思潮的兴起和蔓延有各种各样的原因，其中最重要的则是政治方面的原因。贝尔在 1976 年出版的《资本主义的文化矛盾》一书中，曾分析了这一思潮的政治起因和内容。他写道："在政治上，这是一个消除幻想的时期（指 20 世纪 50 年代——引者）。它表明，知识分子已和斯大林主义最终决裂了，因为苏联把自己称作社会主义，所以它是'进步的'这一信念已经粉碎了。一些社会学家——雷蒙·阿隆、爱德华·希尔斯、利普塞特和我达到了这样的认识，即把'意识形态的终结'看作是 20 世纪 50 年代的特征。'意识形态终结'意谓激进运动的旧的政治观念已经衰竭，不再有力量在知识分子中以强制的方式获得忠诚的热情。"①这就是说，"意识形态终结"的口号主要是针对斯大林主义提出来的，广而言之，指的则是各种激进运动所信奉的旧的政治观念的衰弱。也许是这一口号在当时提出时引起了种种不同的理解的缘故吧，贝尔又解释道："我应当指出，对'意识形态终结'的分析并不等于主张，所有的社会冲突都已终结了，知识分子已断然放弃了对新的意识形态的追求。"②

从贝尔对 20 世纪 50 年代发生的这一思潮的回顾和说明，可以了解到，"意识形态终结"主要是一个政治口号，是一种政治上有影响的见解。这一见解并不否定人们对新的意识形态的追求的可能性，事实上也无权否定，因为意识形态这一概念不光有政治方面的含义，也有法律、宗教、道德、哲学、艺术、科学技术等方面的含义。事实上，也许是对 20 世纪 50 年代的"意识形态终结"思潮的一种反拨，从 60 年代起，西方就出现了各种新的意识形态理论，这些理论的影响一直延续到今天。

在本章中，我们将按照时间的次序，论述马尔库塞、弗洛姆、阿尔都塞、哈贝马斯、晚年卢卡奇的意识形态理论。这些理论虽然见仁见智，莫衷一是，却体现出哲学家们对时代的新思考。由于它们各自从不同的角度与马克思的意识形态学说相关联，所以我们的探讨也正是对马克思的意识形态学说在当代的历史命运的进一步考察。

第一节　合理性与意识形态

赫伯特·马尔库塞（Herbert Marcuse，1898—1979）是法兰克福学派

---

① Daniel Bell, *The Cultural Contradictions of Capitalism*, New York: Basic Books, 1976, pp. 41-42.

② Ibid. , p. 42.

的重要成员之一，也是较早致力于研究发达工业社会的意识形态问题的专家之一。在1962年召开的第五届世界社会学大会上，他提交了题为《关于发达工业社会中的意识形态问题》的长篇论文，论述了西方社会随着科学技术和工业文明的高度发展，意识形态和文化领域产生的种种新变化。他于1964年出版的《单向度的人》一书的副标题是"对发达工业社会意识形态的研究"。在这部产生了巨大社会反响的著作中，马尔库塞虽然没有辟出专门的篇幅从理论上和历史上来讨论"意识形态"这一概念，但全书给人的感觉是无一处不在讨论意识形态问题。不仅如此，作者在理论思维上的深厚的批判力使他对发达工业社会中意识形态的实质、表现以及如何超越这种意识形态等问题都作出了详尽的论述。

一、技术的合理性是新意识形态的内核

在《单向度的人》中，当马尔库塞谈到，随着科学技术的进步，意识形态愈益融入现实生活的新情况时，说："无论如何，把意识形态吸收到现实中去并不标志着'意识形态的终结'。相反，在一个特定的意义上，发达的工业文化是比以前的文化更意识形态化的（more ideological），因为在今天，意识形态是在生产过程本身中。这一见解以富于刺激的形式揭示了普遍的技术的合理性（technological rationality）的政治方面。"①

这段重要的论述，包含着以下三层意思：第一，在发达工业社会中，意识形态不但没有随着科学技术的发展而衰落，相反，以更强大的、无形的力量支配着人们的思想；第二，由于科学和技术的合理性成了新意识形态的核心内容，所以意识形态已随着科学技术的普遍运用而融入生产过程本身中；第三，技术的合理性不仅表现在一般意识形式中，而且已转变为政治意识形式的基础。所以马尔库塞反复强调，"技术的合理性已经变为政治的合理性"②。

在谈到科学技术的广泛使用所引起的种种进步时，马尔库塞又指

---

① H. Marcuse, *One-Dimensional Man*, Boston: Beason Press, 1964, p. 11.

② Ibid., p. xvi.

出："这些进步的成就对意识形态的控告或辩护都取无所谓的态度；在它们的法庭面前，合理性的'虚假的意识'成了真正的意识。"①这就是说，传统的、带有神秘主义色彩的意识形态已不再起什么作用了，技术的合理性已锻造出一种以自身为基础和核心的新的意识形态。那么，在发达工业社会里，技术的合理性是如何对社会生活和意识形态的各个不同的层面发生巨大的、决定性的影响的呢？马尔库塞告诉我们如下几点。

第一，异化和物化的进一步加深。

在发达工业社会中，随着科学技术的高度发展，人们同强制他们接受的存在状况越来越一致，并从中获得了才能上的发展和各种需要的满足。这种一致是否意味着异化已经不存在了呢？马尔库塞的回答是否定的。他认为，"这种现实构成了异化的一个更高的发展阶段。"②在这一阶段中，被异化了的主体完全被异化了的存在所吞没。

马尔库塞认为，异化的最普遍、最基本的表现形式是日常生活中的物化，而这种普遍的物化现象正是和技术的高度发展联系在一起的。在马尔库塞看来，"技术已经成了以最成熟、最有效的形式出现的物化的重要的媒介物"③。马尔库塞甚至警告人们要注意来自"技术的拜物教"（technological fetishism）的威胁："这样的拜物教近来主要是被当代工业社会的马克思主义的批评家揭示出来的，如关于技术家未来具有无限权力的观念、关于'技术的爱欲'的观念等。"④科学和技术的高度发展所造成的物化，既使人们在劳动中成了自动机的附庸，也使他们在生活中成了他们所需要的物的奴隶。"人们在自己的商品中认出了自己；他们在自己的汽车、高保真度的音响设备、错层式的住宅和厨房设备中发现了

---

① H. Marcuse, *One-Dimensional Man*, Boston: Beason Press, 1964, p. 11.
② Ibid., p. 11.
③ Ibid., pp. 168-169.
④ Ibid., p. 235.

自己的灵魂。"①这种普遍的物化把人与物的关系完全颠倒了。从表面上看，人似乎是物（如消费品）的主人，实际上，物成了驾驭人的主体和灵魂。

除了探讨异化的基本形式——经济生活和社会生活的物化外，马尔库塞还提出了"艺术的异化"（the artistic alienation）问题。马尔库塞认为，艺术的异化是对异化了的存在的一种意识上的超越，在这个意义上，艺术似乎具有某种批判、否定社会现实的作用，但是，"艺术的异化与其他否定的样式一起，屈服于技术的合理性的过程"②。在马尔库塞眼中，发达工业社会中的技术的合理性是渗透一切的巨大力量，它弥合了艺术作品与社会生活之间的裂痕，使艺术作品成为新的意识形态的一个组成部分，从而归根结底使人们对社会现实普遍采取容忍的态度。所以，马尔库塞把艺术的异化看作是当代工业社会的一种间接的、更高水平上的异化。总之，在马尔库塞看来，由于工艺的合理性的统治，在发达的工业社会中，异化达到了前所未有的广度和深度。

第二，极权主义倾向的进一步加剧。

马尔库塞认为，与科学和技术上的合理化和标准化同步发展起来的是政治上、文化上的极权主义。马尔库塞说："由于当代工业社会形成了自己的技术基础，它倾向于成为极权主义的。"③这种极权主义不光以传统的、恐怖主义的政治统治方式表现出来，而且也以非恐怖主义的、经济上和技术上的协调，通过对人们的既得利益的需要的支配来发生作用；它不仅是政府和党派统治的一种特殊形式，而且也是生产和分配的一种特殊的制度，正是这种制度能够把不同党派、政治力量和新闻宣传媒介的多元化倾向协调起来，实行一体化的统治。

马尔库塞又指出："在文化的领域里，这种新的极权主义恰恰呈现

---

① H. Marcuse, *One-Dimensional Man*, Boston: Beason Press, 1964, p. 9.
② Ibid., p. 65.
③ Ibid., p. 3.

为一种和谐化的多元主义，最矛盾的作品和事实和平地、冷漠地共存着。"①许多人都为发达工业社会中政治、文化的多元主义的外观所迷惑，从而看不到其新的极权主义的倾向和实质。所以马尔库塞说："这种多元主义的现实成了意识形态的、骗人的东西。"②

第三，社会、思想和人的单向度化。

随着科学技术的发展和普及，技术的合理性成了发达工业社会的全部生活的唯一向度。正如马尔库塞强调的："在任何地方，在所有的形式中，仅仅存在着一个向度。"③马尔库塞不仅把发达工业社会称作"单向度的社会"，把现实称作"单向度的现实"，把文明称作"单向度的文明"；而且也把思想称作"单向度的思想"，把人称作"单向度的人"。

马尔库塞认为，技术的合理性通过科学的管理和组织达到了直接的、自动的一体化。这种一体化不仅渗透到人们的全部行为中，也渗透到他们的全部思想中。"在这一过程中，与现状对立的思想能够扎根于其中的'内在的'向度(the 'inner' dimension)被削弱了。这一否定的思想的力量(理性的批判的力量)寓于其中的向度的丧失，正是发达工业社会平息并调和对立的物质过程的意识形态的对应物。"④这就是说，随着技术的合理性的向度的不断扩张，随着人们的物质需要的不断满足和更新，人们在思想上已习惯容忍和安于现状，从而失去了理性的批判和否定的向度。在马尔库塞看来，这一向度的失去也正是发达工业社会的意识形态的普遍特征。当人们还在理论上争论科学技术是否属于意识形态的范围时，马尔库塞却已告诉我们，科学技术已经以自己的逻辑改造了整个意识形态，并使技术的合理性成了发达工业社会意识形态的真正的灵魂。

---

① H. Marcuse, *One-Dimensional Man*, Boston：Beason Press，1964，p. 61.
② Ibid.，p. 51.
③ Ibid.，p. 11.
④ Ibid.，pp. 10-11.

二、新的意识形态在当代西方哲学中的表现

如前所述，单向度不仅是发达的工业社会的社会现实的基本特征，也是其全部意识形态的基本特征。这一基本特征以最典型的方式表现在当代西方哲学以下的思潮中。

一是总体的经验主义。

马尔库塞认为，在发达的工业社会中，人的思想和行为的单向度化这种倾向"可能关系到科学方法中的一个发展：物理学中的操作主义和社会科学中的行为主义。它们的共同特征是在概念处理中的一种总体的经验主义（a total empiricism）；概念的意义被限制在特殊的操作和行为的显示上"①。以布里奇曼的操作主义学说为例，各种与经验有关的概念（如"长度"这一概念）都是在对实物进行操作的过程中形成的。在这个意义上，概念也就是一套操作，而这样的操作已构成了人们的思想的全部习惯。马尔库塞认为，这种操作主义的思想模式今天已经成了哲学、心理学、社会学和其他社会科学的主导性倾向，"但是，甚至就对事实的描述而言，操作的概念也不是充分的"②。因为它们仅仅达到了对事实的某些方面和某些片断的把握，就自以为在总体上把握了整个经验世界，事实上，一些具有决定性意义的、重要的事实仍然停留在操作概念的范围之外。马尔库塞认为，"这种对事实的描述性的分析妨碍人们去理解事实，而且成了支持事实的意识形态的一个因素"③。这就是说，体现在操作主义和行为主义中的总体的经验主义，归根结底对事物的现状、社会的现状采取和解的，甚至是赞同的态度。所以马尔库塞批评道："在当代哲学中，总体的经验主义显示出其意识形态的功能。"④

二是以形式逻辑和符号逻辑为基础的注重形式化的哲学思潮。

马尔库塞认为，形式逻辑的观念是人们为了计算和达到对外部世界

① H. Marcuse, *One-Dimensional Man*, Boston: Beason Press, 1964, p. 12.
② Ibid., p. 118.
③ Ibid., p. 119.
④ Ibid., p. 169.

的普遍控制而发展精神的和物质的工具的过程中诞生出来的。"在形式逻辑中，思想对对象是漠不关心的。不管这些对象是精神的还是物质的，是关系到社会还是关系到自然，它们都隶属于组织、计算和推论的同样的一般的法则，然而它们是从特殊的'实体'中抽象出来后作为可取代的信号或符号发生作用的。"①人们一般认为，形式逻辑是思维的工具，马尔库塞则认为，它同时也是统治社会的工具。所以他说，"思想的逻辑也就是统治的逻辑"②。为什么这么说呢？因为在他看来，形式逻辑所蕴含的形式化、抽象化和数学化的倾向，它对外部世界，尤其是社会生活所采取的中性的、不偏不倚的态度，它对抽象的思想次序和法则的维护，都使它缺少对现实生活本身进行批判和否定的向度。当代的数理逻辑或符号逻辑虽然与传统的形式逻辑有很大的差别，"但在所有的差异的后面，是一个对物质内容采取中性态度的，普遍有效的思想次序的建构"③。正是在这个意义上，马尔库塞把符号逻辑称为"新的形式逻辑"，并强调，不管是老的形式逻辑，还是新的形式逻辑，在其发展中都与当代发达工业社会的技术合理性相契合，都与辩证逻辑相对峙。马尔库塞强调，"辩证逻辑不可能是形式的，因为它是被具体的现实所规定的。"④尤其是当辩证逻辑与社会历史内容相结合时，它就表现出新、老形式逻辑所没有的第二个向度，即批判的、否定的思维的向度。所以，在马尔库塞看来，以形式逻辑和符号逻辑为基础的注重形式化的哲学思潮，在当代西方社会中也发挥着意识形态的功能。

三是当代分析哲学。

马尔库塞认为，当代分析哲学是从属于实证主义这一重大的哲学思潮的。实证主义的基本思想是：第一，依靠经验事实来确定认识思想的正当性；第二，物理学知识的精确性和确定性是认识思想的榜样和方

---

① H. Marcuse, *One-Dimensional Man*, Boston：Beason Press，1964，p. 136.
② Ibid.，p. 138.
③ Ibid.，p. 138.
④ Ibid.，p. 140.

向；第三，确信知识的进步依赖于物理学的进步，"因此，实证主义是反对所有的形而上学、先验主义和唯心主义的一个努力，它把它们认作蒙昧主义的和退化的思想模式"①。这种与自然科学，尤其是物理学的发展相契合的实证主义思潮，在当代发达工业社会里具有很大的影响，因为它的基本思想和随着科学与技术的发展而发展起来的技术的合理性正好是一致的。也正是在这个意义上，马尔库塞把实证主义称作"单向度的哲学"。

马尔库塞指出，这种实证主义思潮在当代哲学中的最典型的表现形式是分析哲学。在廓清形而上学造成的种种迷雾时，"分析哲学概念化了在现实的目前技术的组织化中的行为，但是它也接受了这种组织化的定论；对一种旧的意识形态的揭露成了新的意识形态的一部分。不仅幻想，而且幻想中的真理被揭露出来了。在'哲学只陈述每个人认可的东西'或我们共有的词汇表现为'人们已经发现的值得描述的所有的差异'这样的陈述中，新的意识形态得到了表达"②。在马尔库塞看来，当代分析哲学正是一种新的意识形式，这在维特根斯坦（Ludwig Wittgenstein，1889—1951）和奥斯汀（J. L. Austin，1911—1960）的著作中尤其明显地表露出来。比如维特根斯坦在《哲学研究》中强调哲学绝不能干预语言的实际运用而只能去描述它，这不仅使哲学本身大大地贫困化了，而且使它的概念拘执于既定的事物的状态，从而失去了批判的功能和向度。

三、社会批判理论对意识形态的超越

在批判技术的合理性以及以这种合理性为基础的发达工业社会的意识形态时，马尔库塞提出了"历史的合理性"（historical rationality）的概念。如果说，技术的合理性对现存的社会取认同和肯定的态度的话，那么，历史的合理性对现存社会进行的分析则"把批判、矛盾和超越这一否定的因素引入概念之中"③。这正是马尔库塞强调的第二个向度，也

---

① H. Marcuse, *One-Dimensional Man*, Boston：Beason Press，1964，p. 172.
② Ibid.，p. 188.
③ Ibid.，p. 225.

正是法兰克福学派的核心思想——社会批判理论的宗旨之所在。

那么，人们究竟如何具体地促成"技术的合理性"向"历史的合理性"的转化，从而超越那种与现存社会认同的单向度的意识形态呢？马尔库塞认为，比较重要的做法如下。

一是在意识中认出并激发起追求自由的潜能。马尔库塞说："这种否定的自由，即从既定的事实的压制人的和意识形态的力量中摆脱出来的自由，是历史辩证法中的先天的部分；是内在于历史规定并反对这种规定的选择和决定的因素。"[①]这就是说，人们不应当满足于现实按照技术的合理性强制他们接受的那些需要和选择，他们在意识中始终应当保持一种突破现状，追求更高的合理性的独立性和自由，只有这种自由才能真正使人类和社会进步。

二是确立理性的新观念。马尔库塞认为，怀特海（A. N. Whitehead，1861—1947）关于"理性的功能应该是促进生活的艺术"的见解，表达了一种关于理性的新的观念，因为艺术蕴含着一种否定的因素。在发达工业社会中，由于技术的合理性的推动，理性仅仅成了科学的理性、操作的理性，从而与艺术分离开来并对立起来："支配的合理性已经把科学的理性与艺术的理性分离开来，或者它依靠把艺术综合进支配的体系的方式曲解了艺术的理性。"[②]所以，马尔库塞试图确立的新的理性观念体现为科学的理性与艺术的理性的统一。当然，这里说的艺术的理性并不是已被科学的理性改造过的、专门美化现存事物的理性，而是破坏这种现存事物的理性。

三是询问技术的目的。马尔库塞申辩说，从技术的合理性以及以这一合理性为核心的意识形态中解放出来，并不意味着要把人类已创造的技术的基础统统破坏掉。事实上，这一基础也正是人类追求新的自由和更高的合理性的出发点。问题是要通过对技术发展的目的的询问，植入

---

① H. Marcuse, *One-Dimensional Man*, Boston：Beason Press，1964，p. 223.
② Ibid. , p. 228.

一种新的价值观。根据这种价值观，人的全面发展、人从被压抑的状态下解放出来，是科学技术发展的根本目的。这种新的价值观应当在整个社会生活中发挥作用。应当成为科学技术发展的内在目的。"新的目的，作为技术的目的，不仅在机械的运用中起作用，而且在机械的设计和构造中起作用；同时，新的目的甚至在科学的假说的构成中，即在纯粹的科学理论中已设定了自己。"①

马尔库塞说，社会批判理论并不能为发达工业社会的发展提供一套蓝图，它的作用仅仅是否定的。也就是说，它对以技术的合理性为基础和核心的新的意识形态的批判，目的是激发起一种与现存的事物状态相抗争的力量，从而引导社会向更合理的方向发展。

马尔库塞从以科学技术为基础的技术的合理性出发，去揭示发达工业社会的意识形态的本质，无疑是有意义的，他对发达工业社会的意识形态的种种新的表现形式的批判也是富有见地的，问题在于，他寄予厚望的社会批判理论是否真正能扬弃发达工业社会的意识形态呢？按照马克思的历史唯物主义理论，不论是物质力量还是精神力量，都不可能通过单纯的精神上的批判加以消除，也就是说，改造资本主义社会的意识形态的根本出路是废除资本主义私有制。马尔库塞的批判理论并不打算去触及这个基本点，因而他对发达工业社会的意识形态的批判仍然具有乌托邦的色彩。

第二节　意识形态与幻想

埃利希·弗洛姆(Erich Fromm，1900—1980)作为法兰克福学派的重要成员，作为弗洛伊德主义的马克思主义思潮的主要代表人物之一，也十分关注意识形态问题。在《超越幻想的锁链》这部著作中，他试图把

---

① H. Marcuse, *One-Dimensional Man*, Boston：Beason Press，1964，p. 232.

马克思和弗洛伊德的理论综合起来，对意识形态的问题作出新的论述。他的某些见解是值得我们高度重视的。

一、意识形态与合理化

尽管弗洛姆没有直接回答"什么是意识形态？"的问题，但从他对马克思有关观点的转述中，我们可以找到他对这个问题的解答。他说："马克思确信，我们关于自己和他人所作的思考绝大部分是纯粹的幻想（illusion），是'意识形态'。"接着他又指出："马克思相信，他的最重要的武器是事实，即揭示出在各种幻想和意识形态后面掩盖着的现实。"①从这两段论述可以看出，弗洛姆把意识形态理解为与幻想具有同样特征的观念，亦即理解为一种虚假的、掩蔽事实的观念。在工业社会中，由于盲目的经济力量支配着人们的生活，每个人都处于异化的状态中，都成了社会大机器上的一个零件。可是，每个人都确信自己是自由的。这种确信就是幻想或意识形态。

那么，人们是如何接受意识形态这种虚假的观念的呢？弗洛姆回答道："所有这些意识形态都是通过父母、学校、教会、电影、电视、报纸，从人们的儿童时期起就强加给人们，它们控制着人们的头脑，仿佛它们是人们自己思考或观察的结果。"②不论是资本主义社会的意识形态（如我们是基督教徒，我们是个人主义者，我们的领袖是英明的，我们是自由的等观念），还是社会主义社会的意识形态（如我们是马克思主义者，我们的制度是社会主义制度，我们的领袖是为人民谋幸福的，我们的财产是不同于资本主义的等观念），都是通过上述渠道灌输给人们的。

接下去的问题是：为什么人们会接受意识形态或幻想，并把它作为自己的信念呢？这里涉及"合理化"（rationalization）与意识形态的关系问题。弗洛姆举例说，一个有虐待狂冲动的父亲总想惩罚和虐待他的孩子们，但他深信自己这样做是合理的，是为了教育孩子从善，是在尽父亲

---

① E. Fromm, *Beyond the Chains of Illusion*, New York: Simon and Schuster, 1962, pp. 13-14.

② Ibid., p. 131.

的责任，实际上他不过是在发泄自己虐待的欲望。弗洛姆告诉我们："潜在的、无意识的欲望是如此巧妙地被一种道德的考虑所合理化，以至于这种欲望不仅被掩盖了，而且被人虚构出来的这种合理化所扶植、怂恿。在通常的生活过程中，这种人永远也不会发现他真实的欲望和合理化的虚构之间的矛盾，因此，他会继续按照自己的欲望行事。"①正是通过合理化，人们接受了这样一种见解，即每个人的行为似乎都是受理性、道德的动力所驱使的，这样一来也就掩盖了一个重要的事实，即产生行为的真实动机是与一个人的合理化的思维相反的。弗洛姆认定，"合理化大多是虚假的，它只具有否定的功能，即允许一个人错误地行动，却意识不到他正在以不合理的、不道德的方式行动"②。在这样的意义上合理化了的观念正是意识形态。事实上，人们只有把意识形态理解或想象为合理的观念，才会去接受它。反之，人们关于一种观念是否合理的判据又是从意识形态中借用过来的。所以，意识形态和合理化是不可分离地联系在一起的。

但是，这两者之间又存在着区别。如果说，合理化只具有否定的功能的话，那么，意识形态除了否定的功能外，还有其肯定的、具有生命力的功能。弗洛姆分析了基督教教义，认为其中关于谦逊、正义、友爱、仁慈等观念，作为真正的理想曾打动过许多人的心，以致人们愿意为这些理想奉献出自己的生命。但在基督教发展的历史中，这些理想被错误地当作合理化，用来为与这些理想相反的目的服务，甚至对敌人的仇恨也正是以这些理想的名义激起的。弗洛姆认为，"就这样的情形而言，意识形态与合理化并没有什么区别。但是，历史告诉我们，一种意识形态也有自己的生命力"③。尽管基督的教义被误用了，这些教义仍具有生命力，仍保留在人们的记忆中。"它们一再被人们认真地运用，

---

① E. Fromm, *Beyond the Chains of Illusion*, New York: Simon and Schuster, 1962, p. 90.

② Ibid., p. 133.

③ Ibid., p. 134.

并从意识形态重新转化为理想。"①这种情形既发生在宗教改革中，也出现在今天的少数基督教教徒和天主教教徒中，他们正在为从已经被意识形态化的基督教教义中重新唤起真正的理想而斗争。弗洛姆说："我们同样也可以用这些话来说明佛教的观念、黑格尔的哲学和马克思的思想的'意识形态化'（ideologization）。批判的任务并不是抨击这些理想，而是要揭示这些理想是如何被转化为意识形态的，又是如何以意识形态背叛了理想的方式，向意识形态提出挑战的。"②一言以蔽之，在弗洛姆看来，意识形态不同于合理化的地方正在于它包含着值得加以肯定的理想，即使这些理想处于扭曲的状态中，也可以通过批判的炼狱而被拯救出来。

二、作为经济基础与意识形态媒介的社会性格与社会无意识

弗洛姆认为，尽管马克思和恩格斯肯定了社会的经济基础决定"作为观念的上层建筑"的意识形态，但并没有说明"经济基础是如何转化为意识形态的上层建筑的。"③弗洛姆从心理分析的方法着手，认为以下两个环节是联络经济基础和意识形态的重要媒介物。

其一是"社会性格"（social character）。正是弗洛伊德的性格理论为弗洛姆的社会性格概念的提出奠定了基础。弗洛姆指出，正如弗洛伊德对个人性格的说明一样，社会性格是指社会中大多数人的能量被引向同一个方向。这些人的动机是相同的，而且还会接受同样的观念和理想。"我所说的社会性格指的是同一文化的绝大多数成员所共有的性格结构的核心，它不同于个人的性格，因为即使属于同一文化的人，个人的性格也是彼此有别的。社会性格的概念并不是一个统计学的概念，不是指一种既定的文化内绝大多数人所体现的性格倾向的简单的总和。"④不同的经济条件和文化条件会形成不同的社会性格，当这些条件不变时，社

---

① E. Fromm，*Beyond the Chains of Illusion*，New York：Simon and Schuster，1962，p. 134.

② Ibid.，p. 134.

③ Ibid.，p. 71.

④ Ibid.，p. 78.

会性格就起支配和稳定的作用；当这些条件急剧改变时，社会性格就会成为社会崩解的一个因素。社会性格是在家庭的教育中形成并发展起来的，大多数父母亲的性格都是社会性格的体现，因而社会所需要的性格结构就通过父母的教育传递到儿童的身上。

一方面，经济基础不仅能产生某种社会性格，也能形成一定的意识形态；另一方面，一定的意识形态又会促成一定的社会性格的形成，从而潜移默化地反作用于经济基础。所以，弗洛姆强调："社会性格是社会经济结构与一个社会中流行的观念、理想之间的媒介物。"①

其二是"社会无意识"（social unconscious）。同样是在弗洛伊德的无意识理论的启发下，弗洛姆提出了社会无意识的概念，并强调了它和意识形态之间的密切联系："一个人只有在个人的生活中体验到无意识的范围，才能充分理解意识形态决定社会生活何以可能。"②弗洛姆坚持，社会无意识既不同于弗洛伊德所说的个人无意识，也不同于荣格所说的集体无意识："我们所说的'社会无意识'指的是那些对于一个社会的绝大多数成员来说都是相同的压抑的领域；当一个具有特殊矛盾的社会有效地运作的时候，这些共同的被压抑的因素正是该社会不允许它的成员们意识到的内容。"③

那么，社会无意识究竟是通过怎样的渠道形成并发展起来的呢？弗洛姆认为，是通过"社会过滤器"（social filter）形成并发展起来的。他告诉我们："每个社会凭借自己的生活实践和联系方式，凭借感情和知觉的方式，都会发展出决定意识形式的一个体系或各种范畴。这一体系就像一个受社会制约的过滤器一样发挥作用：除非经验能穿透这个过滤器，否则它就不可能进入意识。"④社会过滤器是由以下三个部分组

---

① E. Fromm, *Beyond the Chains of Illusion*, New York: Simon and Schuster, 1962, p. 87.

② Ibid., p. 132.

③ Ibid., p. 88.

④ Ibid., p. 115.

成的。

一是语言。一方面，人的感觉经验是无限丰富的，而语言则是相对贫乏的，因而许多经验都被语言过滤掉了；另一方面，语词一旦形成，就会逐渐脱离生活，掩蔽生活的真相，形成"语词拜物教"(the fefishism of words)的现象。弗洛姆特别强调："政治意识形态领域中的语词拜物教是与宗教领域中的语词拜物教同样危险的。"①

二是逻辑。逻辑涉及人的思维规则，比如，正像西方人受到亚里士多德的形式逻辑的影响一样，东方人，特别是中国人和印度人则受到悖论逻辑的影响。人们很难意识到与自己信奉的逻辑相冲突的经验。所以，弗洛姆说："一种经验从悖论逻辑的观点看来是完全'合乎逻辑的'，但从亚里士多德的逻辑的观点来看则是无意义的。"②

三是"社会禁忌"(social taboos)。它们"宣布某些观念和感觉是不合适的、被禁止的和危险的，并且阻止这些观念和感觉达到意识的层面上"③。

总之，弗洛姆认为，社会的过滤器使某些经验根本不可能进入人们的意识之中，而这些不能上升到意识的经验正是社会无意识，而那些达到意识层面的经验则构成意识形态。与意识形态对现实的掩蔽相反，在被压抑的社会无意识中，包含着人的真实的本性，包含着生存问题的答案。要全面把握经济基础和意识形态的关系，同样不能撇开社会无意识这一重要媒介物。

三、观念向意识形态的退化

弗洛姆说，"在历史进程中，各种观念退化为不同的意识形态(ideas deteriorate into ideoiogies)；语词取代人类的现实；官僚主义操纵这些语词，成功地控制人民，获得权力和影响，这不是例外，而是规律。结果

---

① E. Fromm, *Beyond the Chains of Illusion*, New York: Simon and Schuster, 1962, p. 159.

② Ibid., p. 120.

③ Ibid., p. 121.

通常是：意识形态还在运用原初的观念的语词，实际上却表达了相反的含义。"①在弗洛姆看来，这种观念退化为意识形态的现象，不仅表现在各种宗教学说中，而且也波及当代最有影响的两种学说——弗洛伊德和马克思的学说。

弗洛姆认为，弗洛伊德的学说是批判的，是对现存思想和偏见的一种挑战。为了保持自己学说的纯洁性，弗洛伊德秘密组织了七人小组密切注视心理分析学说的发展，结果，这种学说被官僚主义和意识形态化了，从而失去了自己的革命精神。马克思的学说同样是批判的和革命的，其目的是建立一个超越资本主义社会的人道主义社会，建立一个以全面发展的个人为基础的社会。但是他的学说在发展中也被意识形态化了。马克思的许多追随者都把社会主义理解为资本主义范围内改善经济和社会政治状况的一场运动，理解为生产资料的社会化加上福利国家的原则。在苏联，"马克思、恩格斯和列宁提出的革命的和社会主义的观念被用作意识形态灌输给群众"②。由于这种向意识形态的退化，马克思的革命的和人道主义的精神大大地衰落了。

弗洛姆指出，思想退化为意识形态的实质是在合理化的名义下用种种幻想遮蔽事实的真相。当前最要紧的是砸碎幻想的锁链，面对真正的现实，重新阐述并把握已经被意识形态化了的马克思和弗洛伊德学说中的真精神——革命的、批判的精神和人道主义的精神，因为"马克思和弗洛伊德都给了我们冲破合理化和意识形态的虚假性，深刻认识个人和社会现实的本质的智力工具"③。

综上所述，弗洛姆关于合理化、社会性格和社会无意识的理论深化了意识形态问题的研究，但在他那里，意识形态仍然是一个不明确的概念。他有时候把它与幻想等同起来，有时候又说它有自己的生命力，有

---

① E. Fromm, *Beyond the Chains of Illusion*, New York: Simon and Schuster, 1962, p. 135.

② Ibid., p. 147.

③ Ibid., p. 173.

时候又把它与理想或观念对立起来。这些模糊之处显然削弱了他的理论的说服力。更为重要的是，他夸大了意识形态的虚假性，把社会主义社会的意识形态看作是与宗教一样的虚假的思想体系，从而实际上否定了社会主义意识形态的合理性。

第三节　从意识形态到科学

路易·阿尔都塞（Louis Althusser，1918—1990）作为结构主义的马克思主义者，结合心理分析学派的无意识理论，对意识形态问题进行了开拓性的研究。他这方面研究的代表作《保卫马克思》产生了巨大的国际影响。正如拉雷所指出的："在最近的 20 年里，阿尔都塞对意识形态作了最有影响的探讨。"①下面，我们主要分析阿尔都塞在《保卫马克思》一书中的意识形态学说，并简略地论述这一学说在他以后的论著中的发展。

一、意识形态与科学

"意识形态"（ideology）和"科学"（science）是贯穿于《保卫马克思》全书中相互对立的两个基本概念。什么是意识形态？阿尔都塞说："意识形态是具有自己的逻辑和严格性的表象（意象、神话、观念或概念）体系，它在既定的社会中历史地存在并起作用。"②按照阿尔都塞的看法，意识形态是人类社会存在并发展的一个不可或缺的方面，它是一个严格的表象体系，规约并支配着每个人的思想。它具有如下的特征。

一是普遍性。阿尔都塞认为，意识形态作为社会生活的一个基本方面，是无处不在，无时不在的。这里所说的"普遍性"有两方面的含义：一是任何个人出生后都不可避免地要落入意识形态的襁褓之中。阿尔都

---

　　①　T. Bottomore（ed.），*A Dictionary of Marxist Thought*，Cambridge：Harvard University Press，1983，p. 233.

　　②　L. Althusser，*For Marx*，London：NLB，1977，p. 231.

塞认为，费尔巴哈的悲剧是最终未能突破意识形态的包围，马克思虽然"在诞生时被包裹在一块巨大的意识形态的襁褓中，但他成功地从中解脱出来了"①。二是意识形态不会消失，任何社会形式都不能没有它，"历史唯物主义不能设想共产主义社会可以没有意识形态"②。当然，阿尔都塞认为，在共产主义社会内，意识形态的内容和功能将会发生变化，但它始终是存在着的。

二是实践性。阿尔都塞说，"意识形态作为表象体系之所以不同于科学，是因为在意识形态中，实践——社会的职能比理论的职能（认识的职能）要重要得多。"③也就是说，人们为了生活在一个既定的社会中，总得与该社会的意识形态认同。如果他完全不懂得或不接受这种意识形态，他就无法建立任何社会联系，从事任何实践活动。

三是神话性。也就是说，意识形态以神话的方式反映着世界。阿尔都塞谈到传统戏剧从意识形态中借取素材时说："具体地说，这种未经批判的意识形态无非是一个社会或一个时代可以从中认出自己（不是认识自己）的那些人所共知的神话，也就是它为了认出自己而去照的那面镜子，而它如果要认识自己，那就必须把这面镜子打碎。"④在阿尔都塞看来，说意识形态是神话，也就是说，它像神话一样用颠倒的、幻想的方式反映着现实世界。如果人们要认识真实的世界，就必须砸碎意识形态这面不真实的镜子。

四是强制性。阿尔都塞认为，意识形态并不是供人们自由选择的东西，它是社会强加在人们身上的，是人们必须接受的赠品。阿尔都塞写道："意识形态是一个表象体系，但在大多数情况下这些表象与'意识'毫无关系：它们通常是意象，有时是概念，但首先是作为结构，不通过

---

① L. Althusser, *For Marx*, London: NLB, 1977, p. 72.
② Ibid., p. 232.
③ Ibid., p. 231.
④ Ibid., p. 144.

'意识'而强加给绝大多数人。"①可见，意识形态涉及人类同世界的体验关系，这种关系只是在无意识的条件下才以"意识"的形式出现。

五是阶级性。阿尔都塞说："当我们说，意识形态具有阶级的职能时，应该被理解为：占统治地位的意识形态是统治阶级的意识形态，它不仅帮助统治阶级统治被剥削阶级，而且使统治阶级把它与世界之间的活生生的关系作为真实的和合理的关系加以接受，从而构成统治阶级本身。"②这就启示我们，在阶级社会中，意识形态是统治阶级根据自己的根本利益，调整人们对其生存条件的关系所必需的接力棒和跑道，但统治阶级总是千方百计地掩饰自己与占统治地位的意识形态之间的内在关系，把自己的权利和要求说成是所有人的权利和要求，借此蒙蔽大多数人。

那么，在阿尔都塞的语境中，"科学"这个概念到底又是什么意思呢？他这样写道："马克思的立场和他对意识形态的全部批判都意味着，科学(科学是对现实的认识)就其含义而言是同意识形态的决裂，科学建立在另一个基地之上，科学是以新问题为出发点而形成的，科学就现实提出的问题不同于意识形态的问题，或者也可以说，科学以不同于意识形态的方式确定自己的对象。"③这就是说，意识形态是就幻想的现实提出问题，而科学则是就真正的现实提出问题。阿尔都塞认为，科学具有如下的特征。

第一，科学是在抛弃意识形态问题框架的前提下形成的。阿尔都塞说："谁如果要达到科学，就要有一个条件：要抛弃意识形态以为能接触到实在的那个领域，即要抛弃自己的意识形态问题框架(它的基本概念的有机前提及它的大部分基本概念)，从而'改弦易辙'，在一个全新的科学的问题框架中确立新的理论活动。"④人们通常用"颠倒"这个词来

① L. Althusser, *For Marx*, London: NLB, 1977, p. 233.
② Ibid. , p. 235.
③ Ibid. , p. 78.
④ Ibid. , pp. 192-193.

比喻马克思对哲学意识形态，特别是黑格尔哲学的批判。阿尔都塞认为，尽管这种比喻是十分形象的，但在理论上是不合适的，因为在他看来，科学并不就是把意识形态的问题框架倒过来。如果这样的话，科学仍然停留在意识形态的基础上，因为这种颠倒并没有改变问题的本质，也就是说，它本身还不可能是科学。阿尔都塞强调，科学建立在一个新的地基上，它有自己独特的问题框架和思考方向。

第二，科学只有在与意识形态的不懈的斗争中才能获得生存和发展。如前所述，科学是在抛弃意识形态问题框架的前提下形成的，但科学形成后仍然处于意识形态的包围之中。意识形态如同浓雾一般包裹、污染并曲解着科学。因此，科学只有持之以恒地与意识形态斗争，才能保持自己的独立地位。所以，阿尔都塞说："科学只是在不断摆脱那些窥视、袭击和缠绕着它的意识形态的条件下，才能成为在历史的必然中的自由的科学。"①

第三，科学认识的过程不是从具体到抽象，而是从抽象到具体。阿尔都塞说："试图从诸多具体的个体中引申出纯粹本质的抽象行为是一个意识形态的神话。"②事实上，科学的、排除意识形态影响的认识过程，正如马克思在《〈政治经济学批判〉导言》中所倡导的那样，是从抽象到具体。在这里，阿尔都塞揭示了科学与意识形态相对立的认识路线。

总之，在阿尔都塞看来，科学与意识形态之间横着一条鸿沟。从意识形态到科学必须经历一种认识上的质的飞跃，这种飞跃他称之为认识论的断裂。

二、认识论断裂与问题框架

什么是"认识论断裂"（epistemological break）呢？阿尔都塞说："一种科学的理论实践总是完全不同于它史前的、意识形态的理论实践，这种区别从理论和历史上看采取了一种'质的'中断的形态，按照巴什拉的

---

① L. Althusser, *For Marx*, London: NLB, 1977, p. 170.
② Ibid., p. 191.

提法，就是一个'认识论断裂'。"①显然，阿尔都塞引入这一概念的目的是要说明意识形态与科学的界限及在发展中的非连续性。那么，认识论断裂的标志究竟是什么呢？这里又涉及阿尔都塞的另一个重要的概念——"问题框架"。

那么，"问题框架"(Problematic)又是什么意思呢？阿尔都塞这样写道："问题框架并不是作为总体的思想的抽象，而是一个思想以及这一思想所可能包括的各种思想的特定的具体的结构。"②也就是说，问题框架是一种思想的基础结构，它规约着这一思想可能展开的逻辑可能性的空间。问题框架并不是一目了然地可以见到的，"它隐藏在思想的深处，在思想的深处起作用，往往需要不顾思想的否认和反抗，才能把问题框架从思想深处挖掘出来"③。阿尔都塞告诉我们，在一般的情况下，一个思想家总是在一个特定的问题框架内思考，而从不反思这一问题框架本身。对于他来说，问题框架居于他的无意识的心理层面上。把问题框架挖掘出来，就是要使它上升到意识的层面上，然后才能断定以它为基础的那种思想是否与意识形态之间出现了认识论断裂。

阿尔都塞说："为了认识一种思想的发展，必须在思想上同时了解这一思想产生和发展时所处的意识形态环境，必须揭示出这一思想的内在整体，即它的问题框架。要把所考察的思想的问题框架同属于意识形态环境的各种思想的问题框架联系起来，从而确定所考察的思想有何特殊的差异，即是否有新意义产生。"④如果在某一特定的意识形态环境中产生出来的某一思想所内含的问题框架与该意识形态所隐含的问题框架是一致的，这就表明，这一思想完全是从属于该意识形态的；如果两者的问题框架从根本上是相互冲突的，那就表明，认识论断裂已经出现。归根结底，认识论断裂的根本标志是问题框架是否从总体上发生了转

---

① L. Althusser, *For Marx*, London: NLB, 1977, pp. 167-168.
② Ibid., p. 68.
③ Ibid., p. 69.
④ Ibid., p. 70.

换。也就是说，科学与意识形态的根本差异正是由认识论断裂和问题框架的转换来判定的。

正是从这样的见解出发，阿尔都塞对马克思思想的发展作出了新的解释。他强调，在马克思的著作中存在着一个认识论断裂，其标志是《关于费尔巴哈的提纲》和《德意志意识形态》。在这两部著作之前，包括马克思在写作《1844年经济学哲学手稿》时，他的思想依然是前科学的，没有突破当时的意识形态的问题框架，特别是没有突破费尔巴哈关于异化和人道主义为核心的问题框架，直到上面两部著作中，马克思才与整个德意志意识形态彻底决裂，形成了以历史唯物主义为核心和基础的新的问题框架。

值得注意的是，阿尔都塞把马克思实现认识论断裂后的著作作为"科学"与断裂前的"意识形态"（把主题锁定在异化和人道主义上的著作）尖锐地对立起来。他反复提醒我们，"最重要的是认识到，人道主义的本质是一种意识形态。"①因为它是从孤立的个人和人的抽象的本质出发的，它是资产阶级意识形态的理论基础。

三、理论实践：走出意识形态之路

马克思是如何通过认识论断裂从意识形态达到科学的呢？阿尔都塞认为，在这一认识飞跃的过程中，"理论实践"起着决定性的作用。要明白这一概念的含义，先得从他关于实践的看法说起。

众所周知，在阿尔都塞那里，实践主要有四种形式：一是"经济实践"（economic practice），即把一定的原料加工为日常生活用品；二是"政治实践"（political practice），即加工、改造旧的社会关系的政治运动；三是"意识形态实践"（ideological practice），意识形态不论表现为宗教、政治、法律、艺术、哲学、伦理等，也都在加工自己的对象，即人的意识；四是"理论实践"（theoretical Practice）。阿尔都塞说："理论实践的最广泛的形式不仅包括科学的理论实践，而且包括前科学的，即

---

① L. Althusser, *For Marx*, London: NLB, 1977, p. 231.

'意识形态的'理论实践(构成科学的史前时期的'认识'方式以及它们的'哲学')。"①这就是说,广义的理论实践包括意识形态的实践,这里主要指狭义的或科学的理论实践,即通过对意识形态的批判、改造和加工,创立科学理论的实践活动。

在阿尔都塞看来,认识论断裂正是在科学的理论实践中完成的。那么,这里的"理论"(theory)又是指什么呢? 阿尔都塞告诉我们:"这种不同于意识形态实践的理论实践的理论,是唯物辩证法或辩证唯物主义,是马克思的辩证观的独特之处。"②显而易见,理论实践也就是用唯物辩证法加工思想材料,沿着马克思说的从抽象到具体的途径,把原有的思想材料改造为科学,而原有的思想材料总是从属于一定的意识形态的,因而这一改造工作正是从意识形态向科学飞跃的过程。

阿尔都塞说:"在认识论、科学史、意识形态史、哲学史、艺术史等方面,马克思主义的理论实践大部分还有待于开创。"③当然,他指出,这并不等于说,马克思主义者在这些方面没有开展过任何有重要理论意义的活动,而是表明这些方面的研究远未达到像马克思在政治经济学批判的理论实践中达到的辉煌成果。也就是说,上面提到的这些领域仍然或多或少地处于传统的意识形态的笼罩下,而未达到真正的科学的境地。

在 1970 年发表的长篇论文《意识形态和意识形态国家机器》中,阿尔都塞从马克思的生产关系的再生产理论出发,结合对国家问题的探讨,就意识形态理论提出了不少新见解。下面我们对其中的主要见解做一个简要的评述。

首先,阿尔都塞在自己的研究活动中提出了"意识形态的国家机器"(the ideological state apparatuses)的新概念,用以补充马克思的国家理论和意识形态学说。阿尔都塞认为,宗教、教育(各种国立和私立的学

---

① L. Althusser, *For Marx*, London: NLB, 1977, p. 231.
② Ibid., pp. 171-172.
③ Ibid., p. 169.

校）、家庭、法律、政治（不同党派的政治体系）、工会、交往（出版、电台、电视）和文化（文学、艺术、体育运动等）都属于意识形态的国家机器。在他看来，意识形态的国家机器是确保政治国家机器（军队、法庭、监狱等）存在和发展的基本条件。他说："据我所知，没有一个在意识形态国家机器之中并在它之上发挥作用的领导权，任何阶级都不可能在长时间内掌握国家权力。"①

其次，阿尔都塞强调，在现代社会中，教育已经成了最重要的意识形态国家机器。从再生产的观点看，意识形态本身也有一个不断地被生产出来并一代一代地传递下去的问题，这一工作主要是靠学校里的教育活动来进行的。阿尔都塞说："事实上，在今天，学校已经取代了教会，作为占优势的意识形态国家机器发挥着作用。"②

最后，阿尔都塞论述了他在《保卫马克思》一书中未曾深入探讨过的关于意识形态的一些新见解，如一般意识形态没有历史、意识形态有其相应的物质存在（如教堂、印刷机等）、意识形态是个体与他们的真实生存条件之间的想象关系等。特别是阿尔都塞还指出了，意识形态通过教育等途径进入个体，使个体成为一个有见解并能行动的主体，然而真正的主体却是意识形态，因为它始终支配着人的思想和行为。所以阿尔都塞说："人本质上是一个意识形态动物（man is an ideological animal by nature）。"③所有这些见解都是阿尔都塞在深入研读马克思的《德意志意识形态》的基础上提出来的。

在 20 世纪 70 年代撰写的《自我批评材料》中，阿尔都塞认为，自己过去在理论上的一个重要失误是，在阐述认识论断裂现象时，没有把它表述为谬误与真理的对立，而是糟糕地采用了意识形态与科学相对立的提法。实际上，在马克思的《德意志意识形态》中，"意识形态以同一个名称起着两种不同的作用，它一方面是个哲学范畴（幻觉、谬误），另一

---

①　L. Althusser, *Essays on Ideology*, London：Verso，1984，p. 20.

②　Ibid.，p. 31.

③　Ibid.，p. 45.

方面又是个科学概念(上层建筑的一个领域)"①。阿尔都塞又说，在马克思那里出现这种含混的用法是可以理解的，"而我却把意识形态这个含混的概念抬上了谬误和真理相对立的理性主义舞台，这就实际上把意识形态贬低为谬误，反过来又把谬误称作意识形态，并且在理性主义的舞台上开演了一出冒牌的马克思主义的戏剧"②。这些论述表明，晚年的阿尔都塞越来越倾向于把意识形态作为一个中性的、描述性的概念来看待。

总括起来看，阿尔都塞的意识形态理论是富于创造性的，特别是他关于意识形态深处的问题框架(居于无意识心理层面上)的见解、关于意识形态国家机器和人是意识形态动物的见解、关于意识形态的实践功能的见解等，都深化了对意识形态本质属性的理解。其不足之处是把科学与意识形态的对立简单化并绝对化了，从而对马克思思想发展的解释也有很大的片面性。另外，他把虚假性作为一切意识形态的共有的特征的做法表明，他对马克思的意识形态学说采取了教条主义的态度，没有深刻领会列宁的意识形态学说的理论意义和现实意义。

第四节　作为"意识形态"的技术与科学

《作为"意识形态"的技术与科学》是尤尔根·哈贝马斯(Jüirgen Habermas，1929—)为纪念马尔库塞七十寿辰所写的长篇论文。正是在这篇论文中，他表示，马克思的历史唯物主义理论，尤其是马克思关于阶级斗争和意识形态的理论已不再适合于晚期资本主义社会，并大致上沿着马尔库塞的思路，结合科学技术的发展，阐述了晚期资本主义社会中意识形态的新的表现形式和基本特征。

一、对马克思的意识形态理论的非难

哈贝马斯认为，资本主义社会以前的传统社会的政治统治是靠对世

---

① ［法］路易·阿尔都塞：《保卫马克思》，顾良译，商务印书馆1984年版，第230页。
② 同上书，第230—231页。

界作神话的、宗教的和形而上学的解释来论证其合法性的。在这样的社会中，意识形态是自上而下地发挥作用的。资本主义社会兴起后，提供了一种与传统社会完全不同的统治的合法性。这种合法性不是依靠宗教和文化的力量从上灌输下来，而是在以新的方式进行的生产劳动和商品交换中自然而然地形成的，"现在，财产制度已能够从一种政治关系变为生产关系，因为它已按照市场的合理性，按照商品交换社会的意识形态，而不再按法的统治制度把自己合法化了"①。在哈贝马斯看来，与这种合法化观念一起成长起来的早期资本主义社会的意识形态是自下而上地形成并发展起来的，但它主要是在商品交换的基础上发挥其作用的。这种新的意识形态由于适应了近代科学的要求而取代了传统的意识形态。但直到19世纪末期前，科学与技术都尚未形成独立的力量，蕴含在科学与技术中的合理化的表现也还不是直接的、十分明显的，从而也不可能成为当时的意识形态的根本特征。

19世纪中叶，资本主义的生产方式在英国和法国取得了巨大的发展，同时也暴露出不少的问题。在这种情况下，哈贝马斯指出，"马克思以政治经济学的形式对资产阶级的意识形态进行了批判"②。这种批判在当时是无可非议的，但随着资本主义的新的发展，问题就起了变化。哈贝马斯说，从19世纪七八十年代起，资本主义的发展出现了两种新的趋向：一是国家干预活动的增加；二是技术的独立性的增长使技术与科学成了第一生产力。这两种趋向都改变了资本主义自由竞争阶段的劳动和交往方式。哈贝马斯告诉我们，在新的情况下，"马克思从理论上揭示的、与交换相适应的基础意识形态(die Basisideologie)实际上已陷于崩溃"③。现在，私人经济对资本的利用要通过国家的干预才能实现，经济制度与政治制度之间的关系已经改变了，政治不再仅仅是一种

---

①　J. Habermas，*Technik und Wissenschaft als "Ideologie"*，Frankfurt am Main：Suhrkamp Verlag，1970，s. 70.

②　Ebd.，s. 73.

③　Ebd.，s. 75.

上层建筑的现象，它已直接地渗透于经济基础中。在这个意义上，哈贝马斯认为，马克思关于经济基础与上层建筑关系的理论已不再适用于新的时代条件。哈贝马斯写道："在马克思那里，政治经济学批判是仅仅作为意识形态批判的资本主义社会的理论。但是，当适合于交换的意识形态瓦解的时候，对统治制度的批判也不再能根据生产关系直接地进行。"①也就是说，在超越了自由竞争阶段的当代资本主义社会中，意识形态批判不再局限于政治经济学，而是获得了更宽泛的含义。

哈贝马斯认为，在以交换为基础的意识形态瓦解以后，政治统治必定会寻求一种确立新的合法性的新的意识形态。这种意识形态又是什么呢？哈贝马斯说："取代自由交换的意识形态位置的是一种补偿程序（Ersatzprogrammatik），这种程序服从的不是市场制度的社会秩序，而是一种补偿交换关系机能紊乱的国家活动。"②在哈贝马斯看来，这种补偿程序正是通过以合理化为标志的科学与技术来进行的，所以，对于马尔库塞来说，"技术与科学也起着一个意识形态的作用"③。哈贝马斯还强调，当科学技术的进步变成独立的剩余价值的来源时，马克思关于剩余价值来源于直接的劳动力的论述也失去了它原有的意义。另外，在马克思那里，科学技术能发展生产力，因而仅仅是作为革命的因素出现的，但在晚期资本主义社会中，它同时也是作为维护资产阶级政治统治的意识形态而出现的。正是基于上述种种原因，哈贝马斯说，"马克思理论中的两个关键性的范畴，即阶级斗争和意识形态，不再能够被运用了。"④

毋庸讳言，哈贝马斯对马克思意识形态理论的非难显然是站不住脚的。尽管资本主义社会在其发展中出现了他上面提到的两种新的趋向，

---

① J. Habermas，*Technik und Wissenschaft als "Ideologie"*，Frankfurt am Main：Suhrkamp Verlag，1970，s. 76.

② Ebd. ，s. 76.

③ Ebd. ，s. 79.

④ Ebd. ，s. 84.

但不管科学技术如何发展，剩余价值仍然来源于直接生产中的劳动的物化；也不管国家如何干预经济活动，归根结底，这种干预必须服从经济活动的客观规律。此外，必然导致周期性经济危机的资本主义社会所固有的基本矛盾也依然是存在的。所有这一切都表明，马克思意识形态理论的基本原则在晚期资本主义社会仍然是有效的。

二、合理化：探讨新的意识形态的入口

哈贝马斯认为，"合理性"（Rationalität）或"合理化"（Rationalisierung）的概念最早出现在马克斯·韦伯的著作中。韦伯使用这一概念来规定资本主义的经济活动、资产阶级的私法关系和官僚统治的形式："合理化的含义首先是指那些服从于合理的决定标准的社会领域的扩大。与此相应的是社会劳动的工业化，其结果是工具行为的标准也渗透到其他的生活领域（生活方式的城市化、交通和交往的技术化）中。"①社会生活的这种合理化是随着科学技术的进步而发展起来的。马尔库塞肯定了韦伯在研究当代社会时引入合理化概念的重要意义，但又批评他未看到隐藏在合理化背后的强制性的政治统治的问题，从而未意识到合理化本身的意识形态特征。

正如哈贝马斯所说的："马尔库塞对马克斯·韦伯的批评引申出这样的结论：'技术理性的概念本身也许就是意识形态。不仅是技术理性，而且技术本身就是（对自然和人的）统治，这是一种方法上的、科学性的、已筹划好的和正在筹划着的统治。这种统治的确定的目的和利益并不是后来"补充"上去的，也不是技术从外面强加上去的，它们早已进入技术设备的设计中。'"②哈贝马斯认为，如果全面地分析马尔库塞关于科学技术的发展导致合理化问题的产生的见解，就会发现，他肯定了科学技术进步的双重功能：一是科学技术已成了最重要的生产力；二是科学技术本身已成了意识形态，蕴含在科学技术中的合理化成了新的意识

---

① J. Habermas，*Technik und Wissenschaft als "Ideologie"*，Frankfurt am Main：Suhrkamp Verlag，1970，s. 48.

② Ebd.，s. 50.

形态的灵魂。

哈贝马斯认为，马尔库塞就合理化问题对韦伯的批评继承了胡塞尔批判欧洲科学危机和海德格尔破坏传统的形而上学的思想路线，并把它扩大到社会学分析的层面上。他认为，这一点是有重要意义的，但马尔库塞对合理化及以合理化为灵魂的意识形态的理解还有不少模糊之处，这是因为马尔库塞未注意到"劳动"（Arbeit）和"相互作用"（Interaktion）的根本区别。哈贝马斯说："我是从劳动和相互作用之间的根本区别出发的。"①

什么是"劳动"呢？哈贝马斯说："我把'劳动'或目的合理的行为理解为工具的行为或合理的选择或这两方面的结合。"②工具的行为是按照奠基于经验知识之上的技术的规则来进行的，在任何情况下，这些规则都蕴含着对可观察的物理或社会事件的有条件的预测，它们可能是确实的，也可能是不确实的。合理的选择的态度则是按照以分析知识为基础的决策来进行的，这些决策包括来自优先选择的规则（价值体系）和普遍的原理，它们或者是正确地或者是错误地被推导出来的。目的合理的行为则在既定的条件下实现确定的目标。对于哈贝马斯来说，重要的是劳动目的的合理性问题。

哈贝马斯又说，"另一方面，我把交往行为理解为一种以符号为媒介的相互作用。这种相互作用是按照必须遵循的有效的规范来进行的，这些规范决定相互之间的行为期待，并且至少被两个行为主体所理解和承认。社会的规范是通过强制的手段被保证的，它的意义在日常语言的交往中被客观化。"③如果说，技术规则和决策的有效性依赖于经验上真实的或分析上正确的命题的有效性的话，那么，社会规范的有效性则奠基于理解各种意图的主观性之间的关系，并通过对义务的普遍认可而得到保障。

---

① J. Habermas，*Technik und Wissenschaft als "Ideologie"*，Frankfurt am Main：Suhrkamp Verlag，1970，s. 62.

② Ebd.，s. 62.

③ Ebd.，ss. 62-63.

在哈贝马斯看来，劳动和交往是晚期资本主义社会中人的行为的两种不同的类型。在合理化问题上，这两种行为类型有根本的区别。劳动的合理化意味着生产力的提高、技术力量的扩张和人的自我物化的加深；交往的合理化则意味着人的解放、个体化和非统治形式的交往的扩张。因而对合理化不能采取笼统否定的态度，要看到它在两种行为类型上的差异，而"技术统治意识的意识形态的力量正表现在对这种差别的掩蔽上"①。劳动的合理化会引起交往的非合理化，因为国家对经济的干预和科学技术的意识形态化都不利于合理的交往行为的发展。这样一来，揭示晚期资本主义社会交往的不合理性，并为合理的、自由的交往而呼吁，就成了意识形态批判的一个基本任务。

三、新的意识形态及其主要特征

如前所述，哈贝马斯把不同于以自由交换为基础的意识形态称为"补偿程序"。他认为，这种补偿程序正是通过科学与技术本身蕴含的合理性来达到的，在这个意义上，新的意识形态也就是科学与技术，说得更确切一些，就是"技术统治的意识"（das technokratische Bewusstsein）。

哈贝马斯说："一方面，与以前所有的意识形态比较起来，技术统治的意识是'更少具有意识形态性的'，因为它并不具有一种只显现为掩蔽利益实现的不透明的力量；另一方面，它作为今天占统治地位的、更细微的背景意识形态（Hintergrundideologie），使科学成了比旧的意识形态的类型更难以抗拒的、更具有深远影响的偶像，因为它不仅以实际问题的面纱作掩蔽，证明了一个确定的阶级的统治利益是正当的，压制了来自另一个阶级的寻求解放的部分需要，而且也说出了寻求解放的这一类人的利益。"②也就是说，这种作为新的意识形态的技术统治的意识是通过作为非政治力量的科学与技术，潜移默化地发生作用的，但在客观上，它既维护了现行的政治统治的合法性，又成功地压制了人们寻求解

---

① J. Habermas，*Technik und Wissenschaft als "Ideologie"*，Frankfurt am Main：Suhrkamp Verlag，1970，s. 84.

② Ebd.，ss. 88-89.

放的观念和努力。

哈贝马斯认为，这种技术统治的意识既不是合理化的想象，也不是弗洛伊德所称谓的"幻想"，而是一种科学的思想样式："这种意识形态造成的奇特的结果是，把社会观念从交往行为的关系体系和以符号为媒介的相互作用的概念中分离出来，并用一种科学的思想样式取而代之。同样地，在目的合理的行为和适应性的态度下形成的人的自我物化（die Selbstverdinglichung der Menschen）取代了社会生活世界的确定的文化观念。"[1]在哈贝马斯看来，新的意识形态在推进劳动的合理化的过程中，也使目的合理的行为所蕴含的物化意识渗透到人的交往行为中，从而损害了交往的合理性。因而需要通过反思对这种新的意识形态进行批判，以便扩大并发展交往的合理性，并使这种合理性反作用于劳动过程，以扬弃人的自我物化，实现人性的真正的解放。

在1970年出版的《社会科学的逻辑》一书中，哈贝马斯通过对伽达默尔（H. -G. Gadamer，1900—2002）的诠释学的批评，进一步阐述了他的意识形态理论。在他看来，伽达默尔把传统和语言的作用绝对化了，从而既失去了对传统的批判意识，也由于未把语言理解为意识形态而失去了对语言的批判意识。哈贝马斯主张对传统和语言都要进行反思，主张把诠释学与意识形态批判紧密地结合起来。这些见解表明，哈贝马斯力图形成以意识形态批判为核心的社会批判理论，使之与发达工业社会的意识形态对立起来。

如前所述，马克思从未把科学技术看作意识形式，而通常把它理解为生产力中的一个重要的，甚至是革命性的因素。哈贝马斯沿着马尔库塞的思路，结合发达工业社会的现状，揭示了科学技术在新的历史条件下的两重性，即它的实践形态是第一生产力，而它的观念形态又是意识形态，特别是后一特征的揭示，乃是意识形态概念发展史上的一个重大

---

[1] J. Habermas，*Technik und Wissenschaft als "Ideologie"*，Frankfurt am Main：Suhrkamp Verlag，1970，ss. 81-82.

事件。从特拉西以自然科学的正确性为参照系创制"意识形态"的概念到哈贝马斯宣布科学技术本身就是意识形态，乃是人们对意识形态认识的一种深化。尽管哈贝马斯对意识形态问题作出了新的思考，但由于他以发达工业社会的特殊性为借口，宣布马克思的历史唯物主义理论和意识形态学说已经过时，因而他既不能揭示发达工业社会的意识形态的本质，也不可能为扬弃这种意识形态指出一条明确的道路。事实上，不改变资本主义的私有制，是不可能出现真正自由的交往方式的。

第五节　意识形态的本体论特征

《社会存在本体论》是卢卡奇晚年在匈牙利撰写的一部未完成的巨著。这部著作是卢卡奇一生思考和探索的结晶，不仅包含着他对马克思的整个思想体系的新的理解，而且也包含着他对马克思所倡导的意识形态批判理论的新的探索和总结。

晚年卢卡奇的意识形态理论乃是其社会存在本体论中的一个基本的组成部分。在这部著作中，卢卡奇专门辟出第七章，从观念环节的本体论出发，论述了意识形态在整个社会生活中的地位和作用；又从论述异化问题的第八章中专门辟出一节来讨论异化在意识形态领域中的表现方式，特别是宗教意识形式与异化的关系问题。我们将从以下三个方面来论述晚年卢卡奇的意识形态理论。

一、意识形态是社会存在的一个基本方面

卢卡奇强调自己继承了亚里士多德、黑格尔和马克思的思想传统，把因果性和目的性的统一作为探讨一切哲学问题的基本出发点。在自然界，有因果性而无目的性，在人类社会中或者在人的一切活动（尤其是人的最基本的活动——生产劳动）中，因果性与目的性不可分离地联结在一起。卢卡奇认为，社会存在的基本特征是因果性和目的性的统一，目的性作为动机、意识或观念，是一种精神性的东西，但它也具有本体

论上的存在意义。所以，卢卡奇说："从本体论上看，社会存在划分为两个异质的环节——存在和它在意识中的反映。从存在的观点出发，这两个环节不仅作为异质的东西相互对照，而且实际上是现实的对立面。这种二元性是社会存在的一个基本事实。"①这就是说，意识作为存在的反映，并不是一种虚幻的、可以摒弃不顾的东西，它作为社会存在的一个基本的方面，同样具有本体论性质，即具有不可还原的始源性。

这样一来，在社会存在本体论中，卢卡奇把意识、意识形态的地位提升到前所未有的高度上。当然，在他那里，意识与意识形态这两个概念是有区别的。他赞同马克思在《德意志意识形态》中所做的分析，用意识这一概念来指称一切社会形态中的观念的东西，而意识形态这一概念则只是被用来指称在物质劳动和精神劳动的分工产生后，在有阶级冲突存在的社会中的观念的东西。他说："一言以蔽之，意识形态的兴起和扩展表现为阶级社会的普遍特征。"②当然，卢卡奇也强调，即使在这些社会形态中，观念的东西也并非无条件地就是意识形态。这一点，我们将在下面进行论述。

卢卡奇认为，意识形态主要是在阶级冲突的基础上产生的，但从观念发展的连续性上看，它也与以前的社会形态中的意识形态有着某种内在的联系："我们也能够简要地说，意识形态的一些现象能够追溯到社会发展的初始时期。"③比如，关于生命、死亡、完美、不朽等的观念，这些不论哪种意识形态都会涉及的内容，原始人早就思考到了。当然，在原始人那里，社会内部的冲突还是潜在的，许多带有神秘色彩的观念都是在强大的自然力的威胁下形成的。

根据卢卡奇的社会存在本体论，在有阶级冲突的社会里，意识形态是社会存在的一个基本方面。那么，这个基本方面又是如何形成并强化起来，以致在整个社会存在中发挥重大作用的呢？卢卡奇分析了葛兰西

---

① G. Lukacs, *Labor*, London：Merlin Press，1980，p. 26.

② G. Lukacs, *Zur Ontologie des Gesellschaftlichen Seins*（*2. Halbband*），Darmstadt：Hermann Luchterhand Verlag，1986，s. 405.

③ Ebd.，s. 411.

对意识形态的理解。他认为，葛兰西把意识形态理解为在一定的经济基础上必然形成的思想的上层建筑，这是正确的，但葛兰西又把它理解为单个人的任意的观念的体现则是错误的。卢卡奇驳斥说："首先，不管哪一种思想，只要是个别人的思想产物或思想表达，不管它是有价值的或无价值的，它都不能够被看作是意识形态。"①卢卡奇赞同马克思在《〈政治经济学批判〉序言》中把意识形态理解为借以意识到经济基础和上层建筑中的冲突并竭力克服它的法律的、政治的、宗教的、艺术的或哲学的形式。这就是说，个别人的思想并不就是意识形态，不管这个人是否愿意，只有当他的思想在社会存在总体的内在冲突中发挥某种社会功能的时候，才具有意识形态的意义。

卢卡奇告诉我们："意识形态从根本上说是对现实的思想描述形式，它的目的是使人的社会实践变得有意识和有活力。这种观念的普遍性和必然性的出现，为的是克服社会存在的冲突；在这一意义上，每一种意识形态都有它的社会的同质的存在（soziales Geradesosein）：它是以直接的必然的方式从当下此刻在社会中以社会的方式行动着的人们中产生的。"②这就是说，意识形态的出现并不是偶然的，它作为"社会的同质的存在"是从当下此刻在社会生活中必然地诞生出来的，"人们对一定状态下的经济-社会环境的每一个反应都可能变为意识形态。"③只要这样的反应参与社会冲突的过程并在这一过程中发挥一定的社会功能的话，我们就能视之为意识形态。由于意识形态与社会冲突的这种不可分离性，卢卡奇也把意识形态称为"社会斗争的一个工具"④，并认为正是在这样的斗争中，意识形态概念成了人们言谈中的贬义词。卢卡奇这样写道："相互对立的、争论中的意识形态的实际上的不可统一性在历史过程中

①　G. Lukacs, *Zur Ontologie des Gesellschaftlichen Seins*（2. Halbband）, Darmstadt: Hermann Luchterhand Verlag, 1986, s. 397.

②　Ebd., s. 398.

③　Ebd., s. 398.

④　Ebd., s. 399.

采取了各种形式，它们能以传统的注释、宗教的信仰、科学的理论和方法等方式出现，但它们首先总是斗争的工具。"①

卢卡奇还指出，尽管人们经常把意识形态这个词作为贬义词来使用，但正确或错误却不能成为一种见解是否是意识形态的判据："正确或错误还不能使一种见解成为意识形态。既不是个人的正确的或错误的见解，也不是一种正确的或错误的科学的假设、理论等，本来就是一种意识形态。如前所述，它只能变成意识形态（Zur Ideologie werden）。"②也就是说，这些见解只有在参与社会存在本身的冲突的过程中才可能变成意识形态。在卢卡奇看来，所有的意识形态无一例外地面临的决定性问题是：Was tun?（做什么?），这就充分肯定了意识形态的社会实践功能，从而揭示了它在社会存在总体中的巨大作用。

在把一种观念是否参与社会冲突作为它是否是意识形态的基本判据的基础上，卢卡奇也肯定了每一种意识形态必然具有的、在社会上占优势的认识论特征。在他看来，一种意识形态存在的时间跨度越大，它也就越具有牢固的认识论基础。当一种意识形态在批判另一种意识形态时，也体现出它们在认识理论上的差异。尽管每一种意识形态都蕴含着一定的认识理论，但卢卡奇反对仅仅从认识论的角度去理解意识形态，去解释它们之间的冲突。他说："不仅仅是科学反对这样的意识形态的不断的斗争是人类发展的一个有意义的因素，宁可说这样的斗争也是意识形态历史本身的一个具有社会本体论意义的组成部分。"③正是在社会冲突中，在社会存在总体的框架内，作为意识形态的观念才具有一种超出单纯认识理论的现实的力量。

二、意识形态与科学的辩证关系

卢卡奇批评了那种在认识论上把科学与意识形态完全分离并对立起

---

① G. Lukacs, *Zur Ontologie des Gesellschaftlichen Seins*（*2. Halbband*），Darmstadt：Hermann Luchterhand Verlag，1986，s. 399.

② Ebd.，s. 400.

③ Ebd.，s. 412.

来的、机械论的见解，他在社会存在本体论的基础上论述了意识形态与科学之间的辩证关系。

首先，卢卡奇分析了科学向意识形态的转换。他举例说，伽利略的日心说和达尔文的物种进化理论，作为纯粹的科学理论，并不是意识形态，但当它们作为观念斗争的工具而被用到社会冲突中去的时候，它们就变成了意识形态。卢卡奇写道："它们的真理或错误同意识形态这一功能的结合自然在各种具体情况的具体分析中，也在意识形态上发挥了重要的作用。"①这里只要举出伽利略的日心说、达尔文的物种进化论与当时宗教意识形式的冲突，就可以窥见科学是如何卷入社会冲突从而使自己本身意识形态化的。卢卡奇还认为，当科学转化为意识形态时，它在社会冲突中所起的作用是进步的还是反动的，或者说，它的作用由进步转化为反动，都不会改变它已经成为意识形态这一基本事实。比如，赫伯特·斯宾塞作为自由的信徒，从达尔文主义中创造出一种意识形态，正如"社会达尔文主义"的反动的信徒在帝国主义时期仍然坚持这种意识形态一样。这充分表明，在晚年卢卡奇那里，意识形态仍然是一个描述性的概念，它仅仅用来指称有阶级冲突的社会中的各种社会意识形式。

其次，卢卡奇坚决反对那种把科学作为客观的东西（事实判断），把意识形态作为主观的东西（价值判断），将二者僵硬地对立起来的错误观点，认为它们在一定的条件下是可以统一起来的。卢卡奇说："尤其是在对马克思的意识形态学说的非难中，出现了这样一种拜物教化（Fetis-chisierung），它首先表现为（主观的）意识形态与对于科学来说作为唯一支配原则的纯粹的客观性的形而上学的僵硬的对立。在公正无私的本体论的考察中，这种形而上学的对立显现为一种纯粹的虚构。"②卢卡奇举例说，西斯蒙第的经济学是明确地为资本主义经济的发展呼吁的，因而毫无疑义具有意识形态的性质，但这种呼吁又是以某种客观的、正确的

①　G. Lukacs, *Zur Ontologie des Gesellschaftlichen Seins*(*2. Halbband*)，Darmstadt：Hermann Luchterhand Verlag，1986，s. 401.

②　Ebd.，s. 489.

经济分析为基础的，因而其学说又具有某种科学性。所以，人们应当辩证地看待科学与意识形态的关系。

最后，卢卡奇指出，马克思主义是意识形态和科学的统一。卢卡奇批评说，不少学者(如马克斯·韦伯)都是从科学与意识形态在认识理论上的抽象的、形而上学的对立出发去看待马克思主义的，因而总是指责马克思主义是意识形态，从而否定它的科学性。其实，这种不是科学就是意识形态的非此即彼的思考方法，特别是马克斯·韦伯强调的"价值中立性"，对马克思主义来说，尤其是不适合的。卢卡奇说："从一方面看，这是很清楚的，即马克思主义从一开始就已经被理解为工具，被理解为克服它的时代的，首先是以无产阶级和资产阶级为中心的冲突的工具。"[①]马克思主义的意识形态本质最清楚不过地体现在《关于费尔巴哈的提纲》中的最后一条，即与旧哲学解释世界的方向不同，新哲学的使命是改变世界。所以，卢卡奇写道："马克思主义从来没有掩盖它的意识形态的发生和功能。在经典作家那里，人们能够看到这一转变，即马克思主义同样是无产阶级的意识形态。"[②]如果说，马克思以前的思想家总是千方百计地掩盖自己学说的意识形态的本质的话，那么，马克思则公开承认这一点，并宣布自己的学说不是教条，而是改造现存世界的指南。

卢卡奇认为，"这是问题的一方面，另一方面，在所有理论的、历史的和社会批判的陈述中，马克思主义同时总是提出科学性的要求"[③]。比如，马克思在批判蒲鲁东、拉萨尔、巴枯宁等人的错误见解时，总是以严格的科学性，即以对事物的本质的把握为出发点。这充分表明，马克思主义恰恰体现了意识形态性与科学性的统一。

三、意识形态与异化

在《历史与阶级意识》中，卢卡奇虽然探讨了异化、意识形态问题，

---

① G. Lukacs, *Zur Ontologie des Gesellschaftlichen Seins(2. Halbband)*, Darmstadt: Hermann Luchterhand Verlag, 1986, s. 494.

② Ebd. , s. 495.

③ Ebd. , s. 495.

但还没有专门花篇幅来讨论这两者之间的关系问题，在《社会存在本体论》中，卢卡奇不仅花了大量的篇幅分别探讨了异化、意识形态问题，而且还深入地探究了这两者的关系问题。

首先，卢卡奇指出，正如意识形态作为有阶级冲突存在的社会中的社会存在总体的一个基本方面，具有本体论意义一样，异化在这样的社会形态中的存在和发展也不是偶然的，而是必然产生的本体论的现象。卢卡奇大量引证了马克思在《1844年经济学哲学手稿》中的论述，肯定了经济关系中的异化乃是资本主义社会的最基本的异化现象。广而言之，这种现象也渗透到人们的整个日常生活中，并在政治、法律、道德、宗教、艺术和哲学等各种意识形式中表现出来。而这些意识形式又倒过来掩蔽现实生活中的种种异化现象，从而意识形态本身也成了整个异化现象中的一个基本的组成部分。卢卡奇说："异化在相当重要的意义上也是一种意识形态现象，这就使得主观的——个体的摆脱异化的解放斗争更具有一个重要的意识形态的特征。"[1]也就是说，如果人们不首先对异化在精神上的表现——意识形态获得一种批判的识见，也就不可能从日常生活的异化中真正解放出来。在这个意义上，意识形态批判成了扬弃异化的一个本质性的环节。

其次，卢卡奇强调，宗教异化乃是一切意识形态异化的最普遍的表现。任何宗教的最基本的社会功能都是对该社会的日常生活的支配，由于宗教关涉的是生、死、善、恶这类最基本的问题，因而具有广泛而持久的影响。黑格尔曾把理想状态的宗教看作克服异化的一种形式，但"对于费尔巴哈来说，宗教不是异化克服过程中的最初的形式，相反，是异化的最初的形式"[2]。卢卡奇认为，费尔巴哈把上帝看作是人的本质力量的异化，乃是他对宗教意识形式批判的重大贡献，马克思充分肯定了费尔巴哈的功绩，并承认，在当时的德国，宗教批判乃是其他一切

---

① G. Lukacs，*Zur Ontologie des Gesellschaftlichen Seins*（*2. Halbband*），Darmstadt：Hermann Luchterhand Verlag，1986，s. 555.

② Ebd.，s. 557.

批判的前提。但是，卢卡奇又强调，由于费尔巴哈的唯物主义与历史是相分离的，因而他并不能真正认识宗教批判的深远意义，并把它转变为对宗教的基础——世俗社会的批判。费尔巴哈未完成的工作正是由马克思通过对市民社会的解剖来完成的，因而卢卡奇认为，宗教异化作为意识形态异化的原型，虽然是我们认识意识形态异化的重要途径，但归根结底，只有回到人的日常生活，尤其是经济生活的异化中，才能揭示全部意识形态异化(包括宗教异化)的真正实质之所在。

最后，卢卡奇探讨了物化与意识形态的关系问题。物化是卢卡奇用来批判资本主义社会的一个中心范畴。就最一般的含义说，物化是一个中性的概念，任何生产劳动的过程都是劳动物化的过程，只有在一定的社会形态中，当劳动的产品倒过来支配劳动者的时候，物化才同时是异化。因而对于异化获得了前所未有的发展的资本主义社会来说，物化和异化成了可以互换的概念。青年卢卡奇还不明白这两个概念的异同，晚年卢卡奇对此已有深刻的认识，因而把物化放在异化概念的大框架中来讨论。

卢卡奇认为，物化是资本主义社会的普遍现象，这种现象在意识上的反映可以称作"物化的意识形态"(diese verdinglichende Ideologie)，它对人们的理论和实践活动都产生了重大的影响。卢卡奇说："在严格的普遍的意义上，物化同样是一种意识形态的工具。在日常生活中，在理论和实践直接统一的条件下，这一意识形态的两种不同的功能是可能的：或者它纯粹以一种理想形式的意识形态发挥作用，它在日常生活中赋予单个人的决定以方向和形式；或者对于日常生活中的人们来说，那种为他们所接受的存在观念，显现为存在本身或那个现实，他只能消极地适应那个现实，按照他的追求来安排生活。"①卢卡奇认为，物化的意识形态不仅规约着人们的行为，人们的日常生活，而且也规约着人们对

---

① G. Lukacs, *Zur Ontologie des Gesellschaftlichen Seins (2. Halbband)*, Darmstadt：Hermann Luchterhand Verlag，1986，s. 602.

未来的追求，人们的希望和理想。更为严重的是，"当这种物化的意识形态控制了一个帝国主义的、垄断资本主义的经济基础时，它会导致法西斯制度这种尽人皆知的异化。"①卢卡奇还分析了物化对社会主义社会意识形态的侵蚀，指出："斯大林主义的意识形态已导致这样的状况，即把马克思主义本身物化了(den Marxismus selbst zu verdinglichen)。"②这样一来，对物化的意识形态的批判不仅对资本主义社会有意义，而且对从根本上未超出资产阶级权利眼界的社会主义社会来说，也有重要意义。

综上所述，不是把意识形态理解为单纯的幻想，而是从本体论上把它理解为社会存在的一个基本方面，并力图深入地探究意识形态和异化的内在联系，构成了晚年卢卡奇对意识形态理论的重要贡献。但必须看到，把意识形态归属于社会存在也会产生某种危险，即把社会生活过程与意识过程等量齐观的危险。坚持马克思的历史唯物主义理论，就始终要坚持这一点，即社会生活过程，尤其是物质资料的生产过程是全部社会现象中最基本的方面。

20世纪下半叶，意识形态理论的发展在西方社会经历了一个曲折的过程。从"意识形态终结"到各种新意识形态理论的登场，充分表明，意识形态问题是无法回避的。西方发达工业社会不但没能使意识形态问题淡化，反而把它的重要性进一步显示出来了。我们上面提到的西方理论家都从不同的角度对意识形态问题作出了新的思考，这是有积极意义的，但也必须看到，一种以新的历史条件为借口，贬低乃至否定马克思的历史唯物主义理论和意识形态学说的潜在倾向正在增长。在这样的情况下，深入研究马克思的意识形态学说，保卫其纯洁性，就成了理论工作者面临的一项重要的任务。

---

① G. Lukacs, *Zur Ontologie des Gesellschaftlichen Seins* (*2. Halbband*), Darmstadt: Hermann Luchterhand Verlag, 1986, s. 599.

② Ebd., s. 599.

第十章　当代中国的意识形态理论

正如我们在前面已经指出过的，早在新民主主义革命时期，毛泽东就十分重视意识形态和文化问题。中华人民共和国建立后不久，毛泽东通过对国际国内阶级斗争新形势的分析，肯定阶级斗争，特别是意识形态领域里的阶级斗争将继续存在。从20世纪50年代后期起，他对阶级斗争的估计明显地具有扩大化的倾向，从而在20世纪60年代中期错误地发动了一场震惊世界的"文化大革命"，给我国的社会主义革命和建设事业带来了严重的损失。延续十年的"文化大革命"结束后，经过拨乱反正，中国才走上了以经济建设为中心的道路。但意识形态领域里的阶级斗争是否就消失了呢？实践证明，这种斗争还存在着，有时甚至表现得很激烈，忽视这种斗争，同样要付出惨重的代价。

当前，在错综复杂的国际形势下，正确地、全面地、完整地理解马克思的意识形态学说，回顾并总结四十多年来我国意识形态发展的经验教训，用以指导今后的意识形态的工作，乃是理论工作者面临的一个重要的任务。下面，我们大致上划分三大阶段来考察我国意识形态理论发展的主要线索：20世纪50年代，20世纪60年代初到"文化大革命"结束，20世纪70年代后期至今。

第一节　社会主义与意识形态

新民主主义革命胜利后，毛泽东一直思考着中国向何处去这个重大的理论问题。他这样写道："当人民推翻了帝国主义、封建主义和官僚资本主义的统治之后，中国要向哪里去？向资本主义，还是向社会主义？有许多人在这个问题上思想是不清楚的。事实已经回答了这个问题：只有社会主义能够救中国。社会主义制度促进了我国生产力的突飞猛进的发展，这一点，甚至连国外的敌人也不能不承认了。"①在这段重要的论述中，毛泽东阐发了两层意思：第一层意思是，资本主义道路是走不通的，只有社会主义能够救中国；第二层意思是，社会主义制度能够促进生产力的突飞猛进的发展，因而能够救中国。

这样一来，问题就归结为：社会主义制度怎样才能促进生产力的大发展？显然，有两条根本不同的途径：一条途径是，把工作重心放在经济建设上，直接推动生产力的发展；另一条途径是，把工作重心放在上层建筑和意识形态领域里，通过这些领域，特别是意识形态领域里的阶级斗争，提高人们的社会主义觉悟，从而间接地促进生产力的发展。在这两条途径中究竟选择哪一条？毛泽东是有一个思想发展过程的。

一、两条途径的选择

1949年9月，在为中国人民政治协商会议第一届全体会议起草的会议宣言中，毛泽东在谈到中央政府的任务时指出："它将领导全国人民克服一切困难，进行大规模的经济建设和文化建设，扫除旧中国所留下来的贫困和愚昧，逐步地改善人民的物质生活和提高人民的文化生

---

① 《毛泽东著作选读》下册，人民出版社1986年版，第767—768页。

活。"①在会议宣言中，毛泽东还谈到中央政府面临的另外一些任务，但在他看来，改善并提高人民的物质文化生活显然是新中国面临的中心任务。毛泽东这方面的思想在1956年9月的党的八大报告中得到了充分的展开。报告指出：社会主义制度在我国已经基本上建立起来，国内的主要矛盾已经不再是无产阶级与资产阶级的矛盾，而是人民对于经济文化迅速发展的需要同当前经济文化不能满足人民需要的状况之间的矛盾；全国人民的主要任务是集中力量发展社会生产力，实现国家工业化，逐步满足人民日益增长的物质和文化需要；虽然还有阶级斗争，还要加强人民民主专政，但其根本任务已经是在新的生产关系下面保护和发展生产力。虽然这个报告是刘少奇做的，但作为党中央的意见，毛泽东显然是同意的。这表明了毛泽东对发展生产力的第一条途径的思考。

但毛泽东思考得更多的是第二条途径，这与他对国内外阶级斗争新形势的分析，尤其是对国内思想文化领域的新形势的分析是密切相关的。中华人民共和国成立之初，除了在政治上开展镇压反革命运动，在经济上开展"三反""五反"运动外，毛泽东也密切关注着意识形态领域里的新动向。

1951年5月20日，《人民日报》发表了毛泽东撰写的社论《应当重视电影〈武训传〉的讨论》。在这篇社论中，毛泽东指出，《武训传》所提出的问题带有根本的性质。像武训这样的人，处于清朝末年中国人民反对外国侵略者和反对国内的反动封建统治者的伟大斗争的时刻，却根本不去触动封建经济基础及其上层建筑的一根毫毛，反而狂热地宣传封建文化，并为了取得自己所没有的宣传封建文化的地位，对反动的封建统治者竭尽奴颜婢膝之能事。这种丑恶行为是根本不值得歌颂的，应当加以歌颂的是1840年鸦片战争以来向旧的社会经济形态及其上层建筑作斗争的新的社会经济形态、新的阶级力量、新的人物和新的思想。

毛泽东认为，"电影《武训传》的出现，特别是对于武训和电影《武训

---

① 《毛泽东文集》第5卷，人民出版社1996年版，第348页。

传》的歌颂竟至如此之多，说明了我国文化界的思想混乱达到了何等的程度！"①这是毛泽东对当时意识形态领域状况的初次估计。毛泽东还尖锐地批评了那些号称学了马克思主义的同志："他们学得了社会发展史——历史唯物论，但是一遇到具体的历史事件，具体的历史人物（如像武训），具体的反历史的思想（如像电影《武训传》及其他关于武训的著作），就丧失了批判的能力，有些人则竟至向这种反动思想投降。"②从这些论述可以看出，毛泽东实际上已经提出了在意识形态领域里批判一切旧思想的新的设想。

如果说，在这篇重要社论中，毛泽东的主要批判对象是"封建文化"及宣传这种文化的"丑恶行为"的话，那么，在不久以后，他的批判的主要方向就转到资产阶级文化思想上。毋庸讳言，这与他对当时国内主要矛盾的重新估计是密切相关的。比如，1952年6月6日，在统战部起草的一个文件上，毛泽东写下了这样的批语："在打倒地主阶级和官僚资产阶级以后，中国内部的主要矛盾即是工人阶级与民族资产阶级的矛盾，故不应再将民族资产阶级称为中间阶级。"③这一批语之所以特别重要，因为它构成了后期毛泽东的全部思想，特别是他的意识形态理论的逻辑前提。

1954年9月至10月，李希凡、蓝翎先后在《文史哲》和《光明日报》上发表了《关于〈红楼梦〉简论及其他》和《评〈《红楼梦》研究〉》两篇文章，批评著名红学家俞平伯以唯心主义的观点研究《红楼梦》，在思想文化界引起了很大的震动，也受到了毛泽东的重视。毛泽东在同年10月16日给中共中央政治局和其他有关同志写的《关于〈红楼梦〉研究问题的信》中表示支持两个"小人物"的批评文章，认为这是三十多年来向所谓《红楼梦》研究权威作家的第一次认真地开火，"看样子，这个反对在古典文学领域毒害青年三十余年的胡适派资产阶级唯心论的斗争，也许可以开展

---

① 《毛泽东文集》第6卷，人民出版社1999年版，第166页。
② 同上书，第167页。
③ 同上书，第237页。

起来了。"①毛泽东在信中强调，对"俞平伯这一类资产阶级知识分子"应当采取团结的态度，但对他们的错误思想要进行严肃的批判。从文艺界对俞平伯《红楼梦》研究中的资产阶级唯心主义观点的批判，进而引发了对胡适的资产阶级实用主义哲学思想的全面批判。

1955 年 3 月 1 日，中共中央又发出了《关于宣传唯物主义思想批判资产阶级唯心主义思想的指示》，强调在各个学术和文化领域中，应对资产阶级唯心主义思想的代表人物进行批判。这时，意识形态批判的主要矛头已明确地指向资产阶级的文化思想。

1955 年，文艺界又错定了所谓"胡风反革命集团"，同年 5—6 月，《人民日报》刊登了胡风与一些友人往来的 169 封信，定名为"关于胡风反革命集团的一些材料"，随后又将这些材料汇编成册，毛泽东亲自作序并加了二十多条按语，断言胡风等人不是一批"单纯的文化人"，而是"一个暗藏在革命阵营的反革命派别，一个地下的独立王国"②。

平心而论，在学术、文艺等意识形态领域里开展对资产阶级唯心主义思想的批判是必要的，但毛泽东对这些领域里阶级斗争形势的估计过于严重化和过于扩大化了，这显然和他在 1952 年时作出的断言——中国内部的主要矛盾即是工人阶级与民族资产阶级的矛盾密切相关。

细心的读者一定会发现，后来，党的八大报告明确指出，国内的主要矛盾已经不再是无产阶级与资产阶级的矛盾，而是人民对于经济文化迅速发展的需要同当前经济文化不能满足人民需要的现状之间的矛盾。这充分表明，虽然毛泽东十分重视意识形态领域里的阶级斗争，但到 1956 年召开党的八大期间，他在全局上还是主张通过第一条途径来发展生产力的。然而，1956 年国际、国内发生的一系列政治事件，从根本上改变了毛泽东的选择，使他走上了第二条途径。

毛泽东在思想发展上的这一带有全局性质的转折，清楚地表现在

① 《毛泽东文集》第 6 卷，人民出版社 1999 年版，第 352 页。
② 《毛泽东选集》第 5 卷，人民出版社 1977 年版，第 163 页。

1957 年 1 月的《在省市自治区党委书记会议上的讲话》中。在这篇讲话中，毛泽东分析了国际上的大风潮，尤其是苏共二十大和匈牙利事件，也分析了国内的一些政治风潮，尤其是高等学校中的思想动向，然后指出："对闹事又怕，又简单处理，根本的原因，就是思想上不承认社会主义社会是对立统一的，是存在着矛盾、阶级和阶级斗争的。"[①]这就是说，毛泽东认为，重要的是重新回到阶级斗争，特别是工人阶级和资产阶级斗争这一中心问题上来。具体的做法是："工、农、商、学、兵、政、党，都要加强政治思想工作。现在大家搞业务，搞事务，什么经济事务，文教事务，国防事务，党的事务，不搞政治思想工作，那就很危险……中央和省市自治区党委的领导同志，都要亲自出马做政治思想工作。"[②]这些论述充分表明，毛泽东的思想已转到发展生产力的第二条途径上，那就是把工作重心放到意识形态领域里，通过思想斗争提高人们的觉悟，以促进生产力的发展。毛泽东后来说的"抓革命，促生产"正是这个意思。

二、社会主义建设初期的意识形态理论

我们之所以要回顾中华人民共和国建立之初毛泽东思想的这一发展过程，目的是弄清后期毛泽东意识形态学说的整个理论背景。毋庸讳言，如果毛泽东最后选择的是以经济建设为中心来发展社会主义生产力的途径的话，他的意识形态学说将完全是另一个样子。正因为毛泽东最后选择了第二条途径，他的意识形态学说在他后期的全部思想中占有极为重要的地位。事实上，一旦毛泽东择定了道路，就在 1957 年 2 月 27 日发表的《关于正确处理人民内部矛盾的问题》的讲话中系统地论述了他的意识形态学说。

如果说，《新民主主义论》是前期毛泽东意识形态学说的代表作的话，那么，《关于正确处理人民内部矛盾的问题》则是后期毛泽东意识形

---

① 《毛泽东选集》第 5 卷，人民出版社 1977 年版，第 356 页。
② 同上书，第 357 页。

态学说的代表作。正是在这篇著名的讲话中，毛泽东论述了社会主义社会中意识形态的根本性质和意识形态领域里阶级斗争的特点。

首先，毛泽东指出，我国的意识形态是"以马克思列宁主义为指导的社会主义意识形态"①。这一意识形态对于我国社会主义改造的胜利和社会主义劳动组织的建立起了积极的促进作用，它是和社会主义的经济基础的发展相适应的，"但是，资产阶级意识形态的存在，国家机构中某些官僚作风的存在，国家制度中某些环节上缺陷的存在，又是和社会主义的经济基础相矛盾的"②。也就是说，第一，社会主义意识形态与形形色色的剥削阶级的意识形态的根本区别在于，它是以马克思列宁主义为指导的；第二，在社会主义社会的意识形态领域里，资产阶级意识形态仍然作为一种不可忽视的精神力量而存在着，它必然和社会主义意识形态发生冲突。

其次，毛泽东指出，在我国，虽然社会主义改造，在所有制方面已经基本完成，革命时期的大规模的急风暴雨式的群众阶级斗争已经基本结束，但是，被推翻的地主买办阶级的残余还存在，小资产阶级刚刚完成改造，阶级斗争并没有结束。"无产阶级和资产阶级之间的阶级斗争，各派政治力量之间的阶级斗争，无产阶级和资产阶级之间在意识形态方面的阶级斗争，还是长时期的，曲折的，有时甚至是很激烈的。"③也就是说，由于资产阶级和从旧社会来的知识分子的影响还要在我国长期存在，作为阶级意识的意识形态还要在我国长期存在。所以，"我国社会主义和资本主义之间在意识形态方面的谁胜谁负的斗争，还需要一个相当长的时间才能解决"④。在毛泽东看来，无产阶级和资产阶级的矛盾不光是当时国内的主要矛盾，这一矛盾还将长期存在下去，并在意识形态领域中反映出来。尽管"现在社会主义在意识形态的斗争

---

① 《毛泽东文集》第 7 卷，人民出版社 1999 年版，第 215 页。
② 同上书，第 215 页。
③ 同上书，第 230 页。
④ 同上书，第 231 页。

中，具有优胜的条件"①，但两种意识形态谁胜谁负的问题，还没有从根本上得到解决。如果对这种形势认识不足，或根本不认识，就要犯大错误。

再次，毛泽东指出，为了战胜资产阶级的意识形态，发展社会主义的意识形态，必须在意识形态领域里开展积极的思想斗争，"思想斗争同其他的斗争不同，它不能采取粗暴的强制的方法，只能用细致的讲理的方法"②。这一方面是因为，思想斗争中大量涉及的是人民内部矛盾；另一方面是因为，思想问题，精神世界的问题是不能用简单的方法加以处理的。为了贯彻这一方法，毛泽东提出了著名的"双百"方针。实行这一方针的目的是鼓励艺术上不同的形式和风格的自由发展，鼓励科学上不同的学派的自由争论，以促进社会主义文化的繁荣，巩固社会主义意识形态的阵地。

最后，毛泽东又提出六条判别言论和行为是非的政治标准："（一）有利于团结全国各族人民，而不是分裂人民；（二）有利于社会主义改造和社会主义建设，而不是不利于社会主义改造和社会主义建设；（三）有利于巩固人民民主专政，而不是破坏或者削弱这个专政；（四）有利于巩固民主集中制，而不是破坏或者削弱这个制度；（五）有利于巩固共产党的领导，而不是摆脱或者削弱这种领导；（六）有利于社会主义的国际团结和全世界爱好和平人民的国际团结，而不是有损于这些团结。"他强调，"这六条标准中，最重要的是社会主义道路和党的领导两条"。③ 毛泽东在这里提出的，实际上是判别社会主义意识形态和资产阶级意识形态的根本性的政治标准。

从上面的分析可知，在《关于正确处理人民内部矛盾的问题》的整篇讲话中，毛泽东提出了一整套社会主义历史时期的意识形态理论和政策。他不仅继承了马克思和列宁的意识形态学说，而且根据中国的具体

---

① 《毛泽东文集》第 7 卷，人民出版社 1999 年版，第 231 页。
② 同上书，第 231 页。
③ 同上书，第 234 页。

国情，创造性地发展了这一理论。但是，我们也应当看到，在毛泽东的意识形态学说中，已经包含着阶级斗争扩大化的萌芽。这一萌芽通过1957年的反右派斗争、1958年的对资产阶级法权思想的批判和1959年的"反右倾"斗争而逐步成长起来。

三、阶级斗争的扩大化

在1957年的反右派斗争中，毛泽东写下了《事情正在起变化》《文汇报的资产阶级方向应当批判》《打退资产阶级右派的进攻》《一九五七年夏季的形势》《做革命的促进派》等文章。在这些文章中，毛泽东首先强调："无产阶级和资产阶级的矛盾，社会主义道路和资本主义道路的矛盾，毫无疑问，这是当前我国社会的主要矛盾。"[1]这一结论不仅与党的八大对我国社会的主要矛盾的分析相冲突，也使反右派斗争被严重扩大化了。另外，毛泽东认为，人民群众与资产阶级右派之间的矛盾是你死我活的敌我矛盾，这一矛盾尤其表现在意识形态领域里，因此，"毒草是要锄的，这是意识形态上的锄毒草"[2]。最后，毛泽东强调了建设马克思主义理论队伍的重要性："无产阶级没有自己的庞大的技术队伍和理论队伍，社会主义是不能建成的。"[3]这些论述表明，毛泽东的注意力越来越集中到意识形态领域里的阶级斗争上。

1958年，毛泽东提出了取消工资制、恢复供给制、限制资产阶级法权的问题，这里的要害问题是限制资产阶级法权。正如我们在第四章中已经论述过的那样，"资产阶级权利"的问题是马克思在《哥达纲领批判》中提出来的。马克思认为，在共产主义的初级阶段——社会主义社会中，实行的是按劳分配的原则，只要这种原则还在起作用，"资产阶级权利"的现象就不可能消失。只有在生产高度发展和产品充分涌流，因而实行按需分配的共产主义社会的高级阶段，社会才可能超出"资产阶级权利"的眼界。现在的问题是，为什么毛泽东在社会主义社会的初级

---

① 《毛泽东选集》第 5 卷，人民出版社 1977 年版，第 475 页。

② 同上书，第 428 页。

③ 同上书，第 472 页。

阶段就不切实际地提出了限制资产阶级法权的问题呢？因为他把资产阶级法权看作是产生新资本家和资产阶级意识形态的基础和温床，力图从根源上来杜绝这些现象的产生，其结果是把经济领域和意识形态领域里的阶级斗争进一步扩大化了。

1959 年 7 月至 8 月召开的庐山会议，其最初的目的是纠正"大跃进"和人民公社化运动中的"左"的错误，后来却错误地转为对彭德怀的所谓的右倾机会主义路线的批判。毛泽东对庐山的斗争所下的结论是："庐山出现的这一场斗争，是一场阶级斗争，是过去十年社会主义革命过程中资产阶级与无产阶级两大对抗阶级的生死斗争的继续。"[①]这一错误的结论表明，到 20 世纪 50 年代后期，毛泽东已把全党的注意力转移到阶级斗争，特别是意识形态领域里的阶级斗争上。这一阶级斗争扩大化的错误构成了"文化大革命"的重要的理论基础。

第二节　意识形态与"文化大革命"

毋庸讳言，"文化大革命"是毛泽东的阶级斗争扩大化理论的产物。毛泽东在"文化大革命"期间的意识形态斗争理论也具有严重的扩大化的错误，需要我们认真地加以分析和总结。

一、意识形态斗争的扩大化

20 世纪 60 年代初，经过整顿，国民经济的发展重新出现了生机。但是，由于毛泽东的阶级斗争扩大化的错误没有得到清理，因而在新的历史条件下又进一步发展起来。在 1962 年 9 月召开的党的八届十中全会上，毛泽东提出了"千万不要忘记阶级斗争"的口号。康生捕风捉影地指责李建彤的历史小说《刘志丹》有严重政治问题，从而进一步扩大了意识形态领域里的阶级斗争。

---

① 任建树：《中国共产党七十年大事本末》，上海人民出版社 1991 年版，第 457 页。

在此情况下，一批文艺界代表人物受到了错误的、过火的批判，文化部领导班子也进行了改组。在文艺理论方面，本来可以自由讨论的观点都被当作资产阶级或修正主义的文艺思想加以批判。这种批判还渐渐蔓延到哲学、经济学、历史学等意识形态的各个领域里。哲学界批判了杨献珍的"合二而一论"，经济学界批判了孙冶方的所谓"利润挂帅"的修正主义理论，史学界批判了翦伯赞的"让步政策论"等。本来，学术上不同观点的讨论是完全正常的，但由于把学术问题简单地等同于政治问题，造成了意识形态领域里阶级斗争的严重扩大化。这种现象的出现并不是偶然的，正如有的同志所指出的："意识形态领域开展的错误的过火的政治批判，是中共八届十中全会以后，'左'倾思潮在思想文化方面继续发展的重要表现。"①

从1964年到1965年年初，毛泽东又亲自主持并制定了《农村社会主义教育运动中目前提出的一些问题》（"二十三条"），把这场运动称为"四清（清政治、清组织、清经济、清思想）运动"，把无产阶级同资产阶级的斗争，社会主义道路同资本主义道路的斗争，提到中国共产党在整个社会主义历史时期的基本理论和基本实践的高度，并明确规定运动的重点是整"党内那些走资本主义道路的当权派"。

到1965年，毛泽东已毫不犹豫地认定，中央和地方的相当一部分权力已不在马克思主义者手中，意识形态领域和学校基本上是资产阶级知识分子的一统天下。同年秋，毛泽东在中央工作会议上又提出了"中央出了修正主义，你们怎么办？"的问题。

我们上面提到的毛泽东的这些思想和活动，特别是他在意识形态领域里发动的过火的斗争，都为"文化大革命"的发生作了舆论上的准备。

二、"文化大革命"中的意识形态理论

众所周知，"文化大革命"的导火线是关于吴晗的新编历史剧《海瑞

---

① 任建树：《中国共产党七十年大事本末》，上海人民出版社1991年版，第479页。

罢官》的讨论。在江青、张春桥的暗中策划下，《文汇报》于 1965 年 11 月 10 日发表了姚文元的文章《评新编历史剧〈海瑞罢官〉》，从而拉开了从政治上、从阶级斗争的高度上批判《海瑞罢官》的序幕。从 1966 年年初起，这一批判活动迅速地发展为整个意识形态领域里的所谓"揭盖子"运动。在毛泽东的支持和发动下，"文化大革命"终于爆发了。

在"文化大革命"期间，毛泽东的意识形态理论集中表现在 1966 年 5 月至 8 月他亲自主持并起草的《中国共产党中央委员会通知》("五·一六通知")和他亲自主持并撰写的《中国共产党中央委员会关于无产阶级文化大革命的决定》("十六条")中。

首先要指出的是，正是在这两个重要的文件中，毛泽东明确地告诉我们，一大批资产阶级代表人物、反革命修正主义分子，已经混进党里、政府里、军队里和文化-意识形态领域里，相当多的单位和机构的领导权已经不在马克思主义者和人民群众的手里。党内走资本主义道路的当权派已经在党中央形成了一个资产阶级司令部，并拥有一条修正主义的政治路线、思想路线和组织路线，在各省、市、自治区和中央各部门都有代理人。他们中间有些人已经被我们识破了，但也有些人则至今还没有被我们识破，有些人甚至还正在受到我们的重用，并被培养为我们的接班人。例如，赫鲁晓夫那样的人物正睡在我们的身旁，所以，我国面临着"党变修，国变色"的现实危险。

其次，毛泽东认为，过去的各种斗争都不能解决上述问题，只有实行"文化大革命"，公开地、全面地、自下而上地发动广大群众来揭发上述黑暗面，才有可能把被走资本主义道路的当权派篡夺的权力重新夺回来。毛泽东强调，"文化大革命"的目的是"斗垮走资本主义道路的当权派，批判资产阶级的反动学术'权威'，批判资产阶级和一切剥削阶级的意识形态，改革教育，改革文艺，改革一切不适应社会主义经济基础的上层建筑"[1]。毛泽东还多次申明，"文化大革命"实质上是一个阶级推

---

① 任建树：《中国共产党七十年大事本末》，上海人民出版社 1991 年版，第 510 页。

翻另一个阶级的政治大革命，以后还要进行多次。

再次，毛泽东认为，"在真理面前人人平等"是一个资产阶级的口号，其目的是把文化-意识形态领域的政治斗争纳入资产阶级经常宣扬的"纯学术讨论"的范围内，从而起到保护资产阶级、反对无产阶级、反对马克思列宁主义和毛泽东思想的作用。毛泽东号召工人阶级要在上层建筑和文化-意识形态的各个领域中对资产阶级实行全面专政，这就从根本上混淆了学术讨论与政治斗争的界限，混淆了两类不同性质的矛盾。

随着时间的推移，毛泽东在"文化大革命"初期提出的意识形态理论产生了越来越大的影响。1967年11月，《人民日报》《红旗》《解放军报》发表了经毛泽东审阅、批准的纪念俄国"十月革命"五十周年的文章，第一次使用了"无产阶级专政下的继续革命"的新的提法，并把它称作是毛泽东对马克思列宁主义关于无产阶级专政学说的划时代的伟大的发展。1969年4月，党的九大召开，林彪所作的政治报告进一步系统地阐述了"无产阶级专政下继续革命"理论的形成和发展，从而使毛泽东关于意识形态的学说和"文化大革命"的观点进一步合法化。

1971年9月，林彪集团被粉碎后，党的十大于1973年8月召开。十大报告批判了林彪集团的罪行，却没有清理毛泽东关于"文化大革命"和意识形态问题上的"左"的错误。相反，仍然强调"文化大革命"对于巩固无产阶级专政是必要的，并要求全党继续"坚持无产阶级专政下继续革命"理论。在这样的情况下，毛泽东关于意识形态的错误理论得到了进一步的发展。

表现之一：毛泽东在1974年掀起了一个全国性的"批林批孔"运动，目的是"进一步认识无产阶级文化大革命的必要性"，结果却被"四人帮"接过去，用来攻击周恩来。

表现之二：毛泽东在1975年关于限制资产阶级法权和批评《水浒》的谈话，同样被"四人帮"利用来攻击周恩来、邓小平等中央领导同志，并进一步把意识形态领域的斗争扩大化了。

表现之三：毛泽东在 1975 年秋冬发动的"批邓、反击右倾翻案风"运动，否定了邓小平对"文化大革命"造成的烂摊子进行整顿的成果，使全国再度陷入混乱之中。毛泽东在"文化大革命"中提出的关于意识形态的错误理论直到"四人帮"被粉碎后，才被彻底制止。

三、回顾与认识

怎样看待毛泽东在"文化大革命"中提出的意识形态理论呢？1981 年通过的《关于建国以来党的若干历史问题的决议》（以下简称《决议》）很好地回答了这个问题："'文化大革命'的历史，证明毛泽东同志发动'文化大革命'的主要论点既不符合马克思列宁主义，也不符合中国实际。这些论点对当时我国阶级形势以及党和国家政治状况的估计，是完全错误的。"①这就是说，"文化大革命"的发动是以毛泽东对意识形态和其他各个领域的阶级斗争状况的估计为前提的，而这些估计是根本错误的。

第一，这些估计把中华人民共和国成立以来各方面的工作，尤其是意识形态的工作说得漆黑一团，完全否定了成绩是主要的，否定了全国各族人民在社会主义建设中所作出的艰苦卓绝的努力。

第二，这些估计混淆了是非和敌我。"文化大革命"所要打倒的"走资派"正是社会主义建设事业的骨干力量，"文化大革命"所要批判的"反动学术权威"正是有才能、有成就的知识分子。

第三，这些估计把"文化大革命"看作是反修防修的根本形式，其实，"文化大革命"撇开各级党组织，采取没有法律限制的所谓"大民主"形式，只能造成思想上的混乱，并给政治野心家以可乘之机。

如果说，毛泽东在《关于正确处理人民内部矛盾的问题》中就意识形态问题所作的论述基本上是切合社会主义社会的实际的话，那么，他在"文化大革命"中提出的意识形态理论则完全是错误的。晚年毛泽东的这一理论上的失误并不是偶然的，而是由各种复杂的社会历史原因造成

---

① 《中国共产党中央委员会关于建国以来党的若干历史问题的决议》，人民出版社1981 年版，第 23 页。

的。一方面，中国共产党过去长期处于战争和激烈的阶级斗争的环境中，对于迅速到来的新生的社会主义建设事业缺乏充分的思想准备和先行的科学研究，习惯于沿用新民主主义革命时期疾风暴雨式的群众斗争的旧经验和旧方法，从而导致了阶级斗争的严重扩大化；另一方面，中国共产党成为执政党后，毛泽东对意识形态领域的斗争作了过分严重的估计。由于这种错误的估计一直滋长起来，终于成了"文化大革命"爆发的理论触媒。这些经验教训是我们必须认真地加以汲取的。

第三节　走向成熟的意识形态理论

延续十年的"文化大革命"结束后，通过一系列拨乱反正的工作，中国共产党在十一届三中全会上果断地停止使用"以阶级斗争为纲"的口号，作出了把工作中心转移到社会主义现代化建设上来的重大的战略决策。稍后，邓小平又提出了四项基本原则，从而为新时期的意识形态工作规定了明确的方向。通过对 1989 年以来国际、国内发生的政治风波的反省，中国共产党终于形成了一整套成熟的意识形态理论和政策。

一、以经济建设为中心

粉碎"四人帮"、结束"文化大革命"后，意识形态领域里的思想混乱并没有马上消除。"两个凡是"（"凡是毛主席作出的决策，我们都坚决拥护；凡是毛主席的指示，我们都始终不渝地遵循"）方针的提出和推行，使"文化大革命"中形成的一系列严重的后果（包括冤假错案）无法及时得到纠正。邓小平明确表示："我是不赞成'两个凡是'的。'两个凡是'不是马列主义、毛泽东思想。"①

始于 1978 年 5 月的、关于真理标准问题的大讨论是对"两个凡是"的有力冲击，它从根本上澄清了意识形态领域里的思想混乱。同年 12

---

① 《邓小平文选（一九七五——一九八二年）》，人民出版社 1983 年版，第 175 页。

月召开的十一届三中全会重申了毛泽东在 1957 年所作的"大规模的疾风暴雨式的群众阶级斗争已经基本结束"的正确论断，停止使用"以阶级斗争为纲""无产阶级专政下继续革命"等错误口号，重新确认了党的八大关于中国社会主要矛盾的正确论断，从而果断地把中国共产党的工作中心转移到经济建设上来。

中国共产党的工作中心的转移，不仅是中华人民共和国成立以来党的历史上具有深远意义的伟大转折，也是意识形态理论发展中的重大转折。在党的十一届三中全会之前，尤其是在"文化大革命"中，党的工作中心一直在阶级斗争上，因而必然十分重视意识形态领域里的阶级斗争，从而导致思想斗争的绝对化和扩大化，出现混淆两类不同性质矛盾的严重后果。历史和实践一再证明，这种意识形态斗争扩大化、中心化的现象不但不能促进社会主义的文化-意识形态的繁荣和发展，反而会造成文化-意识形态上的大倒退、大破坏。按照马克思的历史唯物主义理论，意识形态虽然对经济基础有巨大的反作用，但这种作用并不是任意的，归根结底是围绕经济关系的中轴线而波动的。事实上，"文化大革命"期间在意识形态领域里展开的激烈斗争非但没有促进经济建设的发展，反而带来了灾难性的后果。十一届三中全会把党的工作中心放到经济建设上来，这就从根本上杜绝了把意识形态斗争扩大化的错误，并为社会主义文化-意识形态的真正发展和繁荣指明了方向，创造了条件。

二、坚持四项基本原则

十一届三中全会以后，我国意识形态领域里又出现了新的值得注意的动向，即来自两个方面的怀疑、否定十一届三中全会路线的倾向。一方面，坚持"左"的路线的人攻击十一届三中全会背离了马列主义和毛泽东思想；另一方面，又产生了一种试图完全摆脱中国共产党的领导，否定马列主义和毛泽东思想，否定社会主义制度的资产阶级自由化的倾向。

针对这些倾向，邓小平受中共中央委托，于 1979 年 3 月 30 日在理论务虚会上作了《坚持四项基本原则》的讲话。邓小平指出："我们要在中国实现四个现代化，必须在思想政治上坚持四项基本原则。这是实现四个现代化的根本前提。这四项是：第一，必须坚持社会主义道路；第二，必须坚持无产阶级专政；第三，必须坚持共产党的领导；第四，必须坚持马列主义、毛泽东思想。"①四项基本原则的提出，澄清了意识形态领域里的大是大非问题，为新时期的理论建设，乃至整个意识形态领域里的建设提供了明确的指导思想。

在坚持四项基本原则的基础上，邓小平对意识形态的工作又作了更深入、更具体的思考。在 1979 年 10 月至 11 月召开的中国文学艺术工作者第四次代表大会的祝词中，邓小平在谈到来自"左"的和右的各种错误倾向时，号召文艺工作者"要运用文艺创作，同意识形态领域里的其他工作紧密配合，造成全社会范围的强大舆论，引导人民提高觉悟，认识这些倾向的危害性，团结起来，抵制、谴责和反对这些错误倾向"②。邓小平还从四个现代化建设这一中心任务出发，强调了开展意识形态工作，建设社会主义精神文明的重要性："文艺工作者，要同教育工作者、理论工作者、新闻工作者、政治工作者以及其他有关同志相互合作，在意识形态领域中，同各种妨害四个现代化的思想习惯进行长期的、有效的斗争……要恢复和发扬我们党和人民的革命传统，培养和树立优良的道德风尚，为建设高度发展的社会主义精神文明做出积极的贡献。"③概括起来看，邓小平认为，新时期的意识形态领域面临着两个基本的任务：一是批判各种不符合四项基本原则、不利于四个现代化建设的倾向和思潮；二是建设社会主义的精神文明。这两方面是相辅相成、缺一不可的。

在 1981 年 7 月 17 日的《关于思想战线上的问题的谈话》中，邓小平以电影剧本《苦恋》为例，强调在意识形态领域里仍然存在着资产阶级自由化的倾向，这种倾向的核心是反对共产党的领导。因此，"不做思想

---

① 《邓小平文选（一九七五——一九八二年）》，人民出版社 1983 年版，第 150—151 页。
② 同上书，第 183 页。
③ 同上书，第 181 页。

工作，不搞批评和自我批评一定不行。批评的武器一定不能丢"①。当然，邓小平重申，要坚持"双百方针"，正确处理人民内部矛盾。这是问题的一方面，问题的另一方面是，在1982年9月召开的党的十二大上，邓小平又提出了"建设社会主义精神文明"的设想。后来，在1986年9月召开的党的十二届六中全会上又通过了《中共中央关于社会主义精神文明建设指导方针的决议》，强调精神文明建设是在四项基本原则的基础上进行的，它的根本任务是适应社会主义现代化建设的需要，培养有理想、有道德、有文化、有纪律的社会主义公民，提高整个中华民族的思想道德素质和科学文化素质。

综上所述，党的十一届三中全会后新时期的意识形态理论主要体现在邓小平的思想中。由于中国共产党的中心工作转移到经济建设上，社会主义意识形态建设的基本任务也发生了重大的转变，其新任务是在四项基本原则的指导下，为经济建设、为四个现代化做好服务工作。

三、牢牢掌握意识形态的领导权

1989年，社会主义运动在世界范围内遭受了巨大的挫折，国际、国内的政治风波再一次把人们的注意力引向意识形态问题。正反两方面的历史教训和丰富的经验使中国共产党确立了一种成熟的、科学的意识形态理论，这种理论在江泽民为庆祝中国共产党成立七十周年的讲话中得到了全面的论述。

首先，江泽民指出，"在社会主义现代化建设中，我们始终要以经济建设为中心。党和国家的各项工作都必须服从和服务于经济建设这个中心，而不能离开这个中心，更不能干扰这个中心"②。坚持以经济建设为中心，不仅是中国共产党在中华人民共和国成立以来总结出来的最重要的历史经验，也是历史唯物主义理论昭示给我们的颠扑不破的真理。马克思主义的创始人一再告诫我们，社会存在决定人们的思想意

---

① 《邓小平文选（一九七五——一九八二年）》，人民出版社1983年版，第345页。

② 江泽民：《在庆祝中国共产党成立七十周年大会上的讲话》，人民出版社1991年版，第24页。

识，通过经济建设，造成社会主义社会的先进的社会存在，乃是形成先进的社会主义思想意识的根本条件。另外，旧的精神力量、旧的意识形态的力量是不可能通过单纯的精神批判或意识形态的批判加以克服的，只有从根本上摧毁旧的精神力量、旧的意识形态赖以存在的物质基础，才能最终消灭它们。正是基于这样的认识，邓小平和江泽民都强调，除了爆发大规模的战争，经济建设这个中心绝不能改变。事实上，坚持了经济建设这个中心，正是坚持了历史唯物主义的意识形态学说。

其次，江泽民指出，要努力加强对意识形态的领导工作，其具体的措施如下。第一，要从思想上认识意识形态工作的重要性，"意识形态领域是和平演变与反和平演变斗争的重要领域。资产阶级自由化同四项基本原则的对立和斗争，实质是要不要坚持共产党领导、坚持社会主义道路的政治斗争，但这种政治斗争大量地经常地表现为意识形态领域的思想理论斗争"[1]。这就是说，必须高度重视意识形态的问题，因为它直接关系到社会主义事业的成败，而社会主义社会意识形态的核心问题是坚持四项基本原则，反对资产阶级自由化。第二，要"牢牢掌握意识形态各部门的领导权"[2]。要以充分的说服力、强烈的感染力和坚强的战斗力，长期不懈地进行坚持四项基本原则、反对资产阶级自由化的教育和斗争。第三，"在意识形态领域，大量的矛盾属于人民内部的思想认识问题，必须严格区分和正确处理两类不同性质的矛盾"[3]。

这些论述表明，在反对"左"的和右的错误倾向的斗争中，中国共产党已形成了科学的、成熟的意识形态理论。实践已经表明，"文化大革命"中倡导的那种撇开经济建设的"意识形态中心论"是错误的，这种理论必然混淆两类不同性质的矛盾，给社会主义革命和建设事业带来严重的损害。

---

① 江泽民：《在庆祝中国共产党成立七十周年大会上的讲话》，人民出版社 1991 年版，第 23—24 页。
② 同上书，第 24 页。
③ 同上书，第 24 页。

实践也已经表明，近年来我国学术界出现的以下三种理论是错误的。

一是"意识形态淡化论"，其实质是要淡化马克思列宁主义、毛泽东思想对意识形态领域的领导。

二是"意识形态中立论"，其实质是否定意识形态的阶级归属，从而否定中国共产党对意识形态工作的领导。

三是"意识形态虚假论"，其实质是抹杀社会主义意识形态与资本主义意识形态的根本区别。

正如我们在前面早已指出过的那样，马克思主义创始人对意识形态虚假性的批判，是为了揭示意识形态掩蔽下的社会历史的真实的运动规律，是为了给科学社会主义的运动指明方向。然而，当马克思主义本身已经成为这一运动中的领导力量时，列宁不赞成再以笼统的方式来谈论意识形态的虚假性，而是把社会主义的意识形态作为科学的意识形态与资本主义的意识形态对立起来。毛泽东继承了列宁的这一思想，把两大意识形态的对立看作是当代思想世界的基本现实。所以，在列宁和毛泽东之后，抽象地谈论意识形态的虚假性乃是对社会主义意识形态的科学性的一种否定。总之，上述三种意识形态理论，不论是"左"的还是右的，都是错误的，它们本身的出现，也正是意识形态斗争的一种反映。科学的意识形态理论既重视意识形态的斗争问题，特别是意识形态的领导权问题，又主张严格区分意识形态领域中两类不同性质的矛盾。

最后，江泽民提出了"有中国特色的社会主义文化"的建设问题，实际上也就是提出了社会主义意识形态的建设问题。他强调，建设"有中国特色的社会主义文化"要处理好以下四方面的关系：第一，马克思列宁主义、毛泽东思想的指导和贯彻"双百"方针的关系问题；第二，继承发扬民族优秀传统文化和充分体现社会主义时代精神的关系问题；第三，充分吸收世界文化优秀成果和反对全盘西化的关系问题；第四，社会主义物质文明和精神文明建设的关系问题。社会主义文化-意识形态的建设、繁荣和发展，必然对社会存在、经济基础产生巨大的反作用，从而加速有中国特色的社会主义的建设步伐。

综上所述，中国共产党的成熟的、科学的意识形态理论是在认真学习马克思主义经典作家的意识形态学说，深刻反省国际、国内阶级斗争的经验教训的基础上形成的。它的诞生，是中国共产党成熟的一个标志，也是科学社会主义运动经历了各种曲折后走向成熟的一个标志。

第十一章 意识形态研究中的
若干问题

纵观意识形态概念发展史，我们发现，马克思的意识形态学说是一种最深刻的、最富创造性的学说。马克思的伟大贡献在于，他在意识形态研究中实现了某种"哥白尼式的转折"。马克思以前的哲学家们的一个共同的特征是，他们都立足于意识的领域来考察意识形态问题，也就是说，站在意识形态中来考察意识形态。这种考察的结果只能是"不识庐山真面目，只缘身在此山中"，这使他们看不到意识形态的真正本质是什么，即使他们诉诸对意识形态的批判，这种批判也不过是婴儿对母腹、麦子对镰刀的反抗，注定是苍白无力的。而马克思则把这一切关系颠倒过来了，他站在人们的物质实践活动的基础上来考察意识和意识形态，从而最终揭开了意识和意识形态的神秘面纱。

人们也许会提出这样的疑问：像特拉西、费尔巴哈这样的哲学家，不是也站在唯物主义立场上来论述意识形态问题的吗？特拉西甚至主张把一切观念都还原到感觉上，难道他们不是站在意识形态之外来考察意识形态问题的吗？乍看起来，这种驳难是很有道理的，但仔细分析下去，就会引申出相反的结论来。那是因为特拉西和费尔巴哈所坚持的唯物主义乃是一种排除历史过程的、抽象的自然科学的唯物主义。这种不彻底的唯物主义在历史领域内必然表现为唯心主义，正如马克思所说的："那种排除历史过程的、抽象的自然科学的唯物主义的缺点，每当它的代表越出自己的专业范围时，就在他们的抽象的和意识形态的观念中立刻显露出来。"①比如，不变资本的各种存在形式，像厂房、机器、原料等，在特拉西和费尔巴哈看来都不过是物，是人的感性直观的对象。可是，马克思并不这样看问题。马克思说："资本不是物，而是一定的、社会的、属于一定历史社会形态的生产关系，它体现在一个物上，并赋予这个物以特有的社会性质。"②所以，在任何情况下，人们都不应当撇开社会历史过程，抽象地谈论物、感觉或感性，否则就会在讨论任何社会问题，如经济、宗教、政治、伦理、法、哲学等时，仍然置身于意识领域中，飘浮在意识形态中。

马克思的"哥白尼式的转折"正在于把考察意识形态的立足点从意识领域中移出来，放到人们的物质实践活动中。他从生存论的本体论的角度出发，在依次讨论了人的最基本的历史活动——物质资料生产、新需要推动的物质资料的再生产、人的生育、人的社会关系后，指出："只有现在，当我们已经考察了最初的历史的关系的四个因素、四个方面之后，我们才发现：人也具有'意识'。"③这就是说，现实世界不是意识的产物，相反，意识才是现实世界的产物。马克思的这一基本立场不应该被理解为一般唯物主义的立场，而应该被理解为历史唯物主义的立场。

---

① 马克思：《资本论》第 1 卷，人民出版社 1975 年版，第 410 页。译文有更动。
② 马克思：《资本论》第 3 卷，人民出版社 1975 年版，第 920 页。
③ 《马克思恩格斯全集》第 3 卷，人民出版社 1960 年版，第 34 页。

否则，马克思与旧唯物主义者之间的差异便被磨平了。① 事实上，历史唯物主义的地平线一经形成，意识形态之谜就从根本上被破解了。

如果用一个新名词来表达的话，我们可以把马克思的历史唯物主义理论和意识形态学说称为"实践诠释学"（die Hermeneutik der Praxis）。尽管 Hermeneutik 这个词在马克思本人的文献中只出现过一次，而且是在马克思的通信中出现的，但在我们看来，这并不妨碍马克思先于海德格尔的"此在诠释学"（die Hermeneutik des Daseins）完成诠释学的本体论改造工作。② 尽管马克思没有辟出专门的篇幅来叙述他在理解和解释理论方面的想法，但实际上却提出了一整套理解和解释文本与观念的新的理论，我们不妨把这种理论称为"实践释义学"。在《关于费尔巴哈的提纲》中，马克思这样写道："全部社会生活在本质上是实践的。凡是把理论引向神秘主义的神秘东西，都能在人的实践中以及对这个实践的理解中得到合理的解决。"③这就是说，一种理论、一种文本或一种意识形态的观念（如宗教、神话等），不管如何神秘，如何荒诞离奇，都可以从人

---

① 认为历史唯物主义是从一般唯物主义中推演出来的观点是完全错误的。众所周知，一般唯物主义以撇开历史过程的抽象的物质为基础，历史唯物主义则以一定历史形式中的物的关系所体现的人的现实的活动和关系为基础，前者是根本无法推演出后者来的。对马克思哲学的误解常常是从这里开始的。这就告诉我们，只有正确理解马克思的物质观，才能正确地理解马克思的哲学。其实，在汉语中，"物"这个名词是以"牛"字作为偏旁的，许慎在《说文解字》中解释道："万物也，牛为大物。"段注："牛为物之大者，故物从牛。"可见，即使是"物"这一概念也是从农耕社会中最常用的动物"牛"那里引申发展出来的。这表明了"物"的社会历史背景和属人的内涵。历史唯物主义理论的伟大贡献之一是揭示了物的社会历史内涵。

② 事实上，马克思在 1858 年 1 月 28 日致恩格斯的信中，曾经写下了这么一段话："Bei Auslegung und Vergleichung von Stellen mag ihm die juristische Gewohnheit der Hermeneutik behülflich gewesen sein."〔Karl Marx, Friedrich Engels, *Werke*（*Band 29*），Berlin：Dietz Verlag, 1963, s. 267.〕在这段话中，马克思提到了 Hermeneutik 这个词，然而《马克思恩格斯全集》第 1 版第 29 卷（人民出版社 1972 年版）第 257 页在翻译上面这段话时，没有把 Hermeneutik 这个词译为"诠释学"，而是译为"解释"，具体译文如下："在对某些字句进行解释和比较时，看来解释法律的习惯帮助了他。"显然这段译文没有把我们这里探讨的 Hermeneutik 这个德语名词的确切含义翻译出来。我们尝试做出以下的新的翻译："在对各种字句进行解释和比较时，法学诠释学的惯例帮助了他（指拉萨尔——译者注）。"

③ 《马克思格斯选集》第 1 卷，人民出版社 1995 年版，第 56 页。

的实践活动出发，对它作出合理的解释。在《德意志意识形态》中，马克思在论述历史唯物主义理论的根本特征时指出："这种历史观和唯心主义历史观不同，它不是在每个时代中寻找某种范畴，而是始终站在现实历史的基础上，不是从观念出发来解释实践，而是从物质实践出发来解释观念的东西。"①这段话很充分地体现出马克思在诠释学领域里所实现的"哥白尼式的转折"。

　　总之，马克思把意识形态问题的探讨置于全新的、科学的基础之上。马克思以如椽之笔勾勒出关于意识形态的一幅新的图画，这幅图画的轮廓和线条已经清晰地显现出来，但是它的一些细节，甚至是一些比较重要的部分还处于若明若暗的状态中。晚年恩格斯关于意识形态的相对独立性的论述，目的正是使这幅图画的所有部分都清晰地显露出来。恩格斯对马克思的意识形态学说的贡献是不可磨灭的，但由于客观的历史条件的制约，关于意识形态研究的若干新问题还不可能出现在恩格斯的理论视野中。这些新问题，有的是在恩格斯逝世前后产生的，有的则是在 20 世纪，特别是在第二次世界大战后的新的哲学思潮中产生的。这些新问题，我们在前面论述意识形态学说在 20 世纪的新发展时几乎都触及了。在本章中，我们将从中抉出一些比较重要的问题，深入地加以讨论。

第一节　本体论视野中的意识形态

　　由于尼采哲学对整个西方哲学文化传统的毁灭性的批判，从 20 世纪初以来，重新探讨哲学的基础——本体论问题蔚然成风。海德格尔和尼古拉·哈特曼开了这方面的先河，恩斯特·布洛赫在《希望的原理》一书中，把"希望"（Hoffnung）作为本体论的现象来看待，虽然他没有从本

---

　　① 《马克思恩格斯全集》第 3 卷，人民出版社 1960 年版，第 43 页。

体论的角度出发，全面地探讨意识和意识形态的问题，但却为这样的探讨提供了重要的启发。

最值得注意的是，卢卡奇在晚年的巨著《社会存在本体论》中，对意识形态的问题作出了新的探索。卢卡奇写道："在社会存在与意识之间进行形而上学的对照，这完全是与马克思的本体论相对立的，在马克思的本体论中，所有的社会存在都不可分离地关系到意识（关系到选择的方案）。"①在他看来，在对马克思的意识形态学说的理解中，最流行的一种错误见解是，把意识或意识形态和社会存在简单地、形而上学地对立起来，仿佛社会存在是与意识、意识形态相分离的东西，它们之间只存在着一种外在的相互关系。实际上，卢卡奇通过对人的最基本的社会活动——生产劳动的剖析发现，劳动乃是目的性和因果性的统一，"通过劳动，一个目的设定在物质存在中被实现了，于是，一种新的客观性产生了"②。也就是说，人们在生产劳动的过程中形成并发展起来的社会存在的一切形式都打着意识的记号，意识或意识形态并不是外在于社会存在并与之抽象对立的某种东西，相反，它们是内在于社会存在的，是社会存在的一个基本的，不可或缺的组成部分。另外，意识或意识形态也不是某种虚幻的、任意编造出来的东西，它是内在于并伴随着人的全部生存活动的，它们不仅具有认识论的特征，而且更重要的是，具有本体论的特征，作为社会存在的基本组成部分，它们乃是本体论意义上的存在物。

卢卡奇把意识或意识形态视为社会存在的一部分，是否与列宁在《唯物主义和经验批判主义》中所批判的阿芬那留斯的观点，即社会意识和社会存在是等同的观点是一致的呢？我们的回答是否定的。卢卡奇并不主张使全部社会存在都溶解在社会意识中，他从本体论出发，把社会存在划分为两个异质的环节——存在和意识，这里的"存在"指的是以生

---

① G. Lukacs，*Marx's basic Ontological Principles*，London：Merlin Press，1982，149.

② G. Lukacs，*Labor*，London：Merlin Press，1980，p. 3.

产劳动为核心的人们的实际生活过程，"意识"则是指渗透于这一存在并反映它的各种各样的观念。卢卡奇并没有取消存在和意识的差异，而是把这一差异置于社会存在这一总体的内部，从而肯定了意识或意识形态并不是一种附带的现象，而是内在于一切社会存在形式的本体论现象。卢卡奇还批判了那种以黑格尔为代表的、从意识出发去推论出存在的虚假的本体论，强调马克思的本体论注重对存在的考察，努力从对日常生活的批判中抽绎出正确的理论观念。这就是说，一方面，卢卡奇肯定了意识或意识形态的本体论存在；另一方面，他又肯定，存在作为人们在社会生活过程中形成的客观的东西又是不以人的意识和意志为转移的。

马克思说："我的观点是：社会经济形态的发展是一种自然历史过程（einen naturgeschichtlichen Prozess）。不管个人在主观上怎样超脱各种关系，他在社会意义上总是这些关系的产物。"①马克思的这一见解对卢卡奇的影响是十分重大的。晚年卢卡奇在回顾他青年时期的著作《历史与阶级意识》时，承认他当时的一个主要错误观念是以黑格尔的方式夸大了意识和意志的作用，后来他认识到，意识对人的全部活动的参与是一回事，但由人的活动构成的社会存在总体的运动有自己的客观的、不以人的意识为转移的规律又是另一回事。社会与自然的一个根本差异是，自然中一切现象的发生都是自发的，而社会中发生的一切都离不开人的意识和目的，然而，不同的意识和目的会相互冲突、相互抵消，最后，社会的发展仍然表现为一个自然历史的过程。要言之，晚年卢卡奇既看到了意识或意识形态的本体论意义，又看到了它们的作用的界限和范围，从而避免了青年时期思想上的某种片面性。

从社会存在本体论出发来探讨意识和意识形态现象，乃是晚年卢卡奇在意识形态理论研究中作出的新的、重要的贡献。我们认为，这一贡献具有以下三方面的意义：

其一，克服了那种以抽象的、外在的方式来探讨存在与意识或意识

---

① 马克思：《资本论》第 1 卷，人民出版社 1975 年版，第 12 页。

形态关系的机械的、简单化的观念，强调要在社会存在的大框架内来探讨这种关系，也就是说，社会生活不是物质与精神的抽象的二分，实际上，这两者是不可分割地交织在一起的。

其二，意识或意识形态并不是一种附带的，甚至可以略去不计的东西，它们乃是现实的力量，是本体论意义上的存在物。人类社会越向前发展，人类的科学技术的和其他方面的知识越丰富，意识和精神在社会存在总体中的作用就越重要、越突出。当代的科学哲学家卡尔·波普尔在20世纪70年代初就提出了著名的"三个世界"的理论。他写道："如果不过分认真地考虑'世界'或'宇宙'一词，我们就可区分下列三个世界或宇宙：第一，物理客体或物理状态的世界；第二，意识状态或精神状态的世界，或关于活动的行为意向的世界；第三，思想的客观内容的世界，尤其是科学思想、诗的思想以及艺术作品的世界。"①波普尔说的"第二世界"约略相当于人的主观的心理的、精神的世界，"第三世界"约略相当于客观化的意识和意识形态的世界。尽管波普尔把统一的生活世界分割为"三个世界"有某种简单化的倾向，但他的见解却启示我们，意识或意识形态的重要作用正以越来越突出的方式显现出来。不仅仅从认识论，而且从本体论出发来反思意识和意识形态问题，已成了我们这个时代的迫切的理论需要。

其三，虽然意识和意识形态在社会生活中发挥着巨大的作用和影响，但其作用和影响又是有限度的。事实上，全部意识和意识形态的形成、发展、冲突归根结底仍是围绕人的基本的生存活动——经济活动的中轴线来展开的，这乃是马克思的历史唯物主义理论的基本观点。坚持这一基本观点，我们就不会在当代流行的形形色色的意识形态理论中迷失方向。

---

① ［英］卡尔·波普尔：《客观知识：一个进化论的研究》，舒炜光等译，上海译文出版社1987年版，第114页。

第二节　生产力、科学技术和意识形态

20 世纪 50—60 年代以来，随着科学技术的迅速发展，西方国家的物质生活、政治生活和精神生活都发生了巨大的变化。如前所述，在 20 世纪 50 年代，西方曾出现了一股"意识形态终结"的思潮，这主要是一股社会政治思潮，但也涉及对科学技术高度发展后产生的一系列结果的深入反思。不少人认为，科学技术无阶级性，它在价值上是中立的，科学技术的观念越在人们的思想中发生作用，人们在意识形态上的对立也越是弱化，其结果就是所谓"意识形态终结"。

历史发展的结果常常与人们的主观愿望相反。有趣的是，终结的并不是意识形态，倒是提出"意识形态终结"的这股思潮。事实上，这股思潮的声音还在耳畔回响，西方理论家已于 60 年代提出了各种新的意识形态概念和理论，其中尤为著名的是法兰克福学派的成员马尔库塞和哈贝马斯提出的关于科学技术双重功能的理论，即科学技术既是第一生产力，又是意识形态的理论。显然，从马克思的历史唯物主义理论出发，深入地探讨这个无法回避的理论问题，具有重要的理论意义和现实意义。

一、科学技术和生产力

众所周知，马克思在考察资本主义的生产过程时曾经指出，科学，特别是自然科学以及与它有关的其他一切科学的发展，都是与物质生产的发展相适应的。他在谈到资本与生产力的关系时毫不犹豫地指出："在这些生产力中也包括科学。"①而自然科学的发展总是与技术的发展交织在一起的："科学通过机器的构造驱使那些没有生命的机器肢体有目的地作为自动机来运转，这种科学并不存在于工人的意识中，而是作

---

① 《马克思恩格斯全集》第 46 卷（下），人民出版社 1980 年版，第 211 页。

为异己的力量，作为机器本身的力量，通过机器对工人发生作用。"①这就是说，作为技术的机器系统乃是科学进入生产过程的媒介。当时的工人并不一定懂得科学，在他们看来，机器系统作为科学技术的化身与他们相对立，早期工人运动中经常出现的捣毁机器的现象表明，工人在一定程度上把科学技术视为一种异己的力量。

然而，对于资本和资本家来说，科学技术乃是提高生产率、减少社会必要劳动时间、获取更大财富的驱动轮。资本越把科学推向生产，技术的发展就越是迅速，越是使人置身于一个崭新的人造世界中，从而科学技术作为生产力的地位和作用也越是突出。马克思说："自然界没有制造出任何机器，没有制造出机车、铁路、电报、走锭精纺机等等。它们是人类劳动的产物，是变成了人类意志驾驭自然的器官或人类在自然界活动的器官的自然物质。它们是人类的手创造出来的人类头脑的器官；是物化的知识力量。固定资本的发展表明，一般社会知识，已经在多么大的程度上变成了直接的生产力，从而社会生活过程的条件本身在多么大的程度上受到一般智力的控制并按照这种智力得到改造。它表明，社会生产力已经在多么大的程度上，不仅以知识的形式，而且作为社会实践的直接器官，作为实际生活过程的直接器官被生产出来。"②

在马克思看来，正因为科学技术是直接的生产力，因而它是一种在历史上起推动作用的、革命的力量。事实上，马克思对科学技术上的每一个新发现和新发明都怀着喜悦之情去了解、把握和宣传。马克思认为，早期工人运动中出现的捣毁机器的现象是很幼稚的，大机器工业既是压抑工人人性的东西，同时也是工人阶级争取解放的物质条件。在肯定科学技术的革命作用的前提下，马克思在一定程度上也揭示了科学技术所引发的暂时的、负面的效果。马克思认为，自然科学"通过工业日益在实践上进入人的生活，改造人的生活，并为人的解放作准备，尽管

---

① 《马克思恩格斯全集》第 46 卷(下)，人民出版社 1980 年版，第 208 页。
② 同上书，第 219—220 页。

它不得不直接完成非人化"①。人所共知，科学技术的发展使分工越来越细，人的技能越来越专门化，工人在劳动中日益成为机器的附庸。但从长远的、革命的观点来看，马克思始终把科学技术作为一种积极的历史力量来看待。

20世纪40—50年代以来，随着宇航技术、生物工程、通信设备、电子计算机等的发展，科学技术不再是生产力结构中的一个普通的组成部分，而是成了第一生产力。在当代，任何一个经济上比较落后的国家要进入现代化国家的行列，科学技术的现代化总是一个必要的、绕不过去的前提。科学技术的高度发展不仅创造出一个令人叹为观止的属人世界，而且也改变着人与科学技术之间的关系。一方面，资本家通过对高科技成果的运用，获得了巨额利润和财富，工人由于掌握了科学技术或管理技术，也进入了一种比较好的生活和工作环境；另一方面，科学技术越发展，也就越多地从人的卑贱的奴仆和工具的地位中挣脱出来，成了统治人、支配人的万能的主人。海德格尔在《林中路》中写道："技术的统治不仅把一切在者都列为生产过程中可制造的东西，而且通过市场把生产的产品提供出来。人的人性和物的物性都在贯彻意图的制造的范围内分化为一个市场的计算出来的市场价值，这个市场不仅作为世界市场遍布全球，而且作为在存在的本质中的意志的意志进行买卖，并把一切存在者都带入到一种计算行为中，这种计算行为却在并不需要数字的地方统治得最不肯放松。"②在科学技术高度发展的过程中，人面临着一种日益增长的危险，那就是蜕变为单纯的材料和物的危险。物的主体化和人的物化或对象化，乃是同一个过程的两个不同的侧面。这就是说，人们在承认科学技术是第一生产力的同时，也越来越多地看到它的负面的效应。马尔库塞甚至认为，在西方发达工业社会内，科学技术的发展不但没有消除异化的现象，反而进一步加剧了这种现象。

---

① 《马克思恩格斯全集》第42卷，人民出版社1979年版，第138页。

② M. Heidegger, *Holzwege*, Frankfurt am Main：Vittorio Klostermann, 1980, s. 288.

不管怎么说，在当代，没有人再会否认这样的真理，即科学技术是第一生产力。科学技术越是通过各种渠道进入人的生活，就越是深刻地影响人的物质生活、政治生活和精神生活。

二、科学技术与意识形态

如前所述，马克思从未把科学或科学技术看作意识形态，但马克思注意到了科学或科学技术与意识形态之间的密切联系。

在《1844 年经济学哲学手稿》中，马克思写道："我们看到，工业的历史和工业的已经产生的对象性的存在，是一本打开了的关于人的本质力量的书，是感性地摆在我们面前的人的心理学；对这种心理学人们至今还没有从它同人的本质的联系上，而总是仅仅从外表的效用方面来理解，因为在异化范围内活动的人们仅仅把人的普遍存在，宗教或者具有抽象普遍本质的历史，如政治、艺术和文学等等，理解为人的本质力量的现实性和人的类活动。"①马克思批评了他以前的和同时代的哲学家们，认为他们只是从外表和效用的角度去看待科学技术（其具体的表现形式则是工业），忽视了科学技术对人的本质和人的精神世界的重大影响。既然工业是感性地摆在我们面前的人的心理学，那么，在工业这本打开了的关于人的本质力量的书中，我们不是可以读到人的观念的新变化吗？马克思看到，科学已经通过工业进入人们的生活，它比宗教、政治、艺术等意识形式更有力地影响了人们的精神世界。

在《哲学的贫困》中，马克思又指出："手工磨产生的是封建主为首的社会，蒸汽磨产生的是工业资本家为首的社会。人们按照自己的物质生产的发展建立相应的社会关系，正是这些人又按照自己的社会关系创造了相应的原理、观念和范畴。"②这段话明确地表达了科学技术、社会关系和人们的思想观念（意识形态）之间的密切联系。

在《共产党宣言》中，马克思分析了在科学技术和生产力高度发展的

---

① 《马克思恩格斯全集》第 42 卷，人民出版社 1979 年版，第 127 页。
② 《马克思恩格斯全集》第 4 卷，人民出版社 1958 年版，第 144 页。

基础上形成的资产阶级意识形态的新特征：赤裸裸的利己主义、日新月异地变换着的各种观念、精神生产的国际化、拜金主义等。

在《资本论》中，马克思进一步批判了那种"排除历史过程的、抽象的自然科学的唯物主义"的观点，论述了自然科学通过技术与人的社会生活，特别是精神生活的内在联系："技术（Die Technologie）会揭示出人对自然的能动关系，人的生活的直接生产过程，以及人的社会生活条件和由此产生的精神观念的直接生产过程。"①从上面的一系列论述可以看出，马克思实际上早已洞见了科学技术对意识形态的巨大作用和影响，但在他的语境中，他始终没有把科学技术直接视为意识形态。

正如我们在第九章中已经论述过的那样，马克斯·韦伯最早注意到了科学技术本身蕴含的"合理化"观念，马尔库塞从中受到启发，进一步把"合理化"看作是发达工业社会的新意识形态的核心观念，从而揭示了科学技术既是生产力又是意识形态的双重功能。马尔库塞说："面对这个社会的极权主义特征，技术'中立性'的传统概念不再能够维持下去。技术本身不可能同它的实际使用相分离；这种技术的社会是一种统治制度，这种制度在技术的概念和结构中已经起着作用。"②在马尔库塞看来，技术的合理性已经渗透到政治和意识形态之中，变成了政治统治的合理性和意识形态支配的合理性。哲学上的操作主义、实证主义、语言分析和逻辑分析，体现的正是以合理性为核心观念的新的意识形态。人们的注意力被引向"我的扫帚在角落里"或"奶酪在桌子上"这样的句子在表述上是否准确，从而失去了对整个社会、整个意识形态的批判的识见。易言之，人们既然成了科学技术和合理性的俘虏，也就成了新的意识形态的俘虏。

哈贝马斯进一步把马尔库塞的思想明确化，强调发达工业社会的意识形态与以前一切意识形态的差别正在于，前者把科学技术的合理性观

---

① 马克思：《资本论》第 1 卷，人民出版社 1975 年版，第 410 页。译文有更动。
② H. Marcuse, *One-Dimensional Man*, Boston：Beacon Press，1964，p. xvi.

念作为自己的基本标志，要言之，科学与技术就是发达工业社会的意识形态；后者则把种种不合理的宗教的、传统的、神秘主义的观念作为自己的基本标志。在哈贝马斯看来，传统的意识形态已经过时，尽管马克思已经在一定程度上认识到科学技术的发展所引起的资产阶级意识形态的重大变化，但受历史条件的限制，他还不可能注意到在后来的发展中才典型化的晚期资本主义社会的根本特征，即技术的独立发展使科学技术成了第一生产力，同时，国家干预活动也明显地增多了，因而不能单纯地根据经济基础来说明作为上层建筑的政治统治和意识形态了。

哈贝马斯看到了科学技术和意识形态在发达工业社会中的新的本质联系，他的理论功绩是不可磨灭的，但他夸大了国家权力对意识形态和经济生活的干预，从而偏离了马克思的历史唯物主义立场。马克思在批判梅恩的历史唯心主义观点时指出：梅恩的基本错误在于"把政治优势——不管它的具体形式如何或者它的各种因素的总和如何——当作某种驾于社会之上的、以自身为基础的东西"①。诚然，国家权力会给予意识形态和经济基础以一定的影响，但在马克思看来，归根结底，政治权力和意识形态是由经济基础决定的。只有肯定这一点，才能正确认识发达社会的意识形态和政治权力的地位和作用。

三、当代意识形态建设中的必要的张力

认识到科学技术已经成为当代意识形态的核心的组成部分，这将引导我们进一步思考一个新的问题：在当代意识形态的建设中，如何在科学技术所蕴含的合理性和人的科学，特别是哲学所蕴含的意义或价值之间建立必要的理论张力。

关于这个问题的讨论，我们同样要返回到马克思那里。首先，在《1844年经济学哲学手稿》中，马克思批判了那种使哲学与自然科学、生活与科学分离开来的错误倾向："自然科学展开了大规模的活动并且占有了不断增多的材料。但是哲学对自然科学始终是疏远的，正象自然科

---

① 《马克思恩格斯全集》第45卷，人民出版社1985年版，第647页。

学对哲学也始终是疏远的一样。"①一方面，自然科学家竭力撇开社会历史因素来探讨自然科学的问题，从而陷入了"抽象物质的或者不如说是唯心主义的方向"；另一方面，哲学家在探讨社会生活时，又忽略了自然科学通过工业对社会生活发生的重大的影响，从而把生活与科学分离开来了。②

其次，马克思指出，在以工业为媒介的现实的自然界中，自然科学与人的科学不应相互分离，而应统一起来："自然科学(die Naturwissenschaft)往后将包括关于人的科学(die Wissenschaft von Menschen)，正象关于人的科学包括自然科学一样：这将是一门科学。"③在这里，马克思已考虑到自然科学与人的科学在一种新的观念体系中的结合。

最后，马克思指出，正是共产主义的观念体系体现了科学与哲学、自然科学与人的科学之间的有机的统一。马克思说："这种共产主义，作为完成了的自然主义，等于人道主义，而作为完成了的人道主义，等于自然主义，它是人和自然界之间、人和人之间的矛盾的真正解决，是存在和本质、对象化和自我确证、自由和必然、个体和类之间的斗争的真正解决。"④

马克思的上述见解表明，他不但注意到了资产阶级社会意识中科学技术与哲学以及人的科学之间的分离，而且竭力主张在未来的共产主义意识中消除这种分离。马克思的见解为我们在当代意识形态中重建科学精神和人道精神之间的"生态平衡"提供了重要的启示。我们发现，对科

---

① 《马克思恩格斯全集》第 42 卷，人民出版社 1979 年版，第 128 页。
② 值得注意的是，20 世纪著名的哲学家、现象学的创始人胡塞尔也已注意到了科学与生活的关系。在 20 世纪 30 年代的系列演讲《欧洲科学危机和先验现象学》中，他强调："生活世界(die Lebenswelt)是自然科学的被遗忘了的意义基础。"(E. Husserl, *Die Krisis der europäischen Wissenschaften und die transzendentale Pänomenologie*, Hamburg: Felix Meiner Verlag, 1982, s. 52.)胡塞尔主张从哲学上重新思考自然科学与前科学的生活世界之间的内在联系。从这里可以反观马克思在手稿中关于自然科学并不与生活基础分离的思想的极为重要的理论意义。
③ 《马克思恩格斯全集》第 42 卷，人民出版社 1979 年版，第 128 页。
④ 同上书，第 120 页。

学精神与人道精神的和解作出较多思考的是以下三部分人。

一是存在主义哲学家。存在主义的主要代表人物海德格尔认为，科学技术的高度发展和应用使人下降为物的附庸，人们沉沦于日常生活中，很少去思考生活和生存的意义。他这样写道："我们向来已生活在一种对存在的领悟中，同时，存在的意义（der Sinn von Sein）却隐藏在黑暗中，这就证明重提存在的意义问题是完全必要的。"①实际上，海德格尔之所以提出"存在的意义"问题，正是要唤醒人们去思考人生的意义和价值问题，从而遏制科学主义的泛滥。

存在主义的另一个代表人物雅斯贝尔斯也深入思考了科学本身的界限问题，他认为：第一，科学是关于事实的知识，不是关于存在问题的思考；第二，虽然科学知识在含义上是明晰的，但它并不能给人们的生活提供明确的目标；第三，科学不能回答关于它自己的价值或意义的问题："凡是在科学里寻找他的人生意义、他的行动指南，寻找存在本身的人，都不能不大失所望。于是，只好回过头来再请教哲学。"②在雅斯贝尔斯看来，科学思考的终点正是哲学思考的起点，只有复兴"生存哲学"（die Existenzphilosophie），当代文化和意识形态才能健康地向前发展。

二是主张探讨科学的社会功能的科学家和科学哲学家。对科学的社会功能，亦即科学的意义的思考始于英国科学家贝尔纳的《科学的社会功能》一书。在该书中，贝尔纳指出："自从文艺复兴以来，科学本身似乎也破天荒第一次陷于危机之中。科学家已经开始认识到自己的社会责任，不过如果要使科学执行传统所要求于它的功能并且避免威胁着它的危机，就需要科学家们和普通群众都进一步认识科学和当代生活之间的复杂关系。"③人们过去只是认为，科学研究的成果会导致生活条件的不

---

① M. Heidegger, *Sein Und Zeit*, Tübingen: Max Niemeyer Verlag, 1986, s. 4.

② 熊伟：《存在主义哲学资料选辑》上卷，商务印书馆 1963 年版，第 158 页。

③ ［英］J. D. 贝尔纳：《科学的社会功能》，陈体芳译，商务印书馆 1982 年版，第 26页。

断改善，但世界大战、经济危机表明，把科学用于浪费和破坏也是可能的，有人甚至要求停止科学研究，以便保全现有的文明。在这种情况下，科学的意义和科学家的社会责任问题自然上升为一个重要的问题。贝尔纳关于"科学学"或"科学的科学"（science of science）的提法正是为了引导自然科学家深入反省科学本身的意义问题。

这股反省科学的意义、价值和界限的思潮，在第二次世界大战之后，很快就越出了自然科学家的范围，对科学哲学家也产生了重要的影响。英国科学哲学家拉维茨在《科学知识和它的社会问题》一书的"导论"中开宗明义地指出："近代自然科学的活动已经改变了我们的知识并已控制了我们周围的世界；但在这一过程中，它也改变了自己；它已经造成了自然科学本身无法解决的许多问题。"①为此，拉维茨主张建立一门"批判的科学"（a critical science），把自然科学和技术的研究同政治学、伦理学、生态学等密切地结合起来，在科学和技术的研究中植入一种体现当代社会和人类普遍价值的新的批判的识见，以便控制乃至消除科学研究中某些成果在其应用过程中产生的种种问题。这种寻求科学研究与人道主义的精神相结合的新潮流已成为当代科学哲学发展中的一个重要方向。

三是未来学家。20世纪70年代初以来，罗马俱乐部的成员发表了一系列的研究报告，探讨了在高度发展的科学技术的推动下的生产发展的极限和人类面对的种种生态危机。苏联学者米哈依罗·米萨诺维克等著的《人类处在转折点》一书指出："人类好象在一夜之间突然发现自己正面临着史无前例的大量危机：人口危机、环境危机、粮食危机、能源危机、原料危机等等。"②作者称此为"危机综合征"，这种综合征正是由科学技术的发展导致的盲目的、持续的高速增长引起的。米萨诺维克等

---

① J. R. Ravetz, *Scientific Knowledge and Its Social Problems*, Oxford: Clarendon Press, 1971, p. 9.

② ［美］米哈依罗·米萨诺维克、［德］爱德华·帕斯托尔：《人类处在转折点》，刘长毅、李永平、孙晓光译，中国和平出版社1987年版，第9页。

认为，要摘去这把高悬在人类头上的"死亡之剑"，就要确立全球性的、长远的价值观念，用批判的眼光审察科学技术的迅速发展和应用可能引发的各种问题，从而在世界范围内实行有计划、有限度的增长。

美国著名的未来学家约翰·奈斯比特在《大趋势：改变我们生活的十个新方向》一书中批评了"技术决定论"的错误观点，强调技术的高度发展已带来许多社会问题，主张"我们必须学会把技术的物质奇迹和人性的精神需要平衡起来"①。美国著名的人类学家阿尔温·托夫勒在《第三次浪潮》《预测与前提：托夫勒未来对话录》等著作中，分析了科学技术的发展不仅使技术专家的权力大大上升，也使人们进入了"信用卡＋录像游戏＋立体声＋步话机"的生活方式，不少社会问题和社会危机也应运而生："今天的世界不仅陷入了经济、政治危机，而且也陷入了意识形态的危机……这种意识形态的崩溃可能是除旧布新的必经阶段，以便为未来综合性的新意识形态廓清道路。"②托夫勒试图建立的"综合性的新意识形态"的主旨就是用立足于全球的人道主义的精神来遏制科学技术发展中日益膨胀起来的科学主义的倾向。

在意识形态和文化建设中建立科学精神和人道精神之间的"生态平衡"，在当代中国社会的发展中也是一个不容忽视的重大的问题。当然，中国的状况是比较特殊的。中国的传统文化是以儒家思想为主干的，儒家思想的基本倾向是注重政治、伦理，忽视对自然的研究，宋明理学家即使讲"格物致知"，也局限在人的修养、政治事务和社会关系的范围内。③清代末期，西方资本主义国家入侵中国，许多中国知识分子都痛感中国在科学技术上的落后，所以，在清王朝崩溃后不久发生的五四运动中出现"科学"和"民主"的口号也就是很自然的事情了。

---

① ［美］约翰·奈斯比特：《大趋势：改变我们生活的十个新方向》，梅艳译，中国社会科学出版社 1984 年版，第 39 页。

② ［美］阿尔温·托夫勒：《预测与前提：托夫勒未来对话录》，粟旺、胜德、徐复译，国际文化出版公司 1984 年版，第 86 页。

③ 胡适：《先秦名学史》，《先秦名学史》翻译组译，学林出版社 1983 年版，第 6 页。

"文化大革命"之后，中国人在改革开放中进一步看到了中国在科学技术上的落后状态，痛定思痛，曾一度把"科学技术的现代化"看作是现代化总体规划中的最基本、最重要的部分。但不久人们就发觉，光注意科学技术的现代化是不行的，关键是人的现代化。不重视人的现代化，不但科学技术的现代化搞不上去，还会引发许多社会问题。正是在这样的背景下，又提出了精神文明的建设问题。这表明，我们已懂得，在自然科学与人的科学的发展中建立必要的张力是何等重要。

综上所述，在当代中国社会的发展中，深刻认识科学技术是第一生产力的道理，发展科学技术，普及科学知识，学习西方先进的科学管理知识，仍然是十分必要和重要的；但与此同时，我们一分钟也不应忽视精神文明的建设问题。事实上，也只有在当代中国文化和意识形态的建设中，在科学精神和马克思主义的人道主义精神之间建立"必要的张力"，才能保证整个现代化事业沿着健康的轨道向前发展。

第三节　经济基础和意识形态的中介环节

马克思主义的创始人从哲学和政治经济学的角度出发，对经济基础和意识形态之间的辩证关系作了透彻的说明。在晚年马克思和恩格斯生活的时期，严格意义上的心理学，即实验心理学的研究才刚刚起步，当时的历史条件还不容许马克思和恩格斯从心理学的角度出发，深入地探讨经济基础和意识形态之间的中介环节。随着心理学理论的发展，特别是随着弗洛伊德开创的心理分析理论的发展，人们在探讨意识形态问题时，越来越多地注意到它和经济基础关系中的那些中介环节——社会心理、社会性格和社会无意识。下面，我们依次来论述意识形态与这些中介环节之间的内在联系。

一、意识形态与社会心理

虽然马克思没有专门探讨意识形态与社会心理的关系，但他十分重视社会心理并注重对社会心理的分析，这是显而易见的。如前所述，马克思曾把工业史理解为"感性地摆在我们面前的人的心理学"。在马克思看来，撇开科学通过工业而对人的生活的影响，根本不可能对社会心理作出正确的说明。

在马克思创立了历史唯物主义理论之后，他找到了一把解开一切社会心理和社会意识的钥匙，尤其在《路易·波拿巴的雾月十八日》这部天才的作品中，马克思对无产阶级、山岳党人、民主派、秩序党人、农民等各阶层的社会心理都做出了惟妙惟肖的剖析。马克思特别深刻地揭示了法国小农的社会心理："他们不能代表自己，一定要别人来代表他们。他们的代表一定要同时是他们的主宰，是高高站在他们上面的权威，是不受限制的政府权力，这种权力保护他们不受其他阶级侵犯，并从上面赐给他们雨水和阳光。所以，归根到底，小农的政治影响表现为行政权支配社会。"[1]正是通过对小农的社会心理的分析，马克思阐明了波拿巴政变成功的重要原因。马克思对社会心理的分析为我们进一步探索社会心理和意识形态之间的关系创造了条件。

在马克思的历史唯物主义理论和意识形态学说的传播过程中，最早注意到社会心理问题的是拉布里奥拉和普列汉诺夫。他们已注意到，意识形态并不是在经济基础上直接形成的，而是经过社会心理的媒介而形成的。如果说，意识形态具有系统化的理论形式的话，那么，社会心理则是一种零星的、不系统的感情、表象和观念的混合物。这种混合物乃是对经济基础的直接的、粗糙的、不成熟的反映。撇开其中的一些纯粹是偶然的成分，我们能比较清晰地洞见不同阶级或阶层的利益、愿望和要求。一旦社会心理被加工为意识形态，这些利益、愿望和要求就不再用直接的形式表露出来，而是采取了隐蔽的，甚至是颠倒的方式。这些见解以更具体的方式阐明了经济基础与意识形态之间的相互关系。

最早从心理学角度出发来探讨社会心理的是弗洛伊德。如果说，弗

---

① 《马克思恩格斯选集》第 1 卷，人民出版社 1995 年版，第 678 页。

洛伊德的前期著作比较注重对个人心理的分析的话，那么，他的晚期著作表明，他越来越重视对群体心理和社会心理的研究。在《群体心理学和自我的分析》一书中，弗洛伊德写道："在个人的心理生活中，始终有他人的参与。这个他人或是作为楷模，或是作为对象，或是作为协助者，或是作为敌人。因此，从一开始起，个体心理学，就该语词的这种被扩充了的、然而是完全合理的意义上说，同时也就是社会心理学。"[1]弗洛伊德的学生阿德勒和荣格都热衷于对群体心理和社会心理的研究，他的另一位学生赖希在读到 1932 年出版的《德意志意识形态》一书后，立即深入地思考了意识形态与社会心理的关系，这一思考的结晶便是《法西斯主义的群众心理学》。在赖希看来，一方面，小市民、小农的经济环境形成了相应的社会心理，这种心理最后被提升为以独裁主义为根本特征的法西斯主义的意识形态；另一方面，独裁主义的意识形态又通过社会心理的层面，潜移默化地渗入到小市民、小农的经济生活中，维持并强化了这种经济环境。后来，受弗洛伊德心理分析影响的弗洛姆、马尔库塞等都十分重视意识形态和社会心理之间的关系的研究，从而大大拓宽了意识形态研究的视域。实践表明，人们越是通过实证的研究方法了解社会心理，也就越能把握社会心理与意识形态之间的联系和差别，从而更深刻地认识意识形态的本质。

二、意识形态与社会性格

马克思和恩格斯主要是在文学、艺术的层面上关注性格问题的。恩格斯在 1859 年 5 月 18 日致拉萨尔的信中曾经写道："我觉得刻画一个人物不仅应表现他做什么，而且应表现他怎样做。"[2]这表明，马克思主义的创始人主张从一个人的实际的社会活动中来确定他的性格。这为我们探讨性格问题指明了方向。但他们在当时的条件下还没有提出社会性格的问题，后来的弗洛伊德的性格理论也主要停留在对个人性格的心理

---

① 《弗洛伊德后期著作选》，林尘等译，上海译文出版社 1986 年版，第 73 页。
② 《马克思恩格斯选集》第 4 卷，人民出版社 1995 年版，第 558 页。

分析中。直到赖希和弗洛姆才开始探讨社会性格问题，并把这个问题与意识形态问题紧密地联系起来。

社会性格是指在同一社会文化背景下绝大多数成员所共有的性格特征。这种社会性格是怎么造成的呢？赖希和弗洛姆都认为：一方面，一定的经济基础或谋生的方式总会对一定的社会性格的形成产生根本性的影响；另一方面，一定的意识形态也会通过父母、学校和其他各种教化的途径进入家庭，在儿童性格的形成过程中植入某种共同的东西。在通常的情况下，当社会平稳地向前发展时，意识形态作为对经济基础的反映，会沿着与经济基础相同的方向来参与对社会性格的塑造，其基本宗旨是塑造一种能维持社会现状的社会性格，这样的社会性格会通过家庭和社会不断地被再生产出来。当社会处于急剧的转变中时，意识形态的统一的外观就被打破，代表不同阶级利益的不同的意识形态之间的冲突也会越来越激烈。在这种情况下，具有不同的价值取向的不同的意识形态都可能发生一定的作用，沿着与经济基础一致或不同的方向来塑造人们的社会性格，从而形成迥然不同的社会性格群体。

在赖希和弗洛姆看来，社会性格并不是完全被动的东西，它一经形成就具有某种相对独立性，它作为经济基础和意识形态之间的中介或第三者，起着十分特殊的作用。在一般情况下，社会性格对经济基础和意识形态总是起保护作用的；而在充满变动的历史时期，新形成的各种社会性格群体会发生激烈的冲突，在这些冲突中，传统的社会性格无疑是一种惰性的力量，一旦达到某个临界点，它就会发生崩溃，从而转向新的社会性格；在经济基础发生某种危机时，社会性格有可能在急剧变化的意识形态中的某一部分的引导下，沿着与经济基础不同的方向发挥作用，这就是赖希所谓"剪刀差"的现象；最后，特别需要指出的是，社会性格不仅与经济基础和意识形态密切相关，它也深深地植根于传统的生活方式和文化观念中，它是不会轻易发生变化的，尤其在生活方式和传统文化很少发生变化的东方国家更是如此。所以鲁迅先生说："民族根性造成之后，无论好坏，改变都是不容易的。"①

鲁迅先生所说的"民族根性"或"国民性"实际上就是赖希和弗洛姆他们谈论的社会性格，他已经看到社会性格改造的必要性和长期性，因而指出："最初的革命是排满，容易做到的，其次的改革是要国民改革自己的坏根性，于是就不肯了。所以此后最要紧的是改革国民性，否则，无论是专制，是共和，是什么什么，招牌虽换，货色照旧，全不行的。"②鲁迅先生的见解是十分深刻的，改造国民性，一方面需要在文化和意识形态领域里深入揭露传统的国民性的种种危害；另一方面，更重要的是努力发展我们的经济，走工业化的道路，逐步改变传统社会遗留下来的生活方式和与此相应的文化观念。归根结底，只有新的生活方式才能造成新的社会性格。

综上所述，只要人们不局限于文学、艺术和心理学的圈子内去讨论性格问题，特别是社会性格的问题，而是把社会性格作为介于经济基础和意识形态之间的一个十分重要的环节引入哲学，那么他们就会发现，不论对于意识形态的研究，还是对于整个哲学研究来说，社会性格都具有不可忽视的意义。

三、意识形态与社会无意识

正如我们在前面已经论述过的那样，无意识和社会无意识的理论主要也发端于弗洛伊德创立的心理分析学派。特别是社会无意识的概念提出后，必然引发一个更重要的问题，即它与意识形态的关系问题。

在《自我与本我》这部著作中，弗洛伊德对"无意识"的概念做出了精确的说明。他这样写道："这样，我们从压抑的理论中获得了无意识的概念。对我们来说，被压抑的东西（the repressed）是无意识的原型。但是，我们看到，我们有两种无意识——一种是潜伏的，但能够变成意识；另一种是被压抑的，在实质上干脆说，是不能变成意识的。"③前一

---

① 《鲁迅全集》第 1 卷，人民文学出版社 1981 年版，第 313 页。
② 《鲁迅全集》第 11 卷，人民文学出版社 1981 年版，第 31 页。
③ 《弗洛伊德后期著作选》，林尘等译，上海译文出版社 1986 年版，第 162 页。

种"无意识"也称"前意识"（pre-consciousness），是指处于遗忘状态下的意识，在一定的条件下，记忆复苏了，这种"前意识"就进入意识之中，成了意识的一个组成部分；后一种无意识是通过压抑造成的，只要压抑不消除，这种无意识就不可能转化为意识。弗洛伊德所重视的正是后一种无意识。

荣格从更宽广的视野出发探索了无意识的问题。他认为，无意识可以进一步被区分为以下两个不同的层面：一是表层的无意识，即"个体无意识"（individual unconsciousness），这种无意识至多只能追溯到个体的婴儿时期；二是"集体无意识"（collective unconsciousness），即人类大家庭全体成员所继承下来的，并使现代人与原始祖先相联系的种族记忆。荣格的卓越贡献是发现了无意识的社会历史维度，他的不足之处是未从压抑理论的方向来思考集体无意识与意识形态的关系。

在这方面作出深入思考的是弗洛姆和阿尔都塞。弗洛姆明确地提出了"社会无意识"的概念，强调"社会无意识"是由"社会的过滤器"（语言、逻辑、社会的禁忌）造成的，而"社会的禁忌"的标准又是由意识形态所确立的。意识形态从统治阶级的根本利益出发，宣布某些表象和观念是十分危险的，并千方百计地阻止这些表象和观念达到意识的层面上。换言之，它只允许它们停留在无意识的层面上。也就是说，与荣格不同的是，弗洛姆更注重从社会的横剖面，即社会的结构上来探讨无意识问题。在他看来，"社会无意识"主要是通过意识形态的压抑而造成的，在这一压抑过程中，语言和逻辑起着非常重要的作用。经过它们的自然的过滤和加工，意识形态所不容许的表象和观念统统都被驱赶到"社会无意识"的领域中去了。

阿尔都塞把心理分析和结构主义的哲学理论结合起来，探索了意识形态与社会无意识的关系问题。阿尔都塞强调，意识形态并不是供社会成员自由选择的，不管人们是否愿意，他们都不得不加以接受。事实上，谁不与一个社会的意识形态认同，谁就无法真正地融入这个社会，所以，在阿尔都塞看来，意识形态是通过强制的、无意识的方式为社会成员所普遍接受的。每一种意识形态都有它的哲学思想基础,阿尔都塞把这样的基础称为"问题框架"。"问题框架"总是深藏在社会无意识中。也就是说,接受了某种意识形态的人总是把这种意识形态所蕴含的"问题框架"作为观察、分析、思考一切问题的出发点,这个出发点深藏在人们的无意识的心理层面上。当一个作家或理论家写了一部作品并侃侃而谈自己的写作意图时,他通常是很肤浅的。他只能谈出他能够谈出的东西,也就是说,他只能谈出处于他的意识层面上的东西,却谈不出在无意识的心理层面上规约着他的整个意识(包括他的写作意图)的根本的东西,这些东西只有通过对"问题框架"的深入反省才有可能被发现,并使之上升到意识的层面上。事实上,他越是缺乏对"问题框架"的反思,他的作品也就越是受制于他所接受的意识形态,因而也就越是缺乏原创性。

如果说,弗洛姆更多地注意的是造成"社会无意识"的否定性的途径,即不容许讨论与意识形态的根本精神相冲突的观念和表象的话,那么,阿尔都塞更多地注意的则是造成"社会无意识"的肯定性的途径,即意识形态的主要内容通过宣传和教化的不断重复,作为不容置疑的常识沉落到人们的无意识的心理层面上。也就是说,不是人们不知道这些内容,而是太知道这些内容了,这样一来,他们的反省能力就在不断的重复中被钝化了。总之,他们似乎意识到了一切,实际上却什么也没有意识到;他们似乎知道了一切,实际上却什么也不知道。这种局面很像中国人的成语"视而不见"所传达出来的意蕴:乍看起来,一个人正在全神贯注地观察一个对象,似乎再也没有其他人比他观察得更仔细了,但实际上,由于他心中正在思考某个十分重要的问题,他的观察又纯粹是形式上的,也就是说,他只是摆出了观察的架势,但实际上什么也没有进入他的眼帘。这似乎也启示我们,真正严格意义上的哲学思维总是源于人们对自己信以为真的东西的重新反思。

弗洛姆和阿尔都塞的共同点在于,他们都注意到了介于经济基础和意识形态之间的这块"社会无意识"地带,并力图揭示出经济基础和意识形态是如何创造出这个特殊的地带的。这就启发我们，对意识形态的反省只有进入到语言观、逻辑观、时空观、哲学观、时代观、社会形态观等通常隐于"社会无意识"中的不同层面时，才可能获得真正的识见。在这个意义上可以说，意识形态之谜也就是哲学之谜。

综上所述，正是心理学研究的契入，为20世纪以来意识形态研究的发展打开了广阔的视野。我们深信，加强对社会心理、社会性格和社会无意识问题的研究，必将大大深化马克思主义的意识形态学说。

第四节　人、意识形态和传统

我们发现，在现实生活中，人、意识形态和传统这三者处于错综复杂的相互关系中。从一方面看，人是意识形态和传统的创造者，人们周围的世界归根结底是人创造出来的，是属人的世界；从另一方面看，人又是意识形态和传统的创造物，意识形态和传统不仅规约着人们的活动方式，甚至也规约着他们的思想方式。人仿佛是一种界限动物，在意识形态和传统为他划定的界限内生活和思索，但人又常常不把这一界限作为真正的界限，力图超出它而诉诸自由的活动和自由的思维。在想象中，他以为自己已经超越了传统和意识形态；而在现实中，他仍然是传统和意识形态的奴仆。由此可见，人、意识形态和传统这三大因素交织成生活世界和精神世界的复杂画面。马克思主义的创始人已从不同的角度论述了这三者之间的关系，提供了很多富有见地的思想。在当代哲学和文化的研究中，这三者之间的关系也是一个无法回避的问题，值得深入地加以思考。

一、人与意识形态

在《关于费尔巴哈的提纲》中，马克思曾经写道："有一种唯物主义学说，认为人是环境和教育的产物，因而认为改变了的人是另一种环境和改变了的教育的产物，——这种学说忘记了：环境正是由人来改变的，而教育者本人一定是受教育的。"①在这里，尽管马克思完全没有提到意识形态这一概念，但却为我们全面理解人与意识形态的关系提供了一把重要的钥匙。

从单一的方面看问题，确实，所有的人都是环境和教育的产物。如果我们主要着眼于精神环境的话，就会发现，所有的人从出生的时候起，就已处于既定的意识形态的氛围中，人是通过各种受教育的途径而与意识形态认同的。实际上，教育的真正主体并不是教育者，而是教育者在受教育的过程中已然接受，并已内化为他心中的权威的意识形态。也就是说，教育者在接受教育时，乃是意识形态的客体或对象，当他向别人施教时，他看上去是一个积极地活动着的主体，实际上不过是客体的虚幻的主体化。归根结底，他与每一个受教育者一样漂浮在意识形态中。在这个意义上，正如阿尔都塞所说的，人本质上是意识形态的动物，他的额头上总是印着意识形态的标记。在通常的情况下，只要一诉诸言谈，作为"小我"的他就悄然隐去，呈现在我们面前的则是"大我"——意识形态。

注意到了人在精神方面是意识形态的产物，是否就等于倡导意识形态决定论呢？马克思的回答显然是否定的。如前所述，马克思的意识形态学说本质上是意识形态批判学说，也就是说，马克思的本意不是要确立意识形态崇拜，而是要消除意识形态崇拜。所以，马克思并没有像18世纪的唯物主义者一样去夸大环境的力量。在马克思看来，环境也正是由人来改变的。

如果人们用物质实践，尤其是革命实践来改变他们的物质生活环境的话，那么，与之相联系，他们也必定会用理论上的批判活动来改变他们的精神生活环境。在后一种活动中，关键是对既定的意识形态的批判和超越，而要做到这一点，首先就要深刻地认识意识形态与现实生活的异质性。按照马克思的观点，意识形态总是竭力掩蔽现实生活的真相，

---

① 《马克思恩格斯全集》第3卷，人民出版社1960年版，第4页。

因此，一个人只有从意识形态的天空中降落下来，站在现实生活的基地上，发现现实生活中真正存在的问题，他才会认识到，意识形态提出的问题原来是虚假的，从而获得对意识形态的某种免疫力。实际上，马克思和青年黑格尔主义者的根本差别正在于，后者始终飘浮在黑格尔的意识形态的以太中，前者则通过实践活动和对市民社会的解剖，在现实生活中找到了真正的立足点，从而解构了黑格尔和费尔巴哈的意识形态，确立了历史唯物主义和科学社会主义的新视域。

在马克思看来，超越一种意识形态，亦即从意识形态的世界下降到现实世界，并不是轻而易举的。他说："对哲学家们说来，从思想世界（der Welt des Gedankens）降到现实世界（die wirkliche Welt）是最困难的任务之一。语言（die Sprache）是思想的直接现实。正像哲学家们把思维变成一种独立的力量那样，他们也一定要把语言变成某种独立的特殊的王国。这就是哲学语言的秘密，在哲学语言里，思想通过词（Worte）的形式具有自己本身的内容。从思想世界降到现实世界的问题，变成了从语言降到生活（Leben）中的问题。"[①] 这就告诉我们，走出既定的意识形态的世界，首先要走出作为这种意识形态的灵魂的哲学语言的世界，要把这种语言还原为它从中抽象出来的日常语言，从而认清这种语言乃是被歪曲了的现实世界的语言。总之，一定要从思想世界和语言世界中摆脱出来，一定要真正地站在现实世界和生活世界的基地上。在这个意义上可以说，意识形态之谜的谜底正深藏在现实生活中。当歌德说"理论是灰色的，生活之树是常青的"时候，他说出了一个伟大的真理。

马克思还强调，即使一个人退回到现实生活中，但如果他像费尔巴哈一样对现实采取直观的态度，他还是无法超越黑格尔式的意识形态，只有从历史唯物主义的基本立场出发，把现实生活理解为实践的过程，并努力诉诸革命实践去摧毁旧意识形态得以维系的物质基础，才可能从根本上扬弃旧意识形态，上升到科学的境界中。

---

① 《马克思恩格斯全集》第 3 卷，人民出版社 1960 年版，第 525 页。

总之，人与意识形态的关系是：一方面，意识形态创造人、制约人，为人的全部思想设定了不可逾越的界限；另一方面，人又以自己的方式创造新的意识形态，扬弃并超越传统的意识形态。归根结底，我们发现，人的现实的生活过程乃是一切意识形态的创造者和破坏者。

二、人与传统

谁都不会否认，"传统"（tradition）是一个很难定义的概念。如果从人们实践活动和思想活动的产物的角度上去看待传统，传统应该包含两个方面：一是物质形态的产物，二是精神形态的产物。当然，这两者之间并不是截然可分的，而是交织在一起的。比如，书籍的存在形式是物质的（纸张），它的内容则是精神的。尽管如此，我们大致上仍可区分出物质形态的传统和精神形态的传统。我们在这里当然主要讨论人与精神形态上的传统的关系。

精神形态上的传统，除了史前社会流传下来的那部分内容外，就是相互交织在一起的、不同社会形态的旧的意识形态。这些意识形态所赖以存在的物质基础虽然已经瓦解了，但它们作为传统仍能通过文本等形式保存下去。事实上，传统并不是已然死去的东西，相反，它总是充满了生机，它总是活在每一代人的身上，而每一代人的精神生活的延续也就构成了传统的延续。对于信奉传统的人来说，传统乃是一种活生生的、现实的力量，它支配着人们的思想，约束着人们的行为。比如，重农主义作为较早的资产阶级经济学流派，总是带着封建的假象；而与此相似的是，资产阶级的启蒙思潮则总是带着贵族情调。历史和实践一再表明，哲学家、政治家、伦理学家、法学家等，总是借用已死先辈的口号和服装来演出历史的新场面。

综上所述，一方面，传统作为一种保守的、陈旧的精神力量总是束缚着人的思想和创造力；另一方面，人在情欲和理性的驱动下不断地追求并创造着新东西，从而在一定的范围内改铸乃至扬弃了传统。恩格斯说："在黑格尔那里，恶是历史发展的动力的表现形式。这里有双重意思，一方面，每一种新的进步都必然表现为对某一神圣事物的亵渎，表现为对陈旧的、日渐衰亡的、但为习惯所崇奉的秩序的叛逆，另一方面，自从阶级对立产生以来，正是人的恶劣的情欲——贪欲和权势欲成了历史发展的杠杆。"①归根结底，人在新生活的推动下不断地选择、改铸或扬弃着传统。传统不会一次性地死亡，也不会只复活一次，它不断地参与新的生活，又不断地退回历史的深处。人类历史越向前发展，传统的内容就越丰富，它的宽容度也就越大，人对传统的解构也就越是困难。但是，不管如何，传统总会被永远向前发展着的人的情欲和理性所打破，人类历史的发展是不可阻挡的。

三、意识形态与传统

毋庸讳言，意识形态与传统的关系也是不可分割地交织在一起的。如果说，传统是由已经陈旧的、过时的意识形态构成的话，那么，意识形态就是未来的传统。同样地，意识形态在其发展的过程中一旦失去其合理性，就会渐渐地消失在传统的硫酸池中。在这里，我们把意识形态作为现在的东西与作为过去的东西的传统区别开来。

有一种流行的见解是：不懂得过去就不了解现在，因而不懂得传统也就不了解意识形态。这种见解很重视过去的传统对今天的意识形态的影响，可是其本体论上的错失在于，我们的历史性从属于今天，即从属于当代性。事实上，谁都明白，我们的立足点是在今天，我们根本不可能退回到传统中去，再从传统出发来透视今天的意识形态。显然，这样做一是不可能，二是即使可能的话，由于我们的立足点蔽而不明，就会漂浮在传统中，处于无根基的状态中。

按照马克思的见解，恰恰应该把问题颠倒过来，即不理解现在，就无法解释过去。换言之，不理解今天的意识形态，也就无法对传统做出合理的解释。无论如何，我们总是生活在今天的意识形态中，如果我们对今天的意识形态缺乏深入的反省和理解，就会自觉或不自觉地按照它的逻辑去选择传统，从传统的"货栈"中择取我们所需要的东西，亦即是

---

① 《马克思恩格斯选集》第4卷，人民出版社1995年版，第237页。

提取今天的意识形态所需要的东西。人们常常爱用"复兴"这个词，其实，真正的"复兴"是不存在的。当今天的意识形态从传统中提取出某些东西的时候，这些东西的"复兴"不过是一个假象，其实质是意识形态戴着传统的面具来演出当代戏剧，隐藏在面具后面的脸以及跳动在这个躯体里的心始终是当代的。也就是说，目的并不是使幽灵复活，而是借幽灵来传达当代人的某种欲望、感情和观念。

在马克思看来，要真正地懂得传统，并不需要先诉诸对传统的批判，而是需要先诉诸对今天的意识形态的批判。事实上，不能批判今天的人，也无法理解并阐释昨天。马克思曾经写道："基督教只有在它的自我批判在一定程度上，可说是在可能范围内准备好时，才有助于对早期的神话作客观的理解。同样，资产阶级经济只有在资产阶级社会的自我批判已经开始时，才能理解封建的、古代的和东方的经济。"①马克思认为，人体解剖对于猴体解剖是一把钥匙。一个人对传统的反思的深度不仅取决于他对传统理解的程度，更取决于他对今天的意识形态反思的深度。这样一来，传统与意识形态的关系就发生了某种"哥白尼式的倒转"。也就是说，不应该以过去的传统为轴心来理解今天的意识形态，而应该以今天的意识形态为轴心去理解过去的传统。易言之，问题的关键不是我注六经，而是六经注我。当然，我们也承认，当今天的意识形态去选择以往的传统时，选择者本身已先行地接受了传统中的某些东西，但根据马克思的历史唯物主义理论，意识形态的根本精神来自当下的社会生活，所以，归根结底，意识形态对传统的选择是以当下的社会生活的根本需要和兴趣为导向的。实际上，今天的意识形态不可能失去自己的基本立场，以理论上的麻木的中性主义的方式漂浮在传统中，甚至在传统中迷失自己的方向。

总而言之，在我们看来，不是今天的意识形态走向过去的传统，而是过去的传统走向今天的意识形态；不是当代消融在历史中，而是历史

---

① 《马克思恩格斯全集》第 46 卷（上），人民出版社 1979 年版，第 44 页。

消融在当代中。实际上，也正是在这个意义上，克罗齐告诉我们：一切历史都是当代史。

第五节　社会主义社会的意识形态理论

如前所述，社会主义意识形态与资本主义意识形态之间的并存与对峙，乃是当代世界的不争的事实。如何从社会主义社会的实际出发，确立正确的意识形态理论，正是当代东方学者关心的中心问题之一。我们试从以下三个方面来探讨这个问题。

一、社会主义社会的意识形态的结构

在讨论这个问题之前，有必要先区分以下两个概念：一个是"社会主义社会的意识形态"，指的是社会主义社会意识形态的总体；另一个是"社会主义的意识形态"，指的是社会主义社会的意识形态的一部分，这个部分，按照毛泽东的说法，也就是以马克思主义为指导的意识形态。

众所周知，在西方资本主义社会中，社会关系和阶级关系已空前地简单化，但在东方社会主义国家中，这些关系仍然是很复杂的。全民所有、集体所有、个体所有等不同的经济关系的存在；商品经济的存在和发展；工人阶级、资产阶级、小资产阶级、农民阶级等不同的阶级力量的存在和发展；等等。所有这一切都是不可回避的事实，所有这一切也都表明，社会主义社会充满了各种矛盾，这些矛盾必然在意识形态领域里表现出来，从而使社会主义社会的意识形态成为一个具有复杂的结构关系的观念总体。

在社会主义社会的意识形态中，既有我们上面提到的社会主义的意识形态，又有资产阶级的意识形态、小资产阶级的意识形态和马克思早已预见到的从旧社会里遗留下来的种种传统意识形态的残余。这些具有不同价值取向的意识形态相互之间必定会发生矛盾，甚至形成尖锐的冲突。毋庸讳言，在社会主义社会意识形态的总体结构中，社会主义的意识形态是最重要的结构成分，是占主导地位的意识形态。但这样说并不意味着，社会主义的意识形态的主导地位是无条件地得到担保的。实践表明，在社会主义社会内，意识形态领域里的斗争会通过各种方式顽强地表现出来，用毛泽东的语言来表达，"谁胜谁负"的问题仍然是一个长期的、悬而未决的问题。毛泽东提出"六条标准"和邓小平提出四项基本原则，目的就是在错综复杂的意识形态的斗争中维护社会主义的意识形态的主导地位。

众所周知，社会主义社会的意识形态又是整个世界的意识形态总体的一个组成部分，作为不同组成部分的不同的意识形态必然会相互影响、相互渗透。比如，西方资本主义意识形态对社会主义社会的意识形态的渗透和影响就是一个不争的事实。问题是，如何看待这样的事实？有人主张采取各种措施来阻止西方意识形态的渗透，似乎社会主义社会的成员只要熟读马克思主义的著作就够了。列宁当时就驳斥过这样的错误见解："一个马克思主义者如果以为，被整个现代社会置于愚昧无知和囿于偏见这种境地的亿万人民群众（特别是农民和手工业者）只有通过纯粹马克思主义的教育这条直路，才能摆脱愚昧状态，那就是最大的而且是最坏的错误。"[①]马克思主义，即社会主义的意识形态也不是凭空地产生出来的，而是在批判地继承资本主义的文化成果——德国古典哲学、英国古典政治经济学、法国空想社会主义和英、美、法、德、俄的人类学思想[②]的基础上形成和发展起来的。马克思本人尚且对资本主义的文化采取辩证否定的态度，我们又怎么能对西方意识形态和文化采取

---

① 《列宁选集》第 4 卷，人民出版社 1995 年版，第 648—649 页。

② 列宁关于马克思主义的三个来源的学说无疑把握了马克思主义的主要理论来源，由于历史条件的限制，列宁不可能充分了解马克思晚年对英、美、法、德、俄的人类学思想的深入研究。马克思这方面的研究触及东方社会的发展规律，具有重大的理论意义和现实意义。有鉴于此，笔者认为，马克思主义的第四个来源和第四个组成部分是英、美、法、德、俄的人类学思想。参阅拙文《马克思主义的第四个来源和第四个组成部分——纪念马克思逝世 110 周年》，载《学术月刊》1993 年第 8 期。

简单否定的态度或"鸵鸟政策"呢？在我们看来，重要的是善于运用马克思的历史唯物主义的基本立场分析、借鉴资本主义意识形态和文化观念中的合理的东西，摒弃其不健康的、错误的东西。在科学技术高度发展的今天，企图把社会主义社会的意识形态建设为一个封闭的系统是不现实的，也是不可能的。只有怀着改革开放的心态，自觉地走向世界，与各种不同的意识形态和文化开展积极的对话，才能把社会主义的意识形态不断推向前进，使之显示出越来越强大的生命力。

二、社会主义社会的意识形态的根本宗旨

根据马克思的历史唯物主义理论，意识形态归根结底是对经济基础的反映，意识形态并不是社会的奢侈品，它之所以存在，是因为经济基础的需要。所以，意识形态的根本宗旨乃是服务于经济基础。在社会主义社会以前的、有阶级存在的社会形态中，经济基础与上层建筑（包括意识形态）的矛盾是对抗性的，阶级矛盾也是对抗性的。随着生产工具的改革和生产力的发展，生产力和生产关系、经济基础和上层建筑之间的冲突也必然越来越激烈，最后通常是通过政治革命的途径打破旧的生产关系和上层建筑，建立起新的适合于生产力的生产关系和适合于经济基础的上层建筑。所谓"适合"或"不适合"的问题，也就是生产关系和上层建筑（包括意识形态）能否服务于生产力和经济基础的问题。

在社会主义社会以前的、有阶级存在的社会形态中，社会基本矛盾的性质决定了意识形态不可能自觉地去适应并服务于在旧社会的胎胞中形成的新的经济基础。比如，欧洲封建主义的意识形态不可能服务于在"第三等级"的发展中逐步形成的新兴的资产阶级的经济基础。一旦某种意识形态不能去适应新的经济基础，它继续生存的依据和宗旨也就消失了，如果它不变更自己而又抱着让新的经济基础倒过来服务于自己的幻想，那么，等待着它的只能是悲剧性的命运。这也正是社会主义社会以前的各种意识形态的普遍命运，之所以称其为"命运"，因为社会基本矛盾的性质决定了传统的意识形态不可能自觉自愿地改弦易辙，服务于新的经济基础。

在社会主义社会中，生产力和生产关系、经济基础和上层建筑（包括意识形态）之间的矛盾是非对抗性的，这就决定了社会主义社会的意识形态一般地说能自觉地服务于经济基础。但对于社会主义社会的意识形态来说，这种"服务意识"并不是无条件地得到担保的。由于以下各种因素的影响，这种意识也会被弱化，甚至被掩蔽起来。

第一，在社会主义社会的意识形态中，那些非社会主义的意识形态成分，特别是从旧社会遗留下来的传统意识形态的成分，总会对社会主义的经济基础的发展起干扰作用，在可能的条件下，会把文学、艺术、历史学等意识形式的服务宗旨自觉或不自觉地导向非社会主义的经济基础，甚至导向已衰亡的传统的经济基础。这样一来，意识形态对社会主义经济基础的服务意识就会被淡化，甚至有可能充当消极的台柱。

第二，正如马克思主义经典作家早已指出过的那样，滞后性乃是意识形态的普遍特征。一种意识形态一经形成，表达这种意识形态的基本理论术语和理论框架一经确定下来，就不可能随着经济基础的变化而随时变化。也就是说，意识形态对于不断发展着的经济基础来说，总是相对地保守的、滞后的。在这一点上，社会主义社会的意识形态也不例外。这种滞后性产生的消极结果是服务意识的错位。意识形态按照自己已确定的理论、原则、术语去表达经济基础的需要，但是，经济基础由于自身的发展，它的需要常常不断地在更新。服务意识错位的结果是服务的落空，就其实质而言，服务本身已经被取消了。当我们批评意识形态脱离实际生活时，说的正是服务意识的错位。

第三，意识形态一经形成就具有相对独立性，这种相对独立性会竭力转化为绝对独立性，从而把意识形态和经济基础的关系倒转过来：意识形态似乎不是由经济基础决定的，相反，经济基础倒应该由意识形态来支配；经济基础似乎不是目的，而成了手段，相反，意识形态不再是手段，而成了真正的目的。对这种历史唯心主义式的颠倒，马克思主义的经典作家多次进行过批评。显然，对于社会主义社会的意识形态来说，这种颠倒的危险也是存在的。比如，在我国的"文化大革命"期间，意识形态的重要性和独立性被不断地拔高，从而成了最高的目的和裁判者，而生产力是否发展，经济关系是否被破坏，反倒成了无足轻重的问题，"四人帮"批判所谓"唯生产力论"就是一个典型的例子。这种唯心主义的见解必然导致服务意识的颠倒。也就是说，不是意识形态去服务于经济基础，反倒让经济基础来服务于意识形态。"文化大革命"后期国民经济濒于崩溃正是这种错误观念造成的。

那么，社会主义社会的意识形态如何才能坚持自觉地服务于经济基础这一根本宗旨呢？在我们看来，关键在于坚持马克思的历史唯物主义的立场。显而易见，邓小平在这方面的理论贡献是不可磨灭的。他说："按照历史唯物主义的观点来讲，正确的政治领导的成果，归根到底要表现在社会生产力的发展上，人民物质文化生活的改善上。"①这里的意思很明白，政治领导（包括意识形态领导）本身并不是目的，归根结底它体现在对人民群众的经济文化生活的改善上。所以，邓小平反复重申："离开了经济建设这个中心，就有丧失物质基础的危险，其他一切任务都要服从这个中心，围绕这个中心，决不能干扰它。"②中国共产党制定的"一个中心，两个基本点"的基本路线，从历史唯物主义的立场出发，澄清了意识形态与经济基础的关系，它告诉我们，社会主义社会的意识形态的根本宗旨是自觉地服务于经济建设这个中心，而不是用各种方式去干扰，甚至消除这个中心。

总之，社会主义社会的意识形态既要自觉地服务于经济基础的发展，又要自觉地在意识形态领域里开展必要的思想斗争，批判教条主义，批判各种无视社会主义经济基础的错误观念。一定要立足于改革开放，解放思想，自觉地维护并促进社会主义的经济基础的发展。

三、社会主义社会意识形态建设的适度性

无数经验教训告诉我们，在社会主义社会的意识形态建设中，"适

---

① 《邓小平文选（一九七五——一九八二年）》，人民出版社1983年版，第123页。
② 同上书，第214页。

度性"，即对"度"的把握，既是一个不可忽视的重大问题，又是一个衡量社会主义社会的意识形态是否成熟的重要标志。我们认为，"适度性"的问题主要表现在以下四个方面。

第一，正确认识意识形态的地位和作用。一方面，我们要批评"意识形态中心论"，肯定中心只有一个，那就是社会主义经济建设，社会主义社会的意识形态建设必须围绕经济建设这个中心来展开；另一方面，我们也要批评"意识形态淡化论"，即批评那种忽视社会主义意识形态建设和发展的必要性的错误理论，肯定意识形态的建设乃是整个社会主义事业中不可或缺的重要的组成部分。

第二，正确协调科技文化和人文文化之间的关系。一方面，我们要看到，由于东方社会主义国家在科学技术发展上的落后状态，大力发展科学技术，认真学习西方先进的科学技术和管理方面的经验，大胆起用科学技术管理方面的人才，乃是社会主义社会发展中的长期的、根本性的任务。对于中国这个发展中国家来说，没有科学技术的现代化，生产力上不去，社会主义的经济建设就是一句空话。另一方面，我们也必须看到，片面地提倡、发展科技文化，也会造成意识形态总体结构上的失衡。如果在社会主义社会的意识形态的建设中把科技文化和人文文化、物质文明和精神文明、科学主义和人道主义协调起来，那就可以少走弯路。

第三，正确处理"主旋律"和"多种声音"之间的关系。一方面，必须清醒地看到，社会主义社会的意识形态是以马克思主义为指导思想的，指导思想上的任何动摇和放松，都有可能使社会主义社会的意识形态失去凝聚力，从而迷失方向。也就是说，"主旋律"是不能更换的；另一方面，也必须看到，在哲学、政治、经济、文学、艺术等诸多意识形式的发展中，应当坚决地贯彻"双百方针"，让"多种声音"并存，以便贯彻学术争鸣的原则。历史和实践都表明，学术上的自由争鸣乃是学术存在和发展的根本条件，这绝不是方法上、技巧上的问题，也绝不是枝节之论。马克思告诉我们，真理是由争论确立的，马克思主义也是在争论中成长并发展起来的。同样地，马克思主义的指导作用也不是靠行政命令来确保的，而是通过争论和说理的途径来实施的。事实上，也只有在平等的、自由的学术争鸣中坚持马克思主义的根本方向，社会主义社会的意识形态的建设才能沿着健康的轨道向前发展。

第四，正确区分意识形态领域中两类不同性质的矛盾。一方面，我们对意识形态领域里斗争的复杂性、长期性和曲折性要有充分的认识，绝不能放弃积极的思想斗争；另一方面，我们也应该看到，在意识形态领域里，大量存在着的是人民内部矛盾，如果搞阶级斗争扩大化，混淆两类不同性质的矛盾，势必造成严重的后果。为此，我们必须制定出合理的意识形态政策，使之制度化、法律化。

综上所述，社会主义社会的意识形态建设问题乃是当代意识形态研究中的一个重大的、紧迫的问题，这个问题解决得好不好，直接关系到社会主义事业的成败。因此，深入地、全面地探讨这个问题，是社会主义社会的理论工作者的义不容辞的任务。

结　论　意识意识形态：
哲学之谜的解答

　　在哲学史研究中，最奇特的现象莫过于哲学家们老是退回到他们研究的起点上，去思索"什么是哲学？"的问题。在哲学走过了二十多个世纪的漫长历程的今天，我们能否对这个令人困惑的哲学之谜有一个新的解答呢？毋庸讳言，解答是有的，但我们却不能用现成的、直接的方式把它表达出来。实际上，哲学史自身的发展已经把我们正在寻求的谜底展示在我们每个人的面前。让我们把目光投向哲学史吧！

　　当古希腊哲学家苏格拉底借用德尔斐神庙的神谕，说出"认识你自己"这句著名的箴言的时候，实际上为柏拉图后来建立的"理念世界"举行了奠基礼。在柏拉图那里，与"理念世界"相对峙的是"可见世界"，也就是变动不居的日常生活世界，它被柏拉图斥之为不真实的世界。虽然亚里士多德对他的老师有许多批评，但他创制的形式逻辑却为"理念世界"提供了一个可靠的寓所。从此，以苏格拉底和柏拉图为代表的、具有理性主义倾向的知识论哲学传统，通过语言和逻辑规则的媒介，植入西方人的血液中。如果说，柏拉图的《理想国》蜕变成了奥古斯丁的《上帝之城》的话，那么，亚里士多德的《形而上学》则蜕变成了托马斯·阿奎那的《神学大全》。

近代哲学家的共同攻击目标是中世纪的经院哲学，亦即以神学的方式漫画化了的古希腊哲学，但它的发展却显示出两个不同的路向。

一个路向我们上面已简略地叙述过了，它是由英国哲学家弗兰西斯·培根所开创的，其主导性原则是感觉经验。继承培根思想路线的洛克在《人类理解论》中营建了一个真正的感觉经验的王国。洛克的思想是法国启蒙学者的福音。这些启蒙学者以法国人惯有的彻底性排除了洛克所保留的"反省的经验"，于是，洛克的《人类理解论》变成了孔狄亚克的《感觉论》。

作为孔狄亚克学生的特拉西创制了"意识形态"这一新概念，试图为一切观念的产生提供一个真正科学的哲学基础。特拉西的偏执的感觉主义立场使他无法消化同时代的伟大哲学家康德的哲学思想，而继承了柏拉图和康德哲学传统的黑格尔在《精神现象学》中以完全不同的方式提出了意识形态理论，并把它与异化的问题直接会合起来，从而实际上创立了一种神秘的意识形态批判理论。马克思经过费尔巴哈的媒介，经过对国民经济学的批判的研究，把黑格尔以神秘的方式表达出来的意识形态批判理论置于历史唯物主义的基础上，并引入了特拉西的"意识形态"概念，从而最终把黑格尔、费尔巴哈的哲学思想作为德意志意识形态的主导思想加以扬弃。

在马克思那里，全部旧哲学都终结了，作为这一终结的取代物的是对现实的历史运动的一般法则的说明，亦即历史唯物主义，而历史唯物主义的基本理论则构成"同意识形态相对立的抽象"。也就是说，马克思以自己的方式回答了哲学之谜：哲学是对意识形态的意识，说得更明确一些，哲学旨在达到批判意识形态的自觉意识，而这一批判的出发点则是历史唯物主义。费尔巴哈之所以未能跳出德意志意识形态，因为在他那里，唯物主义和历史是相互分离的，而马克思之所以能跳出德意志意识形态，因为他发现了历史唯物主义这个坚实的基地。

沿着马克思意识形态批判学说的方向进行思考的当代法国学者阿尔都塞，提出了"人本质上是一个意识形态动物"的著名见解。这样一来，他实际上把苏格拉底的"认识你自己"的口号变成了"认识意识形态"的口号。既然人是意识形态的动物，既然人的全部思想都淹没在意识形态中，那么，毫无疑问，人要认识自己的话，就先得认识意识形态。阿尔都塞的偏执之处是，他只看到意识形态创造人的一面，没有看到人创造意识形态的一面，没有看到人能够通过实践活动来改变环境，从而改造意识形态的一面。马克思在《关于费尔巴哈的提纲》中说："环境的改变和人的活动的一致，只能被看作是并合理地理解为革命的实践。"①阿尔都塞并没有深刻地领悟马克思在这一论述中关于实践和环境（包括意识形态环境）之间的辩证法思想，这与他把历史理解为无主体的过程的结构主义立场有关。然而，阿尔都塞毕竟已经意识到意识形态问题的重要性，并把它作为当代哲学的中心课题提了出来。

与上述路向相互平行，时而也交织在一起的另一个路向关系到当代西方的分析哲学、存在主义哲学和诠释学。这些哲学流派的哲学家们也逐渐产生了对意识形态批判的关注。这另一个路向是由近代哲学的另一位肇始人——法国哲学家笛卡尔开辟出来的。他倡导的基本原则是理性，受惠于笛卡尔思想的德国唯理论哲学家莱布尼茨提出了著名的"单子论"。他说的"单子"实际上是在近代资本主义社会的发展中形成的、追求个人独立权利的市民的形而上学的名称。莱布尼茨认为，"单子"是互相独立的，没有可供出入的"窗子"，那么，它们是如何发生联系的呢？在他看来，这种联系只能经过上帝的中介来发生，他把这种经上帝中介而形成的各"单子"之间的普遍联系和相互作用称为"先定和谐"。于是，哲学之谜成了神学之谜。但"先定和谐"说毕竟有重要的哲学意义，因为莱布尼茨已预感到有一种在冥冥中起作用的精神力量在支配着每个人。虽然他把这种精神力量称为上帝，但终究为后人提供了继续思索的

---

① 《马克思恩格斯全集》第3卷，人民出版社1960年版，第4页。

契机。

力图综合唯理论和经验论研究成果的康德，既反对莱布尼茨的"先定和谐说"，也反对洛克认为一切认识都来自感觉经验和反省经验的见解，他提出了独特的先验唯心论。站在今天的哲学高度看，康德的先验唯心论实际上是隐蔽的意识形态论。这种意识形态也就是近代新兴的资产阶级的意识形态。如果说，《纯粹理性批判》是这种意识形态的形式的话，那么，《实践理性批判》则是它的内容。① 在先验唯心论中，"自我意识"(Selbstbewusstsein)是一个从理论上来索解"先定和谐"的重要概念。康德的"自我"并不是一个具有感觉经验的实体，因此，他的"自我意识"是所谓"统觉的原始综合统一"。也就是说，"自我意识"是一种先验的、纯粹形式的东西，它如同一烘炉，吞并销熔一切散漫杂多的感觉材料。我们的全部知识都来自"自我意识"运用知性范畴对杂多的感觉材料的整理、协调和统一。康德重新使哲学之谜从天国下降到尘世，但"自我意识"究竟是什么呢？这一哲学之谜还未真正得到破解。

有趣的是，黑格尔在《精神现象学》中的下列论述为我们理解"自我意识"提供了重要的线索。黑格尔在论述语言与异化的关系时写道："语言(Sprache)是纯粹自我作为自我的定在；在语言中，自我意识的自为存在着的个别性才作为他的个别性而获得生存，这样，这种个体性才是为他的存在。我，作为这样纯粹的我(dieses reine Ich)，除了在语言中以外，就不是存在在那里的东西。"②这就告诉我们，康德的先验的"自我意识"实际上就是语言。在黑格尔看来，纯粹的先验的自我只可能是

---

① 马克思告诉我们："18 世纪末德国的状况完全反映在康德的'实践理性批判'中。当时，法国资产阶级经过历史上最大的一次革命跃居统治地位，并且夺得了欧洲大陆；当时，政治上已经获得解放的英国资产阶级使工业发生了革命并在政治上控制了印度，在商业上控制了世界上所有其他地方；但软弱无力的德国市民只有'善良意志'。康德只谈'善良意志'，哪怕这个善良意志毫无效果他也心安理得，他把这个善良意志的实现以及它与个人的需要和欲望之间的协调都推到彼岸世界。康德的这个善良意志完全符合于德国市民的软弱、受压迫和贫乏的情况，他们的小眼小孔的利益始终不能发展成为一个阶级的共同的民族的利益。"参阅《马克思恩格斯全集》第 3 卷，人民出版社 1960 年版，第 211—212 页。

② G. W. F. Hegel，*Werke 3*，Frankfurt am Main：Suhrkamp Verlag，1986，s. 376.

语言，因为这种先验性、纯粹性和普遍性只有在语言中才可能实现。那么，语言的本质又是什么呢？黑格尔并没有深入地去探索这个问题。

真正对这个问题进行深入思考的是当代著名的语言哲学家维特根斯坦。他在早期著作《逻辑哲学论》中指出，哲学家们提出的大多数问题都是由于不理解语言的逻辑而引起的。在这个意义上，全部哲学就是语言批判。维特根斯坦强调，哲学上的我(Das Ich)不是人体或是心理学意义上的人的灵魂，而是形而上学的主体。他这样写道：

> 5.641 因此，真正有一种在哲学上可以非心理地来谈论的我的意义。
>
> 我之进入哲学中是由于"世界是我的世界"。
>
> 5.62 世界是我的世界这一事实表明，语言(我所理解的唯一语言)的界限意味着我的世界的界限。①

在维特根斯坦看来，哲学上的"我"是一个缩小至无广延的点，这个"我"消融在语言中，因而实际上就是语言，所以，我的语言的界限也就是我的世界的界限。维特根斯坦还认为，逻辑是语言的存在方式，只要不误用语言的逻辑，就不会有什么哲学上的假问题产生。

在晚期著作《哲学研究》中，维特根斯坦不再把建立理想语言作为哲学的根本任务，而是肯定日常语言是完全正当的。语言不是静止的东西，语言就是活动，就是语言游戏，而语言游戏则是一种"生活形式"(Lebensform)，是人的活动的一部分。维特根斯坦还说："一种清晰的描述系统的概念对于我们来说具有十分重要的意义。它标志着我们给出的叙述形式和我们考察事物方式的特征[这是一种世界观(Weltanschauung)吗？]。"②实际上，维特根斯坦这里的思考已触及这样一个问

---

① L. Wittgenstein, *Werkegabe Band 1*, Frankfurt am Main：Suhrkamp Verlag, 1988，ss. 68，67.

② Ebd. , s. 302.

题，即日常语言并不是一个纯粹的形式，它嵌入人的生活之中。生活世界中的一个完整的语言体系是否就是一种世界观呢？维特根斯坦已开始思索这一问题。

在他逝世前写下的最后一部手稿《论确定性》中，他引入了"世界图式"（Weltbild）这一新概念。"世界图式"也就是世界观，它是一套完整的信念体系，它构成任何语言游戏的基础或出发点："有牢固基础的信念的基础是没有基础的信念（Am Grunde des begründeten Glaubens liegt der unbegründete Glaube.）。"①"世界图式"是在儿童的时候就形成的，它对人的全部活动（包括语言活动）都在冥冥中起着规约作用。这一作为哲学之谜的"世界图式"不是意识形态又是什么呢？当然，维特根斯坦并没有把这个谜底说出来。说出这个谜底的是当代德国哲学家哈贝马斯。

在叙述哈贝马斯的见解之前，我们还需要退回到作为上述两个路向的交汇点的黑格尔那里去。在黑格尔及黑格尔所继承的苏格拉底、柏拉图传统的激烈反对者中，最引人注目的是克尔凯郭尔、叔本华和尼采。如果说，克尔凯郭尔以谢林晚期的天启哲学作为媒介来反对黑格尔的话，那么，叔本华则通过重新解释康德哲学来贬斥黑格尔。尼采则更为彻底，他通过对前苏格拉底的酒神精神的恢复，把从苏格拉底到黑格尔的传统全都否定了。主要是在这三位思想家的影响下，德国哲学家海德格尔创建了以去传统形而上学之蔽为宗旨的存在主义哲学。这一哲学是以作为"人的存在"的"此在"作为基础的，与其他"存在者"比较起来，"此在"在本体论上的优先性在于，唯有它才可能询问并理解"存在的意义"。海德格尔把"此在"对"存在的意义"的理解称为"此在诠释学"（die Hermeneutik des Daseins），而"此在"在开始任何理解活动之前，都会受到先已存在的理解的"前结构"（Vor-Struktur）的约束。这就是说，从生存论的眼光来看，诠释学的循环（对象需要解释，解释者已先有某种经

---

① L. Wittgenstein，*Werkeausgabe Band 8*，Frankfurt am Main：Suhrkamp Verlag，1984，s. 170.

验)是无法回避的。"前结构"是由"前有"（Vorhabe）、"前见"（Vorsicht）和"前设"（Vorgriff）构成的。海德格尔认为，重要的是从生存论的基础出发来清理它们，以便保持理解的"前结构"的合理性。他这样写道："解释理解到它们首要的、不断的和最终的任务始终是不让向来就有的前有、前见和前设以偶发奇想和流俗之见的方式出现，它的任务始终是从事情本身出发来清理前有、前见和前设，从而保障课题的科学性。"①海德格尔如此重视的，并主张在理解和解释活动之前加以清理的"前结构"究竟是什么呢？如果用马克思的话来说，也就是意识形态；如果用阿尔都塞的话来说，也就是蕴藏在意识形态中的"问题框架"。

作为海德格尔学生的伽达默尔在"此在诠释学"的基础上建立了哲学诠释学。在阐述哲学诠释学思想的名著《真理与方法》中，伽达默尔用"偏见"（Vorurteil）这一概念取代了海德格尔的"前结构"。他认为，在任何解释活动中，解释者都会受一定的"偏见"的支配，"偏见"则来自"传统"（Tradition）。因此，全部解释活动都越不出"传统"这个大的框架。伽达默尔同样没有说出"偏见"和"传统"的秘密——意识形态。

哈贝马斯既批评了维特根斯坦，又批评了伽达默尔。他认为维特根斯坦的语言哲学过于狭隘，只分析到语言游戏是一种生活形式，而未对生活形式乃至整个生活世界深入分析下去，"因此，他是以非历史的方式来理解语言游戏的实践的"②。至于伽达默尔，他"把对理解的偏见结构的认识转变为对这样的偏见的恢复"③，从而陷入了传统和意识形态认同的保守主义的立场。哈贝马斯认为，诠释学的真正出路是契入意识形态批判的思想，对传统进行全面的反思。这样，哈贝马斯实际上为整个诠释学的运动和存在主义的运动澄明了前提，这个前提就是意识形态批判。哈贝马斯比阿尔都塞高明的地方在于，他看到了人不仅是受意识

---

① M. Heidegger, *Sein Und Zeit* , Tübingen：Max Niemeyer Verlag, 1986，s. 153.

② J. Habermas, *Zur Logik der Sozialwissenschaften* , Frankfurt am Main：Suhrkamp Verlag，1985，s. 279.

③ Ebd. , s. 303.

形态制约的，人也能通过反思，认识并改造意识形态。问题在于，哈贝马斯虽然认识到意识形态批判的极端重要性，但他又竭力把这一批判与马克思的历史唯物主义的基础分离开来，扬言历史唯物主义的基本理论已不再适合发达工业社会。所以，哈贝马斯的社会批判理论与马尔库塞的理论一样，并不能为发达工业社会的改造指出一条明确的道路，他们对发达工业社会的意识形态的批判与改造也具有乌托邦的性质。

通过对西方哲学史的简略考察，我们发现，当代西方哲学的各大思潮正在自觉或不自觉地汇聚到意识形态批判这个焦点上来。至于东方的社会主义国家，在马克思、恩格斯、列宁、斯大林和毛泽东的思想熏陶下，始终都十分重视意识形态的问题。对这些国家来说，关键在于完整地、准确地、全面地理解并掌握马克思主义的意识形态学说，并在实践中加以丰富和发展。

从上面的分析可以看出，意识形态乃是哲学史发展的理论结晶，是当代人普遍的自我意识。然而，在我们面前，各种意识形态的学说纷然杂陈，我们应当沿着怎样的思路去意识意识形态，进而达到对整个生活世界的把握呢？

第一，我们必须深刻领会并坚持马克思主义的意识形态学说。如果我们认真地考察一下整个意识形态概念的发展史，就会发现，马克思主义的意识形态学说乃是唯一科学的意识形态学说。这是因为马克思主义的意识形态学说是以历史唯物主义理论作为基础和出发点的，而历史唯物主义理论作为马克思主义创始人的划时代的发现，第一次对人类社会及其历史发展作出了科学的说明，从而为我们认识形形色色的意识形态的实质提供了理论前提。

首先，马克思主义意识形态学说的科学性表现在社会存在决定意识这一历史唯物主义的基本原理上。恩格斯说："人们的意识决定于人们的存在而不是相反，这个原理看来很简单，但是仔细考察一下也会立即发现，这个原理的最初结论就给一切唯心主义，甚至给最隐蔽的唯心主义当头一棒。关于一切历史性的东西的全部传统的和习惯的观点都被这个原理否定了。"①在恩格斯看来，这一基本原理结束了思想支配世界的历史唯心主义观点，确定了意识形态的实质及它在全部社会生活中的真实的地位和作用。

其次，马克思意识形态学说的科学性还表现在马克思对任何意识形态的阶级属性的澄清上。马克思发现，在物质资料生产方面占统治地位的阶级，一般来说，在精神生产上也是占统治地位的。这一阶级分析的方法为我们认识各种扑朔迷离的意识形态现象提供了指导性的线索。当代的某些意识形态学说竭力远化意识形态与统治阶级根本利益之间的关系，这就从理论上退回到马克思以前去了。

最后，马克思意识形态学说的科学性还表现在他对资产阶级意识形态的批判上，尤其表现在他对资本主义社会的普遍现象——商品拜物教的秘密的揭露上，马克思这方面的思想无论对于我们认识已达到垄断阶段的西方资本主义社会来说，还是对于我们认识目前尚处于改革中并正在发展商品经济的东方社会主义国家来说，都具有重要的理论意义和现实意义。要言之，只有坚持马克思主义的意识形态学说，才能真正达到意识意识形态的境界。

第二，我们必须深刻领悟并把握当代世界的总的思想背景——社会主义意识形态与资本主义意识形态的对立和冲突。马克思主义的科学社会主义学说揭示了社会主义代替资本主义的总的历史趋势，但这一历史趋势并不是一蹴而就的，它表现为一个漫长的曲折的历史过程。在这一历史过程中，我们发现，一切重大的社会事件和观念领域里的现象都不能撇开两大意识形态对立这一总的思想背景而得到清楚明白的解释。舍此，我们就会在理论探索中迷失方向。事实上，当代马克思主义者面临的重要使命是：批判资本主义的意识形态，巩固和发展社会主义的意识形态。

第三，我们必须倡导一种科学的文化-意识形态批评精神。正如我

---

① 《马克思恩格斯选集》第2卷，人民出版社1995年版，第39页。

们在前面论述过的那样，马克思从不主张教条式地预见未来，而是主张在批判旧世界中发现新世界。列宁也认为，对错误理论的批评乃是发展真理的前提。毛泽东也反复强调了同样的思想："资产阶级、小资产阶级，他们的思想意识是一定要反映出来的。一定要在政治问题和思想问题上，用各种办法顽强地表现他们自己。要他们不反映不表现，是不可能的。我们不应当用压制的办法不让他们表现，而应当让他们表现，同时在他们表现的时候，和他们辩论，进行适当的批评。"①在毛泽东看来，文化-意识形态的问题是不能靠行政上强制的方法加以解决的，只有采取讨论的方法、批评的方法、说理的方法，才能克服错误意见，发展正确意见，此其一；批评不应当是教条主义的，不应当用形而上学的方法，应当力求用辩证的方法，此其二。也就是说，只有把这两个方面结合起来，才能真正达到这种科学的文化-意识形态批评的精神。没有这种精神，社会主义文化-意识形态的繁荣和发展是不可能的。

总之，我们对当代生活和哲学的思考越深入，就越感到马克思在将近一个半世纪前创立的意识形态批判学说的极端重要性。只要看一看当代西方哲学如何经过长时间的摸索才会聚到意识形态这个焦点上，就会发现，马克思一直占据着理论上的制高点。马克思和恩格斯合著的《德意志意识形态》不仅是马克思主义哲学发展史和意识形态概念发展史上的最重要的文献，也是整个人类思想发展史上的最重要的文献之一。

也就是说，马克思是我们的同时代人；

也就是说，理解马克思仍然是我们这个时代的哲学主题；

也就是说，理解马克思必须回到马克思本人的著作中去。

---

① 《毛泽东文集》第 7 卷，人民出版社 1999 年版，第 232 页。

主要参考文献

中文著作

[1]《马克思恩格斯选集》第1～4卷，人民出版社1995年版。

[2]《马克思恩格斯全集》第1卷，人民出版社1956年版。

[3]《马克思恩格斯全集》第2卷，人民出版社1957年版。

[4]《马克思恩格斯全集》第3卷，人民出版社1960年版。

[5]《马克思恩格斯全集》第4卷，人民出版社1958年版。

[6] 马克思：《资本论》第1～3卷，人民出版社1975年版。

[7] 马克思：《剩余价值学说史》第一卷，郭大力译，人民出版社1975年版。

[8] 马克思：《剩余价值学说史》第二卷，郭大力译，人民出版社1978年版。

[9] 马克思：《剩余价值学说史》第三卷，郭大力译，人民出版社1978年版。

[10]《列宁选集》第1～4卷，人民出版社1995年版。

[11] 列宁：《哲学笔记》，人民出版社1974年版。

[12] 联共(布)中央特设委员会：《联共(布)党史简明教程》，人民出版社1975年版。

[13]《毛泽东选集》第1～4卷，人民出版社1991年版。

[14] [德]弗·梅林：《马克思传》上下卷，樊集译，人民出版社1973年版。

[15] [德]梅林：《保卫马克思主义》，人民出版社1982年版。

[16] [法]拉法格：《唯心史观和唯物史观》，王子野译，生活·读书·

新知三联书店 1965 年版。

[17] [法]拉法格：《思想起源论：卡尔·马克思的经济决定论》，王子野译，生活·读书·新知三联书店 1963 年版。

[18] [意]安·拉布里奥拉：《关于历史唯物主义》，杨启潾、孙魁、朱中龙译，人民出版社 1984 年版。

[19] [德]海因里希·格姆科夫等：《马克思传》，易廷镇、侯焕良译，生活·读书·新知三联书店 1978 年版。

[20] [法]奥古斯特·科尔纽：《马克思的思想起源》，王瑾译，中国人民大学出版社 1987 年版。

[21] [法]奥古斯特·科尔纽：《马克思恩格斯传》，第 1～3 卷，人民出版社 1963 年版。

[22] [德]爱德华·伯恩施坦：《社会主义的前提和社会民主党的任务》，殷叙彝译，生活·读书·新知三联书店 1965 年版。

[23] 中共中央马克思恩格斯列宁斯大林著作编译局资料室：《伯恩施坦言论》，生活·读书·新知三联书店 1966 年版。

[24] 中共中央马克思恩格斯列宁斯大林著作编译局资料室：《考茨基言论》，生活·读书·新知三联书店 1965 年版。

[25] [德]卡尔·考茨基：《唯物主义历史观》第三分册，《哲学研究》编辑部译，上海人民出版社 1984 年版。

[26] [德]鲁道夫·希法亭：《金融资本：资本主义最新发展的研究》，福民等译，商务印书馆 1994 年版。

[27] [奥]奥托·鲍威尔：《布尔什维主义还是社会民主主义?》，史集译，生活·读书·新知三联书店 1978 年版。

[28] [德]拉萨尔：《公开答复 工人纲领》，商务印书馆 1974 年版。

[29] [德]库诺夫：《马克思的历史、社会和国家学说》第二卷，《哲学研究》编辑部译，上海译文出版社 1966 年版。

[30] [英]康福斯：《科学与唯心主义的对立：对"纯粹经验主义"和近代逻辑的考察》，陈修斋等译，生活·读书·新知三联书店 1954

年版。

［31］［英］康福斯：《历史唯物主义》，高行、陈曾贻合译，生活·读书·
新知三联书店 1957 年版。

［32］［英］康福斯：《唯物主义与辩证方法》，郭舜平、郑翼棠合译，生
活·读书·新知三联书店 1956 年版。

［33］［英］戴维·麦克莱伦：《马克思以后的马克思主义》，余其铨等译，
中国社会科学出版社 1986 年版。

［34］［英］大卫·麦克里兰：《意识形态》，孔兆政、蒋龙翔译，吉林人民
出版社 2005 年版。

［35］［英］戴维·麦克莱伦：《卡尔·马克思传》，王珍译，中国人民大
学出版社 2005 年版。

［36］［英］戴维·麦克莱伦：《青年黑格尔派与马克思》，夏威仪、陈启
伟、金海民译，商务印书馆 1982 年版。

［37］［波］兹维·罗森：《布鲁诺·鲍威尔和卡尔·马克思：鲍威尔对马
克思思想的影响》，王谨等译，中国人民大学出版社 1984 年版。

［38］［英］佩里·安德森：《西方马克思主义探讨》，高铦、文贯中、魏章
玲译，人民出版社 1981 年版。

［39］［英］佩里·安德森：《当代西方马克思主义》，余文烈译，东方出
版社 1989 年版。

［40］［英］佩里·安德森：《西方左派图绘》，张亮、吴勇立译，江苏人民
出版社 2002 年版。

［41］［美］弗雷德里克·詹姆逊：《语言的牢笼　马克思主义与形式》，
钱佼汝、李自修译，百花洲文艺出版社 1995 年版。

［42］［美］詹姆逊：《后现代主义与文化理论》，唐小兵译，北京大学出
版社 1997 年版。

［43］［美］乔恩·埃尔斯特：《理解马克思》，何怀远等译，中国人民大
学出版社 2008 年版。

［44］［美］特雷尔·卡弗：《马克思与恩格斯：学术思想关系》，姜海波、

王贵贤等译，中国人民大学出版社 2008 年版。

[45] [美]熊彼特：《从马克思到凯恩斯》，韩宏等译，江苏人民出版社 1999 年版。

[46] [英]托马斯·博特莫尔：《马克思主义社会学》，卢汉龙、费涓洪译，甘肃人民出版社 1985 年版。

[47] [美]海尔布隆纳：《马克思主义：赞成和反对》，易克信、杜章智译，中国社会科学院情报研究所 1982 年版。

[48] [英]特里·伊格尔顿：《美学意识形态》，王杰等译，广西师范大学出版社 1997 年版。

[49] [英]约翰·B. 汤普森：《意识形态与现代文化》，高铦等译，译林出版社 2005 年版。

[50] [美]利普塞特：《政治人》，刘钢敏、聂蓉译，商务印书馆 1993 年版。

[51] [法]汤姆·洛克曼：《马克思主义之后的马克思：卡尔·马克思的哲学》，杨学功、徐素华译，东方出版社 2008 年版。

[52] [德]沃尔夫冈·豪格：《十三个尝试：对马克思主义思想的再阐释》，朱毅译，东方出版社 2008 年版。

[53] [加]本·阿格尔：《西方马克思主义概论》，慎之等译，中国人民大学出版社 1991 年版。

[54] [美]马丁·杰伊：《法兰克福学派史：1923—1950》，单世联译，广东人民出版社 1996 年版。

[55] [美]道格拉斯·凯尔纳、斯蒂文·贝斯特：《后现代理论：批判性的质疑》，张志斌译，中央编译出版社 2006 年版。

[56] [美]戴维·哈维：《后现代的状况：对文化变迁之缘起的探究》，阎嘉译，商务印书馆 2003 年版。

[57] [英]安东尼·吉登斯：《现代性的后果》，田禾译，译林出版社 2000 年版。

[58] [加]查尔斯·泰勒：《现代性之隐忧》，程炼译，中央编译出版社

2001 年版。

[59] [法]雷蒙·阿隆:《社会学主要思潮》，葛智强等译，上海译文出版社 1988 年版。

[60] 《费尔巴哈哲学著作选集》上卷，荣震华、李金山等译，商务印书馆 1984 年版。

[61] 《弗洛伊德后期著作选》，林尘等译，上海译文出版社 1986 年版。

[62] 贾泽林等编译:《苏联哲学纪事(1953—1976)》，生活·读书·新知三联书店 1979 年版。

[63] [俄]普列汉诺夫:《论一元历史观之发展》，博古译，生活·读书·新知三联书店 1961 年版。

[64] [苏]米·谢·戈尔巴乔夫:《改革与新思维》，岑鼎山等译，世界知识出版社 1988 年版。

[65] [俄]谢·卡拉-穆尔扎:《论意识操纵》，徐昌翰等译，社会科学文献出版社 2004 年版。

[66] [苏]康斯坦丁诺夫:《历史唯物主义》，刘丕坤译，人民出版社 1955 年版。

[67] [苏]巴·瓦·科普宁:《马克思主义认识论导论》，马迅、章云译，求实出版社 1982 年版。

[68] [苏]科普宁:《假设及其在认识中的作用》，上海外语学院编译室译，上海人民出版社 1958 年版。

[69] [苏]尼·伊·拉宾:《论西方对青年马克思思想的研究》，马哲译，人民出版社 1981 年版。

[70] [苏]彼·尼·费多谢也夫:《现时代的辩证法》，李亚卿、张惠卿译，东方出版社 1980 年版。

[71] [斯洛文尼亚]斯拉沃热·齐泽克等:《图绘意识形态》，方杰译，南京大学出版社 2002 年版。

[72] [斯洛文尼亚]斯拉沃热·齐泽克:《意识形态的崇高客体》，李广茂译，中央编译出版社 2002 年版。

外文著作

［1］ T. W. Adorno etc. , *The Positivist Dispute in German Sociology*, Holland: D. reidel Publishing Company，1984.

［2］ H. D. Aiken, *The Age of Ideology*, New York: A Meridian Book，1956.

［3］ P. Anderson, *Consideration on Western Marxism*, London: NLB，1977.

［4］ P. Anderson, *Arguments Within English Marxism*, London: Verso，1980.

［5］ P. Anderson, *In the Tracks of Historical Materialism*, London: Verso，1983.

［6］ L. Althusser, *For Marx*, London: NLB，1977.

［7］ L. Althusser, *Essays on Ideology*, London: Verso，1984.

［8］ L. Althusser, *Reading Capital*, London: NLB，1970.

［9］ L. Althusser, *Lenin and Philosophy and Other Essays*, New York: Monthly Review Press，1971.

［10］ Jakob Barion, *Ideologie, Wissenschaft, Philosophie*, Bonn: H. Bouvier u. Co. Verlag，1966.

［11］ Hans Barth, *Wahrheit und Ideologie*, Frankfurt: Suhrkamp Verlag，1961.

［12］ Daniel Bell, *The End of Ideology (revised edition)*, New York: The Free Press，1960.

［13］ Daniel Bell, *The Cultural Contradictions of Capitalism*, New York: Basic Books，1976.

［14］ E. Bloch, *A Philosophy of the Future*, New York: Herder And Herder，1970.

［15］ R. W. Bologh, *Dialectical Phenomenology: Marx's Method*, Boston: Routledge & Kegan Paul: 1979.

［16］ T. Bottomore (ed.), *A Dictionary of Marxist Thought*, Cambridge: Harvard University Press，1983.

［17］ G. A. Cohen, *Karl Marx's Theory of History: A Defend*, Oxford:

Clarendon Press，1978.

[18] I. H. Cohen，*Ideology und Unconsciousness*，New York：New York University Press，1982.

[19] L. Colletti，*Marxism and Hegel*，London：NLB，1973.

[20] P. Collins，*Ideology After The Fall of Communism*，London：Boyars，1993.

[21] L. Donskis，*The End of Ideology & Utopia?*，New York：Peterlag，2000.

[22] E. Durkheim，*Soziologie und Philosophie*，Frankfurt am Main：Suhrkamp Dyck，1985.

[23] I. Fetscher，*Marx and Marxism*，New York：Herder and Herder，1971.

[24] S. Freud，*Civilization and Its Discontents*，New York：W. W. Norton & Company，1961.

[25] E. Fromm，*Beyond the Chains of Illusion*，New York：Simon and Schuster，1962.

[26] R. Garaudy，*Marxismus im 20-Jahrhundert*，Hamburg：Rowohlt，1972.

[27] R. Geuss，*The Idea of A Critical Theory*，Cambridge University Press，1981.

[28] C. C. Gould，*Marx's Social Ontology*，Cambridge：The MIT Press，1978.

[29] A. W. Gouldner，*The Two Marxisms*，New York：The Seabury Press，1980.

[30] A. Gramsci，*Selections from Prison Notebook*，London：Lawrence & Wishart，1973.

[31] A. Gramsci，*Letters from Prison*，London：Jonathan Cape，1973.

[32] J. Habermas，*Technik und Wissenschaft als "Ideologie"*，Frankfurt

am Main: Suhrkamp Verlag, 1970.

[33] J. Habermas, *Zur Logik der Sozialwissenschaften*, Frankfurt am Main: Suhrkamp Verlag, 1985.

[34] G. W. F. Hegel, *Werke 3*, Frankfurt am Main: Suhrkamp Verlag 1986.

[35] G. W. F. Hegel, *Werke 8*, Frankfurt am Main: Suhrkamp Verlag 1986.

[36] G. W. F. Hegel, *Werke 20*, Frankfurt am Main: Suhrkamp Verlag 1986.

[37] M. Heidegger, *Sein und Zeit*, Tübingen: Max Niemeyer Verlag, 1986.

[38] M. Heidegger, *Holzwege*, Frankfurt am Main: Vittorio Klostermann, 1980.

[39] W. Hofmann, *Universität*, *Ideologie*, *Gesellschaft*, Frankfurt am Main: Suhrkamp Verlag, 1972.

[40] S. Hook, *Marxism and Beyond*, Washington D. C.: Rowman And Littlefield, 1983.

[41] M. Horkheimer, *Eclipse of Reason*, Oxford: Oxford University Press, 1947.

[42] E. Husserl, *Die Krisis der europäischen Wissenschaften und die transzendentale Pänomenologie*, Hamburg: Felix Meiner Verlag, 1982.

[43] I. Kant, *Werkausgabe Band 3*, Frankfurt am Main: Suhrkamp Verlag, 1988.

[44] G. Klaus(Hg.), *Marxistisch-leninistisches Wörterbuch der Philosophie*, (Band 2), Leipzig: Enzyklopädie Verlag, 1977.

[45] L. Kolakowski, *The Main Currents of Marxism (Volume 3)*, London: Oxford University Press, 1978.

[46] K. Korsch, *Marxism and Philosophy*, New York: NLB, 1970.

[47] K. Kosik, *Dialectics of The Concrete*, Holland: D. Reidel Publishing

Company，1976.

[48] E. Laclau and C. Mouffe，*Hegenomy and Social Strategy*，London：
Verso，1985.

[49] Kurt Lenk(Hg.)，*Ideologie*，Frankfurt：Campus Verlag，1975.

[50] Kurt Lenk，*Marx in der Wissenssoziologie*，Berlin：Hermann Luchter-
hand Verlag，1972.

[51] P. C. Ludz，*Ideologiebegriff und marxistische Theorie*，Opladen：
Westdeutscher Verlag，1977.

[52] G. Lukacs，*History and Class Consciousness*，Cambridge：The MIT
Press，1971.

[53] G. Lukacs，*Labor*，London：Merlin Press，1980.

[54] G. Lukacs，*Marx's Basic Ontological Principles*，London：Merlin
Press，1982.

[55] G. Lukacs，*Young Hegel*，Cambridge：The MIT Press，1975.

[56] G. Lukacs，*Zur Ontologie des Gesellschaftlichen Seins (1. Halbband)*，
Darmstadt：Hermann Luchterhand Verlag，1984.

[57] G. Lukacs，*Zur Ontologie des Gesellschaftlichen Seins (2. Halbband)*，
Darmstadt：Hermann Luchterhand Verlag，1986.

[58] S. Malesevic etc. (eds.)，*Ideology After Post-structuralism*，Lon-
don：Pluto Press，2002.

[59] K. Mannheim，*Ideologie und Utopie*，Frankfurt am Main：Vittorio
Klostermann GMbH，1985.

[60] H. Marcuse，*One-Dimensional Man*，Boston：Beason Press，1964.

[61] H. Marcuse，*Soviet Marxism：A Critical Analysis*，New York：Co-
lumbia University Press，1961.

[62] H. Marcuse，*Studies in Critical Philosophy*，Boston：Beacon Press，
1973.

[63] M. Marxovic，*The Contemporary Marx*，Nottingham：Spokesman

Books，1974.

［64］Karl Marx，*Pariser Manuskripte*，Westberlin：das europäische Buch
　　　Verlag，1987.

［65］K. Marx，F. Engels，*Werke 1*，Berlin：Dietz Verlag，1969.

［66］K. Marx，F. Engels，*Werke 3*，Berlin：Dietz Verlag，1969.

［67］K. Marx，F. Engels，*Werke (Band 40)*，Berlin：Dietz Verlag，1985.

［68］K. Marx，F. Engels，*Ausgewählte Werke (Band 1)*，Berlin：Dietz
　　　Verlag，1989.

［69］K. Marx，F. Engels，*Ausgewählte Werke (Band 2)*，Berlin：Dietz
　　　Verlag，1989.

［70］K. Marx，F. Engels，*Ausgewählte Werke (Band 5)*，Berlin：Dietz
　　　Verlag，1989.

［71］K. Marx，F. Engels，*Ausgewählte Werke (Band 6)*，Berlin：Dietz
　　　Verlag，1990.

［72］N. McInnes，*Western Marxists*，London：Alcove Press Limited，1972.

［73］D. McLellan，*Marxism after Marx*，London：Macmillan，1979.

［74］D. McLellan，*Karl Marx：Selected Writings (second edition)*，Ox-
　　　ford：Oxford University Press，2000.

［75］U. Melotti，*Marx And The Third World*，London：The Macmillan
　　　Press LTD，1977.

［76］M. Merleau-Ponty，*Adventures of the Dialectic*，London：Heinemann，1974.

［77］J. G. Merquior，*Western Marxism*，London：Granada Publishing LTD，
　　　1986.

［78］K. Misra，*From Post-Maoism To Post-Marxism*，New York：Rout-
　　　ledge，1998.

［79］C. Mouffe (ed.)，*Gramsci and Marxist Theory*，London：Routledge
　　　& Kegan Paul，1979.

［80］T. Nathan，*Ideologie，Sexualität und Neurose*，Frankfurt am Main：Suhrkamp Verlag，1979.

［81］ New Left Review （ed. ），*Western Marxism：A Critical Reader*，London：NLB，1977.

［82］ F. Nietzsche，*Sämtliche Werke 6* ，München：Deutscher Taschenbuch Verlag，1988.

［83］ G. Petrovic，*Marx in the Mid-twentieth Century*，New York：Anchor Books，1967.

［84］ S. R. Pike，*Marxism And Phenomenology*，London：Croom Helm，1986.

［85］ K. Popper，*The Open Society And Its Enemies（two Volumes）*，Princeton：Princeton University Press，1966.

［86］ J. R. Ravetz，*Scientific Knowledge and Its Social Problems*，Oxford：Clarendon Press，1971.

［87］ W. Reich，*Die Massen-Psychologie des Faschismus*，Frankfurt am Main：Fischer Taschenbuch Verlag，1974.

［88］ M. Rubel，*Marx：Life and Works*，London：The Macmillan Press LTD，1980.

［89］ M. Rubel，*On Karl Marx*，New York：Vail-Ballou Press，Inc. ，1981.

［90］ D. Rubinstein，*Marx and Wittgenstein*，London：Routledge &. Kegan Paul，1981.

［91］ A. Schaff，*Structuralism And Marxism*，Oxford：Pergamon Press LTD，1978.

［92］ A. Schmidt，*The Concept of Nature in Marx*，London：NLB，1971.

［93］ A. Schopenhauer，*Sämtliche Werke（Band 1 ）*，Frankfurt am Main：Suhrkamp Verlag，1986.

［94］ H. Seiffert，*Marxismus und Bürgliche Wissenschaft*，München：C. H. Beck Verlag，1971.

［95］ G. Thomson，*From Marx to Mao Tse-Tung*，London：China Policy Group，1977.

［96］Max Weber，*The Methodology of the Social Science*，New York：Free Press，1949.

［97］L. Wittgenstein，*Werkegabe Band 1*，Frankfurt am Main：Suhrkamp Verlag，1988.

［98］L. Wittgenstein，*Werkeausgabe Band 8*，Frankfurt am Main：Suhrkamp Verlag，1984.

从科学技术的双重功能看
历史唯物主义叙述方式的改变①

在传统的历史唯物主义的叙述体系中，科学技术的功能主要是在生产力的范围内得到阐释的，随着当代科学技术的发展和"科学技术是第一生产力"的新观念的流行，科学技术的生产力功能已经得到了普遍的认可。然而，当代西方学者在肯定科学技术的生产力功能的同时，不但深入分析了这一功能所蕴含的负面因素，同时也揭示出科学技术的另一个重要的功能，即意识形态功能。不用说，科学技术的双重功能的形成，对传统的历史唯物主义的叙述体系提出了严峻的挑战。本文尝试从改变传统的历史唯物主义的叙述方式的角度出发，对科学技术的当代发展及其双重功能所蕴含的挑战做出积极的回应。

一、传统的历史唯物主义叙述体系的
三个理论前设

当我们检讨传统的历史唯物主义的叙述体

---

① 本文原载《中国社会科学》2004 年第 1 期，《中国社会科学文摘》2004 年第 1 期在《本刊特别推荐》栏目中同时刊载此文。

系，尤其是与科学技术相关的叙述命题时，我们发现，在这一叙述体系中，存在着三个从未引起人们深入反思的理论前设。

第一个理论前设：地球上的资源是无限的，人类改造自然的生产活动也可以无限制地进行下去。在某种意义上可以说，这一理论前设是"非生态学的"（non-ecological），亦即它没有考虑到人类在无限发展的生产过程中可能面临的总体性的生态危机。

众所周知，在写于 1859 年的《〈政治经济学批判〉序言》中，马克思曾对历史唯物主义的基本理论做出了经典性的叙述。在这一经典性的叙述中，马克思以十分简洁的语言论述了生产力和生产关系、社会存在和意识、经济基础和上层建筑、社会变革和意识形态等关系问题，但并没有涉及在当代生态学的研究中才被充分课题化的那些重要问题，如生产、增长和发展的极限问题，地球资源和人口负载的有限性问题，生存环境的污染问题等。毋庸讳言，在马克思关于历史唯物主义的叙述体系中，没有出现这些问题是很自然的，也是完全可以理解的，因为当时资本主义的发展还处于自由竞争的阶段，人类可能面临的生态危机几乎还完全处于被掩蔽的状态下。

在撰写于 1883 年的《在马克思墓前的讲话》中，恩格斯在叙述马克思的历史唯物主义的基本理论时，生态学问题仍然没有被课题化。恩格斯这样写道："正像达尔文发现有机界的发展规律一样，马克思发现了人类历史的发展规律，即历来为繁芜丛杂的意识形态所掩盖着的一个简单事实：人们首先必须吃、喝、住、穿，然后才能从事政治、科学、艺术、宗教等等；所以，直接的物质的生活资料的生产，从而一个民族或一个时代的一定的经济发展阶段，便构成基础，人们的国家设施、法的观点、艺术以至宗教观念，就是从这个基础上发展起来的，因而，也必须由这个基础来解释，而不是像过去那样做得相反。"①显然，恩格斯的这篇讲话依然蕴含着这样的理论前设，即地球上可供开发和利用的资源

① 《马克思恩格斯选集》第 3 卷，人民出版社 1995 年版，第 776 页。

是无限的，人类所从事的物质生活资料的生产活动也是能够无限地向前发展的。① 事实上，在 19 世纪 80 年代，虽然资本主义正从自由竞争阶段向垄断阶段发展，但生态危机还未从上升为一个威胁到人类生存的、总体性的、根本性的问题。显而易见，在恩格斯关于历史唯物主义理论的叙述方式中，"吃、喝、住、穿"这些人类的基本生存活动还没有受到环境污染所引发的种种严重后果的干扰和影响，尤其是这里说的"喝"主要是指"喝汤"，然而，在生存环境受到极度污染的今天，地球上的相当一部分人甚至连"喝水"，连"呼吸空气"都已经成为严重的问题。当然，我们并不能苛求恩格斯，他不可能无条件地、超前地意识到将来的生态危机问题。

不用说，所有这些生态方面的问题，在晚年恩格斯生活的时代，并没有上升为重大的、触目的问题。事实上，即使是在 20 世纪，甚至 20 世纪后半叶编写出来的、关于历史唯物主义的大部分教科书，也没有对可供开发的地球资源的有限性和人类生产增长、发展的有限性做出认真的探索。要言之，以往的历史唯物主义的叙述体系始终缺乏一个必要的生态学的背景，这正是这一叙述体系必须在当代得以改革的重要理由之一。

第二个理论前设：科学技术从属于生产力的范围，正如生产力始终起着进步的、革命的作用一样，科学技术也始终是一种进步的、革命的

---

① 应该指出，恩格斯在一定程度上已经意识到生态问题。他写道："我们不要过分陶醉于我们对自然界的胜利。对于每一次这样的胜利，自然界都报复了我们……美索不达米亚、希腊、小亚细亚及其他各地的居民，为了想得到耕地，把森林都砍完了，但是他们梦想不到，这些地方今天竟因此成为荒芜不毛之地，因为他们使这些地方失去了森林，也失去了积聚和贮存水分的中心。"(恩格斯：《自然辩证法》，人民出版社 1971 年版，第 158 页。)恩格斯还提到阿尔卑斯山的意大利人对松林的砍伐、马铃薯在欧洲的传播所引发的问题等，然后指出："我们对自然界的整个统治，是在于我们比其他一切动物强，能够认识和正确运用自然规律。"(恩格斯：《自然辩证法》，人民出版社 1971 年版，第 159 页。)从这些论述可以看出，虽然恩格斯已经意识到人类在统治自然的过程中可能陷入的麻烦，但一方面，他对人"统治"自然这一点并没有提出异议；另一方面，对生态问题的忧虑，在恩格斯的全部理论叙述，包括他对历史唯物主义基本理论的叙述中始终处于边缘化的状态。

力量。

在《资本论》第一卷中，马克思指出："劳动生产力是由多种情况规定的，其中包括：劳动者的平均的熟练程度、科学和它在技术上（technologischen）应用的发展水平、生产过程的社会联合、生产资料的规模和效能，以及自然关系（Naturverhältnisse）。"①毋庸讳言，在这段重要的论述中，马克思把科学技术的功能置于生产力发挥作用的范围之内。在他看来，科学技术，尤其是技术上的重要的发明物，甚至还是区分不同社会形态的生产力发展水平的重要标志。正是在这个意义上，他在《哲学的贫困》中写道："手推磨产生的是封建主的社会，蒸汽磨产生的是工业资本家的社会。"②

然而，作为西方人文主义传统的伟大继承者，马克思也意识到了科学技术在资本主义生产中必然会形成的负面的作用。他在研究中发现，在资本主义大工业生产中，机器已经成为生产剩余价值的手段，而工人则成了机器的附庸："变得空虚了的单个机器工人的局部技巧，在科学面前，在巨大的自然力面前，在社会的群众性劳动面前，作为微不足道的附属品而消失了；科学、巨大的自然力、社会的群众性劳动都体现在机器体系中，并同机器体系一道构成'主人'的权力。"③在这里，马克思已经暗示我们，在资本主义生产方式中，科学技术完全有可能蜕变为一种支配和压抑劳动者的统治形式。

马克思还指出："机器劳动极度地损害了神经系统，同时它又压抑肌肉的多方面运动，侵吞身体和精神上的一切自由活动。其至减轻劳动也成了折磨人的手段，因为机器不是使工人摆脱劳动，而是使工人的劳

---

① K. Marx, F. Engels, *Werke*（*Band 23*），Berlin: Dietz Verlag 1973, s. 54. 参阅马克思：《资本论》第 1 卷，人民出版社 1975 年版，第 53 页。句子中的德语形容词 technologischen 在中文本中被译为"工艺上"，此处译为"技术上"，使其含义更为明确；德语复合名词 Naturverhältnisse 在中文本中被译为"自然条件"，此处译为"自然关系"，因为在德语中，Verhältnisse 的通常含义是"关系"，而 Bedingung 的通常含义才是"条件"。

② 《马克思恩格斯选集》第 1 卷，人民出版社 1995 年版，第 142 页。

③ 马克思：《资本论》第 1 卷，人民出版社 1975 年版，第 464 页。

动毫无内容。"①事实上，晚年马克思对资本主义社会的异化现象和物化现象的批判也始终包含着这一重要的维度，即对蕴含在现代科学技术中的各种负面因素的高度警惕。

马克思逝世以后，恩格斯进一步阐发了马克思的科学技术观，认为马克思"把科学首先看成是历史的有力的杠杆，看成是最高意义上的革命力量"②。他还指出："在马克思看来，科学是一种在历史上起推动作用的、革命的力量。任何一门理论科学中的每一个新发现，即使它的实际应用甚至还无法预见，都使马克思感到由衷喜悦，但是当有了立即会对工业、对一般历史发展产生革命影响的发现的时候，他的喜悦就完全不同了。"③显然，在恩格斯看来，马克思不但热切地关注着科学技术的发展，而且更为深入地关心着科学技术在工业生产中的具体的应用。然而，与此同时，我们也发现，恩格斯主要是从正面价值的角度去理解、转述马克思关于科学技术及其应用的理论的，特别是恩格斯关于科学是"最高意义的革命力量"的说法充分体现出这一点，即他并没有充分注意到马克思就科学技术的负面价值的存在所发出的重要的预警。

无疑，在恩格斯的阐释方式和叙述方式的影响下，关于作为生产力的组成部分的科学技术具有进步的、革命作用的见解，在以后的马克思主义的哲学教科书和马克思的历史唯物主义理论的研究专著中几乎成了一种定见。于是，以考茨基为代表的第二国际的领袖们通过对科学技术的革命作用的过度诠释，形成了一种所谓"科学的马克思主义"(the scientific Marxism)的学说。按照这种学说，科学技术本身似乎成了改造资本主义社会的最重要的革命力量，而无产阶级的革命意识和革命作用反倒变得无足轻重，甚至是可有可无的了。正如本·阿格尔所指出的："科学的马克思主义的自我批评的独特特征是，不介入政治争论：因为科学的马克思主义者认为革命会自然发生，具有像万有引力定律一样的

---

① 马克思：《资本论》第 1 卷，人民出版社 1975 年版，第 463 页。
② 《马克思恩格斯全集》第 19 卷，人民出版社 1963 年版，第 372 页。
③ 同上书，第 375 页。

必然性。考茨基的困境在于，他的科学的马克思主义限制了他，使他对认为周围正在酝酿着的革命力量无所作为。"①在考茨基看来，既然科学技术作为一种革命的力量会推动历史的前进，何必还要去组织工人阶级进行革命斗争呢？这种所谓"科学的马克思主义"把马克思的充满活力的历史唯物主义理论曲解为一种单纯的"科学技术决定论"或"科学技术革命论"，从而完全阉割了马克思哲学的革命精神。

这种曲解在当代思想界仍然拥有广大的市场。比如，美国学者威廉姆·肖就把马克思的历史理论称作"技术决定论"（technological determinism）。②又如，在我国读者中广有影响的、由肖前等人主编的《历史唯物主义原理》也对科学技术的进步的、革命的作用做出了片面的发挥："科学是人类自觉活动的指路明灯和强大力量，它照亮了征服自然和改造社会的进程，推动着历史的前进。科学的价值随社会的发展而与日俱增，社会越进步，脑力劳动和科学知识的重要性就越突出，科学的职能和影响就越大。科学的发展和应用已成为巨大的社会事业，是当代技术发展、经济发展和社会发展的不可或缺的环节，全部社会生活都要在科学的指引下进行改造。"③通过这样的权威性的诠释方式，作为生产力的科学技术的绝对进步的、革命的作用就成了传统的历史唯物主义叙述体系中的一个基本的理论前设。事实上，这一前设在当代哲学对科学主义和技术主义的深入反思中早已陷入了困境。

第三个理论前设：作为观念形态或理论形态的科学技术并不属于意识形态的范围之内，或者换一种说法，科学技术并不具有意识形态的功能。

如果按照我们前面引证过的、马克思在《资本论》第一卷中关于"科

---

① ［加］本·阿格尔：《西方马克思主义概论》，慎之等译，中国人民大学出版社1991年版，第123页。

② William H. Shaw, *Marx's Theory of History*, Stanford: Stanford University Press, 1978, p. 166.

③ 肖前等：《历史唯物主义原理》，人民出版社1983年版，第309页。

学、巨大的自然力、社会的群众性劳动都体现在机器体系中，并同机器体系一道构成'主人'的权力"的论述，科学技术似乎包含着某种意识形态的潜能，这种潜能极有可能在一定的条件下转化为现实。然而，马克思这方面的论述并没有引起他的后继者们的充分重视，他们习惯于在对社会意识这个总体性概念的理解和叙述中把社会意识形态与科学技术抽象地分离开来，并尖锐地对立起来。

比如，肖前等人认为："自然科学虽然是社会意识的一种形式，而且是十分重要的形式……但它却不能作为某一社会形态的标志，不具备作为社会经济形态和政治制度之反映的社会意识形态的本质特征。……因此，自然科学不属于社会意识形态的范畴。"①按照这一见解，只有艺术、道德、政治法律思想、宗教、哲学和其他社会科学的观念才属于社会意识形态的范畴，而自然科学和技术则作为一种正确的、具有进步和革命意义的因素居于社会意识形态之外，并与社会意识形态相对立。

在这样的阐释方式和叙述方式中，科学技术和意识形态完全处于对立的、绝缘的状态中，它不但成了绝对的进步性和革命性的标志，也成了绝对的合理性和合法性的标志。从此以后，自然科学和工程技术意义上的"科学性"或"合理性"就成了评判一切观念的或理论形态的存在物的最高法庭。假如运用康德的理论术语来表达，这种情形就是：理论理性成了最高的权威，而实践理性则完全被放逐了。不用说，人们在评论任何人文社会科学理论时，上面提到的那种所谓的"科学性"或"合理性"也就成了至高无上的赞词。与这种对科学技术的历史作用的片面叙述相对应的是，蕴含在科学技术中的科学主义、实证主义或客观主义的思维方式也在传统的历史唯物主义的叙述体系中迅速地蔓延开来。

二、传统的历史唯物主义的叙述体系面临的挑战

在当代西方哲学，尤其是西方生态学和未来学的发展中，我们前面提到的传统的历史唯物主义的叙述体系，包括它的三个理论前设都面临

---

① 肖前等：《历史唯物主义原理》，人民出版社 1983 年版，第 260 页。

着严峻的挑战。众所周知，这些挑战是沿着以下三条不同的路径展示出来的。

其一，胡塞尔、海德格尔对现代科学技术的绝对进步的、革命的历史作用的质疑。

作为现象学的创立者，胡塞尔具有深厚的数学和自然科学方面的学养，他十分自觉地把自然科学的基础作为自己反思和批判的重点。在《欧洲科学危机和先验现象学》中，他不无忧虑地指出："19世纪的下半叶，现代人的整个世界观都受到实证科学的规定，并使自己受到实证科学所造就的'繁荣'的迷惑。这种独特性表明，对于那些真正的人来说，极为重要的问题被轻描淡写地抹去了。只看重事实的科学造成了只看重事实的人。……我们常听说，在我们生活的危难中，实证科学对我们什么也没有说。它从原则上排除了这样一个问题，即整个人类的存在有无意义的问题，而对于我们这个不幸的时代来说，解答这个与人的命运的转变休戚相关的问题已经迫在眉睫。"①在胡塞尔看来，欧洲自然科学的繁荣同时也是它陷入危机的一个标志，因为它的普遍的表现方式是只关注事实，不关注人类的命运和生活的意义。

那么，这种局面又是如何造成的呢？胡塞尔认为，从伽利略用数学的方式构想世界以来，人们的全部思考已经习惯于以这样的理念世界作为自己的基础和出发点，并逐渐遗忘了前科学的、直接感知的、与生存活动息息相关的生活世界："早在伽利略那里，一个以数学的方式构成的理念的世界已经取代了这个唯一现实的、通过知觉现实地被给予的、被经验到并可能被经验到的世界——我们的日常生活世界，这是值得重视的最重要的世界。"②在胡塞尔看来，伽利略既是发现的天才，又是掩盖的天才。他发现的是数学化的理念世界，他掩盖的则是真实的生活世界。只有当人们穿破自然科学的中立化的、客观化的和理念化的外衣，

---

① E. Husserl, *Die Krisis der europäischen Wissenschaften und die transzendentale Phänomenologie*, Hamburg: Felix Meiner Verlag, 1982, s. 4.

② Ebd., s. 52.

深入地探索被掩蔽的生活世界的真理时，人类存在的意义才会向他们敞开。正是通过对欧洲自然科学危机的深刻反思，胡塞尔对自然科学在历史上的绝对进步的和革命的作用提出了严峻的挑战。

如果说，胡塞尔的反思主要集中在自然科学的价值基础上的话，那么，海德格尔的省思则主要体现在对现代技术的批判上。在《技术的追问》一书中，海德格尔区分了两种技术：一种是传统的"手工技术"（handwork technology）；另一种是"现代技术"（modern technology）。① 他暗示我们，与传统的手工技术相比较，现代技术是某种完全不同的、全新的东西。如果人们继续把现代技术当作"某种中性的东西"（something neutral），那就表明他们对它的本质完全茫然无知。②

那么，现代技术的本质究竟是什么呢？海德格尔认为，尽管现代技术同传统的手工技术一样，也包含着人对自然的解蔽和改造，但其性质已经发生根本性的变化，"现代技术的本质在我们称为座架（Enframing）的东西中显现出来。"③什么是座架呢？按照海德格尔的看法，座架包含着两方面的含义：一方面是人对自然的支配和强制；另一方面是一部分人对另一部分人的支配和强制。实际上，这和马克思关于科学技术构成"'主人'的权力"或资本主义社会中存在着异化和物化现象的说法是十分接近的。海德格尔指出："哪里被座架所支配，那里就存在着最高意义上的危险。"④他甚至认为，现代技术已经把人连根拔起，人类生存已经面临深渊，只还有一个上帝可以救赎人类。海德格尔对现代技术的批判是对当代生活世界和精神世界发出的重要的预警，对他同时代和以后时代的思想家们产生了极其重大的影响。

总之，按照胡塞尔和海德格尔的看法，现代科学和技术不但不应该

---

① M. Hcidegger, *Question Concerning Technology*, New York: Happer Clophon Books, 1977, p. 5.
② Ebd., p. 4.
③ Ebd., p. 23.
④ Ebd., p. 28.

以惯常的乐观主义的方式，片面地被理解并阐释为绝对革命的和进步的力量，而应该被理解并阐释为蕴含着巨大的负面价值和力量的存在物。事实上，只有牢牢地把握现代科学和技术的发展中出现的这一根本性的价值转折，才有可能充分地认识到改革历史唯物主义的叙述方式的必要性和紧迫性。

其二，马尔库塞和哈贝马斯对现代科学技术的意识形态功能的揭示。

韦伯认为，资本主义社会的合理化是同科学技术的进步的制度化不可分割地联系在一起的。① 马尔库塞进一步发挥了韦伯的见解，强调技术的进步和技术所蕴含的合理性不但体现在资本主义社会的经济活动和社会活动中，而且已经扩展到资本主义社会的整个统治制度之中。正是在这个意义上，他指出："技术的合理性已经成为政治的合理性。"②在揭示现代技术所造成的严重的异化现象和物化现象时，马尔库塞不但沿着海德格尔的思路，指出技术中性的观念已经无法再维持下去，而且提出了"技术拜物教"（technological fetishism）③的新概念，用以说明现代技术本身所蕴含的异化因素和物化因素。尤为重要的是，马尔库塞已经敏锐地意识到下面这种现象："也许技术理性的概念本身就是意识形态。"④马尔库塞对韦伯思想的阐释，也对哈贝马斯产生了重大的影响。哈贝马斯这样写道："正如我认为的那样，马尔库塞的基本观点——技术和科学今天也具有统治的合法性功能——为分析已经改变了的局面提供了钥匙。"⑤然而，哈贝马斯并没有停留在马尔库塞的结论上，他对科学技术的双重功能做出了更为明确的、系统的表述。

---

① J. Habermas, *Technik und Wissenschaft als "Ideologie"*, Frankfurt am Main: Suhrkamp Verlag, 1970, s. 48.

② H. Marcuse, *One-Dimensional Man*, Boston: Beason Press, 1964, p. xvii.

③ Ibid., p. 235.

④ J. Habermas, *Technik und Wissenschaft als "Ideologie"*, Frankfurt am Main: Suhrkamp Verlag, 1970, ss. 49-50.

⑤ Ebd., s. 74.

在哈贝马斯看来，自 19 世纪末以来，技术和科学的性质已经发生了重大的变化：一方面，"技术和科学成了第一生产力（ersten Produktivkraft）"①，也就是说，作为实践形态的技术和科学已经成了生产力中最重要的因素；另一方面，技术和科学本身也成了意识形态，也就是说，作为观念或理论形态的技术和科学成了意识形态的基本的，甚至是核心的组成部分。在《作为"意识形态"的技术与科学》一书中，哈贝马斯着重分析了现代科学技术的意识形态功能及其对历史唯物主义学说提出的严峻的挑战。他指出："一方面，技术统治的意识与一切以往的意识形态相比，'更少意识形态的特征'；因为它并没有那种不透明的、迷惑人的力量，而这种力量掩盖着人们的利益。另一方面，当今的那种占支配地位的、使科学成为偶像的，因而变得更加透明的背景意识形态（Hintergrundideologie），比起老式的意识形态来说，显得更难以抗拒和更为宽泛，因为它不仅通过掩蔽实际问题的方式，为既定阶级的局部统治利益做辩护，压制另一个阶级的局部的解放的需求，而且遏制其寻求解放的种族利益。"②在哈贝马斯看来，这种新的意识形态的核心是取消技术与实践之间的差别，即取消工具理性和实践理性之间的差别。而既然意识形态学说是马克思的历史唯物主义理论的重要内容之一，这就需要对历史唯物主义乃至其叙述形式做出新的解释。正是在这个意义上，哈贝马斯提出了"重建历史唯物主义"的口号。

如果说"意识形态"这一概念在它的创始人——法国哲学家特拉西（Destutt de Tracy，1754—1836）那里主要指涉与中世纪以来的神秘思想相对立的"科学的观念"的话，那么当代西方社会的意识形态，经过技术与科学所蕴含的合理性的过滤，仿佛也回复到它的创始人那里，即把这种合理性理解为自己的最切近的本质了。这种现象是十分有趣的，即从近代以来，人们一直试图以科学技术和理性对抗迷信和信仰，结果却突

---

① J. Habermas, *Technik und Wissenschaft als "Ideologie"*, Frankfurt am Main: Suhrkamp Verlag, 1970, s. 79.

② Ebd. ss. 88-89.

然发现，科学技术和理性本身也成了迷信，而蕴含在科学技术中的合理性则成了当代人的普遍的信仰。显而易见，只有深刻地认识当代意识形态在内容和实质方面的这一重大的变化，才会自觉地致力于历史唯物主义的叙述方式的改革。

其三，西方生态学家和未来学家对现代科学技术的发展所引发的生存危机的反思。

从 20 世纪 70 年代起，罗马俱乐部就连续出版了 12 份报告，就生产和科学技术高度发展的背景下出现的人类生存总危机的问题，做出了深入的、批判性的探索。在第一份报告——《增长的极限》中，作者德内拉·梅多斯、乔根、兰德斯、丹尼斯·梅多斯发前人之所未发，大胆地提出了资源、生产、增长和发展的极限问题，从而从根本上动摇了传统的、非生态学的观点。按照这种传统的观点，不但自然界的资源是无限的，人类对自然界的开发和利用是无限的，而且人类生产的发展和增长也是无限的。无数事实表明，这种对无限性的显性的或隐性的崇拜，乃是人类处于一定发展阶段上的幼稚性的确证。

在罗马俱乐部的第二份报告——《人类处在转折点》中，作者米萨诺维克和帕斯托尔进一步指出："人类必须正视现实，大量的危机已经构成世界发展中遇到的一种'危机综合症'，应该把这些危机作为一个整体采取互相协调的多种措施加以解决。这场全球性危机程度之深、克服之难，对迄今为止指引人类社会进步的若干基本观念提出了挑战。这些基本观念在过去为人类进步铺平了道路，但也最终导致了目前的这种状况。目前，人类正处在转折点上，必须做出抉择，是沿着老路继续走下去，还是开辟一条新的道路。如果人类要探索新的发展道路，那么必须对若干旧的观念重新进行评价。"①毋庸讳言，他们所指的旧观念，不光包括增长、发展、进步及环境与资源可以无限地被剥夺或取用的观念，

---

① ［美］米哈依罗·米萨诺维克、［德］爱德华·帕斯托尔：《人类处在转折点》，刘长毅、李永平、孙晓光译，中国和平出版社 1987 年版，第 9 页。

而且也包含对科学技术的历史作用的重新认识问题："生活在地球上的人类，第一次感到限制的必要性，必须限制经济和技术的发展，或者至少改变其发展的道路。"①他们认为，人类和自然界的关系不应该是控制和被控制的关系，应该是和谐的共生关系，而要建立这种新颖的共生关系，就必须对现代科学技术的本质和历史作用重新加以反思。

与当代西方的生态学家一样，当代西方的未来学家也积极地探索了当代世界面临的生存危机，并对当代技术的负面作用发出了预警。众所周知，著名的未来学家阿尔温·托夫勒曾经发出了"我们不允许技术在社会里横冲直闯"②的警告，并强调："对于任何新技术，我们都要更加认真地看一看它给大自然带来的潜在的副作用。无论我们提议使用一种新的能源，一种新的材料，或一种新的化工产品，我们都必须确定它将怎样改变我们赖以生存的微妙的生态平衡。而且我们必须预测它们对遥远的未来和远方可能产生的间接影响。"③另一位未来学家约翰·奈斯比特在《大趋势：改变我们生活的十个新方向》中指出："我们必须学会把技术的物质奇迹和人性的精神需要平衡起来。"④所有这些论述都已经超出了传统的哲学教科书中所弥漫的那种盲目乐观主义的思想倾向。

毫无疑问，当代生态学家和未来学家提出的"极限"概念是发人深省的。我们必须深刻地认识到，人类的欲望和需要是无限的，但能够满足这种欲望和需要的资源和环境则永远是有限的。事实上，无论从哪个角度看，历史唯物主义的当代叙述体系都不应该对当代人类面对的生存危机保持沉默的态度。

---

① ［美］米哈依罗·米萨诺维克、［德］爱德华·帕斯托尔：《人类处在转折点》，刘长毅、李永平、孙晓光译，中国和平出版社1987年版，第128页。

② ［美］阿尔温·托夫勒：《未来的震荡》，仟小明译，四川人民出版社1985年版，第487页。

③ 同上书，第486页。

④ ［美］约翰·奈斯比特：《大趋势：改变我们生活的十个新方向》，梅艳译，中国社会科学出版社1984年版，第39页。

三、确立历史唯物主义的当代叙述方式

当代西方学者的新思考，特别是他们对科学技术的双重功能的揭示，对传统的历史唯物主义的叙述体系提出了严峻的挑战。显然，对这些挑战采取视而不见的态度，并不是马克思主义者应有的态度。正确的态度应该是：从当今时代的高度出发，认真地回应这些挑战，从而确立起历史唯物主义的当代叙述方式。

在做出这一回应前，我们有必要先对以下三种错误的观点进行批评和清理。

第一种观点认为，在马克思的思想中，缺乏回应现代科学技术问题的思想资源。比如，阿尔温·托夫勒认为："不能借助马克思主义去了解高技术世界的现实。今天，用马克思主义来诊断高技术社会的内部结构，就象在有了电子显微镜的时代，还是只用放大镜。"①显而易见，托夫勒的这一观点是缺乏根据的。正如我们在前面已经指出过的那样，马克思对现代科学技术的统治作用的预言，对异化、物化和拜物教的批判等，都为当代人以批判的方式重新认识现代技术的历史作用提供了重要的思想资源。

第二种观点认为，马克思的思想，尤其是历史唯物主义理论，尽管包含着某些合理的因素，但必须对它们进行根本性的重建。比如，哈贝马斯认为："复兴马克思主义是没有必要的，我们所谓的重建（Rekon-struktion）就是把一种理论拆开，并以新的方式再把它组合起来，以便更好地达到它自己已经确立的目标。"②其实，在某种意义上可以说，哈贝马斯对历史唯物主义的重建是以曲解历史唯物主义的本真精神为前提的，他试图以交往理性，即实践理性的维度去补充马克思的历史唯物主义理论，然而，他恰恰忽视了下面这一点，即马克思作为西方人文主义

---

① ［美］阿尔温·托夫勒：《预测与前提：托夫勒未来对话录》，粟旺、胜德、徐复译，国际文化出版公司1984年版，第200页。

② J. Habermas，*Rekonstruktion des Historischen Materialismus*，Frankfurt am Main：Suhrkamp Verlag，1982，s. 9.

传统的伟大的批判者和继承者，他创立的历史唯物主义恰恰体现出实践理性发展的新的高度。对于这一点，海德格尔显然比哈贝马斯看得更为清楚。在《关于人道主义的通信》一文中，海德格尔这样写道："不管人们以何种立场来看待共产主义学说及其基础，从存在的历史的观点看来，一种对有世界历史意义的东西的基本体验已经在共产主义中确定不移地说出来了。"①他甚至认为，马克思通过对异化问题的深入反思，其历史观远远优于现象学家胡塞尔和存在主义者萨特，"所以现象学和存在主义都没有达到可以和马克思主义进行创造性的对话的这一维度上"②。由此可见，需要加以改变的不是历史唯物主义的基本理论，而是它的叙述方式。换言之，历史唯物主义理论应该获得与当今时代条件相匹配的、新的叙述方式。

第三种观点与上面两种观点正好相反，它完全无视现代科学技术的双重功能及其对历史唯物主义的叙述体系提出的严重挑战，依然完全拘泥于从马克思文本本身出发来叙述其历史唯物主义的理论。③ 诚然，我们必须重视马克思本人对历史唯物主义理论的理解方式和叙述方式，然而，我们也应该清醒地看到，随着人类实践生活和理论生活的发展，随着新时代的来临，马克思当时由于受历史条件的限制而不可能看到的一些现象，如航空、电脑、基因工程、核武器等，不但已经产生出来，并且也快速地发展起来了。显然，对现代科学技术所引发的这些现象采取鸵鸟政策并不是明智的。当然，我们也应该看到，尽管时代条件已经发生了重大的变化，但马克思在一百多年前创立的历史唯物主义的基本理

---

① M. Heidegger, *Über Den Humanismus*, Frankfurt am Main: Vittorio Klostermann, 1975, ss. 27-28.

② Ebd. , s. 27.

③ 比如，张奎良教授的新作《马克思的哲学思想及其当代意义》(黑龙江教育出版社2001年版)虽然新见迭出，但他并没有从现代科技的双重功能及生态危机的视角出发，重新透视马克思的历史唯物主义的叙述体系；辛敬良教授的《唯物史观与现时代》(海天出版社1996年版)虽然注意到了现代科学技术发展所引发的生态问题，但在他关于历史唯物主义的整个叙述体系中，这个问题仍然只具有边缘性的意义。

论却并没有过时。因此，需要坚持的是历史唯物主义的基本理论，需要做出相应的改革和调整的则是它的叙述方式。要言之，历史唯物主义必须具有与当今时代相匹配的叙述方式。没有这样的新的叙述方式，历史唯物主义就难以在当今的现实生活和理论生活中有效地发挥自己的作用。

总之，对现代科学技术的双重功能及由此而引发的一系列问题所提出的挑战，既不能采取鸵鸟政策加以回避或只在边缘性的意义上涉及它，也不能低估历史唯物主义基本理论的强大的生命力和发展潜力，从而像哈贝马斯那样，轻率地提出"重建历史唯物主义"的错误口号，因为在某种意义上，当今时代的发展并没有超越马克思的历史唯物主义学说所揭示的基本真理。事实上，在当今的时代条件下，我们仍然需要坚持马克思的历史唯物主义的基本立场和基本真理，在这个基础上，我们所能做的，只是对它的叙述方式进行必要的改变和调整。笔者的具体观点如下。

首先，历史唯物主义的整个当代叙述方式必须认可并指涉生态学的语境。

正如我们在前面已经指出过的那样，在传统的历史唯物主义的叙述体系中，生态学的语境完全是缺席的，盲目乐观主义的情绪支配着人们对历史唯物主义学说的理解、解释和叙述。而明眼人一看就知道，在当今时代，关于历史唯物主义理论的任何叙述都必须把由现代科学技术的发展所引发的生态危机的语境作为一个基本的理论前设安顿下来。也就是说，在叙述历史唯物主义的基本理论——生产力和生产关系、经济基础和上层建筑的关系之前，必须先行地叙述这些关系可能得以展开的生态学的语境。

众所周知，马克思曾经说过："一切人类生存的第一个前提也就是一切历史的第一个前提，这个前提就是：人们为了能够'创造历史'，必须能够生活。但是为了生活，首先就需要衣、食、住以及其他东西。因此第一个历史活动就是生产满足这些需要的资料，即生产物质生活本身。"[①]从这段论述可以看出，在马克思生活的时代，生态危机还是一个被遮蔽

---

① 《马克思恩格斯全集》第 3 卷，人民出版社 1960 年版，第 31 页。

着的问题。换言之，人的需要的无限性同外部世界资源的有限性及人的生产活动和科学技术的发展所引发的环境问题之间的冲突还没有在人们的意识中被课题化。所以，当马克思叙述自己的历史唯物主义理论时，还不可能指涉生态学的语境。

在今天的条件下，人的欲望通过现代科学技术的媒介使生态危机成了一个无法回避的问题。只要人的欲望还没有自觉地受到约束，人的需要的无限性与外部世界资源的有限性之间就必定会发生激烈的冲突，这一冲突又必定会导致生态危机的爆发。这就深刻地启示我们，为了生存下去，当代人必须在自己所有的思考和活动中先行地植入生态学的语境，在叙述历史唯物主义的理论体系时也不能例外。实际上，在今天，只有从生态学的语境出发来叙述历史唯物主义的理论体系，这种叙述方式才是现实的，而不是抽象的，才是与时俱进的，而不是抱残守缺的。何以见得呢？因为当代人的生活既然无法回避生态环境方面出现的一系列紧迫的问题；既然在生态学的语境中，生产、增长、发展和资源的开发都是有限度的，那么，撇开这些限度，盲目地谈论生产力和生产关系、经济基础和上层建筑关系的存在和发展显然是毫无意义的。

其次，历史唯物主义的当代叙述方式必须对"社会存在决定社会意识"的基本命题做出新的叙述。

众所周知，在传统的历史唯物主义的叙述体系中，社会存在与社会意识是被割裂开来并被抽象地对立起来的。事实上，"社会存在决定社会意识"这一基本命题常常被偷换成"物质决定意识"的命题。然而，"社会存在"与"物质"是两个完全不同的概念。假如说，"物质"与"意识"概念是可以被相互割裂开来，并对立起来的话，那么，"社会存在"与"社会意识"的概念却是无法割裂开来，并对立起来的。因为社会意识并不是社会存在之外的东西，它本身就是社会存在的一个组成部分，它和社会存在的关系并不是外在的对立关系，而是内在的、部分与整体之间的关系。

现代科学技术的双重功能表明：一方面，现代科学技术的实践形态属于生产力，属于社会存在的范围；另一方面，现代科学技术的观念的或理论的形态又属于意识形态，属于社会意识的范围。显而易见，当代科学技术的双重功能解构了社会存在与社会意识之间的抽象的对立。凡是熟悉马克思的历史唯物主义理论的人都知道，社会存在作为物质生活资料的生产方式包含着生产者，而所有的生产者在从事生产活动的时候都是受其意识和目的的支配的。也正是在这个意义上，卢卡奇把生产劳动乃至人的一切实践活动都理解为目的性和因果性的统一，并指出："社会存在与意识的形而上学的对立，与马克思的本体论完全是相冲突的，在马克思的本体论中，每一种社会存在都与意识的行为（与选择的确定）不可分割地联系在一起。"①所以，必然被引申出来的结论是：在社会存在的基础部分中就蕴含着社会意识，社会意识并不外在于社会存在，相反，它本身就是社会存在的一个组成部分。社会意识不仅通过作为社会存在物的生产者的目的和意识渗透进社会存在的根基中，而且也通过科学技术的实践形态，即通过科学技术在生产劳动中的应用渗透进社会存在的根基中。

这样一来，传统的历史唯物主义理论关于社会存在与社会意识关系的叙述就必须被超越了。"社会存在决定社会意识"的基本命题应该以下面的方式重新被叙述出来，即"蕴含着社会意识的社会存在决定以社会存在作为自己的指涉对象的社会意识"。换言之，社会存在与社会意识的关系不是外在的、对立的关系，而是内在的、相互渗透的关系，是全体与部分的关系，而沟通这一全体和部分之间关系的一个重要的媒介则是现代科学技术。②

再次，历史唯物主义的当代叙述方式必须对生产力，包括作为"第一生产力"的现代科学技术的本质和历史作用做出合理的叙述。

如前所述，在传统的历史唯物主义的叙述体系中，"生产力是人征

---

① G. Lukacs, *Zur Ontologie des gesellschaftlichen Seins*, *1. Halbband*, Darmstadt: Hermann Luchterhand Verlag, 1984, s. 675.

② 为什么这里说的是"一个重要的媒介"，因为社会心理、社会性格等因素也从不同的侧面起着重要的媒介作用。

服自然的力量"①，而科学技术作为一种无条件的进步的、革命的力量，是从属于生产力的范围的，尤其是现代科学技术在生产力中的地位变得越来越重要，正如哈贝马斯所指出的，现代科学技术已经成为"第一生产力"。明眼人一看就知道，在传统的历史唯物主义的叙述体系中，科学技术的进步性、革命性与生产力的进步性、革命性之间存在着某种相互促进、相互强化的关系。一方面，人们用"生产力永远是进步的、革命的因素"的命题来印证科学技术的进步性和革命性；另一方面，人们也用"科学技术永远是进步的、革命的因素"的命题来印证生产力的进步性和革命性。显然，摆在我们面前的是一种循环论证。

然而，人们显然忽视了下面这个重要的事实，即当他们通过现代科学技术的媒介去征服自然时，完全有可能导致严重的生态危机的爆发，而这一危机的爆发本身就对现代科学技术的所谓绝对的进步性和革命性提出了疑问。事实上，在一些思想敏锐的当代学者的反思中，现代科学技术所蕴含的负面因素正在被主题化，这些学者特别担忧的一个趋势是：现代科学技术正在成为一种人类越来越难以加以有效控制的、统治性的力量。② 现代科学技术的这种本质性的变化启示我们，绝不能再把生产力定义为"征服自然的力量"了，也不能再把自然界理解为人类可以无限地加以开发和索取的对象了。必须在当代生态学的语境中重新理解并确定生产力的本质，即把它理解为人在生产活动中与自然界和谐相处

---

① 肖前等：《历史唯物主义原理》，人民出版社 1983 年版，第 87 页。

② 作为当代中国人，在探讨现代科学技术可能蕴含的负面价值的时候，必须清醒地意识到自己的历史境遇，从而使自己的探讨结论不至于处于无根基的状态中。也就是说，一方面，我们要看到潜伏在现代科学技术中的某些危险的因素；另一方面，我们也必须看到，作为发展中国家，学习和发展现代科学技术仍然是我们面临的长期的历史任务。事实上，谁都不会否认，只要科学技术上不去，中国的综合国力也会上不去，中华民族就有可能失去自立于当今世界民族之林的生存能力。所以，在当代中国社会，如何有效地学习和努力地推进现代科学技术的发展，依然是一个紧迫的主题。当然，认同这一点，并不等于我们可以对蕴含在现代科学技术中的某些负面的因素失去警惕性。平心而论，我们之所以孜孜不倦地、认真地了解西方学术思潮，尤其是他们关于现代科学技术方面的批判性的见解，一个重要的目的就是使我们自己在追求现代化和发展现代科学技术的历史进程中尽可能地少走弯路。

的一种能力；而生态环境的脆弱性也直接地限定了人类生产力发挥作用的范围和限度。

与此同时，我们也必须在生态学的语境中重新阐释作为"第一生产力"的现代科学技术的本质和历史作用。事实上，前面的论述已经表明，现代科学技术不仅有可能失去人们曾经轻率地赋予它的绝对的革命性和进步性，它甚至不再是价值上中性的存在物了。那种把科学技术与绝对的革命性和进步性简单地等同起来的见解，不过是启蒙时代留下的遗迹而已。尽管现代技术给人们的生活带来了许多便利，也使人们身上固有的潜能得到了前所未有的发挥，但它也造成了普遍的物化和异化，也使人与自然界之间的关系、人与人之间的关系达到了前所未有的紧张状态。一言以蔽之，在现代科学技术的本质中蕴含着一种支配、统治人和自然界的盲目的力量，这使我们必须中止对现代科学技术的历史作用的肤浅的谈论，而把问题的核心转移到对其历史作用的界限的关切上。

总之，在历史唯物主义的当代叙述方式中，再也不能以无条件的、抽象的方式来谈论生产力以及作为"第一生产力"的现代科学技术的所谓绝对的进步性和革命性了，而应该结合人类的总体生存环境所面临的危机，对现代生产力和科学技术的本质及历史作用的限度做出具体的分析和说明。

最后，历史唯物主义的当代叙述方式必须对意识形态的性质、结构和基本特征做出新的阐释。

正如我们在前面已经指出过的那样，在传统的历史唯物主义的叙述体系中，作为观念的或理论形态的科学技术与意识形态处于分离的、对立的状态中。然而，通过马尔库塞和哈贝马斯的努力，科学技术的另一个重要的功能——意识形态功能被揭示出来了。这样一来，作为观念的或理论形态的科学技术与意识形态的外在的、抽象的对立消失了，科学技术本身也成了意识形态的一个组成部分，甚至成了它的核心的部分。在这样的情况下，坚执于传统的意识形态概念显然是行不通的。也就是说，我们必须以新的方式叙述意识形态的性质、结构、特征和功能。

一是意识形态的性质发生了变化。人们再也不能像过去那样简单地断言意识形态是遮蔽真实情况的"虚假的意识"了。虽然政治法律思想、哲学、宗教、道德、艺术等意识形式在一定的程度上仍然保留着这样的倾向，但科学技术作为意识形态却不再是"虚假的意识"，而是反映自然规律的正确的认识。这就表明，即使是正确的认识或观念，当它被确立为绝对的权威，当它成为一种统治形式，或当它超出自己原本适用的范围被使用时，也完全可能被意识形态化，成为一种统治人的力量。在这里，意识形态的性质已经悄悄地发生了变化，重要的不再在于：它是真实的，还是虚假的；而是在于：它是统治人、支配人的观念性的力量，还是解放人、促进人的自由和全面发展的精神性的力量。答案是不言自明的，即现代意识形态的实质在于它是一种统治人的观念的力量。[①]

二是意识形态的结构也发生了相应的变化。假如说，政治法律思想、哲学、宗教、道德、艺术等构成意识形态整体结构中的显性层面，并在这一层面上发挥作用的话，那么，科学技术作为"背景意识形态"则构成意识形态整体结构中的隐性层面，并以潜移默化的方式在这一层面上发挥自己的作用。如果说，在传统意识形态的结构中，居于显性层面上的宗教神秘主义思想（如君权神授的观念）始终起着主导性的作用，那么，在当代意识形态的结构中，居于隐性层面上的科学技术的观念（如

[①] 在拙著《意识形态论》（上海人民出版社 1993 年版）中，笔者已经指出，在马克思和恩格斯那里，意识形态表现为一个否定性的概念，尤其在马克思和恩格斯合著的《德意志意识形态》一书中，意识形态一般被理解为一种掩蔽现实生活的精神存在物。然而，在列宁那里，意识形态逐步成为一个中性的概念，它指涉的只是相应的精神的领域，如人们既可以谈论"资产阶级的意识形态"，也可以谈论"工人阶级的意识形态"。列宁的思想对中国理论界产生了深远的影响，所以，在当代中国理论界的语境中，意识形态也常常是以中性的方式出现的，如我们既可以使用"资本主义的意识形态"的概念，也可以使用"社会主义的意识形态"的概念。在这个意义上可以说，巩固和发展社会主义的意识形态，仍然是我们理论工作者面临的重大的历史使命之一。然而，当我们这样做的时候，也必须对意识形态理论在当代社会中发生的新的变化保持足够的敏感性。事实上，也只有批判地汲取当代意识形态理论中蕴含的合理因素，才能更好地建设社会主义的意识形态。在这里，我们还要强调的是，不管我们是在否定性的意义上，还是在中性的意义上使用意识形态的概念，有一点却是共同的，即在具有不同的价值取向的当代社会中，意识形态总是一种占统治地位的、支配性的或主导性的精神力量。

合理性的观念)则起着根本性的作用。然而，正如我们在前面已经指出过的那样，在当代精神生活中，这种科学技术意义上的合理性本身也已经不知不觉地被神秘化和信仰化了。

三是意识形态的特征也发生了相应的变化。如果说，政治法律思想、哲学、宗教、道德、艺术等意识形式，常常以公开的方式为统治阶级的根本利益辩护，那么，科学技术作为意识形式，通常表现为对认识上的客观性和价值上的中立性的认可与追求。与此同时，它影响人们思想的方式也发生了微妙的变化，即它总是以潜移默化的、润物细无声的方式发挥作用的。当然，这种正被日益意识形态化的现代科学技术所强调的客观性和中立性，只不过是当代精神生活中的表面现象而已，实际上，它们已经成为当代意识形态家维护统治阶级根本利益的最有效的思想支柱。

四是意识形态的功能也发生了相应的变化。尽管传统的意识形态也渗透进日常生活中，但这种渗透作用无论如何是有限的，即人们常常可以通过对非主流意识形态的、批判性的观念的认同，或通过对与传统意识形态相分离并对立的科学技术观念的认同，在相当程度上摆脱传统的意识形态对自己思想的束缚。然而，在当代意识形态中，由于科学技术的实践形态所造成的人化自然和科学技术的观念的或理论的形态所造成的意识形态的合理化已经无孔不入地渗透进整个日常生活中，以至于当代意识形态的功能显得越来越强大，越来越难以抗衡的了。事实上，没有一定的理论反思能力，人们就无法识别潜伏在当代意识形态的合理性外衣下的某些负面的价值倾向。

总之，当代意识形态在性质、结构、特征和功能方面的变化，都要求我们对它以及它在历史唯物主义理论中的地位和作用做出新的解释和叙述。

综上所述，现代科学技术的双重功能的发现，必然会导致历史唯物主义的当代叙述方法的重大变化。无论是在对现代科学技术的哲学意义的认真反思中，还是在对历史唯物主义理论的当代意义的深入阐发中，这一问题的必要性和紧迫性都将一而再，再而三地呈现出来。

再版后记

拙著《意识形态论》于 1993 年由上海人民出版社出版后，在学术界引起了一定的反响。1994年 7 月，在上海市哲学社会科学优秀成果奖评奖委员会组织的评审活动中，拙著获得了上海市哲学社会科学优秀成果奖(1986—1993)著作类一等奖。1995 年 12 月，在国家教育委员会(后更名为教育部)组织的评审活动中，拙著获得了中国高等学校人文社会科学研究优秀成果奖著作类一等奖。其实，拙著之所以能够连连获奖，主要得益于它是国内第一部系统地探索意识形态概念发展史，尤其是马克思主义的意识形态概念发展史的专著。此外，拙著注重从哲学上，而不是从政治上来探讨意识形态问题，似乎更容易引起人们的兴趣。

拙著初版时的印数只有 2000 册，这也表明，出版社似乎并不期望这本书会热销。然而，世界上的许多事情往往是出乎人们的意料的，这本书出版后不久便售罄了。经常有朋友、同行或不相识的人，从全国各地，通过写信、打电话或其他途径，向我索要这本书；也有些人甚至以单位的名义，要求我向出版社转达他们的意向，他们需要订购 500 册书或 1000 册书。他们的热情使我受到很大的鼓舞，于是，通过本书的责任编辑李卫和其他的相关人员，我不断地把这方面的信息传递给出版社，然而，也许是那时的出版社还缺少生财意识，也许是出版社对这本书可能带来的菲薄的利益缺乏兴趣，觉得再开动印刷机，似乎也销售不了多少，或者也许是出版社领导没有从机制上协调好编辑部门和发行部门之间的关系，总之，我每次传递的信息的反馈结果都是一样的——泥牛入海无消息。这使我感到十分沮丧，我心中暗暗下了决心，如果这本书今后还有再版的机会，我一定要找一家既有理论眼光，又有生财意识的出版社。

转眼间，十多年时间过去了。我与上海人民出版社签下的合同已经过期了，也有几家出版社托朋友向我示意，它们愿意再版这本书，但由于我的科研和教学工作都特别忙，就一直拖下来了。2006年，当一家出版社和我联系工作时，又提起关于这本书再版的老话题，我终于同意了。但刚做出这个决定，又开始发愁了。因为20世纪90年代初期出版的书稿几乎都是纸质文本，而作为作者，目前我已完全适应电子文本的写作和修改，假如再让我手写纸质文本，或在纸质文本上进行修改，我已无法适应了。怎么办？

好在天无绝人之路。我四处打听，终于在复旦大学附近找到了一家公司，他们有一项业务，就是把纸质文本重新录入电脑，使其转化为电子文本。我大喜过望，马上把拙著交给了这家公司。约一个月后，我接到电话，录入工作已经完成了。我满怀欣喜地把光盘拿回家中，打算在电子文本上做修改工作，结果却发现，电子文本中的错误实在太多了，有的句子和字错得很离谱，也有的地方，甚至整段整段地被漏录了。事后有人告诉我，那家公司雇用的都是农村里来的、识字不多的女孩，让她们来做录入工作，其结果也就可想而知了。我只好打落牙齿往肚子里吞！我把这些情况如实告诉了那家出版社，那家出版社很热心，建议我把准备再版的所有的书和光盘都交给他们去校对。又有几个月过去了，那家出版社把新的光盘给我寄来了。我既感激又兴奋，然而，打开光盘一看，问题还是不少。看来，旧书再版之难，是难于上青天了。尽管我十分感谢那家出版社为我所做的一切，但它的工作人员在校对上的粗疏，几乎使我完全失去了再版这本书的信心。于是，我让那些光盘静静地躺在抽屉里，懒得再去碰它们。不知不觉间，一年多时间过去了，一切都毫无进展。

2008年春夏之交，正当我感到一筹莫展的时候，我曾经指导过的钟锦博士（现为华东师范大学哲学系副教授）听说了这些情况，自告奋勇地愿意为我分忧。他利用业余时间，慢慢地校对书稿，并细心地用红笔标出了错误的地方。几个月后的一天，他终于把新的电子文本发给我了。原来的电子文本中脱漏的中、外文语词大部分被改正了，也有些漏录的段落被补上去了。这时候的电子文本已经比第一次录入的电子文本好多了，读起来感觉也顺畅多了，不再有那种"十步九回头"的印象，然而，新的电子文本中还有不少错误的地方没有被发现。其中一部分错误是校对时的疏忽引起的，也有一部分错误则是原来的纸质文本在排版过程中的疏忽所引起的。我不禁想起，杨绛先生在谈到翻译的难处时，曾经说过，捉翻译中的问题，就像捉虱子一样，永远是捉不干净的。于是，我只得静下心来，利用业余时间，慢慢对书稿进行修订。

有一次，在与人民出版社的邓仁娥编审通话时，我顺便提起这本书的遭遇，她建议我尽快把这本书的简要情况用电子邮件发给她，看看能不能在人民出版社出版。不久，她就给我寄来了合同，办事效率之高，真令我感动。本来，我打算在2008年年底前完成这本书的修订，但一着手工作，马上就感到这个打算是过于乐观了。繁重的科研、教学和社会工作花去了我大量的时间，我只得挤出业余时间，慢慢地修改和校对。有时候，我感叹，修订旧书真比撰写新书还困难。因为有些资料过去是从图书馆里借阅的，当时在撰写纸质文本时，对有的信息的录入不够完整，现在想补充上去，但苦于找不到原来的资料了；有些资料虽然在我的藏书中能够找到，但翻检起来也不容易；也有些引文来自旧版的《马克思恩格斯选集》和《列宁选集》，现在要换成新版，往往为了找一段话，要花上一两个小时，甚至更长的时间。为此，常有"踏破铁鞋无觅